全国教育科学规划国家重点项目

"国家'十四五'时期成人教育学科发展研究"(WKA200012)的成果

当代中国教育学术史

丛书主编/张斌贤

成人教育研究

乐传永 孙立新 著

海峡出版发行集团 | 福建教育出版社

图书在版编目（CIP）数据

成人教育研究/乐传永，孙立新著. —福州：福建教育出版社，2024.3
（当代中国教育学术史/张斌贤主编）
ISBN 978-7-5334-9738-5

Ⅰ.①成… Ⅱ.①乐… ②孙… Ⅲ.①成人教育—中国 Ⅳ.①G729.2

中国国家版本馆 CIP 数据核字（2023）第 156383 号

当代中国教育学术史
丛书主编/张斌贤
Chengren Jiaoyu Yanjiu

成人教育研究

乐传永 孙立新 著

出版发行	福建教育出版社
	（福州市梦山路 27 号　邮编：350025　网址：www.fep.com.cn
	编辑部电话：0591-83779615　83726908
	发行部电话：0591-83721876　87115073　010-62024258）
出 版 人	江金辉
印　　刷	福建省地质印刷厂
	（福州市金山工业区　邮编：350011）
开　　本	710 毫米×1000 毫米　1/16
印　　张	30.25
字　　数	449 千字
插　　页	1
版　　次	2024 年 3 月第 1 版　2024 年 3 月第 1 次印刷
书　　号	ISBN 978-7-5334-9738-5
定　　价	85.00 元

如发现本书印装质量问题，请向本社出版科（电话：0591-83726019）调换。

总　序

2018年1月中旬，福建教育出版社成知辛编辑来电，邀请我编写一本反映外国教育史研究进展的著作。考虑到这本书的主题过于专业、读者面不大，因此，我建议不妨把选题扩大，组织编写一套反映教育学科各重要学科领域近几十年研究进展的丛书。成编辑欣然同意，与我商议，由我策划联系落实各分卷主要负责人。经过一个月左右的努力，到2018年2月下旬，申报选题、确定分卷主要负责人等各项准备工作基本就绪。从2018年3月开始，各分卷开始编写工作。到2019年8月底，已有数卷相继完成。按计划，从2019年下半年开始出版，并在今后一两年内出齐。这便是"当代中国教育学术史"丛书的由来。

这套丛书所涉及的学科领域既包括现行学科目录教育学一级学科之下的十个二级学科、公共事业管理一级学科之下的教育经济与管理，包括部分院校自设的二级学科（如教师教育、教育政策与法律、农村教育、民族教育等），也包括部分二级学科下的重要学科方向（如教育基本理论、教育哲学、教育社会学、德育研究等）。

负责丛书各分卷编写工作的学者分别来自北京师范大学、华东师范大学、东北师范大学、华中师范大学、西南大学、南京师范大学、华南师范大学、山东师范大学、宁波大学和湖州师范学院等高校。他们都具有长期从事教育学科研究的经历，熟悉本学科和学科领域的学术进展，均为本学科或学科领域具有广泛学术影响的著名学者。

编写这套丛书的主要目的在于，第一，通过对教育学科各重要学科领域学术史的回顾，为从事教育研究的教学科研人员提供更为专业的线索清晰的学术史料参考，为教育专业本科生和研究生学习相关课程、选择阅读书目和确定研究选题提供必要的指导。因此，这套丛书的读者定位确定为：高等院校和教育科研机构的教学科研人员；各级各类教育机构管理人员和教育工作者；教育专业的本科生、研究生；相关学科的教学科研人员；热心教育研究的社会各界人士；等等。第二，通过扎实的文献研究，对教育学科各重要学科领域开展较为完整和系统的学术史梳理，全面、充分地回顾和审思中国教育研究近七十年（尤其是近四十年）的变化进程，为进一步挖掘中国教育研究及其变迁的规律奠定基础。第三，更为重要的是，编者们希望藉由丛书的编写，在教育学界逐步形成一种尊重前人研究成果、注重学术传承的风气，以进一步确立严格的学术规范，推动教育研究的长远发展。

在中国，专业的教育研究发端于清末民初。百余年来，中国的教育研究事业筚路蓝缕，历经坎坷。自中华人民共和国成立，尤其是改革开放以来，伴随着中国教育的改革发展和国际交流的不断深入，教育研究取得了长足的进步。人员规模不断扩大，成果产出大幅增加，规范意识显著增强，学术资源逐渐丰富，学术交流日益活跃，如此等等。另一方面，在教育研究事业凯歌行进的同时，也面临着前所未有的严峻挑战。

教育研究如何有效地应对来自方方面面的挑战，固然有多种可能的途径和方法，但不论怎样，学术史的研究都是必不可少的、具有基础性和战略性意义的重大选项。

在我国的教育研究中，长期以来存在的一个根深蒂固的顽疾是，轻视乃至忽视学术史研究的意义，误以为学术史研究只是课题论证的一部分或对研究生进行学术训练的一个环节，而对成熟的学者则不适用。因此，在大量的教育研究工作中，研究者很少对研究主题产生的知识背景（或知识谱系）进行深入挖掘和分析，很少系统地梳理国内外同行在同一个主题上已经开展的研究工作，分析同行业已提出的研究结论，并对结论做出中肯的评判。由此造成的突出印象是，在这些研究者的成果发表之前，似乎没有人讨论过（甚至哪怕只是涉及）这个主题，这个主题似乎是全新的。研究者本意是借此说明自己所从事的研究工作的价值，殊不知这反倒说明这项研究工作缺乏必要和充分的基础，而缺乏足够的前期基础的研究很难取得真正意义上的知识进步。诸多教育研究成果之所以常给人缺乏厚重深邃而显得单薄肤浅之感，原因之一就是研究者缺少认识问题的纵深感，而这种纵深感既源于学者个体的知识积累，也基于学科本身业已生成的深厚的学术积淀和学术传统。

由于这些现象的存在，如果要就中国教育学界研究的某一个主题（例如素质教育或学生课业负担等等）进行学术史梳理，那将是一项非常艰难甚至是不可能完成的工作。在关于同一个主题的不同论述中，往往很难发现同一个时期不同学者研究成果之间的关联（至少很少有学者明确阐明自己的研究与之前相关研究的关联），更不容易寻找到不同时期不同学者对同一个主题的研究成果之间的联系和差别。由此造成的困难是，人们虽然可以了解哪些主题曾经得到了研究，但很难确切地知道是哪位学者最初提出了这个问题，是在什么背景下提出的，教育学界对这个问题的研究前后经历了哪些阶段，运用了哪些研究方法，有什么不同的观点和主张，这些观点和主张之间的逻辑关系是什么，对该问题的研究取得了什么进展，等等。

创新源自继承。事实上，无论从事何种主题的研究，只有在全面深刻地吸收、借鉴和批判前人相关研究成果的基础上，才有可能寻找到有待继续挖掘和探索的研究问题，才有可能开展新的、有意义的研究工作，才有可能在一个较高的起点上不断拓展和深化认识，才有可能切实地推动知识的进步。就教育研究而言，通过梳理不同学科领域重要主题研究的演变过程，厘清不同时期和不同学者对相关主题研究结果的相互关系，不仅有助于判断教育研究本身的进展、存在的问题和困难，有助于不断形成学术积淀，夯实学科的基础，而且有利于逐步建立教育研究的学术传统，形成牢固的学术规范，保障教育研究事业的可持续发展。[①]

在丛书各分卷陆续付梓之际，首先要感谢各分卷负责人和他们领导的编写团队。他们的精诚合作、积极参与和辛勤劳作，使丛书能按时、保质出版。

感谢福建教育出版社的大力支持，感谢成知辛编辑和他的编辑团队为丛书的出版所付出的辛劳。

张诩贤

2019 年 9 月 13 日

[①] 在《少制造些意见，多生产点知识——关于教育研究规范化问题的评论》等文中，作者已对相关问题做了初步讨论（参见《教育科学研究》，2018 年第 1 期）。此处无非"借题发挥"，稍作补充。

目　录

第一章　成人教育学术史进展概述 …………………………………… 1
　第一节　成人教育的理论研究 ………………………………………… 1
　第二节　成人教育的实践活动 ………………………………………… 12
　第三节　成人教育理论与实践的先驱者 ……………………………… 26

第二章　成人教育学科范式研究 ……………………………………… 38
　第一节　成人教育学科体系相关研究 ………………………………… 39
　第二节　成人教育定位研究 …………………………………………… 49
　第三节　成人教育课程与教学研究 …………………………………… 55
　第四节　比较成人教育相关研究 ……………………………………… 61
　第五节　成人教育理论研究的问题与展望 …………………………… 67

第三章　高校继续教育研究 …………………………………………… 71
　第一节　高校继续教育研究的历史演进 ……………………………… 72
　第二节　高校继续教育研究的主题分析 ……………………………… 82
　第三节　高校继续教育研究存在的问题及未来展望 ………………… 110

第四章 终身教育研究 ……………………………………………… 115
第一节 终身教育法治化研究 …………………………………… 115
第二节 终身教育体系化研究 …………………………………… 128
第三节 学习型社会研究 ………………………………………… 140

第五章 远程教育研究 ……………………………………………… 153
第一节 远程教育研究的历史演进 ……………………………… 153
第二节 远程教育研究的主题分析 ……………………………… 169
第三节 远程教育研究存在的问题及未来展望 ………………… 202

第六章 社区教育研究 ……………………………………………… 209
第一节 社区教育研究的历史演进 ……………………………… 209
第二节 社区教育研究的主题分析 ……………………………… 225
第三节 社区教育研究存在的问题及未来展望 ………………… 246

第七章 教师继续教育研究 ………………………………………… 253
第一节 教师继续教育研究的历史演进 ………………………… 254
第二节 教师继续教育研究的主题分析 ………………………… 281
第三节 教师继续教育研究存在的问题及未来展望 …………… 296

第八章 干部教育研究 ……………………………………………… 302
第一节 干部教育研究的历史演进 ……………………………… 302
第二节 干部教育研究的主题分析 ……………………………… 319
第三节 干部教育研究存在的问题及未来展望 ………………… 334

第九章　企业职工教育研究 ······ 339
第一节　企业职工教育研究的历史演进 ······ 339
第二节　企业职工教育研究的主题分析 ······ 356
第三节　企业职工教育研究存在的问题及未来展望 ······ 366

第十章　特殊群体教育研究 ······ 372
第一节　老年教育研究 ······ 372
第二节　农民教育研究 ······ 388
第三节　农民工教育研究 ······ 409

第十一章　中国成人教育研究的未来展望 ······ 427
第一节　成人教育学科研究存在的问题与不足 ······ 427
第二节　成人教育学研究的发展趋势和关注的重点主题 ······ 433

主要参考文献 ······ 441
后记 ······ 469

第一章 成人教育学术史进展概述

第一节 成人教育的理论研究

自1949年新中国成立到2019年的70年时间里，我国成人教育在实践发展、学科建设、人才培养等方面取得了较大进步，理论研究也实现了重要突破，突出表现在论文发表、课题立项、专著出版等方面。同时，在70年的学科理论探索进程中也呈现出研究路径由模仿学习走向自我建构、研究内容由星散零碎走向系统深入、研究方法由以思辨为主走向多样化探索、研究队伍由独立作战走向团队合作、研究视角由传统单一走向多元切入等显著的研究特征。

一、成人教育学科论文发表

通过对中国知网等几大文献搜索平台的数据进行统计发现，1949—2019年间，成人教育方面的学术论文发表总量为220 728篇。研究主题较为集中在：继续教育（成人教育理论与高校继续教育）90 959篇，特殊群体教育类（包括老年教育、农民工教育等）40 119篇，远程教育类的26 522篇，终身教育类的42 969篇，社区教育的相关文章达到11 655篇，如表1.1所示。此外，以"成人教育""继续教育""终身教育""远程教育""社区教育"等词为题名进行硕博论文搜索，发现数量不低于2300篇。从整体的研究趋势看，"成人教育"主题的发文量呈现倒"U"型：1949—

1978年的发文量较少，1979—1995年的发文量有所增加，1996—2010年左右的发文量陡增，2011—2019年发文量有所下降，参见图1.1。

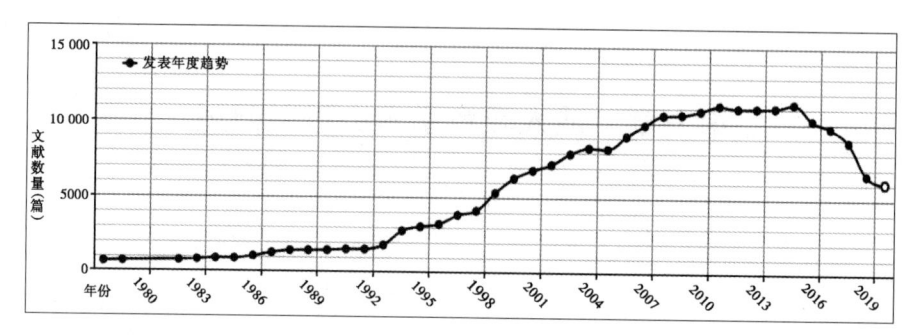

图1.1 成人教育学科论文发表趋势图

70年来，中国成人教育理论研究主题聚焦在成人教育学科范式、终身教育、远程教育、社区教育、特定群体教育等主要方面。成人教育学科范式研究主要涉及成人教育学科体系建设、成人教育分支学科的内容与结构等层面；终身教育研究主要包括终身教育体系的构建、学习型社会与学习型城市的建设与发展、终身教育比较研究等方面的内容；远程教育研究主要涉及远程教育的质量、资源建设、教学问题等方面；社区教育研究主要包括教育模式的构建、社区教育资源的开发与共享、社区教育治理等；特定群体教育研究主要涵盖老年教育、农民及农民工教育等内容。

表1.1 成人教育学科论文研究主题分布表

研究领域	论文总篇数（篇）	比重（%）
继续教育 （成人教育理论与高校继续教育）	90 959	41.21%
终身教育（包括学习型社会）	42 969	19.47%
社区教育	11 655	5.28%
远程教育	26 522	12.02%
教师继续教育	4630	2.10%
干部教育	819	0.37%

续表

研究领域	论文总篇数（篇）	比重（%）
企业职工教育	3055	1.38%
特殊群体教育（包括老年教育、农民教育、农民工教育等）	40 119	18.18%
总计	220 728	100%

二、成人教育学科中全国教育科学规划课题立项情况

全国教育科学规划是我国教育学科级别最高的教育科研基金项目，代表了我国教育科研的最高层次和水平，不仅能反映教育领域中的研究热点和未来研究趋势，而且能从中管窥全国各区域、机构和个人的教育科研实力，对全国的教育研究起导向和示范作用。[①] 研究发现，1949—1979 年间，成人教育学在教育科学规划课题方面尚未取得进展，直到1982 年，成人教育作为独立研究领域，相关课题才首次被纳入全国教育科学规划，共有 2 项课题立项，分别是张腾霄的"干部教育问题研究"、王文林和余博的"成人教育概论"。此后，从"六五"到"十三五"的 8 个五年规划课题中，涉及成人教育的课题共计 426 项，课题主题几乎涵盖了成人教育的所有领域（见表 1.2）。研究主题集中在岗位培训、远程教育、农村成人教育以及社区教育等方面。其中，立项率高、有代表性的学者有叶忠海、董明传、王北生、高志敏以及陈乃林等人。从时间序列看，从"六五"的 2 项课题至"十三五"的 107 项课题（截至 2020 年），数量上呈现出较为稳定的增加趋势，表明国家、研究者对该领域的研究格外重视；从立项课题的题目看，研究领域也有所拓展，涉及社会学、管理学以及心理学等多个学科领域。

---

① 李艳莉，陈娟. 我国成人教育研究的概况与特点分析——基于 2010—2018 年全国教育科学规划成人教育类立项课题的回顾与前瞻［J］. 中国成人教育，2019（12）.

表1.2 全国教育科学"六五"至"十三五"期间成人教育规划课题主题分布表

研究领域	总课题项数（项）	比重（%）
岗位培训	86	20.19%
远程教育	70	16.43%
农村成人教育	61	14.32%
社区教育	28	6.57%
成人高等教育	18	4.22%
教学与课程	18	4.22%
继续教育	28	6.57%
老年教育研究	19	4.46%
成人学习	20	4.69%
成人非正规教育研究	15	3.52%
成人教育发展战略研究	13	3.05%
成人教育社会学研究	11	2.58%
妇女教育	9	2.11%
终身教育研究	12	2.82%
扫盲教育	8	1.88%
社会力量办学研究	6	1.41%
成人教育学科建设研究	4	0.94%
总计	426	100%

三、成人教育学科专著出版情况

70年来，成人教育学专著总共不低于1500本。在1949年至1978年间，数量达到45本，主题集中在职工教育、职工业余教育、农民业余教育等方面，例如《怎样开展职工业余教育》（欧阳榕，1950）、《怎样办好农民业余教育》（杨履武，1951）、《成人教育理论探索第一集》（黑龙江省成人教育学会编，1978）等。1979年5月，人民教育出版社《业余教育的制度和措施》一书出版，标志着我国正式进入了现代成人教育研究的初始准备阶段。[①] 在成人教育专著编撰初期（1949—1978 年），编写内容主要围绕我国职工教育、职工业余教育、农民教育以及扫盲教育的实践开展；改革开放后，逐渐开始翻译引介国外成人教育学著名专著，如《成人教育——实践的基础》（达肯沃尔德、梅里安，1986）、《现代成人教育实践》（诺尔斯，1989）、《成人教育和继续教育社会学》（贾维斯，1989）以及《成人教育的哲学基础》（伊里亚斯、梅里安，1990）等。1991 年后呈现出明显的增长趋势，研究主题集中在成人教育基本理论、地方成人教育实践、职工教育等内容。20 世纪前后，我国成人教育学专著不断出现，例如《成人教育学通论》（叶忠海，1997）、《成人教育大辞典》（齐高岱、赵世平，2000）。近十来年具有代表性的成人教育学专著有：《中国成人教育改革发展三十年》（中国成人教育协会组编，2008）、《现代成人教育学原理》（叶忠海，2015）、《成人教育学科体系论》（高志敏等，2017）、《老年教育学》（孙立新等，2022）等。

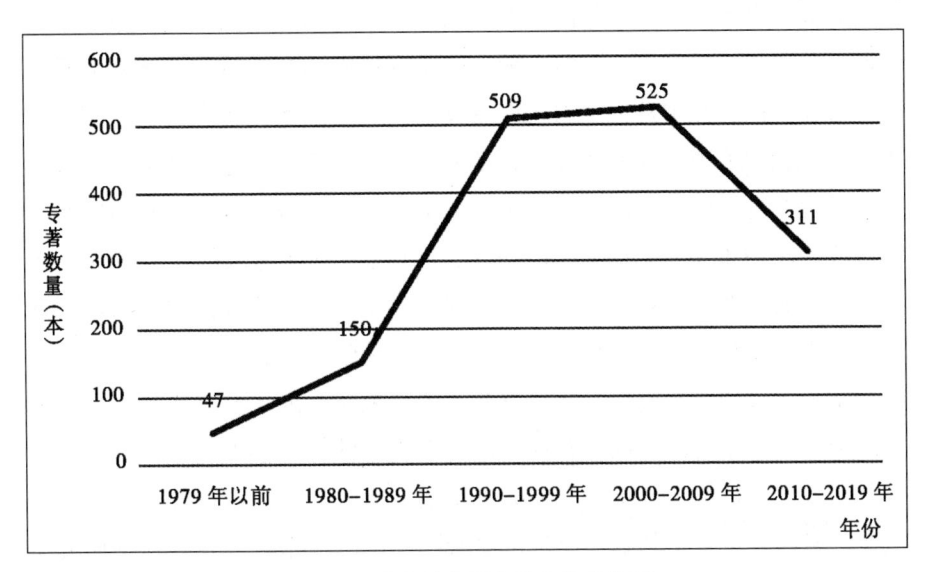

图 1.2　成人教育学专著出版趋势图

[①] 叶忠海，等. 现代成人教育学原理［M］. 北京：中国人民大学出版社，2015：11.

四、成人教育理论研究的特征阐释

从成人教育研究的主题、关键词等标识来看，我国成人教育学术研究主要有以下几个特点：成人教育学术研究更多地集中于成人教育学的基本理论研究，且理论研究的范围不断扩大，例如学习化社会、社区教育、老年教育等具有新时代特色的研究领域不断出现；研究对象和领域具有广泛性，这一特点与成人教育比普通学校教育更能体现社会公平、教育平等等问题不无关系，相关研究涉及农村成人教育、老年教育、继续教育、成人生活等领域，反映出成人教育学的研究与社会现象和问题密切相连；研究方式也愈加体现实证性，意味着深入成人教育实践，在实际调查中进行研究愈加被成人教育学学术领域所重视。具体而言有以下几点。

（一）研究路径由模仿学习走向自我建构

20 世纪 80 年代初，我国现代意义上的成人教育理论研究才刚刚起步，而国外成人教育经过几十年的实践，已经有了较为完备的理论体系、学科建制，并逐步走向发展、成熟。随着改革开放的不断推进，我国成人教育研究者在理论研究中发现国内成人教育与国外成人教育研究存在着很大的差距，认识到了国内成人教育面临学科建设不成熟、理论体系薄弱、人才培养乏力、自主研究难以开展等现实窘境。因此，我国成人教育研究在起步阶段比较注重引进、译介国外成人教育发展较好地区的研究成果。此外，由于成人教育学科的研究在我国起步较晚，学科建设尚未成熟，因此在进行成人教育学学术研究时多借用模仿"母学科"教育学以及其他诸如社会学等学科的研究范式、研究方法、理论视域，陷入"拿来主义"的泥淖之中。无论是对国外成人教育理论研究成果的模仿学习，还是对其他学科的仿效学习，都在一定程度上促进了我国成人教育研究的发展，为成人教育学科建设奠定了基础。但是也要看到，这两种来自"外界"的研究不可避免地带有"拿来主义"的印记，成人教育学的研究对象空泛化，学科体系、研究特点、逻辑起点、学科范式模糊化。前者使成人教育研究的

"中国特色"缺失了，后者使成人教育研究的"成人特色"缺失了。① 不管是移植国外成人教育研究成果，还是试图从教育学研究中寻求理论帮助，我国成人教育研究均处于效仿学习阶段，尚未完全走出来自"外界"的各种规约，未形成独立的学科自我。② 社会学家迪尔凯姆指出："一门科学只有在真正建立起自己的个性并真正独立于其他学科时，才能成为一门真正的科学。一门科学之所以能成为特别的学科，是因为它研究的现象是其他学科所不研究的。"③ 随着我国成人教育实践活动的不断开展，成人教育理论研究的深入发展，学科建设问题的倒逼，国内成人教育研究者的学科自主意识不断被唤醒，日趋提倡要形成成人教育学科研究的独立性，不断走向成人教育理论研究的自我建构与内涵发展。"在此期间，涌现出了一批成人教育工作者和成人教育理论研究者对成人教育基本理论问题进行了较为系统的研究。"④ 他们运用成人学习理论、成人教育理论、成人心理学等学科知识不断耕耘包括继续教育、老年教育、社区教育、农民教育等研究领域，不断推进我国成人教育的学术研究从模仿国外走向本土探索，从学科仿效走向自主发展，凸显我国成人教育学科建设理论研究的独立性。时至今日，在众多学者的不懈努力下，我国成人教育学由外界移植逐渐转向自我建构。⑤

（二）研究内容由星散零碎走向系统深入

梳理我国成人教育 70 年来的理论研究进程，我们发现，成人教育理论研究之初的成果表现出星散零碎的特点，研究主题泛化，研究内容的深度不够，系统性不足。有学者指出："最初更多的是成人教育研究者就成人教育某个感兴趣的问题进行个别研究，研究的专题显得相当零星、分散；

---

① 叶忠海. 现代成人教育研究：历程和进展特点——为我国改革开放 30 周年而作 [J]. 成人教育，2009（12）.
② 石娟，刘义兵. 我国成人教育研究的时代转向 [J]. 成人教育，2019（1）.
③ 埃米尔·迪尔凯姆. 社会学方法的规则 [M]. 胡伟，译，北京：华夏出版社，1990：154-155.
④ 叶忠海，等. 现代成人教育学原理 [M]. 北京：中国人民大学出版社，2015：13.
⑤ 石娟，刘义兵. 我国成人教育研究的时代转向 [J]. 成人教育，2019（1）.

更多的选题未纳入规划和计划之中，显得相当混沌。"① 这也是因为受到当时学科自主意识不强、学科研究基础薄弱等条件的限制。随着我国成人教育研究的深入，学科意识的树立以及学科规划的开展，成人教育研究的内容逐渐从星散零碎走向系统深入。

首先，在系统性上表现为学科研究的规划不断完善，成人教育研究者开始依靠课题立项开展系统性的理论研究，并撰写刊发课题研究成果，成人教育专著大量出版。例如，"九五"期间，黄尧主持的国家哲学社会科学重点课题"面向21世纪中国成人教育发展研究"，组织全国成教界对我国成人教育发展作了系统而有序的研究，其中包括对体系结构、发展模式、法规制度、学科建设等方面的系统研究；"十五"期间，杜以德主持的"21世纪中国成人教育学科体系结构及其分类研究"国家重点课题，系统阐释了我国的成人教育学科建设体系、学科发展方向等。

其次，成人教育研究内容的深化表现在成人教育研究领域不再困囿于单一方面的内容，而呈现出研究主题多元化、研究领域广泛化、研究深度拓展化的特点。"在成人教育的基础领域研究中，成人教育研究重点关注成人教育学科体系建设与发展问题，这里面涵盖了成人教育学科的逻辑起点、成人教育学科的特点与研究对象、成人教育学科的历史发展脉络、成人教育的学科体系及研究范式等方面的内容，这些研究内容也是成人教育的元研究，是成人教育学科发展的理论基础。在实践研究领域，近年来我国成人教育研究主要关注终身教育问题、继续教育转型发展问题、城镇化背景下农民融入城市问题、教师专业发展问题等方面的内容。每一研究领域下面又包含多个具体的研究问题，如就终身教育问题而言，主要包括终身教育体系构建研究、终身教育政策研究、终身教育立交桥和学分银行建设研究、学习型城市建设研究、老年教育研究等方面的具体内容。"② 成人教育学科的理论研究在学科意识上不断觉醒，在研究范围和研究对象上不

---

① 叶忠海. 现代成人教育研究：历程和进展特点——为我国改革开放30周年而作[J]. 成人教育，2009（12）.
② 石娟，刘义兵. 我国成人教育研究的时代转向[J]. 成人教育，2019（1）.

断拓展，在研究深度上不断深化，并在课题规划、专题设置上不断完善，这使我国成人教育学科的理论研究不断向系统化、内涵式发展。

（三）研究方法由以思辨为主走向多样化探索

在成人教育学科的学科建设进程中，研究方法的运用是推进成人教育理论研究的重要手段，研究方法的创新与多元化发展是丰富成人教育理论研究的必要路径。在70年的理论研究中，我国成人教育学科研究方法逐渐呈现由以思辨为主走向多样化探索的趋势。在理论研究初期，主要运用思辨研究，即对已有文献在整理分析的基础上以逻辑推导的方式进行纯理论的研究，成人教育基本理论、成人教育哲学等研究均属于思辨研究。思辨研究在成人教育理论研究中"独占鳌头"，成为主要的研究方法，并影响至今。在反思成人教育研究的现状时，有学者明确指出"一般思辨"多于"深度研究"。[1] 随着成人教育研究范围、研究对象的扩大，简单的经验总结、推广已然不能满足成人教育研究深入发展的需要，再加上关于加强教育实证研究、促进研究范式转型、促进高水平教育研究的呼声日益高涨，实证研究方法得到学界的普遍关注和认可。运用实证手段的确对成人教育理论的丰富性与创新性具有不可否认的积极作用，推动了成人教育理论研究的深度、广度、信度与效度深入、扩展与提高，其优势受到研究者们的青睐。[2] 因此，以解决社会实践问题为导向的实证研究方法打破思辨研究"一家独大"的局面，为成人教育研究方法的多样化探索开辟了"窗口"。同时，以数据统计为主的量化研究、以扎根理论为主的质性研究以及混合研究方法也在成人教育领域逐渐活跃起来。此外，成人教育学研究方法的运用没有困囿于单一学科，而是在多学科研究方法中"游弋"，综合运用社会学、统计学、文献计量学、心理学、管理学等不同学科研究方法开展成人教育的理论探索。总之，纵览70年来的成人教育理论研究，研究方法的多样化特征尤为明显，这种由以思辨为主向多元化研究方法的转向切合

---

[1] 高志敏. 论学习化社会背景下成人教育研究的新取向 [J]. 成人教育，2007（1）.

[2] 孙立新，乐传永. 嬗变与思考：成人教育理论研究70年 [J]. 教育研究，2019（5）.

成人教育学科发展的实践性特征，也切合教育理论研究的时代性诉求。

（四）研究队伍由独立作战走向团队合作

成人教育研究者是推动成人教育学科发展、理论探索的内生力量，研究者的组合形式会深刻影响到成人教育学的研究"生态"。在20世纪80年代，成人教育的研究者以及研究机构较少，并且成人教育研究者的学科意识以及合作意识都不强，导致成人教育研究者的组合形式多为个体分散类型，呈现出明显的"各自为营，独立作战"的初始特征。然而，好的教育实践从来就不是个人孤立的活动，而永远是发生在人与人之间，共同分享、相互激励，并最终在人与人的相互关系之中彼此成全的活动。[①] 因此，随着成人教育实践活动的不断开展，成人教育研究者不断增加，成人教育研究机构相继成立，我国成人教育研究者的组织形态也随之发生改变，逐渐由个体独立作战向合作交流转变，一些学术共同体、科研共同体相继以外显或内隐的方式得以形成。成人教育研究者基于团队交流、组织互动、课题立项等方式联合开展跨学科、跨院校、跨区域的成人教育研究。在成人教育研究的团队发展中，目前较为活跃的研究机构有华东师范大学、曲阜师范大学、宁波大学、山西大学、四川师范大学等。在研究队伍不断"脱单"走向"联合"的过程中，还要注意到研究队伍的专业化水平也在不断提升，即由研究者的角色错位向专业化发展转变。在成人教育理论研究开展之初，从事成人教育研究的学者并非都有着专业的学科背景，多是其他学科研究者在摸索中进行理论探索，因此在专业理论、知识结构等方面有所欠缺，导致研究者出现一定的"错位"现象。但是随着成人教育学科的发展，部分高校开始设置成人教育学硕士点和博士点，一批受过专业训练、拥有专业知识的学者开始从事成人教育研究，有效推动了该群体的专业化发展。总的来看，成人教育研究者的合作化、专业化发展成为包括继续教育、终身教育、老年教育以及社区教育等在内的成人教育的重要特征，也为进一步推进成人教育学科建设以及理论研究奠定了重要的基础。

---

① 刘铁芳，罗明. 人的全面发展之社会性及其培育［J］. 教育发展研究，2020（8）.

（五）研究视角由传统单一走向多元切入

从教育学学科视角研究成人教育问题是理论发展之初固有的、传统的范式，就教育问题谈论教育问题的做法也略显单一。在国内成人教育研究的起步阶段，其视角多是从教育学学科的内部切入，在开放性、外延性上做得不够，这与当时的学科发展水平低、理论研究基础弱等有关。随着研究的深入，很多研究者开始着眼于教育学之外的学科视角来研究成人教育问题，借鉴哲学、社会学、心理学、经济学等领域的思想、理论、观点来拓展成人教育研究的内容，学科研究打破了以教育学视域为主、单一学科切入的窠臼，逐渐注意学科研究的开放性、创新性。有不少研究者从心理学领域研究成人教育问题，关注个体成人的发展，深入剖析成人的学习心理、学习特征、学习机制以及幸福感等；从管理学的学科理论切入去研究成人教育的管理机制、队伍建设等方面；从社会学领域利用社会分层理论、社会结构理论、社会流动理论去研究社会特殊群体、弱势群体，比如农民教育、农民工教育、社会矫正人员教育、城市新市民教育等。随着终身学习理念的确立、学习型社会的到来，人的全面发展理论、社会主义和谐理论、终身教育理论、教育公平理论等理论基础不断融入成人教育的研究中，成人教育理论取向走向多元化。[1] 总之，在梳理新中国成立以来的成人教育研究成果中，可以看出成人教育研究学科视域的拓宽，由最初的单学科研究到逐渐具有了跨学科研究的性质。在成人教育研究中进行跨学科研究有利于开拓研究的思路与视野，促进学科间的渗透与互补，加强相关学科间的沟通，成人教育研究的态势逐渐由封闭走向开放。[2]

---

[1] 王中华，贾颖. 建国70年来我国成人教育研究的回顾、反思与展望[J]. 现代教育管理，2019（8）.

[2] 石娟，刘义兵. 我国成人教育研究的时代转向[J]. 成人教育，2019（1）.

第二节　成人教育的实践活动

一、政策文件的颁布

新中国成立初期至"文革"前期是中国扫盲教育、工农教育、干部教育、业余教育迅速发展的重要时期，逐渐形成了以工人、农民、干部教育为主体，具有初、中、高层次的成人教育的新体制。1950年9月20日在北京召开的工农教育会议是建国后第一次成人教育的专门会议，这次大会后的重要成就是制定了新中国成立后第一套较完整的成人教育政策规章，包括成人教育的方针、任务、制度、教学计划、师资、经费来源、开支、组织管理等。会议将工农教育问题列入国家教育工作的主要议事日程，明确了工农教育的实施方针、政策和措施，为建立从中央到地方的工农教育管理体制和各种规章制度奠定了基础。1951年10月，中央人民政府政务院发布了《关于改革学制的决定》，指出："我国原有学制有许多缺点，其中最重要的，是工人、农民的干部学校和各种补习学校和训练班，在学校系统中没有应有的地位。"该决定第一次从国家角度，以法令形式颁布了成人教育制度，确立了工农教育的地位，也是第一次对成人初等学校、工农速成中学、业余中学的学制作出了规定。1952年，政务院颁布了我国社会主义新的教育制度，这是新中国成立以来成人教育第一次成制。1956年5月，高教部又规定了业余高等学校本、专科和特别班的学制。后几经修改和完善，初步建立了与普通学校教育平行的、全国统一的、独立的、学历教育性质的成人学校教育制度。1962年，教育事业进行调整，大力提倡"两条腿走路"，主张在民办、半日制、业余教育上下功夫。为推广半工（耕）半读教育制度，教育部于1965年3月26日至4月23日召开全国农村半农半读教育会议，又于10月25日至11月13日召开全国城市半工半读教育会议。会后，中央发布《中共中央关于半农半读教育工作的指示》，推动半工（耕）半读学校的发展。但后来在"文化大革命"期间，半工半读教育制度被当作"修正主义教育路线"而受到批判。

1978年改革开放后，成人教育与我国政治、经济、社会发展和改革的形势相一致，经历了20世纪80年代初期的恢复、中期的改革发展，以及80年代末期到90年代初的整顿调整，其制度建设呈加速态势迅猛发展，国家相继制定发布了一系列促进成人教育大力发展的重要决定。1981年1月，国务院批转教育部《关于高等教育自学考试试行办法的报告》，同意建立高等教育自学考试制度。1985年5月，中共中央在《关于教育体制改革的决定》中，提出了建立岗位培训制度的意见。1986年和1987年，国务院分别发出指示，要求建立和逐步完善继续教育制度。尤其1987年颁布的《关于改革和发展成人教育的决定》，是中国成人教育制度建设史上的里程碑，对形成新时期中国成人教育制度构架具有深远的历史意义。它初步确立了以岗位培训、继续教育为重点的中国成人教育制度的基本框架，确定了我国现行的成人教育管理体制模式，较好地适应了社会主义现代化建设对各级各类人才的需要，从而转变了观念，突出了重点，配套了政策，理顺了体制。

随着改革开放的深入，社会主义市场经济体制的建立，科学技术的迅猛发展，我国人口的科学文化素质与现代化建设需求不相适应的矛盾更加突出，城市和农村的在职、从业人员及其他劳动者提高素质和参加培训的需求比改革开放之初更高，出现了接受更高层次教育的普遍要求。诸如此类，都要求我们必须大力发展成人高等教育。为此，1992年8月，国家教委在北京召开了全国成人高等教育工作会议，并于1993年1月由国务院办公厅批转了《国家教委关于进一步改革和发展成人高等教育的意见》，充分肯定了改革开放以来成人高等教育取得的成绩，提出了进一步改革和发展的总体目标及十项政策措施。1992年10月召开的党的十四大，再次强调"科技进步、经济繁荣和社会发展，从根本上取决于提高劳动者的素质，培养大批人才"的战略指导思想，提出了积极发展成人教育的方针。1995年3月，八届人大三次会议通过了《中华人民共和国教育法》，标志着我国教育迈上了依法管理的轨道。作为整个国家教育法治体系的根本法，《中华人民共和国教育法》对成人教育作出原则性的规划：国家实行"继续教育制度"和"从业人员有依法接受职业培训和继续教育的权利和义务",为成人教育制度建设提供了原则性的指导,从法律上保障和推动了成人教育的发展。

进入 21 世纪,构建终身教育体系、建设学习型社会成为我国的基本国策。至此,成人教育被纳入终身教育体系,开始进入了全面发展期。与此相适应,政策层面也进入了系统规划和全面推进期。伴随着我国学习型社会建设进程的加快,经济和科技、信息技术的发展,我国成人教育进入了深化提升和重点聚焦阶段。主要表现为:首先,深化了成人教育的内涵,廓清了范畴,成人教育被纳入"继续教育"的范畴中。2010 年《国家中长期教育改革和发展规划纲要(2010—2020 年)》首次在国家层面明确了继续教育的内涵,指出继续教育是面向学校教育之后所有社会成员特别是成人的教育活动,明确将成人教育纳入继续教育的范畴。其次,以任务为导向,彰显了成人教育在终身教育与学习型社会建设中的重要地位与作用,提出要加快继续教育的转型发展,大力发展非学历继续教育;推进继续教育与其他各级各类教育系统的衔接与沟通,建立学分积累与互认制度;广泛开展城乡社区教育,重视老年教育,发展面向农村的职业教育。

二、成人教育机构的建立

(一)普通高校举办的函授、夜大学

高等学校最初创办函授教育和夜大学时,是以具有高中或中等专业学校毕业程度的在职干部、教师、技术人员等为招生对象的。20 世纪 50 年代初,中国人民大学最早开启函授教育和夜大学,此后,全国各地其他普通高校也相继举办此类业余高等学历教育。1955 年 5 月 19 日至 6 月 10 日举行的全国文化教育工作会议决定,采用"函授"或举办"夜大学"等办法吸收工矿干部、技术人员和熟练工人进行"在职学习"。1959 年,教育部提出,"根据两条腿走路的方针,业余高等教育必须积极发展","全日制高等学校举办的夜大学或函授部,应当采取巩固发展的方针"。20 世纪 60 年代初,此类业余高等学历教育的招生对象放宽到"知识青年"。国务院和教育部对函授教育和夜大学毕业生的学历、使用和待遇问题作出规定:在职人员中的函授和夜大学毕业生,在工作使用、评定职称等问题上，应与全日制高等学校同类专业毕业生同等对待。知识青年中的函授和夜大学毕业生，可以由省、市、自治区人事、劳动、计划部门根据需要择优录用。1964年3月，教育部、劳动部联合发文，解决职工参加函授学习和脱产时间及工资问题。这些措施使高等学校函授教育和夜大学工作得到进一步发展。

1980年9月，国务院要求，高等学校除办好全日制大学外，还应根据自己学校的情况积极举办函授教育和夜大学。在该政策引导下，从普通高等学校函授部或夜大学取得本科及专科学历的毕业生数从1980年的7000人陡增到1988年的20万人，1991—1999年间，从普通高等教育系统取得成人本科及专科学历资格证书的毕业生数每年都远远高于广播电视大学毕业生数，成人高等学历教育盛极一时。21世纪以来，随着高等教育的普及化、大众化，每年从普通高校取得成人学历资格证书的毕业生数远超其他五类成人高等教育机构毕业生总数，普通高校举办的成人高等学历教育毕业生规模之大，已使其几乎足以脱离于由其他五类独立设置的成人高等教育机构所构成的成人高等教育系统。2006年，普通高校的成人高等学历毕业生数陡然跌入64万低谷，2007年又陡增至150万，2016年继续增至228万。

（二）独立设置的业余高校或成人高校

从1953年起，除了普通高校举办的函授和夜大学，国家还通过专门设立的业余高校向各行业在职人员提供高等学历教育。1956年至"文革"前，独立设置的业余高等学校得到较快发展，尤其是在"大跃进"的社会背景下，独立设置的业余高校于1958—1965年间在各地迅速建立。1982年，教育部专门印发针对职工大学、职工业余大学学生的学籍管理暂行规定和考试试行办法，要求这类院校毕业生学完教学计划规定的课程后，都要进行毕业设计（毕业论文）和毕业答辩，成绩合格者可获得所学专业的毕业证书。1984年3月，教育部、国家发展计划委员会将"纳入国家成人高等教育事业计划的范围"明确限定为："经省、市、自治区人民政府和中央有关部门批准，并报教育部审定备案的广播电视大学、职工高等学校、农民高等学校、管理干部学院、教育（教师进修）学院，独立设置的函授学院、普通高等学校举办的函授部、夜大学，招收具有高中毕业文化程度，学制为二年以上，培养目标相当于高等学校专科和本科毕业水平的人数，不包括在各种短期训练班、进修班学习的人员。"从1986年起，各类成人高校实行全国统一招生。

独立设置的成人高校主要分为五类：职工（农民）高等学校、教育（教师进修）学院、广播电视大学、管理干部学院、独立函授学院。20世纪80年代，职工高等学校是全国数量最多的独立设置的成人高校，主要面向企业在职员工。其次是教育学院。管理干部学院创立于1984年，专门面向企事业单位的管理干部群体。独立函授学院自1980年起仅剩4所，截至2002年仅剩2所。农民高等学校主要面向农民，1980年有165所，1981年减至72所后基本停办，1982—2002年全国每年只有3所左右。20世纪90年代至21世纪初，农民高等学校和独立函授学院数量仅剩2—3所。

（三）广播电视大学系统

广播电视大学系统举办高等学历教育肇始于1960年在北京创办的全国第一所广播电视大学，其办学宗旨是为北京地区在职职工提供业余学习和进修的机会。它利用现代化教育手段进行教学，开设数、理、化和中文4个专业，学制为4—5年。当时这类以电视和广播为主要教学手段的高等学校，主要培养相当于高等专科学校毕业水平的人才，例如1978年国家所成立的、由教育部直属的中央广播电视大学（现国家开放大学）。1999年，教育部批准67所普通高校和中央广播电视大学开展现代远程教育工程试点，允许这些试点高校借助现代网络信息技术，开展本科及专科层次教育教学，以这种途径获得的高等学历即"网络学历"。2007年4月，教育部要求所有承担现代远程教育工程试点的部属高校要充分利用现代信息技术，逐步将函授教育过渡到现代远程教育。为此，"网络学历"逐渐取代了以往普通高校的高等函授教育和夜大学教育。中央广播电视大学于2012年7月更名为国家开放大学，成为开展远程网络教育并颁发相关高等学历教育资格证书的主要机构之一。这类学校虽也进行面授式教学，但主要以现代信息技术为手段，以远程开放教育为主要教学形式。这类学校与属于普通高校的成人教育学院有着类似之处，都对成人高校的教学、课程、办学和管理等实践和改革问题进行经验的总结和理论的研究。

三、成人教育学硕士、博士点授予单位分布情况

1993年,《中华人民共和国学科分类与代码国家标准》开始实施,"成人教育学"被确定为教育学二级学科,代码为88057。1997年,国务院学位委员会、国家教育委员会颁布的《授予博士、硕士学位和培养研究生的学科专业目录》也将"成人教育学"纳入其中,专业代码为040107。从此,"成人教育学"在我国获得了"法定"的学科专业身份。

1993年,经国务院学位委员会批准,华东师范大学设立了第一个成人教育学专业硕士学位点,拉开了我国成人教育学专业研究生教育的序幕。1994年,该学位点开始招生。学位点创办初期,研究生招生规模较小,首届只有1名研究生入学,1996年则未招生。1998年,曲阜师范大学获得成人教育学专业硕士学位授予权,成为全国第二个成人教育学专业硕士学位点。1999年,该学位点首批招收了4名硕士研究生。

2000—2001年,北京师范大学、同济大学等4所高校先后获得成人教育学专业硕士学位授予权,并陆续于2002年和2003年开始招生。2003年,河南大学、华南师范大学等6所高校获得成人教育学专业硕士学位授予权,2004年同步开始招生,成人教育学专业硕士学位点增加至12个。2007年,随着上海师范大学、江西师范大学、浙江师范大学等高校开始招生,我国成人教育学专业学位点增加至22个,硕士招生规模也快速扩大。

2004年,华东师范大学获得成人教育学专业博士学位授予权,并于2005年开始招生,开创了我国成人教育学专业博士研究生培养的先河。2007年,西南大学开始招收成人教育学专业博士研究生。2008年,我国首位成人教育学专业博士毕业。2011年,国务院学位委员会下达了2010年审核增列的博士和硕士学位授权一级学科名单,这次学位授权审核与以往学位授权审核的不同在于,政府主管部门仅审核一级学科的学位授予权,学位授予单位可在一级学科授权下自主设置二级学科。基于这一政策,2011年,宁波大学、河北大学等高校自主设置了成人教育学专业硕士学位点,并于2012年开始招生。此外,自2012年开始,同济大学、曲阜师范大学等高校相继按照教育学一级学科招生，原来的成人教育学专业变为教育学专业下设的二级研究方向。2012年，南京师范大学自主设置的成人教育学专业博士点开始招生。

为使研究生教育更好地适应经济社会发展需要，持续提高人才培养质量，2014年，我国启动了博士、硕士学位授权学科和专业学位授权类别动态调整试点工作。2015年，国务院学位委员会印发《博士、硕士学位授权学科和专业学位授权类别动态调整办法》，决定自2016年起，博士、硕士学位授权学科和专业学位授权类别动态调整实施范围扩大到全国。在此背景下，我国成人教育学专业学位点进入了撤销或增列的动态调整阶段。从2016年开始，深圳大学、福建农林大学等高校的成人教育学专业学位点陆续撤销或暂停招生，湖南农业大学、重庆师范大学则增列成人教育学专业硕士学位。我国成人教育学专业学位点实现了从无到有、由少及多、从硕士到博士的规模扩张与层次提升。此外，各学位点积极开展成人教育实践与改革现实问题专题研究、成人教育学或成人教育学科基本理论研究等学术研究活动，致力于打造高水平、高素质、强能力的成人教育人才队伍，研究方向涉及成人教育基本原理、终身学习与学习化社会、成人教学论、企业员工培训、教师教育、成人高等教育、社区教育、继续教育、远程教育和比较成人教育等诸多领域。

四、成人教育专业学术期刊

随着我国成人教育，尤其是成人高等教育事业的蓬勃发展，作为传播、交流成人教育办学经验的重要平台——成人教育期刊也获得了广泛发展。1979年，由黑龙江广播电视大学主办的《电大教育》创刊，这是我国改革开放之后创办的第一本远程教育类成人教育专业学术期刊。《云南电大学报》（1980）、《中国电大教育》（1981）、《湖北电大学刊》（1981）等也都在这个时期相继创刊。1980年，由北京市教育委员会主办的《北京成人教育》创刊并公开发行，这是我国改革开放之后创办的第一本综合性成人教育专业学术期刊，该杂志与后来的《成人教育》（1981）、《上海成人教育》（1983）等刊物共同成为改革开放初期我国综合性成人教育期刊的典型代表。这一时期，我国成人教育期刊的发展成就显著，数量不断增长，社会影响力不断提升，作为成人教育知识和经验传播媒介的作用日益凸显。

我国成人教育期刊的数量不断增长。1979年为1本，1980年为3本，1981年为7本；到了1984年，成人教育期刊的数量加速增长到了20本；到1999年，有关成人教育的期刊已有64本。1997年，国家新闻出版总署下发了《关于期刊业治理工作的通知》，全国期刊界开展了以转化内部期刊、控制期刊总量、优化期刊结构、重新划分期刊发行管理类别等为主要内容的全面清理整顿。有一些成人教育类期刊由于自身办刊的规范化程度、主办单位的调整等原因，转型或者退出了历史舞台。我国成人教育期刊整体处于不断调整和转型的状态，不少成人教育期刊停刊或者转型为非成人教育类期刊。由于现代教育技术的发展，以往的以函授教育为主的成人教育办学模式逐渐被淘汰，关于函授学习的研究也日渐减少，因此，以推进函授教育改革与发展为主旨的成人函授教育类专业期刊也逐步开始转型。例如，由中国人民大学主办的《函授学习》更名为《成人高教学刊》。2012年，教育部继续教育办公室成立，自此之后，在官方正式文件的表述上，继续教育的称谓在很大程度上代替了成人教育，不少成人教育类专业期刊也进行了更名，如2013年，《湖北大学成人教育学院学报》更名为《当代继续教育》，《高等函授学报（自然科学版）》更名为《高等继续教育学报》等。这一时期的广播电视大学、成人高等学校的功能和定位也在逐步发生巨大的变化，例如，不少省、市的广播电视大学系统整体转型为开放大学系统，由此，不少广播电视教育类成人教育期刊也随之转型，进行了更名。

目前，公开出版的成人教育类期刊有60种。这类期刊，从其稿件结构来看，可分为三种类型：一是以专业学科教学为主，同时兼顾成人教育研究的，如《成人高教学刊》（《成人教育学刊》）、《高等函授学报》（《高等继续教育学报》）、《西北成人教育学报》、《体育成人教育学刊》、《河北大学成人教育学院学报》、《河北工业大学成人教育学院学报》、《湖北成人教育学院学报》等。二是以成人教育研究为主兼顾学科教学研究的，如《湖北大学成人教育学院学报》(《当代继续教育》)、《继续教育研究》等。三是以成人继续教育研究为主的期刊，如《中国成人教育》《成人教育》《成人高等教育研究》等。这些专业学术期刊有效满足了读者需求，培养了一大批理论研究人才，有力地推动着成人继续教育理论研究的发展。

表1.3 我国成人教育类期刊汇总（部分）

期刊名称	主办单位	创刊时间	期刊级别
现代远距离教育	黑龙江广播电视大学	1979	CSSCI；北大核心期刊
中国远程教育	中央广播电视大学	1981	CSSCI；北大核心期刊
开放教育研究	上海远程教育集团、上海开放大学	1983	CSSCI；北大核心期刊
继续教育研究	哈尔滨师范大学	1984	北大核心期刊
成人教育	黑龙江省教育学院	1981	北大核心期刊
现代远程教育研究	四川广播电视大学	1988	CSSCI
远程教育杂志	浙江广播电视大学	1983	CSSCI
高等继续教育学报	华中师范大学、中国成人教育协会	1988	普刊
中国农村教育	教育部城市与农村教育综合改革办公室	1989	普刊
终身教育研究	江苏开放大学	1990	普刊
北京教育学院学报	北京教育学院	1990	普刊
成才与就业	上海教育报刊总社	1990	普刊
中国成人教育	中国成人教育协会	1992	普刊
中国培训	中国职工教育和职业培训协会	1992	普刊
湖北广播电视大学学报	湖北广播电视大学	1992	普刊
当代继续教育	湖北大学	1993	普刊
福建广播电视大学学报	福建广播电视大学	1993	普刊
吉林广播电视大学学报	吉林广播电视大学	1994	普刊

续表

期刊名称	主办单位	创刊时间	期刊级别
河南广播电视大学学报	河南广播电视大学	1994	普刊
江西广播电视大学学报	江西广播电视大学	1994	普刊
甘肃广播电视大学学报	甘肃广播电视大学	1994	普刊
山东广播电视大学学报	山东广播电视大学	1995	普刊
南京广播电视大学学报	南京广播电视大学	1996	普刊
贵州广播电视大学学报	贵州广播电视大学	1996	普刊
天津电大学报	天津广播电视大学	1997	普刊
广西广播电视大学学报	广西广播电视大学	1997	普刊
西北成人教育学院学报	西北师大继续教育学院	1999	普刊
安徽广播电视大学学报	安徽广播电视大学	1999	普刊
陕西广播电视大学学报	陕西广播电视大学	1999	普刊
北京宣武红旗业余大学学报	北京宣武红旗业余大学	1999	普刊
河北大学成人教育学院学报	河北大学继续教育学院	1999	普刊
宁波教育学院学报	宁波教育学院	1999	普刊
湖南广播电视大学学报	湖南广播电视大学	2000	普刊
湖北成人教育学院学报	湖北成人教育学院	2000	普刊
海南广播电视大学学报	海南广播电视大学	2000	普刊
广州广播电视大学学报	广州广播电视大学	2001	普刊
宁波广播电视大学学报	宁波广播电视大学	2003	普刊
中国继续医学教育	中国水利电力医学科学技术学会	2009	普刊
教师发展研究	北京教育学院	2017	普刊

五、成人教育相关组织机构

专门化、组织化的成人教育组织是实现成人教育实践活动有序开展的重要保障，成人教育专业组织的发展能够助力成人教育学科及其体系建设。1981年，我国第一个成人教育组织——中国成人教育协会在北京成立。时至今日，中国成人教育协会、中国职工教育和职业培训协会、中国继续工程教育协会以及中国老年教育协会等都是较有代表性的专业组织。各组织结合社会实际与需求，日趋发展成熟与壮大。成人教育组织机构除了宣传成人教育的意义和作用，开展成人教育科学研究和教育教学改革实验以外，还交流与推广成人教育科研成果和经验，出版有关成人教育的报刊和资料，以及开展多种形式的继续教育和岗位培训等诸多业务。

表1.4 成人教育相关组织机构（部分）

机构名称	成立（注册）时间	主管（批准）部门	地点
中国成人教育协会	1981年	教育部批准，民政部注册	北京
职业教育与成人教育司	——	教育部主管	北京
中国老年大学协会	1988年12月	全国老龄委办公室主管	北京
北京市成人教育学会	1981年11月	北京市教育委员会指导	北京
天津市职业教育与成人教育学会	1991年9月	天津市教育委员会主管	天津
河北省成人教育协会	1986年9月	河北省社科联、教育厅、民政厅业务指导与管理	石家庄
山西省成人教育协会	1987年9月	山西省民政厅登记注册	太原
辽宁省成人教育学会	1992年8月	辽宁省教育厅主管	沈阳
吉林省成人教育协会	1992年12月	吉林省教育厅主管	长春
黑龙江省成人教育学会	1980年9月	黑龙江省教育厅主管	哈尔滨
上海市成人教育协会	1983年10月	上海市民政局登记注册	上海
江苏省成人教育协会	1983年12月	江苏省教育厅主管	南京
浙江省成人与职业教育协会	1989年12月	浙江省教育厅主管	杭州
安徽省职业与成人教育学会	2006年4月	安徽省教育厅主管	合肥
福建省全民终身教育促进会	2009年1月	福建省民政厅登记注册	福州
江西省成人教育协会	2000年1月	江西省民政厅登记注册	南昌

续表

机构名称	成立（注册）时间	主管（批准）部门	地点
山东省成人教育协会	2011年5月	山东省民政厅登记注册	济南
河南省成人教育协会	1986年6月	河南省教育厅主管	郑州
湖南省职业与成人教育学会	2003年6月	湖南省民政厅登记注册	长沙
广东省成人教育协会	1981年3月	广州市工商局登记注册	广州
广西职业教育与成人教育学会	1986年10月	广西教育厅主管	南宁
重庆市成人高等教育协会	2002年6月	重庆市民政局登记管理	重庆
四川省职业与成人教育学会	2010年3月	四川省教育厅、民政厅登记主管	成都
陕西省成人教育学会	1992年5月	陕西省教育厅主管	西安
甘肃省职业与成人教育协会	1988年	甘肃省教育厅主管	兰州
青海省职业教育与成人教育协会	1993年2月	青海省教育厅主管	西宁
上海市浦东新区成人教育协会	1984年8月	浦东新区社团管理部门批准成立	上海浦东
北京市成人教育科学研究所	1986年2月	——	北京
辽宁教育科学研究院（原辽宁成人教育研究所）	1993年2月	辽宁省教育厅直属	沈阳
山东省职业教育与成人教育研究所	1992年	山东省教育厅直属	济南
中国职业技术教育学会	1990年12月	教育部、民政部管理	北京
中国职工教育和职业培训协会	1990年11月	人力资源和社会保障部、民政部监督管理	北京
中国继续工程教育协会	1984年	人力资源和社会保障部、民政部监督管理	北京
中国职工思想政治工作研究会	1984年11月	民政部登记	北京

续表

机构名称	成立（注册）时间	主管（批准）部门	地点
中国老年教育协会	1984年	中央宣传部等发起成立	北京
全国少数民族教育研究会	1983年9月	中国教育协会	延吉
河南省终身教育研究院	2019年3月	——	郑州
河南省成人教育教研室	——	河南省教育厅	郑州
云南省成人高等教育学会	1989年8月	云南省教育厅	昆明

六、成人教育相关网站

1998年"中国成人教育信息网"成为我国成人教育类的第一个网站，此后，其他成人教育类的网站也相继开通，如，2003年中国成人教育协会开通的"中国成人教育协会网络中心"和2004年教育部的"社区教育实验网站"等。除了协会团体、政府所开通的网络媒介，我国一些高校的继续教育学院的官方网站也是强有力的网络载体，如华东师范大学的开放教育学院网、曲阜师范大学的继续教育学院网、宁波大学成人教育学院网等等。此外，中国各大电子数据库也收录了有关成人教育的著作、期刊论文和会议报纸等电子版文献，例如，中国知网、维普中文期刊数据库、超星数字图书和万方知识服务平台等网络数据库。

表1.5 成人教育相关网站（部分）

网站名称	网站地址	主（承）办单位
中国成人教育协会官网	http://www.caea.org.cn/	中国成人教育协会
中国职业教育与成人教育网	http://www.cvae.com.cn http://www.cvae.edu.cn	教育部职业技术教育中心研究所
职业教育与成人教育司	http://www.moe.gov.cn/s78/A07/	中华人民共和国教育部
中国现代远程与继续教育网	http://www.cdce.cn/	全国高校现代远程教育协作组全国高校网络教育考试委员会

续表

网站名称	网站地址	主（承）办单位
全民终身学习公共服务平台	http://www.goschool.org.cn	教育部、中国成人教育协会
国家级农村职业教育和成人教育示范县展示与交流平台	http://sf.oucnet.cn	教育部职业教育与成人教育司
全国农村成人教育网	http://www.nccrjy.cn	中国成人教育协会农村成人教育专业委员会
中国社区教育网	http://www.shequ.edu.cn/	国家开放大学、教育部社区教育研究培训中心
中国老年大学协会官网	http://www.caua1988.com/#/	全国老龄工作委员会办公室
浙江省成人教育与职业教育协会官网	http://www.zjzcj.com	浙江省成人教育与职业教育协会
中国终身教育网	http://www.lifelongedu.com.cn	福建省全民终身教育促进会
浙江终身学习在线	http://www.zjlll.cn/zsjypt/zl_index.action	浙江省社区教育指导中心
浙江社区教育网	http://www.zjce.edu.cn	浙江省社区教育指导中心
中国职工教育和职业培训协会官网	http://www.zhongguozhixie.com.cn/	中国职工教育和职业培训协会
中国远程与继续教育网	http://www.cdce.cn/	全国高校现代远程教育协作组

总之，在70年的教育发展进程中，我国成人教育在平台建设、人才培养、学术交流等实践活动方面取得重要进展，在论文发表、专著出版以及课题申报等理论研究方面也取得了重大进步，这为我国未来成人教育学科建设及其发展奠定了重要基础。在今后的成人教育实践及其理论探索中要秉持以人为本的基本理念，以实践为指引，以问题为导向，不断丰富成人

教育实践活动，完善成人教育学科理论，推进我国成人教育向创新性、特色化、体系化方向发展。

第三节 成人教育理论与实践的先驱者

成人教育的理论与实践发展，得益于成人教育先驱者的努力耕耘与坚守，正是由于前辈们的初心，成人教育才能星星之火渐成燎原之势，在哲学社会科学中占有一席之地。因此，我们梳理了21位对成人教育理论与实践做出杰出贡献的学者以及他们各自的成就。

1. 黄炎培及其贡献

黄炎培是中国近代职业教育的先驱和奠基者。1913年，他发表《学校教育采用实用主义之商榷》，提倡教育与学生生活、学校与社会实际相联系。1914年他以《申报》记者身份随中国游美实业团体在美国考察职业教育。1917年他赴英国考察，同年5月，联络教育界、实业界知名人士在上海成立了中华职业教育社，并于10月创办了《教育与职业》杂志。1918年，黄炎培创建中华职业学校。他曾参与起草1922年学制，进行乡村建设实验和筹办南京高等师范专科学校、东南大学等高校。1931年"九一八"事变后，黄炎培积极投入抗日救亡运动，创办《救国通讯》，宣传爱国主义。1946年他在上海创办比乐中学，探索兼顾升学和就业双重准备的普通中学。到1949年前，他先后创办了重庆中华职校、上海和重庆中华工商专校、南京女子职业传习所、镇江女子职校、四川都江实用职校等。黄炎培著述颇丰，著有《黄炎培考察教育日记》《新大陆之教育》《东南洋之新教育》《学校教育采用实用主义之商榷》《中华职业教育社宣言书》《南洋华侨教育商榷书》《我之人生观与吾人从事职业教育之基本理论》等，为我国近代成人职业教育实践及其理论发展作出了重要贡献。

2. 雷沛鸿及其贡献

雷沛鸿作为中国成人教育运动的先驱，为近代中国成人教育的理论发展而"摇旗呐喊"。1913年，雷沛鸿留学英国，后转入美国。在留学英、美期间，他对欧洲成人教育有所接触和研究，并立志终身从事大众教育事业。1921年回国后，雷沛鸿在《教育杂志》等期刊发表《北欧的成人教育》《英国成人教育运动之起源与发展》《成人教育的哲理研究》《瑞典成人教育概观》等10余篇论文；1931年出版的专著《成人教育丛论》成为我国成人教育研究中的重要著作。1928—1933年间，他两度执教江苏省立教育学院，主讲民众教育概论、成人教育、比较成人教育等课程，其中讲授的比较成人教育课程开各校之先河。雷沛鸿不仅在成人教育研究、实践上具有丰富的经验，也直接参与成人教育管理工作。他历任广西省公署教育科长、广西省政府委员兼教育厅厅长、广西大学校长及西江学院院长等职。在广西任职期间，他通过政权力量大力推行国民基础教育运动，创设国民中学制度，到1942年开办国民中学80余所，基本做到县县有中学；积极开展成人教育，推动儿童教育和成人教育、学校教育和社会教育之间的合作。1939年举办了广西成人教育年，集中全省人力和物力，扫除文盲155万人次。他总结在广西开展成人教育的经验，走出广西办教育，积极推广，推动全国成人教育、乡村建设运动的发展。

3. 晏阳初及其贡献

晏阳初是中国平民教育家和乡村建设家，被誉为"世界平民教育运动之父"。他自20世纪20年代开始致力于平民教育，创办了历史上第一份中文劳工报纸《中华劳工周报》，回国后编制刊行了《平民千字课》等教材。1922年发起全国识字运动，号召"除文盲、做新民"，3月转到湖南长沙组织平民教育讨论会，并推行《全城平民教育运动计划》。1923年在北京组织成立中华平民教育促进会，并担任总干事一职。晏阳初逐渐认识到中国的平民教育重点在农民的教育，平教会设立了乡村教育部。1926年在河北定县开始乡村平民教育实验。1930年国民政府为推广晏阳初乡村教育经验创办乡村教育育才院，1940年乡村教育育才院改名为乡村建设学院，晏阳初任院长。1943年5月，"哥白尼逝世四百年全美纪念委员会"对他进行表彰，称他"将中国几千年文字简化，使之易读，把书本上的知识开放给了千万不识字的人民，应用科学方法肥沃他们的田地，增加他们的劳动成果"。1949年后晏阳初移居美国，担任国际平民教育协会主席，协助菲律宾、泰国、危地马拉、哥伦比亚及加纳等国建立乡村改造促进会，开展平民教育。在从事平民教育实践活动的同时，晏阳初也注重平民教育的经验总结与理论提炼，撰写了《平民教育概论》《平民教育的真义》《农村运动的使命》等著作，为成人教育实践与学术研究贡献了毕生精力。

4. 陶行知及其贡献

陶行知是中国近现代教育家，大众教育的先驱。1915 年，陶行知入哥伦比亚大学教育学院就读，学习期间，杜威的"教育即生活，学校即社会"等观点对陶行知产生了很大影响。陶行知回国后，1926 年发表了《中华教育改进社改造全国乡村教育宣言》，1927 年创办晓庄学校，1932 年创办生活教育社及山海工学团，设想以教育为主要手段改善人民的生活。1938 年，他倡导举办了中华业余学校，推动香港同胞共赴国难。1939 年，在重庆创办育才学校，培养有特殊才能的儿童。1946 年，在重庆创办社会大学，推行民主教育。在批判杜威"教育即生活"的基础上，他提出"生活即教育""社会即学校""教学做合一"的主张，形成"生活即教育"的教育思想体系。他相继撰写《中国教育改造》《中国大众教育问题》《普及现代生活教育之路及其方案》等作品。在陶行知看来，成人教育的层次应该包括扫盲、初等教育、中等教育、高等教育，承载着扫盲、普及、补习教育和继续教育的功能，是一种源于生活、归于生活的实用主义教育。

5. 高阳及其贡献

高阳作为中国近现代成人教育家，1914 年赴美留学，1917 年回国，先后任暨南大学教务长、商科主任及中国公学大学部教务长。1928 年，高阳任中央大学区民众教育院院长，筹设并兼任劳农学院院长。1930 年，两院合并为江苏省立教育学院后，他继任院长，积极推行民众教育，开展乡村教育实验，开办北夏等民众教育实验区。他参与发起组织中国社会教育社，并参与组织全国乡村建设学会。抗日战争爆发后，他率院迁至广西桂林复课，并设立岩洞教育实验区。高阳主张知识分子应深入民间，为工农民众服务。1941 年江苏省立教育学院暂停后，他任广西大学校长。高阳著有《民众教育》，创办了《教育与民众》月刊并发表《识字运动以后各界应有的努力》《农村建设方案》《民众生计教育》《对于"乡村建设具体方案"之建议》以及《抗战以来的江苏省立教育学院》等一系列文章，推动了我国成人教育早期实践与理论研究的发展。

6. 梁漱溟及其贡献

梁漱溟是我国乡村教育与建设的开拓者。1927 年，梁漱溟接办广东省立一中，开始考虑中国教育改革和乡村建设问题。他认为必须从乡村入手，以教育为手段来改造社会。1929 年任河南村治学院教务长，这是梁漱溟投身社会改造活动的开端。1931 年他在邹平创办山东乡村建设研究院，先任研究部主任，后任院长。在邹平期间，他形成、提出了完整的乡村建设理论，并付诸实践。1935 年，梁漱溟兼任邹平实验县县长，整顿村学。1939 年他参与发起组织"统一建国同志会"，1941 年与黄炎培、左舜生、张君劢等商定将该会改组为"中国民主政团同盟"。1947 年后，他创办勉仁文学院，从事讲学与著述；撰写《乡村建设论文集》《中国民族自救运动之最后觉悟》《乡村建设理论》等代表性著作，极大地推动了我国乡村教育（成人教育）的发展。

7. 陈礼江及其贡献

陈礼江曾留学美国，攻读教育学、心理学，1924 年回国，任武昌师大教务长。1932 年，他任无锡江苏省立教育学院教务长。在无锡期间，他创设了成人学习心理研究所，创办了民众教育实验区，进行亦工亦农亦学综合教育。1936 年陈礼江任教育部社会教育司司长。在任期间，社会教育司由两科变为三科，一科管民众教育馆等，二科管图书馆等，增设第三科管电影、广播、艺术等；大力推行电化教育与扫盲工作；请准在部并各省市设社会教育督导员，随后开办督导员训练班；主持、颁发了大、中、小学兼办社会教育课程，促使多方出力兴办社会教育。1938 年，他在武汉主持召开各省社教督导员会议，宣传抗日，并要求各大学和各省、市各级学校兼办战时社会教育。同年，他提议电影与广播教育委员会合并，改名为电化教育委员会。1940 年陈礼江创办国立社会教育学院并任院长，院内设教育行政、社会教育行政、图书博物馆、新闻学、电化教学、社会艺术教育等系科，培养了大批社会教育专业人才。国立社会教育学院是当时国内唯一较完备的成人教育最高学府。

他著有《陈礼江民众教育论文集》《民众教育》《普通心理学》《教育

心理学》等,译著有《成人学习兴趣》(美国心理学家桑戴克著)和《普通教学法》(美国学者斯特尔、诺斯沃西著),发表《论民众教育》《论师范教育》《论社会教育》等论文,为近代中国民众教育研究贡献了自己的力量。

8. 俞庆棠及其贡献

俞庆棠是我国民众教育、社会教育的开拓者与倡导者。五四运动中,她创办平民夜校。1928年,她在苏州创办中国教育史上第一所民众教育学校(旋即改名为中央大学区区立民众教育学院、江苏省立教育学院),兼任校长。她坚持学做结合、走向社会、结合工农的办学方针,创设民众教育馆和实验区。其所创办的民众教育机构成了全国的一面旗帜,成为中国成人教育发展的一个重要模式。1932年她成立中国社会教育社,翌年赴丹麦等欧洲七国考察成人补习教育。抗日战争期间,她在四川创办了松溉纺织实验区和乐山蚕丝实验区,在民众教育方面进行了新的研究和探索。抗战胜利后,她担任上海市教育局社会教育处处长,积极推动社会力量,先后兴办108所市立民众学校,并亲自担任上海实验民众学校校长,直到1948年秋。上海实验民众学校是上海市最早的民众学校,也是上海教育史上影响最大的成人教育机构,是上海市民众教育的重要基地。实验民校教育成绩卓著,在国内外产生了很大的影响。1947年她担任联合国教科文组织中国委员会委员。1948年又任联合国远东基本教育会议中国委员会顾问委员会委员,同年10月赴美国考察战后难童教育及成人补习教育。1949年5月,俞庆棠应邀回国,作为教育界的代表出席中国人民政治协商会议第一届会议,担任中华人民共和国首任教育部社会教育司司长。其代表性著作有《民众教育》,译著有《教育方法原论》《思维与教学》(均与孟宪承合译),教育研究论文收录在《俞庆棠教育论著选》。

9. 关世雄及其贡献

1979年到1985年,经关世雄及首都成人教育战线一批同志几十年的不懈努力,北京市率先形成了多形式、多类型、多渠道,布局比较合理的成人高等教育体系,建立了90所成人高等教育机构,试办了10余所民办高校。1986年关世雄参加《教育大辞典》编委会并担任"成人教育"分卷主编。他以编撰辞典为契机，尝试建立中国成人教育理论体系，提出了建立远程开放教育制度的构想，并在北京实践成功；强调电大教育的开放性，提出了"宽进严出"原则与既要扩大开放又要确保质量的方针，还较早提出电大教育要面向弱势群体的理念。他是我国新时期成人教育战线上的重要推动者，主持编写了"成人教育理论丛书"、《成人教育的理论与实践》《论我国的终身教育》等著作。

10. 余博及其贡献

余博曾主持"六五""七五""八五"期间成人教育国家级和部委级重点课题研究。"六五"部委级重点课题"成人教育概论"在全国首届优秀理论著作评选中获优秀奖；"七五"国家级重点课题"农民技术教育与农村经济建设关系研究"获1992年全国成人教育优秀论文一等奖；"八五"国家重点课题"中国扫盲教育研究"获1998年国家宏观教育研究成果二等奖。此外，他同联合国教科文组织有关机构就"中国扫除文盲""中国职工大学"等项目进行合作研究，并出访巴黎，其合作研究成果出版英文著作。余博独著《农民技术教育初探》（1984）、《中国成人教育新探》（1989）、《生活在星条旗下的人们》（1998）、《浮生残梦》（2005）等，编著《成人学习方法论》（1987）等，合作编著《成人教育概论》（1988）、《农民技术教育与农村经济建设》（1992）等，主编《成人教育工作者岗位培训教程》（1990）、《成人教育基础》（1990）、《农村成人教育干部必读》（1993）等，合作主编《中国扫盲教育》（1998）等。余博在我国新时期的成人教育理论发展中发挥了良好作用，参与了《中国教育年鉴》《中国大百科全书·教育》《当代中国教育》等有关条目或部分内容的编写；发表《中国扫盲前景展望》《中国成人教育的起源问题》《确定农民技术教育内容的几个原则》等具有代表性的论文。

11. 张维及其贡献

张维从1949年起开始从事成人教育管理和科研工作，先后任职于中华全国总工会、北京市工农教育局、北京市成人教育研究所、北京市成人教育学会、北京市教育科学研究院等单位。他积极开展国际及海峡两岸成人教育交流与合作，参加第四届国际成人教育大会、国际非政府组织扫盲第四届集体磋商、亚洲及南太平洋区成人教育总会、美国成人教育第四十七届年会等国际会议,曾被教育部派往联合国教科文组织亚太地区办事处工作和学习。他主编《世界成人教育概论》《成人教育学》《国际成人教育比较研究》等著作,参与编写《成人教育辞典》,发表《世界主要国家成人职业教育发展初探》《世界成人教育发展概述》《中美成人教育之比较》《试论发展和完善我国成人教育体系问题》等学术论文。

12. 孙世路及其贡献

孙世路在国内外成人教育理论及实践、心理学实验以及比较教育研究等领域卓有建树。其主持"七五"哲学社会科学国家级研究项目"工商企业岗位培训研究",研究成果《工商企业岗位培训研究》以扎实的理论基础与丰厚的实践经验被中国成人教育协会评为全国成人教育研究优秀成果一等奖,成为当时成人教育领域富有影响力的重要成果。其合著的《战后日本教育——日本的经济现代化与教育》(1988)以完整深入的系统性、见解独到的学术性及翔实的资料内容,为中国了解和研究战后日本经济与教育发展起到了重要作用,获得全国首届教育科学研究优秀成果一等奖。其编著的《外国成人教育》(1982)是成人教育比较研究的开山之作,较早地引介了国际终身教育思想。

13. 郝克明及其贡献

郝克明曾参与研究和起草《中共中央关于教育体制改革的决定》《中国教育改革和发展纲要》《国务院关于〈中国教育改革和发展纲要〉的实施意见》《中国教育发展"九五"计划和2010年远景目标》等重要教育文献。他曾主持全国教育科学"六五"规划国家重点课题"中国高等教育结构研究"、全国教育科学"七五"规划国家重点课题"应用学科高层次专门人才培养途径多样化研究"、全国教育科学"八五"规划国家重点课题"21世纪初中国教育发展战略研究"、全国教育科学"九五"规划国家重点课题"当代中国教育结构体系研究"、全国教育科学"十五"规划国家重点课题"构建学习型社会和终身学习体系的研究"等重大项目,获全国教育科学研究优秀成果一等奖、国家哲学社会科学研究基金项目优秀成果一等奖等多项奖励。其代表性成果有《当代中国教育结构体系研究》《跨进学习社会——建设终身学习体系和学习型社会的研究》《跨进学习社会的重要支柱——中国继续教育的发展》《终身教育国际论坛报告集萃》《国际终身教育经典文献》，合著《中国妇女教育的现状与展望》等，有效推动了我国终身教育研究的进展。

14. 叶忠海及其贡献

叶忠海是我国现代成人教育研究的重要开拓者，长期从事成人教育、社区教育、终身教育研究，从事人才学和人才资源开发研究。他作为课题负责人承担完成国家级、部省级课题 20 余项；出版学术著作 42 部，其中有《叶忠海学习与教育文选》（9 卷）、《叶忠海人才文选》（7 卷），主编"21 世纪初中国社区教育发展研究丛书"（5 卷），总主编"老年教育理论丛书"（6 卷）、《新编人才学大辞典》，独著《大学后继续教育论》《成人高等教育学》《社区教育学基础》《创建学习型城市理论和实践》《学习型社会建设研究与探索》《女性人才学概论》《人才地理学概论》《人才学与人才资源开发研究》等；发表论文 200 余篇、系列短文 100 余篇。他作为第一起草人起草了《成人教育培训术语》（国家标准）；作为主要作者参与起草了《社区文化、教育、体育服务指南》（国家标准）中社区教育部分；作为起草组之宏观战略组首席专家参与起草了《全国老年教育发展规划（2016—2020 年）》。他是中国成人教育、社区教育、老年教育、学习型社会建设等基础理论的开拓者之一，人才学创始人之一，先后获全国和省级科研成果一等奖 3 项、二等奖 6 项、三等奖 9 项，获中国成人教育协会成人教育贡献奖、成人高等教育理论研究委员会成人教育突出贡献奖、中国人才研究会人才学理论研究突出贡献奖。

15. 朱涛及其贡献

朱涛于 1983 年任兰州商学院成人教育学院院长，领导学院在西北五省区构建起经济类远程高教网络，培育了大批财经商贸紧缺人才，1996 年学院被评估为"成人高教优良院校"。他共发表成人教育、终身教育、社区教育等论文 160 余篇，其中《"普教化"是普通高校成人教育发展的严重障碍》《成人教育——"一波五折"的历程及启示》等 70 余篇发表于国内核心期刊，《成人高教改革不可误入歧途》《我国第二轮成人高教热潮的透析及应对》等48篇先后被《新华文摘》、中国人民大学复印报刊资料《成人教育学刊》等全文转载。他出版论文集《成人教育：历程·思考·探索》，2009—2014年与叶忠海教授等合著《社区教育学》《成人教育管理论》《现代成人教育管理》。他先后参与"九五""十五""十一五"国家、教育部重点科研项目6项，分别担任课题总报告撰稿人或子课题负责人等，为我国现代成人教育理论发展作出了一定贡献。

16. 杜以德及其贡献

杜以德在成人教育理论研究、教学实践、人才培养和管理改革创新方面都有卓越建树。他主持了国家哲学社会科学基金（教育类）重点课题、国家哲学社会科学基金（教育类）一般课题等10余项课题研究；合著《中国成人教育学科体系结构及其分类研究》《我国成人高等教育办学机构转型与创新研究》《成人教育基本理论问题研究》《成人教育发展纵论》等；主编《教师职业道德》《耕耘与收获：全国成人教育学专业研究生优秀论文选》等；在《教育研究》等杂志发表论文30余篇。他获国家级教学成果二等奖2项、山东省教学成果一等奖2项、全国教育科学研究优秀成果二等奖1项、山东省社会科学研究优秀成果一等奖1项。他主持曲阜师范大学成人教育学院工作，领导创办了全国第二家成人教育学硕士点并将其建设为山东省重点学科；探索了在全国独具特色的高师函授管理模式和教学模式，形成了在全国产生广泛影响的高师函授教学质量保障和控制体系，在全国函授教育评估中成绩名列前茅，受到国家教委的表彰；对中国成人教育学科体系结构及其分类问题进行了开拓性、基础性和建设性研究。

17. 吴遵民及其贡献

吴遵民自1983年华东师范大学教育学系毕业以来，开始从事成人教育的教学与研究工作。他曾于1990年至2001年留学日本国立神户大学，并获教育学硕士、博士学位。吴遵民主要从事教育政策与立法、终身教育与学习社会理论、社区教育研究等，相继出版专著30余部，发表论文150余篇。他的主要著述有《实践终身教育论》（2008）、《现代终身学习论》（2008）、《现代中国终身教育论》（2003）、《当代社区教育新视野》（2003）、《现代国际终身教育论》（1999）等。他先后获得中华人民共和国教育部第三、第四、第五届全国教育科学研究优秀成果奖，第十四届上海图书奖一等奖，上海市第十二届、十三届哲学社会科学研究优秀成果奖，上海市第八、第九、第十届教育科学研究优秀成果奖，为我国终身教育研究的推进作出了应有的贡献。

18. 高志敏及其贡献

高志敏1982年进入华东师范大学成人高等教育研究室，从事成人教育科学研究工作。1985—1986年，他留学加拿大蒙特利尔大学成人教育学系，主攻成人教育基本理论与实践；1997—1998年，留学法国巴黎高等师范学院社会学系，主修成人教育与社会发展。2004年他在华东师范大学牵头创设了中国大陆第一个成人教育学专业博士学位授权点，并任博士生导师，培养全日制学术型博士研究生近20名、硕士研究生近60名、访问学者10余名。他先后主持或独立完成"国外职业培训制度比较研究""当代世界教育科学发展与成人教育""回应新世纪发展的成人教育社会学研究""成人教育科学体系的构建与发展研究""成人教育学科体系的批判与重构研究"等多项国家、教育部、上海市教育科学规划重点项目，以及多项国内委托项目和国际合作项目。他主编或作为第一作者出版《终身教育、终身学习与学习化社会》《成人教育心理学》《成人教育社会学》等10余部学术著作，在《教育研究》《教育发展研究》《文汇报》以及其他学术刊物上发表学术论文百余篇。21世纪初，他提出了成人教育科学研究应当"回归丰富的成人生活世界，走进缤纷的成人精神家园"的学术理念，并在相关论文尤其是"十一五"教育部重点课题"成人教育学科体系的批判与重构研究"中对其进行了系统的思考与阐述，极好地推动了我国现代成人教育理论体系构建及人才培养。

19. 刘义兵及其贡献

刘义兵于1988年6月入职西南大学教育科学研究所，从事以农村教育为主的教育科学研究与教学工作。他长期致力于处境不利人群的教育理论研究与变革实践，提出"低文化人群成人教育文化养育观"，认为文化性格的养育是低文化成人教育的逻辑起点。他在实践中积极倡导"高校研究者、乡村政府、乡村小学"三位一体农村扫盲教育机制，建立乡村小学与村民文化活动合一的乡村社区学习中心,开展低文化人群"三自教育"(自我、自主、自强),实施文化启智乡村建设实验计划。他曾经获得国家级的"中华扫盲奖"、重庆市人民政府教学改革成果一等奖、国家高等学校教学改革成果二等奖;独著或合著《创新性教学研究》(2001)等著作5部,主编《成人教育研究》(2007)、《人口较少民族妇女革新性扫盲促进和谐社区建设的研究》(2014)、《教师专业辅助》(2017)等著作或教材9部,在《教育研究》《课程·教材·教法》《中国教育学刊》等刊物发表多篇论文。

20. 黄健及其贡献

黄健主要从事终身教育与学习型社会政策、国际成人教育与终身教育、工作场所学习与人才发展、专业人才继续教育与专业发展、课程理论与课程开发、企业培训与人力资源开发等研究。她自20世纪90年代初起较系统地研究终身教育理论与政策,承担多项教育部与上海市重大决策咨询课题,为国家与上海的终身教育政策发展作出了积极贡献;在国内开拓了成人教育课程、人力资源开发与工作场所学习等特色研究领域,出版了首部成人教育课程研究著作和"人力资源开发与工作场所学习丛书";参与或主导了《成人教育培训服务三项国家标准》《上海终身教育从业人员专业标准》等专业标准研制,积极推动成人教育领域的专业化。此外,她以国际视野创新研究与交流,曾主办第七届国际工作与学习研究大会、系列终身教育上海论坛等国际性会议,在国际学界产生积极影响;以成人高等教育理论研究会为平台,组织了全国成人教育学科点研究生培养工作研讨会,推动了中国成人教育学科点建设与研究生培养工作。她曾主持教育部、科技部、上海市等省部级及重大委托项目逾30项,主编、主译、撰写著作及译作20余部;在《终身教育》(*Journal of Lifelong Education*)、《工作场所学习》(*Journal of Workplace Learning*)、《中国教育前沿》(*Frontiers of Education in China*)等中外学术刊物,《解放日报》等主流媒体以及其他期刊上发表学术论文近120篇。先后指导硕士、博士研究生及访问学者逾百名,为我国成人教育学科的人才培养作出了一定贡献。

21. 乐传永及其贡献

乐传永主要从事成人高等教育管理、国际成人教育比较及高等教育研究等，主持完成了20多项国家社科基金重点、一般课题以及省部级重点课题。他在《教育研究》《高等教育研究》《教育发展研究》《中国高教研究》《光明日报》等国家级报刊发表学术论文280余篇，其中有70余篇分别被《新华文摘》、中国人民大学报刊复印资料等全文转载，出版著作12部，曾获国家教学成果一等奖（高等教育类）。在宁波大学任职时，他牵头创建宁波大学成人教育学硕士学位点，培养成人教育学专业人才多名。担任宁波大学成人教育学院院长期间，他积极推动成人教育实践改革与理论探索，组织全院职工开展研究，边研究边实践，提出了"成人高等教育'学历＋技能'人才培养体系"，从教学计划、教学组织形式、课程体系、双师型师资队伍建设、校企深度融合、校企合作平台建设、人才培养质量评价标准和方法等方面进行制度设计，并在实践中推动改革和实施，培养了大量高素质应用型复合型人才，为经济社会发展作出了重要贡献。教学改革成果《成人高等教育"学历＋技能"人才培养体系的研究与实践》获得2014年国家教学成果一等奖，是28年来全国成人高等学历教育唯一一项国家教学成果一等奖，并在全国千所高校得到推广应用，《人民日报》《光明日报》等20多家媒体进行了专题报道，社会反响良好。

第二章　成人教育学科范式研究

　　成人教育学是指以研究成人教育现象，揭示成人教育规律为对象的各门学科的总称，主要包括成人教育史（成人教育思想史、制度史、学科史等）、成人教育学、成人教育交叉学科、专门成人教育学、外国成人教育研究等领域。相关学科既包括成人教育学与其他学科相结合而形成的学科，即成人教育交叉学科，如成人教育哲学、成人教育心理学、成人教育社会学、成人教育管理学等；也包含成人教育学自身分化而成的专门成人教育学，如成人高等教育学、职工教育学、成人学习学、成人教学研究、成人教育课程研究、比较成人教育研究、妇女教育研究、老年教育研究、社区教育研究、干部教育研究、农民教育研究、函授教育研究、继续教育研究、自学考试研究、工作场所学习研究等。人民教育出版社"外国教育丛书"编辑组于1979年5月推出的《业余教育的制度和措施》一书被视为现代成人教育研究的起步阶段，为之后成人教育理论研究作了相应的准备。[①] 之后，成人教育基本理论方面比较有影响的代表作有王文林、余博主编的《成人教育概论》（1988），王茂荣、朱仙顺主编的《成人教育学基础》（1988）。作为教学用书，这两部著作填补了我国成人教育学科的空白，并分别获得全国教育科学研究优秀成果一等奖和全国职工教育优秀专著奖。另外还有关世雄主编的《成人教育的理论与实践》（1986），熊华浩

---

① 叶忠海，等. 现代成人教育学原理［M］. 北京：中国人民大学出版社，2015：11.

的《成人教育的理论与实践》(1987)，叶忠海等著的《成人教育学概论》(1997)，朱新均等著的《学习型社会建设的理论与实践》(2010)，娄宏毅、宋尚桂的《成人教育学》(2002)，唐亚豪的《成人教育新论》(2002)，杜以德等著的《中国成人教育学科体系结构及其分类研究》(2006)，谢国东等主编的《面向21世纪中国成人教育学科建设研究》(2001)，狄成杰等人的《成人教育发展论》(2005)，刘义兵的《成人教育研究》(2007)，董明传等著的《成人教育史》(2002)，中国成人教育协会组编的《中国成人教育改革发展三十年》(2008)，叶忠海编写的《现代成人教育学原理》(2015)，高志敏著的《成人教育学科体系论》(2017)，乐传永等著的《成人教育转型发展研究》(2014)，等等。

第一节　成人教育学科体系相关研究

对于成人教育学科体系相关研究贡献较大的分别是曲阜师范大学杜以德牵头的团队，华东师范大学的叶忠海、高志敏，以及曾青云带领的江西师范大学团队，他们或是本身对成人教育学科发展作出了巨大的贡献，或是长期致力于成人教育学科的相关研究，对促进成人教育学科体系的建设、完善，发挥了举足轻重的作用。

一、成人教育学科体系构建研究

成人教育学科体系的相关研究大致经历对其缘何构建、如何构建以及构建何种学科体系三个阶段。在新中国成立70年之际，有不少研究者就成人教育学科的发展进行了研究。有的将成人教育学科发展划分三个阶段：准备阶段（1949—1985年）、形成阶段（1986—2001年）、飞速发展走向成熟阶段（2002年至今）。有的将成人教育学科发展分为四个阶段，即20世纪初至1949年间的初步萌芽阶段、1949年末至1985年的基本成型阶段、1986年至2000年的快速发展阶段以及21世纪后的稳步更新阶段。①

　　成人教育理论研究取得丰硕成果，研究视角取向多元化，学科建设更加完善，成人教育层次结构不断提高，不断创新教学方法及教学手段。但是，成人教育研究的问题也不容忽视，如研究对象不够明确，思辨研究占主导地位，研究队伍发展不平衡，缺少权威性的报纸杂志，成人教育师资队伍建设薄弱，课程设置不合理，评价体系不健全，未来成人教育研究将注重"以人为本"、理论创新以实践为导向、多元化评价体系的构建及完善、加强"双师型"教师队伍建设、满足学生个性化需求，更新教学内容和手段。② 有的研究者将成人教育研究的发展划分为思想孕育阶段（1949—1977年）、初步探索阶段（1978—1989年）、学科形成阶段（1990—2007年）、反思深化阶段（2008年至今）四个阶段，并认为，今后的成人教育学科建设发展应该澄清成人教育的内涵与定位，廓清成人教育学科边界与范围，均衡建构成人教育学科理论体系，充分彰显成人教育学科的中国特色，切实转变成人教育学科研究范式等。③ 新中国成立后，我国成人教育学科建设意识相对薄弱，成人教育学研究较为薄弱，主要通过翻译来引进国外成人教育学相关研究成果。直至改革开放时代的到来，成人教育学才逐渐开始进行学科建设。

　　关于成人教育学科缘何构建的问题是主要着眼于解决学科体系构建的元问题。相对于创建成人教育学或以成人教育学为主干的成人教育学科群的欧美诸国而言，中国的成人教育学科体系建设问题存在一个"成人教育学在中国"与一个"中国成人教育学"的课题，这是中国成人教育理论研究及学科建设的应然趋势。④ 成人教育学科在建立之初，其存在的必要性

---

　　① 史文浩. 中国成人教育学科体系构建研究［D］. 石家庄：河北师范大学，2019.
　　② 王中华，贾颖. 建国70年来我国成人教育研究的回顾、反思与展望［J］. 现代教育管理，2019（8）.
　　③ 张典兵，张忠华. 我国成人教育学学科建设70年的历程与展望［J］. 成人教育，2019（7）.
　　④ 韩钟文，杜以德. 中国成人教育学科发展构想［J］. 中国成人教育，2005（7）.

与价值意义饱受质疑与争议,对其进行价值分析与目标定位在当时显得尤为重要。[①] 通过对成人教育学作为一门学科地位的透视与分析,使人们明晰影响成人教育学科独立地位认可度的内部和外部问题,并以此为主要依据探讨成人教育学今后逐步走向真正的学科独立应如何定位与如何发展,以期通过改善科研环境、转变理论研究状况而不断提升其学科独立地位。[②] 宋琼、曾青云等人在追溯中国成人教育学科建设"本土源头"时,提出在我国几千年的历史长河中,古代的"百家争鸣"和书院教育、近代的教育改革、现代的社会主义建设和改革开放,对我国成人教育学科的产生、建设及发展具有重要意义。

21世纪初,人们开始从对成人教育学科体系独立性、价值意义等内容的关注转向探讨如何构建成人教育学科体系。首先,要解决元认识问题,即逻辑起点问题。随着成人教育学的理论体系逐步走向成熟,探讨成人教育学科体系逻辑起点的内外部条件和主客观条件已基本具备,这对成人教育学科是否具有独立性有着重要的价值和意义。因此,成人教育学科要想获得完全独立,走向真正成熟,就必须认真研究并确立自身的逻辑起点。[③] 除了逻辑起点,还应该确定成人教育学科的研究对象,并科学地审视成人教育学科的科学性问题。在辨明相关问题的基础上,要遵循反思性、自主性、综合创造性、科学性等四大原则[④],通过提高理论一体化水平、创新研究方法、组建研究基地等举措,推进成人教育学科体系建设。[⑤] 其中,理论创新与学术建设是成人教育学科进一步发展的关键[⑥],还须通过努力

[①] 张红艳,张夫伟. 我国成人教育学学科建设的价值分析与目标定位 [J]. 湖北大学成人教育学院学报,2003(3).
[②] 张夫伟. 成人教育学学科独立性研究 [D]. 济宁:曲阜师范大学,2003.
[③] 杜以德. 成人教育学科体系的逻辑起点 [J]. 教育研究,2006(10).
[④] 柳士斌. 成人教育学科体系建设的基本原则 [J]. 教育研究,2006(10).
[⑤] 何爱霞. 成人教育学科体系建设的推进举措 [J]. 教育研究,2006(10).
[⑥] 赖立. 推进成人教育学科发展的关键:理论创新与学术建设 [J]. 河北大学成人教育学院学报,2007(1).

来寻找和完善自己的母体学科教育学①。此外，学者们也开始针对成人教育学科所涉及的具体内容展开追踪。如对学科独立性的探讨，成人教育学词源的追溯，成人教育学语境的审思，当代成人教育期刊困厄的焦虑，对我国成人教育学专业硕士学位学科建设问题的探讨，对成人教育著作目录的分析，对成人教育学科发展史的梳理，等等。

2010年前后的成人教育学科体系研究进入了一个新的阶段。成人教育学科体系包括：成人教育研究的专题，成人教育基础性研究学科或成人教育主干性学科，成人教育学的分支学科，成人教育的跨学科，成人教育学科群中的边缘学科、交叉学科、综合性或学科间整合性的研究，以成人教育理论与学科体系自身为研究对象的元理论研究。② 当代中国成人教育学科研究的兴起与理论构建深受欧洲、北美等工业化国家以及我国台湾地区的成人教育理论与实践等外部因素影响，而植根于中国本土的成人教育学科需要有自身的问题场域与理论旨趣，从经验导向研究范式到理论导向研究范式是学科发展必然要经历的阶段，理论导向研究倾向于从概念到概念、从范畴到范畴的自我封闭体中谈论问题，时常会出现理论与实践脱节的现象。成人教育学科在多年的发展中积蓄了许多深层次的问题，亟待新的研究范式来突破发展瓶颈，预设"问题导向"研究范式不仅有利于凝聚学术共识，也有利于催生新的理论。对于一个成长型的学科，成人教育学科的研究范式应如何理解，在成人教育学科的发展进程中应如何看待其历史演进与范式转换，更重要的是如何从当下成人教育学科面临的深层次问题中探寻新的学科发展范式，以推动成人教育学科的发展。以此而言，"问题导向"研究是成人教育学科理论发展和创新的必然要求和应有之义。为此，构建"问题导向"研究范式的成人教育学科，需要加快形成多方联动的社会支持体系，实施以实证研究为核心的问题导向研究新模式，塑造积极主动的话语关系。当下中国的成人教育学科研究选择的是理论自信、

---

① 许瑞泉. 成人教育学：期待母学科的重建——成人教育学学科建设之思考[J]. 现代教育管理，2008 (9).

② 杜以德，等. 中国成人教育学科体系结构及其分类研究[M]. 北京：高等教育出版社，2006：182.

道路自信,成人教育学科应该在学科地位上坚持学科自信,在研究方法上走向严谨科学,摸索出符合自身特色的方法论体系,在学术价值上融通成人教育的相关研究成果,发掘成人教育的价值、学习的价值、人才观的价值,使得成人教育学成为引领一批学科成长的动力学科。[①] 从反思和改革看,包括对成人教育学科体系建设的回顾,对转型语境下的成人教育学科建设与发展的关键因素的界定,对成人教育学科定位问题的剖析、学科使命的关注,对评价体系构建的科研引导等。此外,还有对成人教育具体学科的研究,包括对成人教育哲学、成人教育心理学、成人教育社会学等相关学科的研究。

二、成人教育学科结构和内容的研究

成人教育管理学、成人教育哲学、成人教育社会学、成人教育史等学科获得了巨大的进展。

成人教育管理学研究涉及宏观与微观、外部与内部、静态与动态等多重问题,内容主要包括:成人教育管理体制和运行机制、成人教育政策法规、成人教育计划、成人教育组织、成人教育教学管理、成人教育科研管理、成人教育工作者队伍建设、成人教育经费保障、成人教育评价等。1936 年,美国成人教育学者李曼·布莱森(Lyman Bryson)在其出版的《成人教育》一书中,首先使用了"成人教育管理"一词。1938 年,美国学者德巴坦·弗兰克(Debatin Frank)出版了《成人教育管理》一书,开始了对成人教育管理问题的系统探索。自 20 世纪 80 年代起,中国陆续出版了一系列成人教育管理学方面的著作,例如:曾辉等著的《职工教育管理》(1984),谈士明、柳关国主编的《成人教育管理学》(1993),周嘉方著的《成人教育管理》(1997),吴晓川、吉利的《成人教育评估理论与实践研究》(2001),夏家夫、焦峰主编的《成人教育管理概论》(1999),刘卫国编著的《成人教育管理学》(2002),马松庭的《现代成人教育管理概

---

① 随国栋. 成人教育学科新范式的构建理路——兼论问题导向研究范式 [J]. 中国成人教育, 2018(11).

论》（2004），沈旸等人的《成人教育管理与研究》（2005），王加林等人的《成人教育管理探索》（2006），肖玉梅编著的《现代成人教育管理学》（2006），柳士彬、朱涛编著的《现代成人教育管理》（2014）等。

成人教育哲学的本质是运用哲学的观点和方法研究成人教育的基本问题，其作为成人教育研究的理论基础和指导方法在成人教育学科体系中占有重要位置。实际上，我国的成人教育哲学研究起步于20世纪八九十年代，主要以引进西方成人教育哲学理论为主。高志敏翻译出版了伊利亚斯和梅里安的《成人教育的哲学基础》（1990），为我国成人教育哲学研究提供了重要的借鉴与启示。2000年以来，我国成人教育哲学本土化研究开始萌芽并逐步影响成人教育理论和实践活动，相关成果包括2001年邓运林的《成人教育哲学导论》、2005年聂琴等人的《成人教育的哲学视域》，被认为是我国台湾和大陆出版的成人教育哲学著作的代表。密勒、吴棠的《美国成人教育的哲学和争论》（1960），马超的《美国成人教育的哲学基础》（1998），高志敏的《进步主义成人教育理论探析》（1993），胡梦鲸的《成人教育哲学思想的流变：从"双元对立"到"多元并存"》，以及《关于成人教育的含义、产生和发展动力的哲学思考》《本体论与成人教育》《成人教育与公民素质的培养——对成人教育目的的哲学思考》等论文，也被视为推进我国成人教育哲学研究的重要成果。成人教育哲学思潮被分为古典人文主义成人教育、进步主义成人教育、行为主义成人教育、人本主义成人教育、激进主义成人教育、分析主义成人教育、后现代主义成人教育七种，都是从传统哲学流派衍生出来的，相关的代表人物有林德曼、波奇文和布拉克雷、诺尔斯、弗莱雷、劳森和佩特森等。成人教育哲学主要的研究内容包括成人教育定义、成人教育目的、成人教育课程、成人教育教学方法等。今后，随着成人教育哲学的学科独立性逐步增强，成人教育哲学理论与实践活动的联系将更加紧密，本土成人教育哲学思想将开始萌芽，世界成人教育哲学发展的新动向也将更受关注。[①]

---

① 耿金龙，刘卫萍. 近三十年我国成人教育哲学研究综述［J］. 河北大学成人教育学院学报，2008（1）.

成人教育心理学是研究成人教育过程中的各种心理现象及其变化发展规律的学科，是成人教育学与心理学相结合而形成的一门交叉性学科。成人教育心理学对于成人教育实践具有描述、解释、预测和控制的作用。其主要研究内容包括：成人发展心理、成人学习动机、成人学习能力、成人教学心理、成人品德心理、成人学习测量与评价、成人教师心理等。研究方法主要包括观察法、测验法、实验法、问卷法、谈话法、经验总结法、个案分析法等。心理学是成人教育学的发展基础之一，早期的不少成人教育研究就是由对成人教育感兴趣的心理学家进行的，侧重成人学习心理研究。1933年，厦门大学的杜佐周和朱君毅将桑戴克的《成人的学习》译成中文出版，拉开了成人教育心理学研究的序幕。20世纪80年代开始，我国先后翻译了基德（J. R. Kidd）的《成人怎样学习》（1985）、克罗普利（A. J. Cropley）的《终身教育——心理学的分析》（1990）等著作。此外，成人教育研究者也出版了相关的研究成果，如黄富顺著的《成人的学习动机：成人参与继续教育动机取向之探讨》（1985）和《成人心理与学习》（1989）、毕田增编著的《成人心理与教学》（1990）和《成人教育心理学》（1994）、高志敏等著的《成人教育心理学》（1997）、叶忠海主编的《职工教育心理学概论》（1987）、黄富顺著的《成人心理与学习》（1989）、冀鼎全的《成人教育心理学》（1999）、姚念章和杨昭宁著的《成人教育心理学》（1999）是中国较早的成人教育心理学著作。之后，还有郭为藩等著的《成人学习：心理学的探讨》（2003），张永、孙文英编著的《老年教育心理学》（2014），夏海鹰著的《成人学习心理研究》（2014）等著作出版。从成人发展的心理来看，人的发展具有终身性和阶段性，在不同的心理阶段，具有不同的学习特点和发展任务。如在壮年初期的发展任务是选择配偶，学会与配偶一起生活，养教孩子，管理家庭，就职，担负市民责任，寻找合适的社会团体，等等。成人学习能力不随年龄的增长而增长，其增长受到经验、文化教育水平、个性心理倾向、健康状况以及职业等因素的影响。成人学习动机与年龄、教育程度、职业水准、收入、性别、婚姻状况以及居住地区等因素密切相关。成人学习理论同样是成人教育心理学的重要研究内容，基本可以划分为认知心理取向的成人学习理论和非理性取向的成人学习理论两个流派，不同的成人学习理论各有侧重点和优势，从而为成人学习理论研究提供了更宽广的视野，也给予了成人学习及教学实践更丰富的指导。①

　　成人教育社会学是运用社会学的原理与方法研究成人教育问题的学科，是一门以成人教育学和社会学为主干形成的交叉学科。与国际发展相比，成人教育社会学在我国的发展同样相对迟缓。我国成人教育社会学著作主要有：张德永著的《成人教育社会学研究——本土的观察与省思》（2005），刘薇琳、李炎、施芳等编著的《社会学视野下的成人高等教育》（2005），高志敏等著的《成人教育社会学》（2006），何爱霞著的《成人教育社会学研究》（2007）。成人教育社会学注重从宏观层面研究成人教育与社会之间的基本关系，从微观层面研究成人教育过程中的相关社会学问题。其主要研究内容包括：成人教育与社会结构、成人教育与社会制度、成人教育与成人社会化、成人教育与社会变迁、成人教育与社会分层、成人教育与社会流动、成人教育与社会组织、成人教育教学的社会学分析、成人教育课程的社会学分析、成人教育教师的社会学分析、成人学习者的社会学分析等。成人教育社会学的发展虽然与西方相比起步较慢，但成果较为丰富，主要包括社会结构与成人教育之间的关系，社会变迁、社会流动与成人教育之间的关系，成人社会化与成人教育等方面。

　　我国的成人教育史研究是研究中国成人教育发生发展历史及其规律的一个领域，主要包括中国成人教育制度史和中国成人教育思想史。中国成人教育制度史注重研究各历史时期成人教育制度和政策的发展；中国成人教育思想史着重通过对主要代表人物的成人教育思想的研究，反映各历史时期成人教育思想的变迁。中国成人教育史研究的类别主要有通史、断代史、专题史等几种。中国成人教育史研究的体系通常有两种：一种是以社会发展阶段和历史年代为分界点建构成人教育史的研究体系，一种是以成人教育自身的发展演变作为成人教育史发展阶段与分期的基本依据。中国

---

　　① 杜以德，等.中国成人教育学科体系结构及其分类研究[M].北京：高等教育出版社，2006：188-191.

成人教育史研究的主要方法包括：文献研究法、比较研究法、案例研究法等，主要聚焦在研究对象与方法、研究体系、研究内容与类型等。中国成人教育史研究的代表性成果有：臧永昌编著的《中国职工教育史稿》（1985），董纯朴编著的《中国成人教育史纲》（1990），李珠编著的《中国近现代成人教育史》（1996），董明传等著的《成人教育史》（2005），何红玲著的《新中国成人高等教育发展研究》（2004），刘卫东、焦峰主编的《中国成人教育史》（2005），刘立德、谢春风著的《新中国扫盲教育史纲》（2006），熊贤君的《中国女子教育史》，高洪力、李娟华主编的《当代北京成人教育发展史》（2009），等等。

三、各相关学科之间的关系研究

成人教育学与相关学科关系的问题是一个相对复杂的问题，要阐明它们的关系，首先要考虑近现代自然科学、社会科学与人文科学的"分殊"与"整合"，既诞生不同层级的主干学科、分类学科，又形成边缘学科、比较学科、综合学科、跨学科、科际整合等交叉学科。由于以成人教育学为主干的成人教育学科群是新兴的、年轻的学科，处于发展之中，尚未成熟，上述的相关学科特别是自然科学、社会科学与人文科学中的成熟学科，对成人教育学科的学科建制规范、学科体系结构、学科的理论基础、研究方法、解决实际问题的思路与深化及拓展学科等方面，产生影响、提供启示与作出贡献。成人教育学科的发展，始终在与相关学科的联系即"接受""选择"及"涵化"相关学科的过程中，逐步由潜学科、前学科演变为学科与学科群。就成人教育学科体系的基本框架问题来说，被认为有三种代表观点。第一种观点认为，在成人教育学之下有若干分支学科。这些分支学科按涉及范围包括成人教育心理学、成人教育管理学、成人教育经济学等；按照学术层次可分为成人基础教育学、成人高等教育学等；按照对象和区域划分包括职工教育学、农民教育学等；按照与教育诸多新兴学科的联系划分包括成人教育社会学、成人教育技术学、终身教育学等等。第二种观点分别以成人教育理论、成人教育活动为研究对象进行划分。以前者为依据可以将成人教育学科分为成人教育学、成人教育发展史；以后者为依据则可以根据被应用学科作为理论分析框架，采用被应用学科的方法以及综合运用各门学科解决成人教育的实际问题，又对成人教育学科进行了相应的分类。第三种观点认为，按教育对象的社会职业类型及其所承担的职责、教育功能、成人的年龄、教学手段、教学组织形式等维度，可以对成人教育学进行不同的分类。[①] 成人教育学的研究者们在成人教育学与相关学科的关系问题上已基本达成共识，即成人教育学要加强与相关学科的密切联系，借鉴相关学科的概念、命题、理论乃至方法和技术，经过分析综合而形成自己的学科体系。该观点主要基于成人教育学科目前的窘境、学科特点以及研究者三个方面所提出来的。一方面，成人教育学没有现成的理论与方法，借鉴与参考是一条捷径。成人教育学科是新兴的、尚未成熟的学科，像其他面临相同处境的学科一样，成人教育学及其分支学科、交叉学科在构建的过程中，往往从相关学科特别是成熟学科中借用、移植一些概念、范畴，经过适当的改造或通过新的界定、诠释，借鉴方法，作为学科构建的基本组成部分。另外，成人教育学涉及的领域非常宽广，与其他学科有更多交叉的关系。还有就是成人教育理论研究者来自哲学、社会科学和自然科学的各个领域，导致学科呈现多学科的综合性。有的学者从成人教育学与普通教育学的关系、成人教育学与哲学的关系以及成人教育学与其他相关学科的关系等几个角度进行了分析。[②] 从研究方法来看，由于成人教育学科的"尚未成熟性"，或远远晚于自然科学、社会科学与人文科学中的成熟学科的特征，使其研究处于各种类型、各大层次的方法"包围"中。除此之外，还有理论、原理的借用。总的来说，我国成人教育学科体系的构建，离不开成人教育研究方法的构建，探究成人教育学科与相关学科的关系，需要梳理哲学、逻辑学、系统科学、自然科学等研究方法与成人教育研究方法的关系。

---

① 杜以德，等. 中国成人教育学科体系结构及其分类研究 [M]. 北京：高等教育出版社，2006：56.

② 杜以德，等. 中国成人教育学科体系结构及其分类研究 [M]. 北京：高等教育出版社，2006：109.

第二节 成人教育定位研究

成人教育自产生之日起，无论是在自然生态系统还是在社会生态系统中都充分发挥了不可替代的功能，促进了人与人、人与社会、人与自然的和谐发展。由此可见，成人教育能否科学定位也将影响到社会发展的进程。成人教育定位的相关研究主要包含成人教育概念的界定以及与其他教育类型的关系梳理两个方面。

一、成人教育概念的界定研究

由于成人教育本身的复杂性以及不同研究者的立场与价值取向不同，学界对成人教育学与成人教育概念的认识仍然存在辨识不清的问题，这种现状极不利于成人教育的理论建构和实践发展。因此，厘清成人教育相关概念具有重要价值和意义。"成人教育"这一概念自产生至今，人们对它的认识始终未能统一，甚至联合国教科文组织也曾不止一次地表达过对这一现象的无奈。然而，作为成人教育理论体系建构的基础性概念，对"成人教育"的准确界定是成人教育理论建构、实践改革、制度完善、科学发展的前提条件。近几年，学界重新着手对"成人教育"的概念进行再次探究，目前来说，成人教育概念涉及的问题包括：对"成人"这一关键概念本质尚未把握，成人教育内容无法准确界定，对成人教育目的的认识差异较大，对成人教育组织方式认识不一致等。成人教育内涵的包容性、实践的复杂性、变迁的时代性、形态的地域性、定义者的主观性等是成人教育概念难以统一的原因，因此，应该遵循对象明确、目的清楚、方法科学等原则来定义"成人教育"的概念。[①] 总的来看，新中国成立 70 年来，成人教育的概念经历了从初露端倪、强势回归到如今日新月异的新变化。1960年前后，提及成人教育，依然是以"工农教育""业余教育""干部教育"

---

① 孙立新，乐传永. 近年来成人教育研究的主题分析与问题考量——基于2015—2017 年的文献梳理与分析 [J]. 教育研究，2018（5）.

等名称代替。而后我国政府于 1982 年将之前设立的工农教育司改为成人教育司。1978 年至 1985 年，我国真正开始使用"成人教育"这一名词，理论研究方面也开始进入一个全新的阶段。1986 年，关世雄、张念宏在《成人教育手册》中指出，我国成人教育，系指按照我国社会主义两个文明建设需要，对已经从事生产和工作的一切在职人员所进行的教育，包括干部教育、职工教育、农民教育、社会教育（含老龄教育）、远距离教育等。[①] 此后，政府、学界各自从成人教育实施对象的年龄、制度类型、活动内容、价值以及发展演变等方面对其概念进行了界定。如，1993 年国务院印发的《中国教育改革和发展纲要》正式提出"成人教育是传统学校教育向终身教育发展的一种新型教育制度"。这也是"终身教育"第一次被写入国家政策，开始将成人教育定位于具有终身性的概念。叶忠海在《成人教育和职业教育关系研究》（1995）一文中认为："成人教育是指按人和社会的全面发展的需要，有目的有组织为所属社会承认的成人一生任何阶段所提供的非传统的、具有自身特色的教育活动。"2018 年，有研究者进一步概括总结，为成人教育下了这样一个全新的定义："成人教育——使人成为人的教育，即使人们的整个生命具有意义与价值，直至携着人类生存和生活的全部，驶向一个更加理想的境界。"张亿钧和秦元芳在《21 世纪走进每一个人的教育——当代成人教育论》一书中写道："成人教育就是根据职业、岗位的现实需求和未来的发展要求，针对在职人员所实施的、贯穿个体生命历程的、层次各异的、形式多样的、速成速效式的社会教育。"由此可见，21 世纪开始成人教育重视成人整个生命历程的教育，深入贯彻终身教育思想，重视构建学习化社会。[②]

二、成人教育学概念的演变

成人教育学概念、本质的研究始于 20 世纪 80 年代。王文林等人认为，"成人教育学是从分析研究成人教育过程中的诸多现象入手，揭示成人教

---

① 关世雄，张念宏. 成人教育手册[M]. 北京：北京出版社，1986：89.
② 李祥敏，马秀峰. 新中国成立 70 年来我国成人教育的概念嬗变与事业发展[J]. 中国成人教育，2020（1）.

育作为一门独立的社会科学的特有规律"[①];张维认为,"成人教育学是教育学的一个分支学科,是研究成人教育规律的各门学科的总称,是成人教育实践的提炼和升华,并在社会实践中得到检验和发展"[②]。21世纪初,谢国东等人提出,"成人教育学是教育学的一个分支学科,是成年人教与学的科学和艺术,是对成人教育进行学术性研究而形成的一个理论体系"[③],该观点被认为是最有权威的概念界定。具体而言,成人教育学是一门与教育学相关的学科,是教育学科体系的一个分支,是一门关于成人教与学的科学,它更接近于"科学"而不是"艺术",成人教育学是对成人教育和教学的理论研究,是一个经过概念、判断、推理、论证后形成的理论体系。这种解释被认为揭示了成人教育学完整、清晰和准确的内涵。[④] 尽管如此,表述仍然没有摆脱美国成人教育学家马尔科姆·诺尔斯的成人教育学定义——帮助成人学习的艺术、科学和方法。[⑤] 时至今日,有关成人教育学概念的研究并未有太大突破,大多通过对名称由来、意涵界定、关系辨析等内涵考察,把"成人教育学"作为一种由概念、关系、范畴、命题构成的认知领域。20世纪70年代以来世界范围内围绕成人教育学的基本假设、概念和命题的旷日持久的争论,丰富了成人教育学的内涵,引发了人类教育史上的又一次革命。[⑥]

三、相关教育形态关系的梳理

自20世纪90年代以来,所谓"替代论""合并论""分解论""终结

---

① 王文林,余博,宋文举. 成人教育概论 [M]. 哈尔滨:黑龙江教育出版社,1988:3.
② 张维. 成人教育学 [M]. 福州:福建教育出版社,1995:39.
③ 谢国东,赖立,刘坚. 面向21世纪中国成人教育学科建设研究 [M]. 北京:高等教育出版社,2002:29.
④ 杜以德,等. 中国成人教育学科体系结构及其分类研究 [M]. 北京:高等教育出版社,2006:52-53.
⑤ 杜以德,等. 中国成人教育学科体系结构及其分类研究 [M]. 北京:高等教育出版社,2006:109.
⑥ 何光全. 成人教育学的争论及意义 [J]. 开放教育研究,2013(3).

论""淡化论"等模糊观点被认为影响成人教育的发展[1]，只有通过与其他相关的教育类型进行比较，才能够维持成人教育学科的独特性，从而构建成人教育学科体系。相关成果主要聚焦在成人教育与继续教育、职业教育、终身教育等三大教育类型的关系辨析。

关于成人教育与继续教育两者的关系，有三种观点：第一种是阶段论。即成人教育是最初始的教育形态，继续教育是成人教育形式中的高级形态，即成人教育中实施高层次教育的部分[2]，是成人教育的延伸和提升；"成人教育"与"继续教育"不仅"名"不相同，而且在教育本质属性、教育对象、教育功能、教育形式和内容、教育实践等"实"的方面也差异很大，继续教育只是成人教育中层次最高的部分，如果用"继续教育"来取代"成人教育"，就把成人教育的范围窄化了，导致名实不符。[3] 第二种是代替论。这种观点主要是基于2010年《国家中长期教育改革和发展规划纲要（2010—2020年）》第一次从国家政策层面系统阐述了"继续教育"的内涵、任务，并从国家层面加以系统阐述，被认为对"继续教育""成人教育"概念的干预避免了概念的语义学误解，保持了语言系统的一致性。[4] 实际上早在2002年，党的十六大报告中就提出了"加强职业教育和培训，发展继续教育，构建终身教育体系"；2007年，十七大报告指出发展继续教育，未提及成人教育。2010年《国家中长期教育改革和发展规划纲要（2010—2020年）》中，单独列出继续教育为一章，从国家层面对继

---

[1] 叶忠海. 现代成人教育研究：历程和进展特点——为我国改革开放30周年而作 [J]. 成人教育, 2009 (12).

[2] 丁保朗. 成人教育、继续教育、终身教育概念之诠释 [J]. 成人高教学刊, 2006 (2)；李国斌. 错用的概念与概念的错误——关于对《国家中长期教育改革和发展规划纲要（2010—2020年）》（公开征求意见稿）的修改意见 [J]. 成人教育, 2010 (7)；陈明欣. 成人教育传播特异性解读——兼论继续教育概念无法取代成人教育 [J]. 职教论坛, 2017 (21).

[3] 邵晓枫. 不能用"继续教育"代替"成人教育"——谈"成人教育"与"继续教育"的名与实 [J]. 职教论坛, 2010 (28).

[4] 龙汛恒, 张妙华, 武丽志. 成人教育与继续教育：概念的内涵与发展 [J]. 中国成人教育, 2013 (14).

续教育进行整体规划，肯定其在终身教育体系中的重要作用。2012年，十八大将继续教育与职业教育、高等教育、基础教育并列论述。2016年，国家"十三五"规划提出"大力发展继续教育，构建惠及全民的终身教育培训体系""畅通继续教育、终身学习通道"等具体要求；同年，《高等学历继续教育专业设置管理办法》颁布实施。2018年，教育部办公厅发布《高等学校继续教育发展年度报告》文件，"继续教育"一词开始作为我国成人教育事业的代名词在政府文件中出现。[①] 从"成人教育"到"继续教育"的转变是一个政策导向的过程，源于保持语义的一致、国家政策的延续以及终身学习理念的弘扬，这样的转变体现了成人教育发展的时代性与国家对成人教育的定位，有研究者对二者的地位加以肯定，认为二者都是我国教育体系的重要组成部分，大力发展成人教育和继续教育有助于国民素质的提高，然而，继续教育所培养的人才更符合社会需求和科技发展的要求。[②] 第三种观点是并行论，二者之间最恰当的关系是保持各自的教育旨趣，在实践中并行不悖、共生共荣地发展。[③] 成人教育与继续教育是内包含的生态关系。成人教育与继续教育以共同促进成人乃至社会发展为目的，由于二者在概念的内涵和外延方面存在着较多的交叉，所以常常被混淆，但事实上二者在内涵、教学方式、方法、阶段模式目标等方面并不相同。

有关成人教育与职业教育的研究，最早见于1986年李环对美国职业教育和成人教育的介绍和分析。目前对成人教育与职业教育关系的研究，主要有三种观点：二者既相互联系又相互区别；二者虽存在交叉，但又不能互相取代；二者各有特色却趋于融合。成人教育与职业教育在受教育的对象范围、社会属性、教育内容、教学形式等方面存在某些程度的交叉，因

---

① 李祥敏，马秀峰. 新中国成立70年来我国成人教育的概念嬗变与事业发展[J]. 中国成人教育，2020（1）.
② 孙立新，乐传永. 近年来成人教育研究的主题分析与问题考量——基于2015—2017年的文献梳理与分析[J]. 教育研究，2018（5）.
③ 康燕茹. "成人教育"与"继续教育"真实关系剖析：名与实的角度[J]. 继续教育研究，2017（6）.

此，应该正确认清二者之间交叉的部分。现阶段二者各有自己的优势与不足，不能简单地用一方的优势来否定或贬低另一方的优势，因此，应辩证地看待成人教育与职业教育之间的关系，即等宽生态位重叠，合理地处理好二者的关系，既有利于二者的发展，又有利于完善终身教育体系，为建立和谐社会提供高素质的人力资源。[①] 有学者以生态的视角对成人教育的定位问题进行了研究，成人教育的生态位包括两方面：基础生态位和现实生态位。如终身教育、成人教育、继续教育的关系被界定为内包含生态位，即一个基础生态位有可能被完全包围在另一个基础生态位之内。在这种生态位中，成人教育与终身教育有着天然的包含关系，成人教育是终身教育的主体，是构建终身教育体系的决定因素，因此，必须充分发挥成人教育在终身教育体系中的作用[②] 终身教育是成人教育的最终目的，应以终身教育理念来引导我国成人教育转型发展。成人教育与终身教育之间也有着辩证统一的紧密联系，终身教育是成人教育的理论指导，是成人教育的最终目的，成人教育偏向于实践，终身教育则更多体现为一种思想和观念；终身教育以成人教育实践为基础，但其内容更加丰富，是极富内涵的前沿教育理念。[③] 成人教育与职业教育的关系被视为等宽生态位重叠，是因为二者无论是从体制层面还是实践层面都处于继续探索和完善阶段，且都同属于基础教育后的教育。成人教育与远程教育的关系可用不等宽生态位来体现。从教育对象来考察，成人教育与远程教育相互包含；从教育的教学模式划分，远程教育包含于成人教育，但远程教育有其独有的特征。这充分体现了远程教育与成人教育之间的交叉重叠。但二者的本质内涵存在着鲜明的差异，无论从远程学习者的特征，还是远程学习的特点等，都显示出二者的区别。

---

① 韩英. 成人教育定位及发展策略研究——基于生态位理论的视角 [D]. 济宁：曲阜师范大学，2009.

② 韩英. 成人教育定位及发展策略研究——基于生态位理论的视角 [D]. 济宁：曲阜师范大学，2009.

③ 孙立新，乐传永. 近年来成人教育研究的主题分析与问题考量——基于2015—2017 年的文献梳理与分析 [J]. 教育研究，2018（5）.

第三节 成人教育课程与教学研究

成人教育课程与教学研究主要是研究成人教育课程与教学的问题，指导成人教育课程与教学实践。其主要内容包括：成人教育课程本质、成人教育课程功能、成人教育课程目标、成人教育课程内容、成人教育课程设计、成人教育课程开发、成人教育课程实施、成人教育课程评价等；成人教学目标、成人教学内容、成人教学过程、成人教学模式、成人教学原则、成人教学方法、成人教学手段、成人教学评价等。美国学者约翰·凡尔登（John Verduin）出版的《成人学习的课程建设》（1980）、英国学者科林·格里芬（Colin Griffin）出版的《成人与终身教育课程论》（1983）等是国外成人教育课程研究的代表性著作。在中国，自20世纪80年代起，邓运林的《成人教育课程发展理论》（1986）、《成人教育课程发展模式初探》（1990），程凯、李如密的《成人教育教学论》，卢毅的《成人学习方法指导》，黄健的《成人教育课程开发的理论与技术》（2002），艾兴的《成人教育的课程理论》（2014）等著作陆续出版。

一、成人学习相关研究

成人学习是影响成人教育发展和改革的最重要变量，正是基于成人学习的需求，成人教育才得以肇始并以其为中心持续开展各种教育活动。由此，成人学习始终是成人教育实践和理论研究的核心。例如，在迈向学习型社会的进程中，UNESCO把终身学习视为自身的核心任务，为推动其持续发展，自20世纪70年代以来相继颁布了《学会生存——教育世界的今天和明天》《关于发展成人教育的建议》《学习权利宣言》等一系列具有世界影响力的教育报告。在这些报告中，作为终身学习重要构件的成人学习理念经历了不同发展阶段，由"保障学习权"向"寻求共同利益"演进，充分体现了UNESCO对其内涵认识的不断深化，彰显着国际成人学习的价值意蕴和未来走向。① 成人学习系统应该及时响应可持续发展议程、智能化、全球化和老龄化对劳动力世界变化所提出的诸多诉求。为此，有学者从 OECD 发布的《有效获得技能：为未来做准备的成人学习系统》对劳动世界的变化、成人学习系统存在的问题以及未来响应的方向展开分析，认为当前的成人学习系统覆盖对象相对狭窄、供给与劳动力市场存在错配、信息技术嵌入有待深入、学习效果难以感知与转化，以及投资难以满足现实需要等问题，削弱了成人学习系统的整体效果。为此，成人学习系统应该覆盖更广泛的学习对象，积极响应劳动力市场的技能需求，打造基于信息技术嵌入的学习空间，注重学习的关联回报，构建多元的融资体系，形成合作的治理体系，才能帮助成人获取可持续发展的技能，以适应不断变化的劳动世界。② 这是从全球化视野对成人学习系统的一个整体的梳理。

有关成人学习的相关研究涉及成人学习理论、成人学习动机、成人学习特点、成人学习策略等方面。我国成人教育学习理论研究经历了起步阶段、发展阶段、繁荣阶段以及深化阶段。30 年来，我国成人学习理论主要有以下研究成果：探讨国外成人学习理论的比较研究，包括成人质变学习理论、建构主义学习理论、认知主义学习理论、自我导向学习理论、体验式学习理论、混合式学习理论、情境学习理论等几种重要的成人学习理论研究；成人学习理论的应用研究，例如，探讨成人学习理论在教师继续教育中的价值与意义、在大学生教育和学习中的价值、在企业员工培训中的价值与应用等；成人学习理论的原理性研究，部分学者集中于探讨学习理论与成人教育之间的关系，探究成人学习特点与成人学习理论之间的辩证关系，思考如何利用学习理论来促进成人教育的发展等。③ 成人学习动机

---

① 刘奉越. 从保障学习权到寻求共同利益：成人学习理念的演进——基于 UNESCO 报告的分析 [J]. 教育发展研究，2019（12）.

② 王燕子，辛思娜，欧阳忠明. 构建响应型成人学习系统：有效获得可持续发展的技能——OECD《有效获得技能：为未来做准备的成人学习系统》报告解读 [J]. 远程教育杂志，2019（5）.

③ 王霞，王中华. 三十年来我国成人学习理论研究的检视与反思 [J]. 成人教育，2018（2）.

是指引起、维持成人的学习活动,并促使该活动朝向预期学习目标的一种内在历程,它也是推动成人个体参与教育学习活动的一种内在动因,是成人学习者在学习活动中所处的一种心理状态或心理倾向。数据统计发现,我国成人学习动机研究经历了诞生期、发展期和稳定期三个发展阶段,主要集中在成人学习动机的类型和取向、影响因素、培养和激发策略等方面,在实际应用中则较多涉及网络教学、职业培训、教师培训等领域。[①]有效地指导成人学习,培养成人自学能力,提高成人学习质量与效率,均有赖于理解和掌握成人学习策略的内涵。从检索结果来看,目前有关成人学习策略的文献大多集中在21世纪初,内容主要包括成人学习策略的研究和元研究两大类,前者具体指成人应有的学习策略、实有的学习策略和学习策略的提高三个子类,后者则涉及综述研究和非综述研究。[②]

二、成人教育课程相关研究

关于成人教育课程资源开发。有关成人教育课程资源开发与建设的研究多是结合相关的理论基础或者研究视域而展开,包括多元智力理论、多元文化视角、终身教育背景、成人教育哲学、建构主义学习理论、泛在学习理论等等。由于世界各国政治经济条件、社会文化背景和教育制度不同,以及教育对象在学习目的、学习动机、准备程度等方面的复杂性,成人教育课程在实践中更多地表现出"多种类、多形式、非正式"的多元性、开放性和灵活性。成人教育课程思想根植于成人教育哲学观之中。以成人教育目的作为划分依据的成人教育哲学主要分为培养智力、提高组织效率、社会改良、自我实现、社会改革等不同流派。与此相应,成人教育课程也可以划分为通识成人教育课程、职业技术成人教育课程、社会融合成人教育课程、自我实现成人教育课程和批判反思成人教育课程五种样

---

① 陈云山,郭晓明. 我国成人学习动机研究的文献计量分析 [J]. 成人教育,2017 (8).

② 王新民. 我国成人学习策略研究综述 [J]. 教育与职业,2009 (36).

态。① 在知识经济和学习化社会的双重冲击下，成人学习者参与继续学习的热情不断高涨，学习需求不断提高，然而当下成人教育"学非所用""学用脱节"等矛盾却依旧十分突出。成人教育课程资源依然存在课程目标设置偏离学生实际需要，课程内容选择难以激发学习兴趣，课程实施过程呆板，课程评价机制守旧等问题。多元智力理论更加强调和关注学习者的起点行为和潜在能力，认为教育的起点并不是一个人已经有多聪明，而是怎样使他变得聪明，在哪些方面变聪明。加德纳认为，九种智力代表了每个人的不同潜能，这些潜能只有在适当的情境中才能充分地发展。在不同的社会文化条件和教育条件下，人们智力的发展程度和发展方向也会存在差异。从多元智力这个角度出发，课程目标设置要着眼于全员发展、关注差异、以人为本的课程设置、选择多元化与个性化相结合的课程内容、情境化的课程实施、制定科学的成人教育课程评价体系等。② 从创生的新视角看，课程资源需要从着眼学生发展、帮助学生成长、关注学生实际、注重学生变化等方面加以重组和开发。③ 成人教育课程的构建也可以从生命的高度进行思考，即在课程理念上要体现成人学员的生命意识，在课程内容上要源自成人学员的生活实际，在课程实施上要注重成人学员的生命体验，在课程评价上要促进成人学员的生命发展，唯此才能使成人教育课程成为促进成人学员生命发展的真正平台。④

关于成人教育课程评价。学习型社会建设背景下的成人教育课程评价，在宏观方面要为学习者创设宽松自由的心理环境，提供独立思考的时空环境，创设可自主协作学习的网络环境；在微观方面教师则要成为教育资源的设计、开发、整合者，成为学习平台的创建、组织、引导者，成为

---

① 陈福祥. 成人教育课程的多元样态：基于成人教育哲学的视角 [J]. 职教论坛，2014（21）.

② 袁红英. 多元智力理论对我国成人教育课程开发的启示 [J]. 当代继续教育，2015（33）.

③ 朱莉萍. 创生视角下成人教育课程资源：重组与开发 [J]. 西北成人教育学院学报，2020（1）.

④ 丁淑英. 网络学习模式下的成人教育教学模式优化研究 [J]. 课程教育研究，2018（37）.

教学服务的提供、维护、协助者。① 完善的成人教育课程评价模式，能够促进成人教育课程的发展，对促进成人教育的健康发展有着重要的意义。成人教育课程评价在借鉴普通课程评价的基础上又凸显其自身的特点，具有客观性原则、重视学习性原则、人性化原则、相关性原则、多元性原则。② 成人教育课程评价是在成人教育课程基础上展开的，对成人教育课程评价概念的合理界定，是要透过成人教育课程评价的具体表现形态揭示成人教育课程评价的本质规定性。从社会学角度看，成人教育课程评价是统治阶级意识形态的具体体现，是实施社会控制的重要途径，是判定课程实施的可能性、效用性和教育价值的过程。成人教育课程评价通过对"课程文本""课程实施""课程结果"等全方位的监控，能及时了解成人教育课程存在的问题，为成人教育课程改革和创新提供依据。课程评价的价值取向应从科学与人文相结合、课程评价主体的多元化、课程评价方式的多样化、课程评价标准的柔性化等四个方面加以强化。③

三、成人教育教师专业化问题研究

成人教育教师的身份认同与角色转换。身份认同是个体对自我身份的确认和对所归属群体的认知，以及对所伴随的情感体验和行为模式进行整合的心路历程。成人教育教师的身份认同是成人教育教师对自己所从事的成人教育事业的认知和体认，以及作为一名成人教育教师应具备素质的接纳和理解。成人教育教师的身份认同旨在使处于该群体中的个体教师能主动建立一个认知和表达体系，能够明晰自己是谁、自己属于哪个群体、扮演什么社会角色、遵循何种规范并且表现出相应的主体行为。④ 当前成

---

① 高洋. 学习型社会建设中成人教育教师角色的转型升级［J］. 南京广播电视大学学报，2018（1）.

② 陈振，郑玉娟. 成人教育课程评价模式的构建［J］. 河南职业技术师范学院学报（职业教育版），2008（4）.

③ 吉小燕. 社会学视野下的成人教育课程评价探析［J］. 当代继续教育，2016（6）.

④ 陈瑶. 初入职的成人教育教师身份认同研究［J］. 福建广播电视大学学报，2018（6）.

教育教师身份认同存在自我认同乏力、职业情感消极和专业身份认同模糊化的困境；其影响因素有实践性知识、情绪和态度以及职业理想。为解决困境，可采取开展自我研究、注重教学反思，关注专业知识结构的优化、注重多种专业技能的融合，加强与学生的交流与合作、构建教师学习共同体三大途径。①

要发展成人教育，就必须做好成人教育师资队伍建设工作。专业化是世界成人教育教师发展的趋势和潮流，也是新世纪我国成人教育教师教育的基点和需要。学术界主要围绕成人教育教师的角色特征、专业知能、专业培训等方面来探讨成人教育教师的专业发展问题。目前存在着成人教育社会认可程度较低、专业组织体系不健全、高校培养机制不完善以及成人教育工作者主动专业化意识薄弱等问题，制约着成人教育工作者的专业化进程。由此，要实现成人教育工作者的可持续发展，要采取以下策略：营造良好的专业化氛围，提供有力的法律保障；加强专业组织建设，建立健全评估体系；完善专业化培养机制，彰显成人教育专业特色；增强成人教育工作者专业化意识，提高专业知能。② 以微博、微信、手机 App、门户网站等为代表的新媒介，对成人教育的发展具有一定的推动作用，也对成人教育教师专业发展提出了新的要求。授课内容的多元化、授课形式的多样化、辅导形式的网络化，都要求授课教师不但要在知识层面上有大的拓宽，还要在技术操作上有新的提升，更要在辅导层面上做有效的互动。这就要求成人教育教师要结合自身实际，适应时代，不断加强自身专业发展。与此同时，成人教育院校也要为其搭建有效的发展平台，以不断提高成人教育教师的专业发展，从而推动成人教育的有效发展。③

由于成人教育工作者构成的复杂性，目前世界范围内的成人教育工作者的专业化仍然面临重重困境和难题。国际社会，特别是发达国家成人教

---

① 陈瑶. 成人教育教师身份认同研究 [J]. 西北成人教育学院学报，2018（3）.
② 赵媛媛，徐君. 专业化：成人教育工作者可持续发展的应有之举 [J]. 河北大学成人教育学院学报，2017（6）.
③ 金鑫. 新媒介环境下成人教育专业教师发展探究 [J]. 辽宁师专学报（社会科学版），2019（5）.

育界都较早地重视起成人教育工作者的专业化问题,专业化是英国成人教育教师素质提升长期以来的追求,其专业化发展别具特色,拥有丰富的理论成果、健全的政策法规、多元的培训机构、完整的教师专业标准和大量的专业化组织。在欧美国家,要想成为专业化的成人教育教师,不但需要通过相关的成人教育组织的认可,而且要通过教师资格标准的检验,同时,其本人还要热衷于对成人教育教师专业化程度的理论钻研。此外,为了进一步提高成人教育教师的专业素质,还要让这些教师继续深造。[①] 今后,我国成人教育教师专业化的发展可以适当借鉴欧美国家相关方面的成功经验,如我国成人教育教师专业化发展要立足专业化定位、夯实理论研究,加强政策引导、强化法律支持,完善机构建设,形成一体化培训流程,制定专业化标准,建构专业资格框架,形成专业共同体,拓展组织联盟。[②]

第四节　比较成人教育相关研究

比较成人教育主要是指对世界不同国家或地区的成人教育进行比较分析,从而揭示成人教育发展规律,为本国或本地区的成人教育改革提供借鉴的一个研究领域。比较成人教育研究分为区域研究和问题研究两大类。区域研究是分析研究一个国家或地区的成人教育制度或实践。按照研究内涵的大小,区域研究又可分为整体研究和局部研究。问题研究是比较研究两个或几个国家或地区的成人教育制度或问题。按照比较的内容,问题研究可分为专题比较和总体比较两类。比较成人教育研究常用的方法有:比较法、文献法、调查法、分析法等。1958 年,英国成人教育学者罗伯特·皮尔斯(Robert Peers)出版的《成人教育:一个比较的研究》是较早的比较成人教育著作。20 世纪上半叶,中国学者雷沛鸿就曾讲授比较成人教

---

① 顾琳. 欧美国家成人教育教师专业化的特色及借鉴 [J]. 中国成人教育,2018(8).

② 冯红霞,崔丹. 英国成人教育教师专业化发展的特色与启示 [J]. 中国成人教育,2016(23).

育课程，他撰写的《成人教育丛论》（1931）一书中也有"北欧的成人教育""英国成人教育"等篇章。改革开放以后，中国的比较成人教育研究获得了较快发展，代表性著作有：孙世路的《外国成人教育》（1982），关世雄的《世界各国成人教育现状》（1986），黄富顺的《比较成人教育》（1988）和《比较终身教育》（2003），李秉千、徐学榘的《比较成人教育理论》（1992），毕淑芝、司荫贞的《比较成人教育》（1994），张维的《世界成人教育概论》（1990）和《国际成人教育比较研究》（1996），沈金荣的《国外成人教育概论》（1997），庞学铨、克劳斯·迈泽尔（Klaus Meisel）的《中德成人教育比较研究》（2004），史芳、张江南的《成人教育比较研究》（2005），桑宁霞的《中外视野下的成人教育》（2006）。

就区域研究而言，比较成人教育研究的内容涉及世界各个国家或地区的成人教育。具体分为以下几点。

其一，比较成人教育研究可以以国家为单位开展研究。如张维主编的《国际成人教育比较研究》就以中国、日本、美国、德国、法国、英国、俄罗斯等12个国家为对象进行研究。此外，不少研究针对某一个或几个国家展开具体的比较。如对美国的研究，从世界范围内看，美国已经成为成人教育总体上最发达的国家之一，而且由于独特的文化与历史背景，其成人教育发展呈现出鲜明的特色：成人教育机构庞大繁杂，成人教育管理体制权力下放分散经营；政府高度重视成人教育立法工作；大学和学院积极兴办成人教育；公立学校和民间组织热衷于参与成人教育活动；社区学院迅猛发展。[①] 美国的继续教育已有100多年的历史。由于独特的历史与文化背景，美国的继续教育发展呈现出以下特色：重视继续教育立法；教育资金筹集社会化；办学主体多元化；教育方式多样化；教育对象的广泛性和重点性；紧密联系社会经济发展；朝高移化方向发展。[②] 法国是欧洲成人教育开展得较早并且较好的国家，对世界各国成人教育的发展产生了深远的影响。比较中法两国在成人教育方面的特点，可以看出：中法两国成

---

① 乐传永. 美国成人教育的特色及其对我国成人教育的启示［J］. 陕西师范大学继续教育学报，2000（1）.

② 刘奉越. 美国继续教育的特色［J］. 继续教育研究，2006（1）.

人教育具有相似的成人教育发展动力，都形成了较完善的成人教育管理体系，都呈现出成人教育终身化的发展趋势；但法国成人教育在立法方面较为完善，注重经费筹措，聘请技术专家来担任教学工作，视质量为生命，重视高层次人才培养。[①] 英国的成人教育源远流长，勾连着极具英国特色的社会文化情境，20 世纪 30 年代的英国成人教育围绕人文学科的激烈争论，一定程度上凸显了这一特定领域的文化政治和意识形态色彩，影响了战后的成人教育运动以及英国文化研究的兴起。英国成人教育形构了一个独特的社会场域，其间汇集阶级、种族、性别等多层面的议题，为再度发掘工人阶级等边缘群体的文化经验和积极介入当代文化问题提供了可能的空间。[②] 总的来看，目前比较成人教育研究主要是采用这种国别研究方式。

其二，比较成人教育还可以对不同社会制度如资本主义国家、社会主义国家、发展中国家的成人教育进行研究。发达国家十分重视成人教育管理者的专业培训，在推进成人教育管理者专业发展方面成绩显著。借鉴其成功经验，我国应大力发展成人教育管理培训，广泛开展组织建设、资源整合、理论研究及立法保障等工作，明确成人教育管理的专业标准，实现我国成人教育管理者专业培训工作的改革与创新，促进我国成人教育管理者的专业成长。[③] 随着知识经济社会的到来和全球化的发展，世界各国综合国力的竞争日趋激烈，各国政府都已把竞争的焦点集中到"人"这一重要资源上，注重开发人的能力，尤其重视成人职业能力的开发，以求提高生产率和科技含量，在竞争中永葆活力。发达国家在开发成人职业能力的过程中开创了许多特色。[④] 农村成人教育发展被边缘化、个体参与培训的动力不足、性别差距根深蒂固和培训过程中的语言沟通障碍已经成为发展中国家开展农村成人教育所面临的巨大挑战。从各国解决农村成人教育问

---

① 柳景，卢朝佑，刘应兰. 中法成人教育比较研究 [J]. 云南师范大学学报（哲学社会科学版），2009（6）.
② 许虎. 中英成人教育比较研究 [J]. 成人教育，2009（4）.
③ 康和平，陈晓娜. 发达国家成人教育管理者专业培训的经验及启示 [J]. 河北大学成人教育学院学报，2011（1）.
④ 邓文勇. 发达国家成人职业能力开发的特色分析与借鉴——从成人教育的角度来探讨 [J]. 职教通讯，2011（1）.

题的实践中可以看出,发展中国家农村成人教育具有如下一些发展趋势:逐步建立多元化经费投入机制;农民作为受教育主体的地位与权利日益受到重视;能力建设逐渐成为农村成人教育培训的核心;积极吸纳志愿者与大学生作为师资队伍的重要补充;正规教育与非正规教育逐步走向融合;质量监测评估日益受到重视。[1] 随着世界经济和社会的不断发展,成人教育在反贫困中扮演了越来越引人注目的角色。世界各国都努力把成人教育引入到反贫困的领域中,这一点,对于很多反贫困任务艰巨的发展中国家来说,表现得更为明显。[2] 以墨西哥和尼加拉瓜为例,从目的、方法和效果等方面来阐述两国成人教育的差别:墨西哥(1970—1990年)代表各阶层组成的联合政府,为了政治合法化和社会一体化,采用增长方式来提高国民文化程度;但是尼加拉瓜(1979—1990年)为革命政府执政,采用结构主义的方法,在教育和社会方面进行变革。尽管它们存在着很大的分歧,但它们仍具有拉丁美洲资本主义国家的特点。

其三,研究不同地区如亚洲地区、非洲地区、欧洲地区的成人教育,以及一个国家内部不同区域的成人教育等。进入21世纪后,亚洲成人教育沿着包容性路径发展,其核心价值诉求是保障成人特别是受排斥和边缘化群体的受教育权利,实现成人教育的平等和公平。为此,联合国教科文组织亚太地区教育局在全民教育框架内与成员国共同制定成人教育包容性发展战略,构建相关法律制度和实施机制,成人教育领域反"社会排斥"力度增强,包容性不断提升。[3] 在全球化与非洲一体化的背景下,非洲成人教育一体化发展是非洲成人教育必然而重要的发展趋势。为了促进成人教育的发展,发挥成人教育对社会变革的重要作用,非洲各级各类组织纷纷采取了一系列措施,以推动非洲成人教育的协调发展。非盟及其下属机构在推动非洲成人教育一体化发展战略的形成过程中发挥着主导作用,陆续

---

[1] 郭静,朱小蔓. 发展中国家农村成人教育面临的挑战与发展趋势[J]. 教育研究,2011(5).

[2] 顾德学. 成人教育与发展中国家的反贫困[J]. 成人教育,2008(3).

[3] 王强. 包容性发展:21世纪初期亚洲成人教育的核心价值诉求[J]. 河北大学成人教育学院学报,2012(1).

出台了涉及成人教育的战略文本。非洲成人教育一体化发展战略重点关注三大主题：全面发动扫盲运动、加速实现性别平等、加强信息化建设。内容包括利用发展开放远程教育、建立非洲虚拟大学、开展信息化能力建设项目。研究发现，非洲成人教育一体化发展并不完善，仍处于动态发展阶段。非洲成人教育一体化发展战略在发展进程中形成一定的特色，主要表现在其战略发展目标兼顾了政治和经济发展，且内容蕴含深厚的非洲文化价值观，形成了以非盟、区域经济共同体、各成员国为核心，民间组织、高校和国际组织积极参与的格局。非洲成人教育一体化发展战略已经取得了一定的成就，它促进了国家、区域、非盟、国际组织和民间组织等多方教育利益相关者之间的政策对话，使得扫盲与非正式教育重新受到重视，建立了有效的公私合作伙伴关系。但是，它仍然面临缺乏全面综合战略、欠缺保障机制、民间参与度不足、文盲率高等方面的问题和挑战。我国可以从与非盟共同研制中非成人教育合作战略、拓宽资源开发与共享合作渠道、推广中国扫盲教育经验、加强民间互动等方面着手，与非洲发展合作伙伴关系，合力推进非洲成人教育一体化发展。[①] 成人教育是建设团结、繁荣、包容、可持续发展的学习型欧洲的重要推手。当前，成人教育的发展面临挑战，欧洲对成人教育的作用进行了全新解读，实施多项重要政策，发布各类报告文件，将成人教育作为一项人权和共同利益、作为一项关键战略来应对未来挑战。从欧洲成人教育的发展经验中可以看出，成人教育需要在战略框架和政策层面上加强，对成人教育组织和成人学习者进行扎实的公共投资，将所有部门和所有形式的学习以同等重要的地位予以重视。在未来的发展中，欧洲非常重视制定和实施适当的治理和筹资制度，建立合作伙伴关系，重视成人学习参与率与质量评估，确保数字包容与参与，对老年群体和移民进行投资。[②] 在经济全球化和知识全球化的背景下，当代欧洲的成人教育已独具规模并形成自身特点，如积极开展对成

---

① 钟颖. 非洲成人教育一体化发展战略的研究［D］. 金华：浙江师范大学，2018.

② 朱伟卫，赵艺凡. 智慧、包容、可持续：欧洲成人教育变革新动向［J］. 终身教育研究，2019（5）.

人教育质量的评估、建立学习研究基地、发挥积极公民身份的作用、成立地方性学习中心、增进区域伙伴合作关系等。分析欧洲成人教育发展中遇到的问题及对策将对我国成人教育给予一定的启示，如加强基本技能与能力的培养、进一步开发网络等形式提升教学方法、加强成人教育质量的监管和督导工作、确保成人教育教师队伍的自身建设等。[①]

其四，世界整体或各大洲整体（如亚洲整体）也可以作为比较成人教育的研究内容。如张振助的《世界成人教育发展的几个新趋势》一文就综合探讨了终身教育体系逐步确立，办学主体多元化、社会化，教学手段现代化，重视实践性教学环节、强调学用一致，修学的高层次化等世界成人教育发展的态势。陶孟祝、高志敏等人的《国际成人教育的历史足迹与未来展望——基于国际成人教育大会与学习型城市大会的文献分析》一文，提出近70年来，得益于六届国际成人教育大会及其若干具有纲领意义文件的推动，成人教育的地位与作用在世界范围内日益得到广泛关注，并在学习群体与学习目标、学习内容与学习方式、学习空间与学习保障等发展方面留下了重要的历史足迹；通过对2013年至2017年这三届国际学习型城市大会的主题与精神的回顾，展望国际成人教育未来发展，必将在关切可持续性发展、融入社会治理理念、创建国际合作网络、增强地方行动意识等方面形成新的发展趋势。[②]

从问题研究的维度，比较成人教育研究涵盖成人教育的整个领域所有理论与实践问题，如成人教育制度、成人教育管理、成人教育立法、成人教育课程设置、成人扫盲、成人高等教育、大学后继续教育、函授教育、远距离教育、农民教育、职工教育、妇女教育等等，都可以纳入比较成人教育的研究视野。毕淑芝、司荫贞主编的《比较成人教育》就对成人教育的特点和发展动力、成人教育的地位、成人教育的职能和结构体系、成人

---

① 杨飞云. 当代欧洲成人教育的现状、特点与借鉴[J]. 中国成人教育，2016(1).

② 陶孟祝，高志敏. 国际成人教育的历史足迹与未来展望——基于国际成人教育大会与学习型城市大会的文献分析[J]. 河北师范大学学报（教育科学版），2018(3).

学习心理、成人教育立法、成人教育管理、现代化教育手段在成人教育中的应用等，结合当代世界成人教育的理论与实践进行了比较研究。当然，由于各国的情况和需求不同等原因，比较成人教育问题研究的侧重点也有一定差别。

第五节 成人教育理论研究的问题与展望

作为新兴学科，成人教育在中华人民共和国成立70年的时间里，无论从学术组织、学科点建设、研究生培养，还是著作、论文等方面，都取得了一定的成果，但是相对于其他学科来说，并不算突出。从期刊看，虽然发表的论文数量逐年增多，但研究内容缺乏较强创新性，导致学科发展的推力不够，这是成人教育理论研究亟待重视和解决的问题，需要学界在这方面加以重视，并需要适当加以引导。从表面看，成人教育的理论研究熙熙攘攘，热热闹闹，但是问题与发展困境却是确实存在，需要加以关注。

一、立足实践，这是学科之根本

成人教育的实践特点决定了该学科异于其他学科的独特之处，即该学科的研究将紧密联系社会发展的需求，体现时代发展的特色，其研究的领域、问题将会根据发展需求的变化、时代的更新而随时调整。如改革开放初期围绕改革开放主题开展的相关研究；党的十四大后掀起的"社会主义市场经济体制下的成人教育"研究热潮；21世纪后，面向构建学习型社会，构建终身教育体系也成为成人教育研究的重心。我国目前有关成人教育哲学、成人教育社会学、成人教育心理学等从学科建设这一角度进行的深度理论挖掘在一定时间内并不会成为学界研究的主流，这一现象和趋势有别于国际上所热衷的使用社会-文化理论、批判教育学、后结构主义等理论来解决问题的现象。针对成人教育开展过程中产生的新问题、呈现的新特点、得出的新成果进行的研究将成为我国成人教育理论研究的重要价值取向。但值得注意的是，对实践成果经验的介绍、推广不能脱离理论的引领与反思，如若不然，成人教育的发展必将成为无源之水。

二、学理性不足，学科体系仍需完善

比较有影响力的、较成体系的成人教育基本理论的研究主要集中于21世纪初，知名学者著书立说，深度的研究成果不断涌现，研究平台增多，都为成人教育基本理论研究的发声贡献了不可或缺的力量。尽管如此，研究成果还是存在着质量良莠不齐的问题。相对于其他教育类型，成人教育的实践导向性更强，这是其特性所决定的，然而既然作为一门学科，较高的学理性仍是基本的要求，但是很明显，成人教育基本理论研究仍然需要付诸更多的努力。同时，从成人教育相关学科的研究成果来看，只能够零星找到一部分的研究成果，没有形成长期性的、系统的研究内容，相对于其他学科，影响力也远远不够。当然，这也与国家政策导向有很大的关系，随着社会的发展，其他教育类型如职业教育更受社会青睐，国家也给予了大量的支持，吸引了一些专家学者转而去研究当前热点，导致成人教育研究人才的流失，这也是成人教育基本理论研究缺少延续性的一大原因。

三、形成合力，争取更高的发声平台

目前来看，成人教育研究者之间的维系较为薄弱，各个区域之间、各个学校内部之间，各自为政，自得其乐，缺少有影响力的领导者来牵头、组队，尚未形成一股紧密的合力。此外，中国成人教育协会高等教育分会作为全国成人教育的最高机构，至多仅扮演组织者、协调者的角色，无法提供更多的资源、机会与更高的平台，将全国的成人教育研究者凝聚在一起。这也是成人教育学科难以产出高质量的、有影响力的成果的重要原因。必须要有协会组织，也包括有影响力、有情怀的学者，能够牵线搭桥，能够鼓动全国的成人教育研究者团结起来，协同作战，在自身做好的情况下，能够争取国家层面的重视与支持。唯有如此，成人教育理论研究才能走出泥沼，走出自己的路。

发声平台的缺失主要是指成人教育研究缺少宣传自我的机会，难以找到宣传自我的载体，这也是理论研究受到掣肘的重要原因。纵观整个教育类的杂志，都对成人教育研究不够"友好"。如国家一级核心期刊，包括《中国高教研究》《比较教育研究》《高等教育研究》等等，定位明确，成人教育研究难以出头，仅有的跟成人教育研究相关的CSSCI等期刊，如《远程教育研究》《中国远程教育》《现代远程教育》等等，更倾向于教育技术类，目前为止还没有成人教育类的期刊进入中国社会科学引文索引。平台缺失的问题严重，鲜有为成人教育基本理论提供发声的机会。缺乏宣传途径本身就造成了其他教育类学科研究者对成人教育的陌生感与漠视，再加上之前提到的一些低水平的成人教育研究成果，加重了学界对成人教育的误解，成人教育的学科地位着实堪忧。

四、强调专业性，提升国际影响力

成人教育理论研究过程中，尤其在早期，照搬基础教育或是高等教育的那一套路数，缺少自己的特性，同时，还有不少对其他学科的简单嫁接，对一些研究方法的简单借用，导致成人教育研究的专业性不够强，其他教育学科的研究者也可以振振有词地指手画脚，更可悲的是，这些所谓外行的观点竟然比所谓的内行更有说服力。这种情况也体现在成人教育工作实践中，工作能力、专业的不匹配必然会导致实践工作的低效，也成为被社会所诟病的重要原因。从国际上看，研究者主要聚集在盎格鲁-撒克逊区域等以英语为主的几个国家，其中美国、英国、加拿大、澳大利亚占主导地位，有关中国成人教育的研究以及来自中国学者的研究数量相对来说非常少，国际上的认可度较低。今后我国成人教育研究除了需不断提高研究质量之外，也需要不断拓宽研究视野，争取在国际成人教育研究领域发声，传播中国成人教育发展经验、发展模式，并力争在国际成人教育理论研究领地占据一席之地。如前所述，成人教育的发声平台不高，成人教育研究者必须扩大视域，突破自我，从整个哲学社会科学的平台上找出路。当然，这需要每个成人教育的研究者都有较强的科研能力与水平作为前提；同时，要保证研究的深度与热度，时刻葆有对自我的高要求和为成人教育努力发声的、开疆拓土的气魄和情怀，滴水穿石，成人教育研究或许才会有灿烂的明天。

五、多学科研究视角与综合性研究方法结合

随着研究范围、研究对象的扩大,简单的经验总结、推广已然不能满足成人教育研究深入发展的需要,再加上关于加强教育实证研究、促进研究范式转型、促进教育研究水平提高的呼声日益高涨,实证研究方法得到学界的普遍关注和认可。运用实证研究手段的确对成人教育理论的丰富与创新具有不可否认的积极作用,可提高成人教育理论研究的深度、广度、信度与效度,其优势受到研究者们的青睐。从国际成人教育研究过程中所使用的研究方法来看,访谈法以及与访谈法结合的观察法更受研究者的青睐,据统计,这两种方法在国际上高引用率的期刊中所用比例达到了46%。此外,大数据分析、实证研究等方法在成人教育研究中的作用也同样非常重要,如果我国成人教育研究要与国际接轨,必须对相关研究方法的使用加以重视。[1]

---

[1] 孙立新,乐传永.嬗变与思考:成人教育理论研究 70 年[J].教育研究,2019(5).

第三章　高校继续教育研究

中华人民共和国成立70年来，高校继续教育在参与社会变革的同时，也经历了纷繁复杂的创新和发展，取得了卓越的成就。从新中国成立初期的扫盲教育、工农干部再教育，到改革开放初期的学历补偿，再到现在的学历提升和助力学习型社会建设，高校继续教育始终发挥重要作用，成为我国现代化教育体系的重要组成部分。[①] 回溯70年的高校继续教育理论研究历程，不难发现，高校继续教育实践为高校继续教育理论研究提供了发展的土壤，高校继续教育理论研究又为高校继续教育实践活动提供了坚实的理论指导。本章以新中国成立后的70年作为时间界定区域，对我国高校继续教育理论研究进行梳理和总结。

研究选取的数据来自中国知网（CNKI）和中国国家图书馆，发表时间选定为1949年10月1日至2019年12月31日，在论文的检索梳理中，以中国知网（CNKI）为平台，以"高校继续教育""高等继续教育"或"大学后继续教育"为主题词，搜索范围限定在"社会科学Ⅰ辑"和"社会科学Ⅱ辑"；在对专著的检索梳理中，以中国国家图书馆为平台，以"继续教育"为题名检索词。对选取的文献资料进行统计分析，从成果的角度考察70年来高校继续教育研究所体现出来的总体趋势和研究热点，并对未来的发展提出分析和讨论。

[①] 尹桐桐，辛思娜，刘伊凡. 守望事业：新中国成人继续教育70年发展历程[J]. 中国成人教育，2019（23）.

第一节　高校继续教育研究的历史演进

高校继续教育理论研究源于高校继续教育的实践活动，其变化发展与所处的社会背景有着密切联系。我们根据总体文献发展趋势，以对高校继续教育研究产生直接的重大影响的历史事件为依据，将新中国成立以来的高校继续教育研究划分为萌芽、起步、发展和深化四个阶段。

一、萌芽阶段（1949—1984 年）

翻看我国高校继续教育的历史，不难发现，新中国成立以来，我国高校继续教育的实践活动从未间断过。1949 年 9 月，中国人民政治协商会议制定的"共同纲领"即已明确指出"加强劳动者的业余教育和在职干部教育"。1953 年，《中华人民共和国发展国民经济的第一个五年计划》指出，"应该积极地有系统地举办业余高等学校、夜大学和函授学校"。此后，全国各地高校开始兴办夜大学和函授教育，基本确立了高校继续教育的模式雏形。1963 年，教育部发布了《关于加强全日制高等学校和中等专业学校函授、夜校教育工作的通知（草案）》，在政策上为高校继续教育的发展提供了依据，也为高校继续教育日后的发展准备了政策基础。[①] 1977 年，邓小平在《关于科学和教育工作的几点意见》中提出："教育还是要两条腿走路。就高等教育来说，大专院校是一条腿，各种半工半读的和业余的大学是一条腿，两条腿走路。""两条腿"战略的发布，为我国高校继续教育的改革发展和研究路径指明了方向。1979 年 5 月，我国派代表到墨西哥参加了第一次世界继续工程教育大会，"继续教育"这一概念正式被引入中国。

从新中国成立到 20 世纪 80 年代初期，这一时期高校继续教育的实践活动虽已初显规模，但面向高校继续教育开展的研究几乎是空白。该领域的研究活动，更多的是"成人教育"研究及其成果，但高校继续教育作为

---

① 王立慧. 我国高校继续教育转型研究［D］. 沈阳：东北大学，2014.

一种教育形态已渐入人们的视野。

二、起步阶段（1985—1992年）

1985年，国家教委批准成立了全国首家高校继续教育办学单位——清华大学继续教育学院，这成为我国高校继续教育步入正规化办学的一个重要标志。由此，我国进入了正式以"高校继续教育"术语命名、真正意义上的高校继续教育研究的起步阶段，该阶段的高校继续教育研究具有"起步初创"特色。

（一）开始建立机构和阵地，为高校继续教育研究做好准备

1985年，清华大学成立继续教育学院后，西北工业大学、华中科技大学、北京航空航天大学也相继成立了继续教育学院，办学机构的涌现为高校继续教育理论研究提供了实践土壤。1986年，《继续工程教育》创刊，此后，一批继续教育研究刊物相继创办，如中国人民解放军原总装备部创办的《继续教育》、陕西师范大学创办的《陕西师范大学继续教育学报》等。同时，不少高等教育期刊也相继开辟了继续教育研究栏目。就继续教育群众学术团体而言，1984年，国内第一个继续教育群众学术团体——中国继续工程教育协会在北京成立。这些机构和阵地的开辟，为高校继续教育理论研究做好了组织准备工作。

（二）涌现一批初期研究成果，为高校继续教育研究打下基础

这一时期的高校继续教育研究多以"大学后继续教育"命名，研究成果数量较少，尚未形成核心研究学者和团队组织，在研究内容上以引进国外研究成果、实践经验总结和基本理论学习为主。

1. 文献发表趋势：总体发文数量较少

从本研究所选取的数据库来看，该阶段没有专门面向高校继续教育研究的专著问世，但以"继续教育"为研究对象的出版著作约有10部；面向高校继续教育的研究论文共有79篇，研究处于起步阶段。

2. 研究主题分析：引进国外研究成果，注重实践总结和理论探索

该阶段的专著呈现两种特点：一是翻译、介绍国外的继续教育研究成果，譬如《继续教育：问题与展望》《国外现代继续教育制度与实施》《成

人教育和继续教育社会学》等；二是注重继续教育基本理论的学习和研究，譬如《继续教育概论》《继续工程教育概要》《继续教育管理通论》等。

这一时期发表的论文共79篇，按研究主题进行分类，如表3.1所示。

表3.1　1985—1992年我国高校继续教育研究论文主题统计表

年份	介绍国外研究成果	实践经验总结	高校继续教育理论	高校继续教育治理	专业人员大学后继续教育	高校继续教育教学和管理	其他
1985			3				
1986		1	2				
1987	1	2	6				3
1988		5	5		4		2
1989			4	1	3		3
1990		1	6		1		
1991		1	3	4	1		5
1992	1		4	1	3	1	2
总数	2	10	33	6	12	1	15

由表3.1可以看出，这一时期发表的相关论文中，高校继续教育理论的研究居第一位，其数量遥遥领先；其次是专业人员大学后继续教育的研究，其中，中学教师大学后继续教育研究占有突出地位；居于第三位的是关于高校继续教育办学经验总结的论文。

这一时期相关研究主题的代表性论文如下。①高校继续教育理论研究：《浅议大学后继续教育的性质和特点》《实现高校第三个职能作用的途径》《大学后继续教育特点规律初探》《继续教育的任务与特点》。②专业人员大学后继续教育研究：《关于在职中学教师大学后继续教育问题初探》《教育学院大学后继续教育模式的构建与实施对策》《普通高等师范院校在中学教师继续教育中的作用与当前任务》《中学教师大学后继续教育的特点和任务》。③高校继续教育办学经验总结：《关于发展大学后继续教育的调查研究报告》《充分发挥高校职能　努力办好医学继续教育》《浅谈发挥大学优势　积极开展继续教育》《继续教育是我国高等教育的重要组成部分》。

三、发展阶段（1993—2009 年）

1993 年，国务院办公厅转发了国家教育委员会《关于进一步改革和发展成人高等教育的意见》，同年，中共中央、国务院颁布了《中国教育改革和发展纲要》，这些文件的颁布为该时期高校继续教育的深化发展指明了方向。1993—2009 年，随着高校继续教育事业的发展，高校继续教育理论研究进入快速发展时期，研究成果不仅在数量上有了大幅增加，而且研究领域不断扩大，成果质量也有了显著提高。该阶段的高校继续教育研究具有"积极开拓""快速发展"的特点。

（一）"政策利导"和"经济发展"双引擎，推动高校继续教育研究快速发展

在经历了 20 世纪 80 年代以来的社会转型后，全国迎来了"加快改革开放的步伐，使经济建设隔几年迈上一个新台阶"的新阶段。[①] 由于经济和社会的发展需求，高校继续教育正式进入政府视野之中。1993 年，《关于进一步改革和发展成人高等教育的意见》和《中国教育改革和发展纲要》的颁布为高校继续教育理论研究的发展明确了方向。1998 年，《中华人民共和国高等教育法》明确规定："高等学校和其他高等教育机构应当根据社会需要和自身办学条件，承担实施继续教育的工作。"1999 年，中共中央、国务院颁布了《关于深化教育改革全面推进素质教育的决定》，在强化高校继续教育本位改革的同时，首次融合了终身教育的理念和元素。[②] 经济的快速发展，全球化知识经济的到来，以及各项政策的因势利导，让这一阶段的高校继续教育理论研究进入了改革发展的全新时期。

（二）研究成果从低迷徘徊到快速增长，高校继续教育研究领域多向开拓

这一时期的高校继续教育研究成果经历了从低迷徘徊到快速增长的过程，涌现出一批核心研究学者和机构，开启了中国特色的继续教育理论、

[①] 王红新，陶爱珠，沈悦青. 大学使命：国际视野下的一流大学继续教育［M］. 上海：上海交通大学出版社，2013：95

[②] 王立慧. 我国高校继续教育转型研究［D］. 沈阳：东北大学，2014.

高校继续教育治理和转型发展的多向领域研究。

1. 文献发表趋势：从低迷徘徊到快速增长

从本研究所选取的数据库资料来看，该阶段公开出版的继续教育著作有53部，面向高校继续教育的论文共有1212篇，发文的具体情况如图3.1所示。

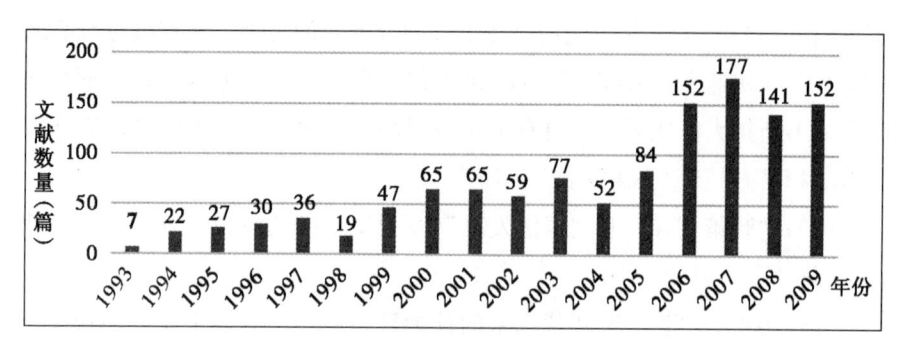

图3.1 1993—2009年我国高校继续教育研究论文年刊发量

从图3.1可以看出，这一时期高校继续教育研究的文献数量经历了一个从低迷徘徊到快速增长的过程。其中，1999年和2006年的文献数量较前一年有较大幅度增加，这与该阶段国家发布的重大教育改革措施有极大关系。1999年，中共中央、国务院颁布了《关于深化教育改革全面推进素质教育的决定》；同年，经国务院批准颁布的《面向21世纪教育振兴行动计划》提出"建立和完善继续教育制度，适应终身学习和知识更新的需要"。2006年，教育部制定的《国家教育事业发展"十一五"规划纲要》明确提出"改革成人教育办学模式，大力发展多样化的继续教育和社区教育"。这反映出高校继续教育研究具有较强的政策导向性和社会化属性。

2. 文献作者分析：出现核心研究者和研究机构

这一时期，排名在前十位的高校继续教育研究者有赵文芳、许郁、李海萍、张素江、李志强、贺廷富等，这些研究者的最低发文量均在4篇以上，最高的是南开大学的赵文芳教授，发文数量有10篇。从高校继续教育研究机构来看，排名在前十位的研究机构有清华大学、华东师范大学、浙江大学、四川大学、北京大学、曲阜师范大学等，这些研究机构的最低发文量也在10篇以上，清华大学以33篇的发文量居于首位。经比较分析发现，这些研究者和研究机构均是国内较早开展继续教育实践活动的高校。显然，这些高校也为高校继续教育理论研究作出了重要贡献，同时也说明了实践活动对学术成果影响显著。

3. 研究主题分析：开启中国特色的继续教育理论研究，研究领域多维拓展

该阶段的著作研究呈现以下特点：一是开始了中国特色的继续教育理论研究，譬如《继续教育目标管理》（郭宏琴、崔振凤，1993）、《继续教育概论》（华漱芳，1996）、《继续教育理论与实践》（顾国治，2000）、《继续教育新视野》（文锦，2005）。二是第一本真正面向高校继续教育的专著出版。1997年，由叶忠海主编的《大学后继续教育论》正式出版，它的出现是高校继续教育发展到一定阶段的产物。三是涌现出一大批面向中小学教师大学后继续教育的专著，譬如《教师继续教育的理论和实践》（徐韵安，2000）、《中学教师继续教育研究》（孙宏安，2001）、《教师继续教育发展动力论》（周正怀，2009）等。

把1993—2009年发表的1212篇研究论文按照研究主题进行分类，内容涉及多个研究类别。为保证内容的完整性，有些文章被分到多个研究主题中，具体情况见表3.2。

表3.2 1993—2009年我国高校继续教育研究论文主题统计表

年份	介绍国外研究成果	办学经验总结	高校继续教育理论	高校继续教育治理	高校继续教育转型发展	专业人员大学后继续教育	高校继续教育教学和管理	其他
1993		1	4	1		2		
1994	1	3	10	4		5		2
1995	6	4	5	3	3	2	1	5
1996	5	4	9	3	3	6		3
1997	4	4	12	7		3	1	5
1998	1	3	6	1	1	3	1	3
1999	7	6	16	2	6	6	2	4
2000	1	6	21	2	15	11	3	6
2001		6	16	14	14	18	9	3
2002	1	4	17	9	12	16	3	3

续表

年份	介绍国外研究成果	办学经验总结	高校继续教育理论	高校继续教育治理	高校继续教育转型发展	专业人员大学后继续教育	高校继续教育教学和管理	其他
2003	4	3	15	21	13	19	1	8
2004	2	9	5	16	8	14	1	2
2005	2	14	10	25	5	30	6	9
2006	5	16	20	38	9	66	7	11
2007	6	30	12	51	21	52	9	16
2008	7	18	14	40	17	36	12	8
2009	4	18	22	61	18	35	5	8
总数	57	148	214	298	146	324	61	96

　　从表3.2可以看到，这一时期各研究主题论文的分布与1984—1992年相比，发生了诸多显著的变化。一是增加新的研究主题。高校继续教育转型发展已正式进入研究视野，特别是2000年以来，研究者开始更多地关注高校继续教育的转型发展问题，这很可能与1999年中共中央、国务院颁布的《关于深化教育改革全面推进素质教育的决定》有关。二是研究主题排序的变化。这一时期专业人员的大学后继续教育研究，数量由前一时期的第二跃居为第一，高校继续教育治理的研究由前一时期的第四跃居为第二，相关主题发表篇数排序的前五名依次为：专业人员大学后继续教育（324篇）、高校继续教育治理（298篇）、高校继续教育理论（214篇）、办学经验总结（148篇）、高校继续教育转型发展（146篇）。三是专业人员的大学后继续教育研究关注群体的变化。这一时期研究的重点关注群体从前一时期的以中学教师为主拓展到高校教师（184篇）、图书馆人员（50篇）、中小学教师（30篇）和高校辅导员（20篇）等多个群体。

　　这一时期相关研究主题的代表性论文如下。①专业人员大学后继续教育研究：《中小学教师继续教育模式改革的构想》《在职教师继续教育的价值取向》《中国高等工程教育与工程师的培养》《我国教师继续教育模式的反思与重构》。②高校继续教育治理研究：《普通高校继续教育现状分析与发展路径探讨》《高校继续教育资源整合的现状、问题及对策探讨》《普通高校继续教育学院现状与发展趋势》《关于普通高校继续教育的现状及其发展的思考》。③高校继续教育理论研究：《成人高等教育概念的诠释》《终身教育背景下拓展高校继续教育的社会功能》《大学继续教育战略定位浅探》《普通高校继续教育的定位探究》。④办学经验总结：《工学结合人才培养模式研究与实践综述》《终身教育视野下高等教育观念的解构与嬗变》《清华大学继续教育国际合作的实践与启示》。⑤高校继续教育转型发展研究：《发展现代远程教育：中国之路》《论我国高等继续教育的发展与对策》《论高校继续教育改革和发展的新机遇》《我国高等继续教育持续发展方略》。

四、深化阶段（2010—2019 年）

2010 年出台的《国家中长期教育改革和发展规划纲要（2010—2020年）》明确提出"以加强人力资源能力建设为核心，大力发展非学历继续教育，稳步发展学历继续教育"。2011 年，在全国继续教育工作会议上，原国务委员刘延东在讲话中明确"高校要发挥在继续教育特别是高层次人才继续教育中的骨干作用"，还特别强调我国继续教育"正处于一个难得的机遇期和艰难的转型期"。2012 年党的十八大报告中进一步提出"推动高等教育内涵式发展，积极发展继续教育，完善终身教育体系，建设学习型社会"。这一系列带有全局性、战略性的党和国家重要决策，对我国高校继续教育发展表明了立场，为相关理论研究提供了深化发展的强劲动力。在此期间，我国掀起了高校继续教育理论研究的高潮，该阶段的研究具有"拓展深化""转型发展"的特点。

（一）社会发展和变革呼唤高校继续教育理论研究的深化转型

无论何种类型、何种形式的教育，都受社会发展水平的制约和影响，以高校继续教育为研究对象的科研活动，也必然与社会的发展和变革有着内在的联系。21 世纪的第一个十年以后，我国已经从社会的快速发展进入全面深化改革的新历史阶段，"建设学习型社会""完善终身教育体系""信息化建设"是这一时期社会发展的主题和热点。为适应社会的变革需求，实现国家构建终身教育体系和建设学习型社会的发展要求，谋求我国高校继续教育新的发展空间和机遇，迫切需要高校继续教育理论研究的深化和创新。

（二）研究成果取得了长足的进展，重点问题研究得以深化

这一时期的高校继续教育研究成果大幅增加，取得了长足的发展，涌现出一大批核心研究学者和机构，在研究内容上，高校继续教育与终身教育体系、高校继续教育与学习型社会、高校继续教育与信息化建设等重点问题研究得到拓展和深化，一大批优秀的硕士、博士论文得以发表，拓展深化发展特色显著。

1. 文献发表趋势：快速增长后趋于稳定

从本研究所选取的数据库资料来看，该阶段公开出版的继续教育著作有 44 部，面向高校继续教育的论文共有 2279 篇，月发文量约 19 篇，是上一时期的 3.2 倍，发文的具体情况如图 3.2 所示。

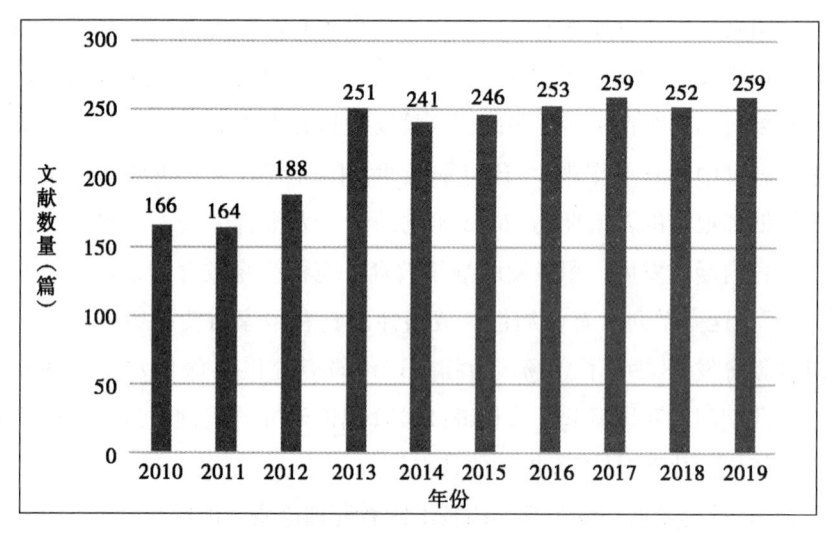

图 3.2　2010—2019 年我国高校继续教育研究论文年刊发量

2. 文献作者分析：出现核心研究者和研究机构

这一时期，排名在前十位的高校继续教育研究专家有胡锐、李光、王福胜、吴学松、杨学祥、范太华等，这些研究者的最低发文量均在 7 篇以上，最高的是武汉大学的胡锐教授，发文数量有 15 篇。从高校继续教育研究机构来看，排名在前十位的研究机构有武汉大学、宁波大学、山西大学、上海交通大学、清华大学、曲阜师范大学等，这些研究机构的最低发

文量均在16篇以上，武汉大学以40篇的发文量居于首位。这一时期核心研究者和研究机构的发文数量都比上一时期有了较大提高，说明从这一时期开始，关注高校继续教育的研究者逐渐增多。但相比总体发文数量的增幅，核心研究者和研究机构的发文数量提升速度不快。

3. 研究主题分析：重点问题研究得以深化，转型发展特色显著

该阶段的研究著作呈现以下特点：一是高校继续教育实践与理论研究得以全面开展，譬如《高校继续教育的理论与实践》《大学后继续教育论》《当代高校继续教育的理论探索与策略研究》；二是开启了高校继续教育转型发展研究，譬如《高校继续教育转型发展研究》《大学使命：国际视野下的一流大学继续教育》《转型期普通高校继续教育信息化建设研究》；三是涌现出一大批高校继续教育办学成果的专著，譬如《武汉大学继续教育创新与实践》《继续教育三十年》《继续教育创新实践》等。

把2010—2019年发表的2279篇研究论文按照研究主题进行分类，其中多篇文章的内容涉及多个研究主题，具体情况见表3.3。

表3.3　2010—2019年我国高校继续教育研究论文主题统计表

年份	介绍国外研究成果	办学经验总结	高校继续教育理论	高校继续教育治理	高校继续教育转型发展	专业人员大学后继续教育	高校继续教育教学和管理	其他
2010	4	14	19	47	35	27	11	21
2011	9	17	13	61	31	29	17	17
2012	5	26	18	57	35	37	22	19
2013	6	39	20	75	45	23	43	17
2014	6	54	18	62	46	29	47	14
2015	9	36	21	74	60	27	35	12
2016	16	26	20	67	67	19	37	16
2017	15	21	31	59	74	15	50	7
2018	6	24	18	59	58	27	61	18
2019	6	19	27	71	62	20	54	15
总数	82	276	205	632	513	253	377	156

从表3.3可以看到，这一时期各研究主题论文的分布与1993—2009年相比，又发生了变化。一是研究主题的排序再次发生了变化。这一时期高

校继续教育治理的研究,由前一时期的第二跃居为第一,高校继续教育转型发展研究由前一时期的第五跃居为第二。相关主题发表篇数排序的前五名依次为:高校继续教育治理(632篇)、高校继续教育转型发展(513篇)、高校继续教育教学和管理(377篇)、办学经验总结(276篇)、专业人员大学后继续教育(253篇)。二是社会转型发展阶段的重点问题研究得到了深化,具体包括高校继续教育与终身教育体系(68篇)、高等继续教育与信息化建设(65篇)、高校继续教育与学习型社会(29篇)等问题。

这一时期相关研究主题的代表性论文如下。①高校继续教育治理研究,如《继续教育发展战略研究》《我国普通高校开展非学历继续教育的现状研究》《高校继续教育:机遇、挑战与策略》《2010年以来我国高等继续教育发展现状与趋势分析》。②高校继续教育转型发展研究,如《普通高校继续教育改革趋势:跨界、融合与创新》《问题与路径:供给侧改革视域下的高校继续教育转型发展》《"十三五"时期高校继续教育创新发展的战略思考》《新形势下高校继续教育学院的转型与展望》。③高校继续教育教学和管理研究,包括《国外继续教育人才培养模式及其对中国的启示》《高校学历继续教育课程学分认定及转换规则的思考》《"互联网+"时代地方高校继续教育信息化建设的问题与对策》。④办学经验总结,如《"互联网+"时代下跨境电商人才培养模式探讨——以广东外语外贸大学继续教育学院为例》《高校非学历培训的SWOT分析——以上海交通大学继续教育学院为例》《高校继续教育的战略转型与路径选择——以中山大学高等继续教育学院为例》等。⑤专业人员的大学后继续教育研究,如《高校教师继续教育的问题与对策研究》《我国体育教师教育研究现状述评》《高校与教师进修学校合作开展中小学教师继续教育的研究》。

第二节 高校继续教育研究的主题分析

通过搜索中国知网文献平台,结合研究文本的分析,我们总结出70年来高校继续教育的研究主题主要聚焦在高校继续教育基本理论研究、高校继续教育治理研究、高校继续教育转型发展研究、专业人员大学后继续教育研究、高校继续教育教学与管理研究五个方面。

一、高校继续教育基本理论研究

(一) 高校继续教育的发展定位研究

高校继续教育定位的实质是在社会政治经济体系中为找准高校继续教育的发展空间，确定服务面向、发展目标及任务而进行的一系列的前瞻性战略思考和规划活动。① 当前的研究将高校继续教育定位归纳为三类。

第一类是基于系统理论视角，提出"层次定位论"。早在改革开放初期，就有研究者指出高等学校应充分发挥自己的优势，积极开展大学后继续教育，并要根据自身的特点和规律来确定教育的方向、内容、形式和方法等。② 高校应依据自身类型、层次及所处发展阶段，制定继续教育中长期发展规划，立足学校的优势学科和地方优势产业，明确继续教育办学定位。③ 有研究者提出高校应按照研究型大学、教学研究型大学、教学型院校、高职高专院校进行继续教育层次类型定位。④ 有学者从微观入手，指出高校继续教育应该从发展思路、办学模式、师资队伍、制度建设和发展环境五个方面进行定位。⑤

第二类是基于高校社会职能理论视角，提出"服务社会定位论"。有研究者认为"服务社会"是大学的核心职能，是现代大学职能发展的主流，⑥ 继续教育作为社会对大学的现实诉求，将进一步成为大学服务社会

---

① 苏建华. 普通高校继续教育的定位研究 [D], 开封: 河南大学. 2009.
② 黄锦汉. 大学后继续教育刍议 [J]. 高等教育研究, 1988 (4).
③ 张文亚. 高校继续教育与服务地方发展耦合机制研究 [J]. 中国成人教育, 2018 (13).
④ 王长喜, 张永宏. 对我国普通高校继续教育定位的几点思考 [J]. 继续教育, 2006 (7).
⑤ 夏学文. 高校继续教育的发展误区与重新定位 [J]. 继续教育研究, 2017 (11).
⑥ 陈伟, 葛金国, 周元宽. 服务社会: 现代大学的核心职能——兼论大学三大社会职能的内在关系 [J]. 高等理科教育, 2017 (4).

的重要窗口和关键途径。① 经济社会的转型发展、教育领域的综合改革对人才培养提出了新的要求，我国高校继续教育要在终身教育体系中保持竞争力，就必须建立服务于区域经济社会发展的人才培养体系。② 在高校继续教育社会职能的研究中，研究者们更集中于对地方高校继续教育的探讨。地方本科高校办好继续教育是立足地方、面向基层，以贡献求支持、以服务求发展的不可或缺的职能行为。③ 地方高校要凸显区域社会的地方特色，结合自身优势，找准经济、社会和个体发展的结合点。④

第三类是基于终身教育理论和学习型社会理论视角，提出"大教育、大培育论"。⑤ 党的十六大、十七大报告提出"形成全民学习、终身学习的学习型社会"，党的十八大报告进一步阐释为"积极发展继续教育，完善终身教育体系，建设学习型社会"，这些纲领性的文件体现了"终身教育"和"学习型社会"理论对我国高校继续教育的指导地位。因此，高校继续教育作为一种面向成人的实践性的教学活动，应从构建终身教育体系、建设学习型社会的高度对自身发展进行定位。⑥

（二）高校继续教育的功能和价值研究

高校继续教育研究的根本旨趣在于回答"高校继续教育为了什么"的功能和价值取向探讨。纵观70多年来高校继续教育的功能和价值讨论，研究热点主要集中在高校继续教育的社会价值、个人价值和创造价值。

"社会价值论"的研究者们从不同的背景和视角，对高校继续教育的社会功能和价值进行全方位的分析和阐述。高校继续教育具有推动生产发

---

① 王红新，陶爱珠，沈悦青. 大学使命：国际视野下的一流大学继续教育[M]. 上海：上海交通大学出版社，2013：34.

② 孙琬婷，赵亮. 我国高校继续教育办学定位与人才培养方式改革[J]. 教育与职业，2018（10）.

③ 刘克宽. 地方本科高校发展继续教育的思考[J]. 中国成人教育，2006（11）.

④ 牛长海. 地方高校继续教育服务区域社会发展研究[J]. 东北师大学报（哲学社会科学版），2014（3）.

⑤ 李红亮. 近十年中国高校继续教育研究综述[J]. 继续教育研究，2010（4）.

⑥ 黄明格. 终身教育视域下高校继续教育的转型与定位研究[J]. 成人教育，2016（1）.

展，促进科学发展和提高人才素质的重要功能。[1] 高校继续教育扩大了高校的教育职能，挖掘了高校教育内涵，增强了高校适应社会的能力。[2] 有研究者指出高校继续教育具有科技工作职能、经济功能、培养人才功能[3]，以及体现在文化变迁中的文化功能[4]。还有研究者从终身教育理论视角、构建学习型社会的背景，探讨高校继续教育功能的拓展和发挥。[5]

"个人价值论"认为，从人才质量来讲，继续教育是促进人全面发展的教育，是个人价值实现的重要途径。[6] 有研究者认为，继续教育的价值和目的是延续受教育者工作的生命力，不断提高工作的适应能力和创新技能[7]，使受教育者不断更新和补充知识，提高对不断变化的社会和工作的适应能力。有研究者从提升人的生活品质和精神教养的角度，指出高校继续教育的功能是满足人们职业、生活、娱乐、文化和精神等层面的学习需求。[8]

"创造价值论"认为，继续教育是高层次教育、创造性教育和新颖性教育。[9] 创造性应是继续教育最基本的价值和属性，高校继续教育是对已接受高等学历教育或已获得一定的专业技术职称的专业技术人员进行知识与技能的补充、更新、拓展和提高，使其完善知识结构、提高创造能力的教育活动。[10] 实践证明，继续教育对成人完善智能素质、形成创造力起着

---

[1] 黄锦汉. 大学后继续教育刍议 [J]. 高等教育研究，1988（4）.
[2] 陆桂仙. 发展继续教育是高校改革的重要内容 [J]. 上海高教研究，1989（2）.
[3] 孙美春. 试论继续教育重要地位及作用 [J]. 中国电大教育，1991（4）.
[4] 张淑霞. 试论继续教育的性质及其主体功能 [J]. 陕西师范大学继续教育学报，2000（1）.
[5] 王善平. 发挥高校继续教育功能　助推学习型社会建设 [N]. 湖南日报，2019-10-24.
[6] 李红亮. 近十年中国高校继续教育研究综述 [J]. 继续教育研究，2010（4）.
[7] 宋钺. 在继续教育方面高等学校如何更有效地为社会服务 [J]. 继续教育，1990（3）.
[8] 陈仁凯，颜鲜明. "五个走向"——全民终身教育理念指导下的高校成人教育转型路径 [J]. 成人教育，2015（12）.
[9] 叶忠海. 大学后继续教育论 [M]. 上海：上海科技教育出版社，1997：1-6.
[10] 董华. 继续教育概论 [M]. 北京：中国社会科学出版社，2002：1.

有效的促进作用，是培养高级创造性人才的主要途径。①

通过多角度的探讨研究，学界形成一种共识，高校继续教育是一个多功能的统一体，它与社会整体进行着功能性的交流并相互影响，以其整体、系统功能的发挥促进人类社会的发展和进步。

（三）高校继续教育的目标和内容研究

高校继续教育的目标与包含的内容具有很大的内在相关性，因此，它们常常被放在一起讨论，并与高校继续教育的教育对象、办学形式等研究相交织。随着社会经济的发展和成人教育实态的变化，相关研究也越来越深入并得以拓展，主要涉及高校继续教育发展目标、教育对象、办学形式和办学内容等方面。

首先是高校继续教育发展目标的研究。多数研究者认为，高校继续教育的目标在于使受教育者更新、扩展知识，学习新理论、新方法和新技术，提高知识技能水平，全面提升个人素质。叶忠海指出，继续教育旨在提高受教育者的思想道德水准，改善智能结构，增强受教育者的专业力。②随着社会的转型发展，也有研究者提出，高校继续教育发展目标要实现多元化，即培养新型人才、促进科技创新、推动社会进步等。③

其次是高校继续教育教育对象的研究。我国成人教育界大多数学者认为，继续教育具有特定的意涵，通常应是指大学后成人的再教育。④ 2010年以前，围绕"高校继续教育的教育对象"的研究探讨，热点主要集中在干部、教师、科技工作者等人员，具有比较浓厚的精英教育色彩。研究者们根据这些研究对象的不同，将继续教育划分为继续工程教育、干部继续教育、教师继续教育等不同的类型。进入2010年以来，随着终身教育理论的发展和构建学习型社会的要求，高校继续教育已经从精英教育走向大众

---

① 张淑霞. 试论继续教育的性质及其主体功能［J］. 陕西师范大学继续教育学报，2000（1）.

② 叶忠海. 大学后继续教育论［M］. 上海：上海科技教育出版社，1997：1-6.

③ 贺洁. 高校继续教育转型面临的现实困境及变革策略［J］. 中国成人教育，2017（6）.

④ 叶忠海. 大学后继续教育论［M］. 上海：上海科技教育出版社，1997：1.

后教育时代，教育对象也由精英变为全民。[1] 有学者指出，现阶段高校继续教育的教育对象具有学习目标明确、主动性强、工作能力突出、参与学习的方式多样化等特点。[2]

再次是高校继续教育办学内容的研究。学历教育和非学历教育是高校继续教育的两个重要内容，这一观点学界已经达成了共识。学历教育的作用主要是对学历进行补偿式教育，非学历教育针对实际需求开展培训，以解决实质性的具体问题；学历教育和非学历教育作为高校继续教育的"两翼"，紧密结合，相互促进。[3] 同时，研究者们对高校继续教育的办学内容及其应遵循的原则进行了深入探讨。研究者们一致认为，高校继续教育内容涉及广泛，应该根据不同时期、不同对象以及不同需要确定具体内容，但核心都是提供新的知识、新的技能和新的方法。[4]

最后是高校继续教育办学形式的研究。20世纪80年代中期以来，研究者们从不同视角建构出众多适合于我国国情的高校继续教育办学途径及形式。就办学主体而言，要明确高校办学的主体地位，同时积极引入政府、企业、行业和社会积极参与的合作办学模式。[5] 同时，高校继续教育的办学形式逐步呈现开放性和多维化的局面，主要包括专业硕士研究生教育、自学考试、社会培训教育、成人高等教育、现代网络远程教育、国际继续教育等。[6] 随着信息技术与互联网手段的日益多样化，以广播电视大学系统为代表的远程教育平台，高校之间建立的数字化学习联盟以及各级

---

[1] 卢美芬，孙立新. 高校继续教育服务区域功能的再认识［J］. 中国高教研究，2013（6）.
[2] 薛蓓，周延怀，王晓兰. 学习型社会建设视角下的高校继续教育管理创新［J］. 中国成人教育，2018（20）.
[3] 王志刚. 高校继续教育转型发展的研究与探索［J］. 江苏高教，2019（12）.
[4] 傅昌盛，沈兰兰. 高校继续教育办学模式探析［J］. 成人教育，2015（2）.
[5] 傅昌盛，沈兰兰. 高校继续教育办学模式探析［J］. 成人教育，2015（2）.
[6] 贺洁. 高校继续教育转型面临的现实困境及变革策略［J］. 中国成人教育，2017（6）.

开放大学的迅速发展等①，都是高校继续教育整合多种教育资源、谋求更多发展途径和方式的有益尝试和努力。

二、高校继续教育治理研究

(一) 高校继续教育现状和问题研究

寻找高校继续教育发展的根本问题是高校继续教育治理研究的根本任务。新中国成立70年来，研究者们纷纷对高校继续教育的问题进行把脉，得出丰富的"诊断报告"。从时间轴看，新中国成立初期到20世纪末，高校继续教育的主要任务是扫盲教育、学历补偿和专业技术人员继续教育。因此，深化高校继续教育办学理念是主要问题。近20年来，随着高校继续教育职能的拓展和延伸，高校继续教育体现出"外延有余、内涵不足"的困境和根本问题，具体表现如下。

一是高校对继续教育理解存在偏差。有研究者指出，不少高校存在"继续教育无用论"的错误认识，认为继续教育在高校办学中可有可无。②从理论上讲，高等继续教育是我国教育体系的一个重要组成部分，但在办学实践中，许多高校更加重视本科教育和研究生教育，忽视了继续教育的地位和功能，将继续教育边缘化，只是简单地把继续教育作为学校的创收部门，一味追求招生规模，忽视内涵建设和质量提升。由于高校对继续教育认识的偏差，导致高校继续教育地位低下、制度不完善、队伍建设滞后、发展缓慢。③

二是高校继续教育办学统筹研究不足，供给与需求失衡。目前，存在于我国高校学历继续教育中的成人教育、自学考试和网络教育等同质化严重，而社会对成人高等教育和高等教育自学考试的需求逐年弱化，高等学

---

① 方方. 我国高校继续教育人才培养的问题及对策研究［J］. 海峡科学, 2020 (2).

② 王红新, 陶爱珠, 沈悦青. 大学使命: 国际视野下的一流大学继续教育［M］. 上海: 上海交通大学出版社, 2013: 130.

③ 陈勤舫. 普通高校继续教育新态势与管理模式创新［J］. 成人教育, 2020 (9).

历继续教育规模呈现饱和态势。然而，面对学历继续教育的持续萎缩和非学历继续教育需求增加的现实，多数高校没有实现由学历教育向非学历教育的转型，学历继续教育和非学历继续教育发展很不平衡，非学历教育进展缓慢，满足社会和大众需要的非学历继续教育资源严重不足。①

三是高校继续教育人才培养质量不高。一直以来，我国高校继续教育发展规模庞大，但人才培养模式却一直沿袭普通高校教育模式，"千校一面"，没有特色。由于长期以来追求招生数量和经济效益，安于现状，不求创新，致使高校继续教育办学定位、体制机制、教学模式、专业建设等方面形成固化模式，高校继续教育已经无法培养出适应社会经济发展需要的人才。② 同时，由于高校继续教育的趋同化办学体系导致了人才培养过程中出现生际、类际、校际区域趋同等现象，高校继续教育无法发挥其促进区域经济发展的功能。③

四是高校继续教育体制机制不健全，难以适应市场需要。受政府行政管理的影响和制约，高校继续教育长期实行"行政主导型管理模式"，办学主体单一，结构不灵活，缺乏市场意识。④ 有研究者直指高校继续教育的根本问题在于体制机制不健全，管理模式僵化，没有突破事业单位管理体制，要么统得过于死板，没有活力，要么放任不管，容易失控。⑤ 教育体制机制必须遵循教育教学的运行特点和发展规律，高校继续教育的管理机制也必须与时俱进，而目前我国高校继续教育管理模式显然已经不能适应经济社会发展的需求，从而阻碍了高校继续教育的转型发展。

---

① 陈勤舫.普通高校继续教育新态势与管理模式创新［J］.成人教育，2020（9）.

② 马勇.问题与路径：供给侧改革视域下的高校继续教育转型发展［J］.继续教育研究，2017（5）.

③ 孙琬婷，赵亮.我国高校继续教育办学定位与人才培养方式改革［J］.教育与职业，2018（10）.

④ 乐传永，许日华.高校继续教育治理：缘起、主体与机制［J］.现代远距离教育，2018（1）.

⑤ 王红新，陶爱珠，沈悦青.大学使命：国际视野下的一流大学继续教育［M］.上海：上海交通大学出版社，2013：136.

（二）高校继续教育体制与机制研究

体制机制是高校继续教育治理中的顶层设计，"体制"是制度外在的具体表现和实施形式，"机制"是系统内各部分相互作用的过程和方式。"体制"和"机制"相互联系，共同作用于高校继续教育治理。[①] 20 世纪 80 年代中期以来，研究者们对高校继续教育治理机制如何从封闭走向开放、如何从单一主体走向多元主体、如何优化内部管理等问题，展开了一些探讨和分析。

一是建立多元主体参与治理机制。学界对多元主体参与高校继续教育办学和治理普遍达成共识，特别是进入 21 世纪以来，研究者们对于多元治理机制的探讨更为深入和激烈。有研究者认为多元共治是现代高校治理模式的新选项，将政府和高校以外的第三方——社会力量纳入高校治理的权责体系中，构建"政府—社会—高校"三者之间顺畅的权责平衡和协作共赢关系。[②] 有研究者从利益相关者视角，把参与高校继续教育治理的多元主体分为以高校、教师、学生等为主体的核心利益相关者，以政府、合作办学单位等为主体的重要利益相关者，以竞争者、社会评价机构等为主体的次要利益相关者，针对不同的利益主体，采取不同的治理机制。[③] 在市场化的发展环境下，建构一个实现共同治理的体制机制，是实现高校继续教育有效治理的关键所在。

二是优化高校内部管理模式。一直以来，高校继续教育内部运行机制主要附属于普通高校的教育管理机制，运行机制死板、缺乏活力。有研究者提出，高校继续教育内部管理的体制机制要兼顾公益属性和市场属性，学历教育领域要实行一体化管理，非学历教育领域要建立市场化运营机制

[①] 乐传永，李梦真. 近 20 年我国高校继续教育治理研究的热点与发展 [J]. 现代远程教育研究，2019（2）.

[②] 胡仲胜. 社会参与视角下的高校治理模式改革初探 [J]. 高等建筑教育，2017（5）.

[③] 乐传永，许日华. 高校继续教育治理：缘起、主体与机制 [J]. 现代远距离教育，2018（1）.

和管理模式。[1] 有研究者认为，当前治理的核心要素是要构建一套适合高校继续教育的资源整合机制。[2] 也有研究者认为建设高校内部继续教育治理体系是当下高校继续教育治理的核心保障。[3]

三是建立合理的评估机制。评价反馈是实践活动的重要环节，对于高校继续教育治理体系更是如此。然而，当前我国高校继续教育质量保障体系的研究仍处于初级探索阶段，研究者们试图从多维视角探索出适合我国国情的评价体系。有研究者提出建立由教育部、省级继续教育行政部门、高校继续教育研究领域专家、继续教育对象等多元主体参与的质量监管制度，公开办学评估报告，接受社会监督。[4] 有研究者提出，社会参与是促进高校继续教育治理现代化的关键一步，要鼓励社会第三方专业评价机构介入，建立具有针对性的指标体系，加强对高校继续教育治理的监控和评价。[5] 也有研究者提出建立继续教育联盟，构建继续教育质量监测与保障体系。[6]

（三）高校继续教育资源整合研究

资源整合是高校继续教育治理的重要组成部分，在高校继续教育发展中起着支撑作用。当前研究主要包括高校外部资源整合和高校内部资源整合两个方面。

在高校外部资源整合方面，早在 20 世纪 90 年代，就有研究者提出高校继续教育存在三种办学形式：校企联合，双方互惠互利；校际联合，利

---

[1] 张艳超. 普通高校继续教育改革趋势：跨界、融合与创新 [J]. 教育发展研究，2014（3）.

[2] 乐传永，李梦真. 近 20 年我国高校继续教育治理研究的热点与发展 [J]. 现代远程教育研究，2019（2）.

[3] 吴师伟. 高校继续教育治理体系建设刍议 [J]. 中国成人教育，2019（2）.

[4] 马勇. 问题与路径：供给侧改革视域下的高校继续教育转型发展 [J]. 继续教育研究，2017（5）.

[5] 乐传永，李梦真. 近 20 年我国高校继续教育治理研究的热点与发展 [J]. 现代远程教育研究，2019（2）.

[6] 梁艳萍，高建军，冯安伟，等. 普通高校继续教育现状分析与发展路径探讨 [J]. 中国成人教育，2009（12）.

于优势互补、资源共享；国际联合、以求共同发展。① 进入 21 世纪以来，学界对高校继续教育外部资源整合的讨论愈加广泛。有研究者提出，应构建"时时可学、处处能学、人人皆学"的自助学习平台，架起各种教育形态之间的"立交桥"，实现各种教育资源的整合和优化。② 有研究者在开展校企合作的实践活动中，探索出一套政府统筹、企业参与、成人（社区）学校和高等院校校校联合的"四位一体"组织架构，实现了师资、课程、学历教育与非学历教育等资源的有效整合。③ 也有研究者提出，要鼓励高校形成继续教育联盟，构建继续教育公共资源库、继续教育公共服务平台，逐步实现校际资源融合。④

在高校内部资源整合方面，有研究者提出整合高校多种继续教育形式，包括网络教育、函授教育、自学考试以及各种形式培训等，实现人、财、物和无形资源的有效整合。⑤ 有研究者从学历继续教育和非学历继续教育的资源整合方面，指出高校继续教育要重视"学历＋技能"的办学模式，其中，技能就是非学历教育的重要内容。⑥ 也有研究者提出，要实现高校内部继续教育、本科教育和研究生教育的资源整合，合理有效利用高校优质的教育资源，发挥最大的效益。⑦

（四）高校继续教育法治化建设研究

法治化是高校继续教育治理的制度保障，是高校继续教育治理的规则

---

① 王明钦. 论普通高校继续教育的模式与途径 [J]. 河南大学学报（社会科学版），1999（1）.

② 黄明格. 终身教育视域下高校继续教育的转型与定位研究 [J]. 成人教育，2016（1）.

③ 冯国文. 高校继续教育"四位一体"校企合作模式的探索 [J]. 中国成人教育，2017（19）.

④ 张艳超. 普通高校继续教育改革趋势：跨界、融合与创新 [J]. 教育发展研究，2014（3）.

⑤ 张秋凤. 高校继续教育的服务化转型及实现路径 [J]. 河北大学成人教育学院学报，2019（4）.

⑥ 张艳超. 普通高校继续教育改革趋势：跨界、融合与创新 [J]. 教育发展研究，2014（3）.

⑦ 路雅双. 普通高校继续教育资源整合研究 [D]. 武汉：武汉理工大学，2007.

体现。由于我国继续教育起步较晚，截至目前尚未形成一个完整的继续教育法律体系。[①] 现有的继续教育政策法规主要包括国家立法、地方性法规、国务院部门规章、地方政府及部门规章等。自新中国成立以来，我国继续教育法规政策发展经历了四个阶段的价值逻辑变迁：从注重国家需要到个体全面发展、从注重学历教育到非学历培训、政策法规从分散走向综合、管理上从教育集权到简政放权。[②] 但这些法规政策法律效力不高，约束机制尚未健全，有法不依的现象仍然存在。[③] 经过漫长且复杂的嬗变过程，地方性继续教育法治化建设虽然具备了一定的规模和创新，并在一定区域内取得了成效，但由于国家层面继续教育法的缺位，导致继续教育地位低下、继续教育受教育权失衡、不具社会普适性。[④]

面对我国继续教育法治不健全的问题，研究者们通过对比研究国外继续教育立法，试图为我国继续教育法治化建设提供启示。有研究者以世界上最早实行继续教育立法的法国为研究对象，探索了法国继续教育法律在健全继续教育机构、保障继续教育经费和推动继续教育多样化发展等方面给我国的启示。[⑤] 有研究者以美国、法国和英国为主要对象，研究发现欧美发达国家都有重视继续教育立法，并通过立法明确继续教育地位和体制，从而保证继续教育经费的特点，指出：我国应结合继续教育实践工作，加强继续教育立法的理论研究；通过立法确定发展的任务与目标，完善继续教育体制；适时修订继续教育法律，健全继续教育执法与监督机制。[⑥] 从文献研究内容来看，当前我国继续教育法治化的研究以现状分析

---

① 乐传永，李梦真. 近20年我国高校继续教育治理研究的热点与发展 [J]. 现代远程教育研究，2019（2）.

② 熊晓莉. 我国继续教育政策演变及发展趋势 [J]. 继续教育研究，2017（7）.

③ 李丽珊，蒋志湘. 简述我国继续教育现状加强继续教育立法工作 [J]. 成人教育，2011（1）.

④ 刘杨，李祥. 继续教育地方立法的理论与实践反思 [J]. 成人教育，2018（14）.

⑤ 熊华军，刘鹰. 法规保障下的法国继续教育及其启示 [J]. 现代教育科学，2014（7）.

⑥ 宋孝忠. 欧美发达国家继续教育立法初探 [J]. 继续教育研究，2019（11）.

和借鉴国外法律体系为主，尚未形成具有中国特色的继续教育法律体系研究。

三、高校继续教育转型发展研究

（一）高校继续教育转型发展的理论基础研究

高校继续教育转型发展有其深刻的内在发展逻辑，这种逻辑以历史时间顺序为表征，本质上却受经济社会大环境的制约并为其发展服务。现有文献对于高校继续教育转型发展的理论基础研究主要包括社会转型理论、终身教育学习理论和学习型社会理论。

第一种是社会转型理论。在社会剧烈转型的历史时期，政治、经济、文化的变革也必然要求教育的发展革新，社会转型作为更深层面的社会变革，是高校继续教育转型的重要理论依据和背景支撑。有研究者认为，社会转型理论对高校继续教育转型有重要意义：一是社会转型理论所揭示出的社会转型表明高校继续教育转型的时代必然性，二是社会转型理论所昭示出的社会转型的博杂性特点表明高校继续教育转型的历史艰巨性。[①] 社会转型引发了高校继续教育在教育体制、教育价值目标、教育结构和培养模式等方面的种种冲突[②]，同时也为高校继续教育的发展带来了新的契机。高校继续教育的转型发展是对社会转型发展要求的积极应答，高校继续教育作为构建创新型国家和终身教育体系的重要组成部分，其发展必须以社会转型为基础，实现育人理念、目标、行为、方式的现代转轨，为社会转型开发符合时代要求的人力资源。[③]

第二种是终身教育理论。终身教育理念是当前国际成人教育的指导思想，国际社会对终身教育理念的认同和推广对我国的教育政策产生了深刻的影响。自1993年在中共中央和国务院颁布的《中国教育改革和发展纲要》中第一次正式使用"终身教育"之后，终身教育理念在《中华人民共和国教育法》、党的十六大、十七大、十八大报告等纲领性文件中均有体

---

① 王立慧. 我国高校继续教育转型研究［D］. 沈阳：东北大学，2014.
② 乐传永. 社会转型与高校继续教育冲突［J］. 教育研究，2012（11）.
③ 郑玉双. 社会转型发展与高校继续教育创新［J］. 职教通讯，2014（1）.

现，2010年颁布的《国家中长期教育改革和发展规划纲要（2010—2020年）》更是明确提出"继续教育是终身教育体系的重要组成部分"。[1] 因此，终身教育理论是高校继续教育转型发展探析的意义前提、基本方向和指导原则。[2] 同时，高校继续教育又是终身教育的必经阶段，两者相互依存、互相影响。伴随着全球化和信息化时代的到来，学习型社会的逐步形成，大学服务社会的功能逐渐得到发挥，高校继续教育也将成为支撑国家终身学习体系的重要组成部分。

第三种是学习型社会理论。学习型社会理论是要建设"人人皆学、处处能学、时时可学"的学习型社会。在学习型社会里，参与继续教育活动是一种相对常见的生活状态，参与继续教育者的学习目标更加明确、主动性和学习自主性都更强，他们要求继续教育的学习方式要更加多样化和具有灵活性。[3] 因此，学习型社会建设是推动我国高校继续教育转型发展的强劲动力。学习型社会的内在本质要求建立优质完善的现代国民教育和终身教育体系，而促进学习型社会的形成是现代教育发展的必然趋势和重要使命，高校继续教育作为终身教育体系中的重要组成部分，它的转型升级也必将成为建设学习型社会、全面提高国民素质的教育途径和关键力量。[4]

（二）高校继续教育转型发展的策略研究

高校继续教育研究之鹄的在于促进高校继续教育发展，因此探讨高校继续教育转型发展路径与策略是研究者们绕不开的节点。当前关于高校继续教育转型发展策略的主张有以下几点。

一是凸显高校继续教育发展战略，完善管理体系和法治保障。进入21世纪以来，继续教育备受关注。《国家中长期教育改革和发展规划纲要（2010—2020年）》和党的十九大报告都明确提出"要办好继续教育"；教

---

[1] 陈仁凯，颜鲜明."五个走向"——全民终身教育理念指导下的高校成人教育转型路径［J］. 成人教育，2015（12）.

[2] 王立慧. 我国高校继续教育转型研究［D］. 沈阳：东北大学，2014.

[3] 薛蓓，周延怀，王晓兰. 学习型社会建设视角下的高校继续教育管理创新［J］. 中国成人教育，2018（20）.

[4] 侍建旻. 学习型社会背景下的高校继续教育［J］. 成人教育，2006（8）.

育部在2018年工作要点中，启动了高等学校继续教育发展年度报告工作，推动高校强化办学主体责任。这些政策实践，凸显了国家对继续教育的政策导向和继续教育的战略地位。[①] 然而继续教育的管理体系仍未完善，继续教育究竟应该由什么部门来管理，目前存在着三种意见：一是由高等教育部门统一管理；二是由科技主管部门去统一协调管理；三是继续教育的管理应各自为政，科技部门、高等教育部门、组织部门管理相应的科技人员、教师及领导管理部门的继续教育。根据中国国情，有研究者提出继续教育应坚持"统一领导与分级管理"相结合的管理体系，由教育部统一归口组织管理，并由科委、组织部、经济等综合部门分别对口抓实施。[②]

新中国成立70年来，我国继续教育一直是整个教育体系中政策制度保障最薄弱的领域，法律文本的缺失很大程度上导致了高校继续教育实践活动的混乱和无序。因此高校继续教育要想从"无序"走向"有序"、从"无为"走向"有为"，就要求政府根据社会发展需要和继续教育自身规律，出台有关高校继续教育的法律法规。有研究者提出，在高校继续教育的法律文本中，要明确高校继续教育的目标方向、运行机制、资源管理、社会投入等问题，在高校内部建立多种形式的联动发展机制，依靠高校的师资力量、教学资源和科研成果等对高校继续教育进行补充和促进，在高校外部通过校际、校企联合办学，实现高校、企业、个人共赢。[③]

二是创新市场化办学机制，实现高校继续教育科学化运营。多数研究者认为，高校继续教育是面向市场的有偿教育，是回应市场需求的外向型教育业态，具有公益性与市场性的双重属性。[④] 高校继续教育的转型发展就是要实现市场化运作，按照市场规律进行"交易"，高校通过市场行为将高校的特殊商品销售给有需要的人。[⑤] 高校应实行事业行政和企业管理

---

① 吴学松. 地方高校继续教育转型发展策略论析［J］. 成人教育，2020（9）.
② 刘富钊. 继续教育学基础［M］. 成都：四川大学出版社，1989：79.
③ 贺洁. 高校继续教育转型面临的现实困境及变革策略［J］. 中国成人教育，2017（6）.
④ 吴学松. 地方高校继续教育转型发展策略论析［J］. 成人教育，2020（9）.
⑤ 王志刚. 高校继续教育转型发展的研究与探索［J］. 江苏高教，2019（12）.

相结合的运行机制，充分发挥"二元"机制的优势[①]，同时，要合理运用市场规则，吸纳社会力量办学。

在宏观描述的同时，研究者们还深入到高校继续教育办学的微观领域展开讨论。运用市场机制推进高校继续教育转型，主要包括招生的市场化，专业、课程和培训项目设置的市场化，以及学校内部改革引入市场机制等方面。[②] 为适应市场要求，有学者提出，在学历继续教育招生中实行"自主招生、注册入学、宽进严出、多头出口"制度，非学历继续教育招生实行"行业开放、公开招标、市场导向、自主招报"制度。[③] 在专业、课程和培训项目的设置过程中，要积极调整专业设置的服务方向，拓宽专业口径，增强学生适应性，积极发展紧缺专业和急需专业。[④] 有学者认为，课程体系设置要突出应用性和技能型专业建设，根据行业企业要求修订学习计划，使专业学习内容与职业资格标准相适应。[⑤] 在学校内部改革方面，高校继续教育学院可以依托高校，面向市场竞争、自主招生、独立运营，建立相对独立的教学管理体制，实行相对独立的财务管理。[⑥] 还有学者建议在高校整体利益框架内，构建效率优先、注重实绩、适度兼顾公平的激励机制。[⑦] 也有学者提出在非学历继续教育领域建立市场化运营机制和管理体制，成立非学历教育的领导协调机构。[⑧]

[①] 马勇. 问题与路径：供给侧改革视域下的高校继续教育转型发展 [J]. 继续教育研究，2017（5）.

[②] 余小波. 我国成人高等教育转型的市场机制论略 [J]. 长沙理工大学学报（社会科学版），2013（4）.

[③] 马启鹏. 体制创新：高校继续教育转型的制度保障 [J]. 继续教育研究，2011（6）.

[④] 余小波. 我国成人高等教育转型的市场机制论略 [J]. 长沙理工大学学报（社会科学版），2013（4）.

[⑤] 孙汉梅. 新时期普通高校继续教育转型发展与实践探索 [J]. 石油人力资源，2018（6）.

[⑥] 王立慧. 我国高校继续教育转型研究 [D]. 沈阳：东北大学，2014.

[⑦] 吴学松. 地方高校继续教育转型发展策略论析 [J]. 成人教育，2020（9）.

[⑧] 张艳超. 普通高校继续教育改革趋势：跨界、融合与创新 [J]. 教育发展研究，2014（3）.

三是坚持学历继续教育与非学历继续教育并重,构建"一体两翼"终身教育平台。适应构建终身教育体系和学习型社会的发展需要,研究者们也关注到高校继续教育的内涵发展,高校继续教育转型发展要实现从学历需求到职业需求再到学习需求的转变,真正实现从"育才"到"育人"的转变。[1] 要将高校继续教育的办学目标定位于提升人的生活品质和精神教养,大力开发"学历后"教育,关注职业、生活、娱乐和文化等层面的非学历学习需求[2],因此,高校继续教育转型要实现从以学历教育为主向学历教育和非学历教育并重的转变,从封闭走向开放,实现高校继续教育的全面融合。

学历教育和非学历教育是高校继续教育的两个重要表现形式。学历教育注重理论基础,偏向通识教育,而非学历教育则偏向应用技术的传授和操作,两者互为补充。[3] 有研究者提出高校继续教育应积极发展非学历教育,特别是大学后继续教育和高层次岗位培训,实现以学历教育为主向非学历教育、岗位培训、职业资格证书培训、新知识培训等全方位教育与培训发展转变。[4] 在具体实施过程中,有研究者认为学历教育强调课程的实践性和可应用性,保证学员真正能学到工作中有用的知识,非学历教育强调学习过程的记录性,并能将非学历教育学习成果折换成学历教育的学分或成绩,在高校继续教育内部建立可操控性强的终身教育"学分银行"。[5]

四是坚持新时期高校继续教育的全面融合,确保高校继续教育资源配置稳定。我国学习型社会和终身教育体系的构建,要求高校继续教育转型要探索有效途径,促进继续教育与其他教育类型的融合,实现从阶段走向

---

[1] 余小波. 成人高等教育型及转型探略 [J]. 现代大学教育,2011 (1).
[2] 陈仁凯,颜鲜明."五个走向"——全民终身教育理念指导下的高校成人教育转型路径 [J]. 成人教育,2015 (12).
[3] 贺洁. 高校继续教育转型面临的现实困境及变革策略 [J]. 中国成人教育,2017 (6).
[4] 胡锐. 论高校继续教育战略转型与实施策略 [J]. 继续教育,2012 (2).
[5] 王志刚,章映欢. 高校学历教育与非学历教育的和谐发展 [J]. 继续教育研究,2013 (4).

终身的办学转变。① 有研究者提出高校继续教育应解放思想、开放办学，实现高校继续教育资源融合，构建"时时可学、处处能学、人人皆学"的学习平台，实现教育的纵向衔接与横向沟通，最终达到各种教育资源围绕人的一生开放整合和优化配置的目的。② 在办学主体上，高校继续教育要从单一走向多元，要形成高校、政府、行业、企业、社会机构等利益相关者的高校继续教育共同体。③

学者张艳超在《普通高校继续教育改革趋势：跨界、融合与创新》一文中就高校继续教育转型发展过程中，如何实现跨界办学、如何实现教育资源融合进行了深入和全面的探讨。（1）办学跨界：①办学领域跨界。高校继续教育办学触角应延伸到行业、企业、社区、农村等，同时要面向高校内部，针对在校学生开展第二学历教育、学历提升及各种考证培训。②办学理念跨界。高校继续教育办学理念要从传统的教育界跨越到企业界，学习企业经营理念和品牌建设。③办学职权跨界。高校继续教育办学职权范围扩大，与产学研进行融合，高校应设置专门机构，统筹、协调、组织和管理学校产学研合作项目与继续教育培训。④办学媒介跨界。高校继续教育办学媒介需要从基于面授的多媒体教学、基于远程的网络教学向基于移动平台的泛在学习发展。（2）资源融合：①高校多种继续教育形式的融合。尽快加强函授教育、夜大教育、网络教育、高等教育自学考试等融合发展。②继续教育与企业教育、社区教育深度融合。③各高校继续教育办学逐步融合，形成高校继续教育联盟，构建继续教育公共资源库和继续教育公共服务平台。④学历继续教育和非学历继续教育主动融合。④

五是坚持特色化、品牌化发展之路，提升高校继续教育的社会效益。

---

① 王立慧. 我国高校继续教育转型研究 [D]. 沈阳：东北大学，2014.
② 陈仁凯，颜鲜明. "五个走向"——全民终身教育理念指导下的高校成人教育转型路径 [J]. 成人教育，2015（12）.
③ 张秋凤. 高校继续教育的服务化转型及实现路径 [J]. 河北大学成人教育学院学报，2019（4）.
④ 张艳超. 普通高校继续教育改革趋势：跨界、融合与创新 [J]. 教育发展研究，2014（3）.

特色化是高校继续教育转型发展之本,这一点学界已达成共识。2000年以前对高校继续教育特色化和品牌化的研究,一般较为宏观,大都围绕中国特色高校继续教育的理论探讨。相比之下,2000年以后的高校继续教育特色和品牌的研究更为具体、更具有实用价值。部分研究者以行业特色、地方特色显著的高校为研究对象进行讨论。如姚瑶等指出"学分银行"是行业特色型高校继续教育的改革发展之路,高校应结合自身继续教育特点,有计划、有步骤地建立继续教育"学分银行"[①];朱胜晖等立足西部地区高校,指出西部高校继续教育特色化的出路是要坚持"以西部为中心"的办学指导思想,结合西部地区独特的地域文化,建设特色项目[②]。

  部分研究者对高校继续教育特色化、品牌化的研究开始向具体的领域展开讨论。学者刁庆军等指出:首先要制定高校继续教育品牌战略,强化科学的品牌发展理念,高校继续教育机构的每一名员工都要有品牌意识和品牌思维;制定科学的品牌发展规划,提出具体实施方案;建立具有特色的高校继续教育品牌标识系统。其次是要坚持特色化品牌发展之路,实施精品战略,以学习者需求为中心,研发层次化、系统化的精品项目和课程;实施差异化战略,依托高校在行业、区域的地位,让学习者建立其差异性品牌认知;实施质量提升战略。最后是要在文化传承中培育高校继续教育品牌文化。[③] 王立慧认为,构建精品师资队伍体系、创建精品专业课程体系、构建精品人才培养体系、塑造精品特色培训项目、搭建精品支持服务体系是高校继续教育品牌化发展的道路。

  六是推动高校继续教育变革,提高育人质量。高校继续教育与经济、社会发展和人民需求关系密切,人才培养的知识结构需要进行不断的调整,因此教育改革就成了高校继续教育转型发展的重要课题。多年来,高

---

  ① 姚瑶,刘莹. 基于"学分银行"制度的行业特色型高校继续教育改革思路[J]. 北京邮电大学学报(社会科学版),2015(6).

  ② 朱胜晖,毛艳. 西部地区高校继续教育特色化发展研究[J]. 当代继续教育,2014(6).

  ③ 刁庆军,吴志勇. 推进高校继续教育发展模式的创新与转型[J]. 成人教育,2011(10).

校继续教育研究者们对此进行了深入探讨。构建完善的高校继续教育人才培养体系需要更新继续教育理念，创新人才培养的教学模式，优化课程建设体系，加强实践环节创新、突出实践环节教学，改革考核制度，加强师资队伍建设，充分利用现代远程教育技术手段。①我国高校继续教育改革的出路就是构建服务于区域经济社会发展的人才培养体系，以学习者的社会适应能力和技能为标准，建立服务于地方经济社会发展的知识体系。②立足于高校学历继续教育，要将业余、函授与网络教育相同专业相同层次的人才培养"三类合一"，构建同一质量标准的人才培养方案，并与自学考试相应专业的培养方案实现融合，同时加强教学方式、课程考试和毕业论文等方面的改革。③

质量监控体系是教学质量的保障，有研究者基于教学质量监控体系提出，高校继续教育教学质量的提高需要加强成人教育品牌专业的建设，与专业职业资格培训有机结合，制定个性化的人才培养方案，充分利用网络教育平台和网络资源，引入社会监督机制等。④

四、专业人员大学后继续教育研究

（一）干部继续教育研究

20世纪90年代以前，干部教育培训相对封闭，培训的主要机构是党校、干部学院、社会主义学院和国家行政学院。1996年出台的《1996—2000年全国干部教育培训规划》中首次提到"发挥普通高等院校的作用"，2001年出台的《2001—2005年全国干部教育培训规划》中再次明确提出"利用高等院校等多种渠道为干部教育服务"，至此，高校继续教育正式进

---

① 邓铭. 构建高校继续教育人才培养新模式的对策探讨［J］. 湖北成人教育学院学报，2009（6）.

② 孙琬婷，赵亮. 我国高校继续教育办学定位与人才培养方式改革［J］. 教育与职业，2018（10）.

③ 杨斌，李红霞，常莉. 普通高校学历继续教育人才培养模式改革研究［J］. 高等继续教育学报，2015（5）.

④ 吴忠东，李雷，秦伟伟，等. 基于教学质量监控体系的高校成人高等教育模式创新探讨［J］. 中国成人教育，2014（6）.

入干部培训领域。干部继续教育的目的是努力培养造就坚持走中国特色社会主义道路、全心全意为人民服务、具有履行岗位职责能力、走在时代前列的高素质干部队伍；主要内容应该包括思想政治教育、科学文化知识教育、道德教育三个方面，注重培养和提高干部领导能力和执政水平。[1]

高等学校作为先进思想文化的重要传播阵地、先进人才的重要培养基地，主动承担起干部教育培训的历史使命，不仅为促进学习型社会、学习型政党的构建作出新的贡献，也为高校继续教育带来良好的社会效益，为转型创新注入新活力。[2] 有研究者提出高校开展干部教育培训，主要应考虑以下几个方面：①在坚持正确办学方向上严把政治关；②从围绕中心服务大局高度严把质量关；③立足优势学科办出特色；④加强需求调研提高培训质量。[3] 也有研究者提出，干部教育培训要与高校继续教育资源融合发展。[4] 总体而言，由于高校参与干部继续教育起步较晚，因此关于这方面的研究成果也相对较少。

（二）教师继续教育研究

20 世纪 80 年代起，我国研究者就开始了高校开展中小学教师继续教育的研究；进入 21 世纪，关于教师继续教育对象的研究扩展到中小学教师、高校教师、高校辅导员等多个类别的教师群体。教师继续教育的目的是提高教师的思想政治和业务素质，开发教师潜能，使他们更有效地开展教育教学工作，进一步提高教育教学质量。[5] 教师继续教育的任务和内容主要包括：①理论素养的提高，包括熟悉教育政策法规、现代教育理论；②了解学科知识的更新情况，包括掌握学科知识前沿、边缘和发展趋势；

---

[1] 魏茂明，王守光. 新时期干部教育概论［M］. 北京：中共中央党校出版社，2004：106-121.

[2] 郑学益，张玫玫. 高校继续教育的新使命：干部教育培训［J］. 中国高等教育，2007（10）.

[3] 廖来红. 干部教育培训：高校继续教育转型发展的新方向——干部教育培训市场机制政策变迁与实际运行状况分析［J］. 继续教育，2014（2）.

[4] 徐进. 干部教育培训与高校继续教育资源融合发展探讨［J］. 科技创业月刊，2019（8）.

[5] 王柏民. 教师继续教育工作初探［J］. 高等师范教育研究，2000（7）.

③掌握教师职业技能,包括掌握各种现代化教育教学方法和手段。① 具体来讲,教师继续教育内容包括政治思想教育与师德修养、现代教育理论、学科专业知识与综合知识、教育教学研究、信息技术与现代教育技术应用等。现有文献对高校开展教师继续教育的研究主要包含中小学教师继续教育研究和高校教师继续教育研究。

一是中小学教师继续教育研究。从改革开放初期的学历补偿到现在的学历继续教育、非学历继续教育,我国高校对中小学教师的继续教育实践活动从未停止过,因而,关于中小学教师继续教育的研究也取得了丰硕的成果。首先是关于高校参与中小学教师继续教育的意义和作用研究。一方面,高校对中小学教师的继续教育起到引领启迪作用。高校的专业院系和研究机构对教育作有系统的研究并享有前沿性的成果,能够为中小学教师作理论引领;高校的专业院系在学科领域具有教学和研究优势,能够帮助中小学教师进行学科指导;高校具有较丰富的教育教学资料,可以为中小学教师提供提高专业水平的研修服务;高校是创新、聚集和传播人类文化发展成果的重要基地,对中小学教师有文化浸润的作用。② 另一方面,中小学教师的继续教育培训活动也推动了高校教育事业的发展。中小学教师继续教育活动是高校支持地方教育文化发展,实现高校社会职能的重要手段,推动了学校办学水平及学校教师素质的发展,帮助改善了学校的办学经费。③ 其次是关于高校参与中小学教师继续教育的现状和问题研究。随着中小学教师继续教育实践活动的深入开展,研究者们越来越觉得"高校模式"存在明显不足。目前的中小学教师继续教育存在培养目标不明确、培训内容针对性不强、培训方式和手段呆板单一、培训师资缺乏的问题。④

---

① 蒋恩世,马顺生. 知识更新是继续教育的重要内容 [J]. 山东教育学院学报,1999 (4).

② 黄宁生. 高校与教师进修学校合作开展中小学教师继续教育的研究 [J]. 中国成人教育,2012 (22).

③ 李振钟. 论地方高校促进教育文化发展的社会行为 [J]. 教育理论与实践,2012 (3).

④ 胡艳. 影响我国当前中小学教师培训质量的因素分析 [J]. 教师教育研究,2004 (11).

高校参与的中小学教师继续教育是典型的"高校模式"：在理论与实践关系上，以理论为主；在师生关系上，以教师为主；在教学方法上，以讲授为主。这种单一的高校模式已经无法满足教师的多样化需求，不适合于大规模的教师继续教育。① 最后是关于高校参与中小学教师继续教育的发展路径研究。高校应与教师进修学校合作开展中小学教师继续教育，形成教师继续教育共同体，创生教育资源，提升中小学教师继续教育的质量；② 要构建起以师范院校、其他举办教师教育的高校和教育机构为主体，以高水平大学为先导和核心，以区域教师学习与资源中心为支撑，以中小学小本研修为基础，职前职后教育一体化，学历教育非学历教育相沟通的开放有效的教师教育网络体系，共享优质教育资源，提高教师培训的质量水平。③

二是高校教师继续教育研究。高等教育处于国家高、新、尖科学技术的最前沿，因而高校教师的继续教育也显得尤为重要。然而，与中小学教师继续教育的研究相比，高校教师继续教育的研究起步较晚，研究成果也较少。高校现行政策对师资队伍学历学位比例的要求，使得高校教师继续教育的功利化倾向严重，加之一些高校教师队伍处于缺编状态，师资存量不足，妨碍和影响了教师外出进修。④ 同时，高校教师继续教育经费短缺和相关法规的不健全，也造成了高校教师继续教育发展的缓慢。⑤ 也有研究者认为多数高校教师仍处于"要我学"的被动状态，即认为继续教育是软任务，"学不学都无所谓"。上述诸多因素都制约了高校教师继续教育的

---

① 时伟. 我国教师继续教育模式的反思与重构［J］. 华东师范大学学报（教育科学版），2004（1）.
② 黄宁生. 高校与教师进修学校合作开展中小学教师继续教育的研究［J］. 中国成人教育，2012（22）.
③ 吴遵民，秦洁，张松龄. 我国教师继续教育的回顾与展望［J］. 教师教育研究，2010（2）.
④ 王蓓颖. 高校教师继续教育的问题与对策研究［J］. 教师教育研究，2011（5）.
⑤ 艾红梅. 高校教师继续教育问题的几点思考［J］. 吉林省经济管理干部学院学报，2006（2）.

发展。为了提高高校教师继续教育的有效性，有学者提出以下建议：①转变教师观念，明确"学习型社会"与"终身教育"的理念；②完善继续教育管理机制，建立教师继续教育质量保障体系；③丰富继续教育的内容，采用多样化的继续教育形式。[①] 有研究者提出高校应充分利用校内现有的各种教育资源和师资力量，开发和利用校外各种教育资源，扩大继续教育师资队伍的来源渠道，拓展国内外继续教育新渠道，促进各级各类教育纵向衔接，构建开放的高校教师继续教育体系。[②] 此外，高校教师群体具有特殊性，其继续教育的需求主要来自学校和上级教育行政部门对高校教师的外在要求，以及教师自身谋求职业发展的内在需求。在高校教师队伍中，不同类型、不同层次的教师有不同的继续教育需求，就研究文献来看，现有研究主要涉及高校管理人员、高校辅导员、高校体育教师和民办高校教师等主体。

（三）图书馆员继续教育研究

图书馆作为我国精神文明建设的重要阵地，对培养国家人才有着重要的作用。自改革开放初期，图书馆工作人员的继续教育实践活动就已经展开并取得了良好的效果。1982年，全国图书馆工作委员会委托8所高校对1500多人开办图书馆专业干部进修班，这些人多数都成为各单位的业务骨干。[③] 从20世纪80年代中期至今，关于图书馆人员继续教育的研究成果纷呈，主要集中在培训内容、培训形式和发展策略研究三个领域。

一是关于图书馆员继续教育培训内容的研究。改革开放初期，图书馆员继续教育的内容主要包括图书馆学专业知识、情报学知识、目录学、文献学、工具书学知识和学科专业知识等常规性知识，以及管理学知识、控制论和系统论知识、心理学知识、计算机等现代技术知识和外语或古汉语知识等特需性知识。[④] 进入21世纪以后，图书馆人员继续教育内容发生了

---

① 魏景. 高校教师继续教育的问题与对策［J］. 继续教育研究，2009（6）.
② 王蓓颖. 高校教师继续教育的问题与对策研究［J］. 教师教育研究，2011（5）.
③ 李建光. 高校图书馆人员继续教育初识［J］. 图书馆建设，1987（1）.
④ 李建光. 高校图书馆人员继续教育初识［J］. 图书馆建设，1987（1）.

变化和调整。有研究者按照分类实施的标准，提出对高层次的管理人员应注重管理学知识、创新能力方面的提升；对业务骨干的培训应以新理论、新技术为主；对一般的图书馆员，应注重服务方法、专业思想和职业道德的培养。① 有研究者提出 21 世纪我国图书馆员的继续教育要瞄准国内外图书馆管理和发展的先进理论、方法及自动化技术，结合我国各类型图书馆性质和特点，以各级图书馆的现状和发展需求为目标，注重培养和提高图书馆员的学历水平、专业技能、外语能力和计算机能力。②

二是关于图书馆员继续教育培训形式的研究。有研究者指出目前我国高校图书馆员继续教育形式主要包括在职学历教育、函授教育、短期专题或专业技能培训、国内外学术交流活动、对口专业考察学习活动等。③ 有研究者提出图书馆专业人员的继续教育可以采用包括操作性学习、讨论式学习和开放式学习等手段的能力训练为主的培训方式。④ 有研究者通过分析目前图书馆员继续教育培训现状，提出随着社会的转型和现代远程教育的发展，网络课堂将成为我国图书馆员继续教育的主要形式。⑤

三是关于图书馆员继续教育发展策略的研究。在信息技术高速发展的时代，图书馆也发生了重大变革，从以文献借阅服务为主的传统型图书馆，向以高层次的知识服务为主的智慧型图书馆转变。因此，图书馆员继续教育的发展，是研究者们特别关注的命题。有研究者认为，要在各级图书馆内引入竞争机制，激励各级高校图书馆员参与继续教育的积极性和学习的主动性，编制指导我国高校图书馆员继续教育的科目指南，规范和完善我国高校图书馆员继续教育体系，建立健全我国各级图书馆继续教育

---

① 张敏. 新时期高校图书馆员继续教育探讨 [J]. 图书馆论坛，2006 (4).

② 周永喜，魏丽娜. 21 世纪我国高校图书馆员的继续教育 [J]. 大学图书馆学报，1998 (6).

③ 周永喜，魏丽娜. 21 世纪我国高校图书馆员的继续教育 [J]. 大学图书馆学报，1998 (6).

④ 陈永刚. 图书馆专业人员继续教育的构想 [J]. 图书馆理论与实践，1992 (1).

⑤ 沈霞，尹源，谢志耘，张晓雁，李春英. 高校图书馆员继续教育的新手段——网络课堂 [J]. 大学图书馆学报，2009 (3).

制度保障体系。① 有研究者以江苏省高校图书馆为例，对 Web2.0 环境下高校图书馆员继续教育现状和继续教育需求进行了调研，并提出了以 Web2.0 为技术支撑的全方位图书馆员继续教育虚拟化平台。该平台是一个可以进行有效数据集成的，集在线学习、参考咨询和学术交流于一体的，泛在的开放式综合性平台。② 要重视高等学校的参与，充分发挥高等学校在师资、设备、学科门类综合方面的优势，可以在既有图书馆学专业又拥有高校图书馆的高校里建设培训基地。③

五、高校继续教育教学与管理研究

（一）高校继续教育教学研究

教学是直接促动高校继续教育的实践活动，有关高校继续教育教学的研究重心有两个。

一是针对高校继续教育课程教学体系的研究。课程体系是教学的重要环节，直接影响了人才培养的导向和质量。有研究者通过调研，发现当前我国继续教育课程建设存在以下问题：在教学设计上缺少整体性规划；缺少学习者参与的、以评价和分析为导向的教学评价制度；在线课程已经得到普及，但不同层次的高校在线课程建设方式和发展水平差异较大，更新和维护机制还有待完善；课程设立与审核的相关体系较为完备，但多方需求调研还有待完善。④ 与全日制普通高校相比，继续教育具有很强的市场性和职业性，其专业建设和课程设置都应以市场需求为导向。⑤ 可以构建

---

① 周永喜，魏丽娜. 21 世纪我国高校图书馆员的继续教育［J］. 大学图书馆学报，1998（6）.

② 徐淑娟，郭太敏，王静. Web2.0 环境下高校图书馆员继续教育实证研究——以江苏省高校图书馆为例［J］. 图书馆工作与研究，2013（10）.

③ 陈永刚. 图书馆专业人员继续教育的构想［J］. 图书馆理论与实践，1992（1）.

④ 熊潞颖，徐鹏飞. 我国继续教育课程设计与开发的现状研究［J］. 开放学习研究，2019（6）.

⑤ 陈昌耀，徐训芳，林明灯. 高等学历继续教育专业建设内涵及其策略［J］. 中国成人教育，2018（23）.

以需求为导向的继续教育培训教学内容，实施以学员为导向的多元化教学，实现按需教学。① 继续教育作为高校培养人才、服务社会的有效途径之一，要坚持专业化、技能化人才培养模式。教学目标要充分体现专业化教学基础上的学员技能提升，明确以培养应用型人才为首要任务；教学内容在突出技能性的同时强调理论知识的表达形式；在教学手段上要敢于做新的尝试，加大学生的参与度。②

二是关于高校继续教育信息化建设的研究。"互联网＋教育"势如破竹的发展趋势促进了高校继续教育教学模式的突破性变革，因此，如何开展高校继续教育的信息化建设成为众多研究者探讨的话题。有研究者提出高校要充分利用"互联网＋"技术实施教学，要充分发掘本校的特色学科，打造一系列精品课程，通过互联网技术将资源进行共享，同时要配套搭建以"互联网＋"为技术手段的远程教学督导体系，保证继续教育的教学质量。③ 实现高校继续教育信息化的路径主要包括：构建全方位的教学信息体系和资源共享机制，打造一体化的互联网教学及管理平台，提升成人教育教师的信息化素养等。④ 其中，教学与管理平台是信息化建设的核心，主要包括：建设网络基础，高校继续教育信息化应具备开放分布式、智能多元化的网络基础条件；建设教学资源，高校在教学资源自主研发和更新的同时，要引进优质教学资源，提高教学资源的建设质量和利用率；建设应用平台，实现继续教育管理的信息化；建立运行机制，为继续教育信息化建设提供机制和制度保障。⑤

（二）高校继续教育管理研究

有效的管理是提高我国继续教育质量的前提条件，因此，关于高校继续教育管理过程的宏观管理体系、内部管理机制等一系列问题成为高校继

---

① 胡世玮. 基于需求导向的高校继续教育培训教学体系构建——以大连理工大学为例 [D]. 大连：大连海事大学，2013.
② 王志刚. 高校继续教育转型发展的研究与探索 [J]. 江苏高教，2019（12）.
③ 王志刚. 高校继续教育转型发展的研究与探索 [J]. 江苏高教，2019（12）.
④ 孙磊，徐法艳. 普通高校成人高等教育信息化、网络化建设的探讨 [J]. 中国成人教育，2016（17）.
⑤ 朱勇军. 高校继续教育信息化建设研究 [J]. 武警学院学报，2016（1）.

续教育管理研究的重点内容。

有研究者强调，实现有效继续教育管理的基本条件包括：建立健全科技业务、科技队伍和继续教育一体化的继续教育行政管理体系；建立健全继续教育法规、政策和制度，规范协调继续教育良性发展；建立健全群众性继续教育团体，发挥群众团体的纽带作用；跨行业、跨部门组织协调继续教育工作；建立健全继续教育合理的投资渠道和资金保障体系。[①] 然而，现实情况却是，政府在高校继续教育的管理职能不断弱化，政府对高校继续教育的管理主要体现在"招生人数""毕业人数"等发展指标的规定和统计上，具体的实践发展却依靠社会和市场运行。这种"顶层设计"缺失的现状造成了高校继续教育实践探索的盲目和混乱。[②] 国家应按照统一领导、分级管理、分工负责的原则健全继续教育管理体制，设立专门的组织机构负责统筹协调、指导和管理全国和各地方高校继续教育工作。教育部继续教育管理部门负责制定全国高校继续教育发展规划、方针政策和基本标准，省级教育行政部门继续教育管理机构负责制定省级继续教育发展规划、政策和监督管理工作，各级教育行政部门加强统筹管理和监督检查，创造良好的政策环境。同时，要建立国家高等学校继续教育经费投入保障机制，建立政府、学校、用人单位和学习者共同分担成本、多渠道筹措经费的高校继续教育投入制度。[③]

受行政主导制度影响，高校继续教育内部呈现出以下几种管理模式：一是继续教育学院集办学与管理功能于一身的"管办合一"管理模式；二是继续教育学院作为管理单位，学科性学院为办学单位的分级管理模式；三是继续教育学院既是办学单位，同时又是管理学科性学院继续教育工作的混合管理模式；四是学校层面设置继续教育管理处，负责管理继续教育

[①] 崔振凤. 继续教育学概论 [M]. 北京：兵器工业出版社，1987：157.

[②] 贺洁. 高校继续教育转型面临的现实困境及变革策略 [J]. 中国成人教育，2017（6）.

[③] 王立慧. 我国高校继续教育转型研究 [D]. 沈阳：东北大学，2014.

学院和学科性学院继续教育工作的管办分离模式。[1] 有研究者指出高校继续教育具有很强的市场化属性，经营者要站在经营的角度，对教育资源进行优化组合、合理配置和有效使用，将策划、运筹、营运等先进的理念渗透到继续教育活动过程中。[2]

第三节 高校继续教育研究存在的问题及未来展望

一、存在的问题

通过对我国高校继续教育研究成果的梳理与研读发现，其在研究内容、方法、研究者等方面还存在一些问题。

第一，从研究内容来看，宏观研究与微观研究不均衡。当前的研究成果较为凸显宏观层面的研究，比如高校继续教育政策研究、管理体制研究、治理模式研究等，对微观层面的师资队伍建设、教学评价、课程设计等内容关注不多，使得整体研究"高悬"却"下不去"。外部研究与内部研究不均衡，研究者比较关注高校继续教育的外部因素探索，如政策、经费等，而对高校继续教育内部要素的研究不足，如高校继续教育的办学主体研究、学习者研究等。制度性研究与人文性研究不均衡，从上述研究主题的分析来看，研究者们比较关注高校继续教育治理、管理、政策等制度化色彩较强的内容的研究，但是对高校继续教育的发展理念、指导思想、教育目的等富含人文性内容的研究不多。

第二，从研究方法来看，思辨研究与实证研究使用不协调。依承教育学研究的方法特征，普遍注重思辨研究，而缺乏实证研究方法的使用。思辨研究方法是教育学者最熟悉、最常用的方法，因此在高校继续教育研究中也极力推崇该方法的使用。正是思辨研究方法的广泛使用，使得高校继

---

[1] 乐传永，于莎. 集体行动视域下高校继续教育治理的时间逻辑与推进路径[J]. 高等教育研究. 2019（12）.
[2] 王立慧. 我国高校继续教育转型研究[D]. 沈阳：东北大学，2014.

续教育研究的方法意识陷入困境，难以创新性运用其他方法研究高校继续教育问题。正因如此，当下提倡的实证研究方法虽然在高校继续教育研究中得以运用，但是力度小，深度浅，没有形成较大的影响。单一研究方法与多学科研究方法使用不协调。正如所述，当前思辨研究方法占据高校继续教育研究方法的主要部分，这一依存哲学思辨的方法，在一定程度上阻滞了其他学科方法，例如社会学方法、人类学方法、现象学方法、解释学方法等的引入，使得该领域的研究方法使用陷入"封闭圈"。

第三，从研究者来看，个体自主研究和合作研究不均衡。相关研究者大都基于个体自身的兴趣、方向开展研究，尚未具有较强的合作意识。纵然有相应的合作行动，其合作研究的深度、持续性等也难以得到保障。一般而言，当前高校继续教育研究以个体自主开展的研究为主，机构内合作研究与跨机构合作研究不均衡。随着"有组织科研"理念的传播以及合作研究意识的加强，一些研究者积极探索相应的合作研究，但以同一机构合作研究居多，跨机构、跨区域合作研究稍逊；同一机构合作研究又以师生之间的合作居多。

二、未来展望

（一）积极开展高校与区域共生的继续教育价值选择研究

继续教育在大学事业中的价值，大致有这几个方面：继续教育是大学人才培养的重要组成部分；继续教育是大学服务社会的窗口，也是社会了解大学的重要渠道；继续教育是大学传承文化的重要载体，也是传播大学文化的重要途径；继续教育能够为大学带来相应的经济效益，拓展筹措经费的来源；继续教育能够为大学带来社会效益，提升大学美誉度，扩大影响力，增强"软实力"，增值"无形资产"，为学校发展创造良好的环境和机遇。[①] 因此，高校继续教育的价值选择应当跳出"高校"的狭隘领域，站在人类和社会这一更广阔的空间来思考。高校与区域共生的继续教育发

---

① 刘杰，高丙云，董效臣. 研究型大学继续教育的价值存在和实践创新[J]. 中国成人教育，2019（20）.

展不仅能够解决当下高校继续教育发展的困境，也能够深化高校继续教育的"教育功能"，充分发挥继续教育的经济服务价值和社会服务价值，从而推动社会的和谐发展。

（二）推进终身教育视野下的高校继续教育发展策略研究

"终身教育孕育着真正的教育复兴。"[①] 终身教育理念为世界各国教育的发展提供了永动机式的准则，更是成为各国教育改革和转型发展的指导原则和最终归宿。高校继续教育与终身学习、终身教育有着必然的联系：一方面，终身教育理念为高校继续教育的发展提供了方法论和理论依据；另一方面，高校继续教育是介于传统学校教育与终身教育之间的一种跨界型教育模式，高校继续教育的发展为终身教育理论的形成和发展提供了现实的模板。[②] 具体来讲，高校要研究如何用终身教育思想来设计继续教育课程和学习内容，以适应国民继续学习和终身学习的需要。高校继续教育要研究如何获取就业机会、更换工作岗位、晋级晋升、提升文化品位素养、丰富专业知识、提高技术水平等方面，为人们直到退休甚至生命结束的人生价值实现提供支持。[③]

（三）推动高校继续教育课程改革研究

高校继续教育的目标是全面提升人的专业技术水平和科学文化素质，因此，高校继续教育的内容必须紧跟国际国内科学技术的发展，必须针对学习者的多样化需求，不断调整和变化。也因此，高校继续教育如何从经济发展和市场需求出发设置专业；如何优化课程设置，建立覆盖面广泛的课程体系；如何反映科技、社会的最新进步，满足学习者的自主需求；如何使课程内容更加前沿化、专业化；如何提高教学质量，以质量求发展等都将成为今后高校继续教育课程改革研究的热门课题。在办学地位"边缘化"、教师队伍"实践不足、理论有余"的境况下，高校继续教育如何向

---

① 联合国教科文组织. 从现在到2000年教育内容发展的全球展望［M］. 北京：教育科学出版社，1996：142.

② 黄明格. 终身教育视域下高校继续教育的转型与定位研究［J］. 成人教育，2016（1）.

③ 张宝书. 我国继续教育的发展历程研究［J］. 继续教育研究，2007（1）.

前发展并进行"高校继续教育课程专项改革"与研究显得尤为迫切。

(四)开展高校继续教育资源整合研究

加快高校继续教育发展,资源是重要内容,而资源整合则是这一内容的具体实现路径。当前已有研究文献数量不多,且大多局限于表面研究,缺少针对性的研究。资源的整合包含多个层面:一是高校继续教育内部的函授教育、网络教育和自学考试等多种继续教育形式的整合;二是高校继续教育与企业教育、社区教育的资源整合;三是各高校继续教育的办学资源整合;四是高校学历继续教育与非学历继续教育的整合。这些资源的整合,需要高校继续教育建立更开放的教育体系,同时,由于牵涉到多方主体的利益,势必会存在很大的困难。但是,资源整合是构建终身教育体系和建设学习型社会的必由之路,因此提前谋划和设计显得尤为重要。

(五)加强高校继续教育的法治化研究

西方发达国家约百年前就已经出台了高校继续教育的相关法律,而我国到目前为止没有一部与高校继续教育事业相配套的法律出台。大力推行高校继续教育的法治化进程,是保证高校继续教育快速发展和转型的重要条件。因此,如何用法律、法规明确高校继续教育的地位;如何用法律规定国家、地方政府、高校、企业和个人应承担的继续教育责任、义务和权利;如何用法治保障继续教育经费的来源和使用,充分发挥经济杠杆对继续教育的激励、约束作用;如何借鉴发达国家继续教育法治管理经验,促进我国高校继续教育的法治建设等,将是我国高校继续教育深化研究的重要领域。

(六)开展新时代高校继续教育实验研究

继续教育的功能是指继续教育对人类社会发展和人才成长所起的作用和功效,它分为外部功能和内部功能,即继续教育在经济、政治、科技、文化和促进人的发展方面的作用和功能。[①] 随着中国经济的快速发展和社会的转型,中国社会呈现出与过去任何时代都不同的矛盾。如何通过高校继续教育更好地促进社会和人类的全面发展是当前亟待研究的问题,而这

---

① 张淑霞. 试论继续教育的性质及其主体功能[J]. 陕西师范大学继续教育学报,2000(1).

一目标的达成绝非坐而论道可达。虽然研究者们对"应该怎么做"展开了诸多研究,但对这些研究的检验却少之又少。因此迫切需要国家选取一批区域建设高校继续教育实验区,并带领一批了解高校继续教育和地方需求的青年投身于高校继续教育实验,探索前行之路。

(七)加强高校继续教育实证研究方法的应用

伴随着研究方法论在教育学领域的渗透,教育学研究逐渐走向规范,这种趋势在高校继续教育领域虽有所呈现但数量却较少。高校继续教育关注的是成人的学习,因此研究要关注成人的状态,需要通过参与观察、深度访谈等质性研究来描述成人的学习状态,建构成人学习的意义;同时通过定量研究来分析发现某一类成人群体学习的一般规律。从国际成人教育研究过程中所使用的研究方法来看,访谈法以及与访谈法结合的观察法更受研究者的青睐。据统计,这两种研究方法在国际上高引用率期刊中的占比高达46%。[①] 因此,如何实现从"知识复制"向"知识生产"转变,如何开展实证研究将成为今后高校继续教育领域的研究趋势。

---

① 叶忠海. 现代成人教育研究:历程和进展特点——为我国改革开放30周年而作［J］. 成人教育,2009(12).

第四章　终身教育研究

第一节　终身教育法治化研究

随着终身教育理念的不断推广和普及，终身教育因对于公民和国家可持续发展的强大推动力而广受重视，而法治化的推行手段成为许多国家发展终身教育，构建终身教育体系的一项重要选择。随着国际化进程的加快，我国不断重视终身教育的推进工作，其研究成果也逐渐增多。前期的有关终身教育的研究主要集中在终身教育思想及实践的研究与探索，而对于终身教育政策的关注，特别是终身教育立法的探索，则始于20世纪末。终身教育的发展、终身教育体系的构建需要国家的政策法律保障，这促使我国研究终身教育的学者，不断对终身教育法规建设进行深入研究，旨在加快中国终身教育法治化进程。本研究使用NVivo研究工具，运用文献计量法和内容分析法，呈现新中国成立70年来我国终身教育法治化研究的阶段性发展规律、学科所属类别、研究者来源情况，并把相关文献的研究主题按照国际终身教育立法比较、国内终身教育立法困境分析、国内地方终身教育立法探讨和终身教育法治化构想与建议四方面对文献内容展开分析。

一、文献回顾

（一）文献搜集与基本情况分析

1. 文献阶段特点分析

以中国知网"中国学术期刊（网络版）"为平台，在所收录的文献中以"终身教育法"和"终身教育立法""终身教育政策""终身教育法治（制）化"作为本研究的主题，分别在篇名（或题名）、主题词和关键词中进行高级检索，确保研究样本的主要研究对象和研究视角为与终身教育法治化相关的学习、教育、社会问题等各类文章，以1949年至2019年为搜索年限，检索到论文369篇。论文具体年度发表趋势如图4.1所示。由统计数据可见，我国终身教育法治化研究在不同时期呈现以下的发展特点：①新中国成立到改革开放前（1949—1977年），这一时期没有专门论及有关终身教育法的文献，但是在有关扫盲教育、农民教育、职工教育等领域的政策研究内容中零星有所涉及，这为后来终身教育法的研究奠定了基础，故称该时期为我国终身教育法治化研究的孕育萌芽期。②改革开放到21世纪前夕（1978—1999年），这一时期有关"终身教育法"的文献共有24篇，虽然文献数量偏少，但呈逐渐上升的趋势。这主要是因为自改革开放后，国际终身教育思想不断引入国内，对终身教育的研究逐渐开始兴起，这也为步入21世纪后的研究奠定了基础，故被称为探索创建期。③步入21世纪到2010年，以该时期为划分节点是由于我国国务院在2010年所颁布的《国家中长期教育改革和发展规划纲要（2010—2020年）》（以下简称《纲要》）中明确提出我国要"构建体系完备的终身教育体系"，并指出"到2020年要基本形成终身教育体系"。[①] 政策文件中对于终身教育体系的特别提及得益于之前对于终身教育的研究，而这段时期有关"终身教育法治（制）化"的文献也达到231篇，且该时期每年的发文量变动幅度较小，整体上趋于平稳，故称该时期为平稳发展期。④2010年到2019年，2010年《纲要》的发布使得越来越多的学者关注和重视"终身教育法治化"的研究，刺激了有关终身教育法治化的研究进程。在这一阶段，我国关于"终身教育法治化"的文献发表量持续增加，故称为终身教育法治

[①] 国家中长期教育改革和发展规划纲要工作小组办公室. 国家中长期教育改革和发展规划纲要（2010—2020年）[EB/OL]. (2020-07-29)[2018-09-02]. http://old.moe.gov.cn/publicfiles/business/htmlfiles/moe/info_list/201407/xxgk_171904.html.

化研究的蓬勃发展期。

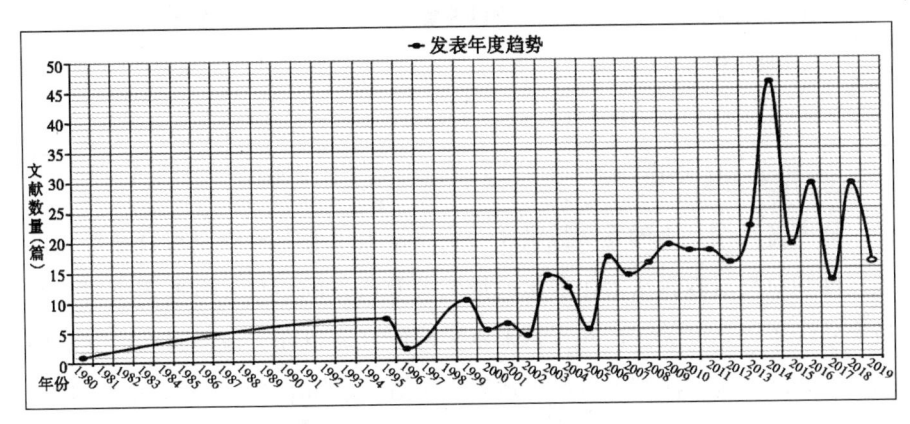

图 4.1 我国"终身教育法"研究文献的年度发表趋势

2. 文献所属学科类别分析

依据中国知网"中国学术期刊"来源期刊目录中的学科类别对论文进行统计（如表 4.1 所示），发现我国终身教育法治化研究论文主要归属于教育学、法学、社会学、政治学等多个学科。其中，教育学的研究最多，这与终身教育法治（制）化和终身教育、终身学习等词联系紧密有关。

表 4.1 我国"终身教育法"论文所属学科类别分布

期刊论文所属学科	文献数量（篇）	占比（%）
教育学	270	73.17
法学	85	23.04
社会学	3	0.81
政治学	3	0.81
体育学	3	0.81
马克思主义理论	1	0.27
图书情报档案	1	0.27
文化	1	0.27
金融	1	0.27

续表

期刊论文所属学科	文献数量（篇）	占比（%）
城市经济	1	0.27
合计	369	100

3. 作者来源情况

研究者在期刊上的发文数量在一定程度上说明其对终身教育法治化的关注度和对终身教育法治化理念的推广普及所作的贡献。虽然国家对终身教育立法予以高度关注，并且越来越多的研究者也在关注终身教育立法问题，但总的来说，研究人员更多地集中在高校，如图4.2所示。由此可见，"终身教育法治化"的研究者还缺少一线教师和一线工作者等相关人员。

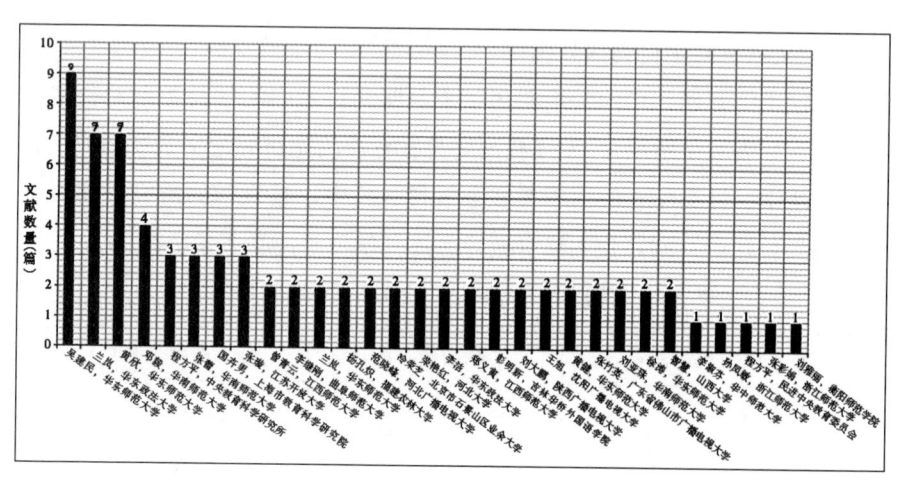

图4.2 "终身教育法"相关文献作者分布情况

（二）文献选择与文献编码

本研究在初次搜集到的369篇文献中，以CSSCI期刊为主要文献来源进行了二次筛选，并依据所研究的内容对已有文献逐一阅读、分类，对重复结果和与研究主题不紧密的文献进行剔除，最终选取58篇文献作为研究的有效样本。

使用NVivo作为主要的研究工具，并以内容分析法作为主要研究方法，对文献资料进行文本编码和内容分析。在本研究中所采用的编码方式是，先根据研究主题确定一级维度，即树状节点，形成研究框架；再对文献信息进行开放编码，形成若干子节点后进而整合到相应的树状节点中。将58篇文献的摘要、各级标题、关键语句等文本内容，根据终身教育立法的国际比较与借鉴、国内终身教育立法困境的分析、国内地方终身教育立法的探讨、终身教育法治化的构想与建议这四个方面进行归类整理以及关键词句摘录，以这四个方面作为一级维度对文本内容进行开放编码，并根据研究内容对自由节点作出相应的删补、归类，同时深入思考节点间的逻辑性，最终形成研究结果如表4.2所示。

表4.2 终身教育法治化研究的文献内容编码情况表

一级维度	材料来源	编码参考点数	参考点举例
终身教育立法的国际比较与借鉴	18	61	从美国成人教育相关法律来分析，主要内容包括对成人教育的目的、任务、师资培训、组织和咨询机构、财政拨款、计划等内容进行规定。[①]
			《里斯本战略》已成为指导、规范和促进欧盟发展终身学习的纲领性政策文件。此后，欧盟有关终身学习的政策法规得到不断完善。[②]
国内终身教育立法困境的分析	36	122	我国的终身教育立法缺乏系统、完整的法律体系，政策规定零星分散，基础薄弱、缺口较多。[③]
			探究社区教育政策内容不能有效转化为现实效果的困境的原因：社区教育政策滞后、政策执行过度行政化、政策资源短缺。[④]

[①] 罗永彬，徐世浩. 美国成人教育立法及其启示[J]. 高等工程教育研究，2007(5).

[②] 杨平，魏奇，杨东. 欧盟终身学习政策与实践新进展[J]. 教育发展研究，2010(17).

[③] 兰岚. 我国终身教育立法困境探析[J]. 现代远距离教育，2015(6).

[④] 唐克，刘家刚. 城镇化进程中社区教育政策执行主体的偏差行为问题[J]. 远程教育杂志，2014(5).

续表

一级维度	材料来源	编码参考点数	参考点举例
国内地方终身教育立法的探讨	14	48	福建省所进行的终身教育立法毕竟是在教育综合法治阶段的一项探索性的工作。①
			上海市社区教育政策发展大致经历了与社区教育概念发展相关的两个阶段。②
终身教育法治化的构想与建议	58	196	我国终身教育立法可从立法宗旨和原则、立法的组织实施、立法的保障三方面来构建。③
			回顾70年来我国终身教育法治建设的曲折历程，凸显了中国终身教育从无到有、从封闭到开放、从引进模仿到独立自主发展的本土化特征。④

二、研究主题与内容

（一）终身教育立法的国际比较与借鉴

国外终身教育法治化领先于我国，因此，我国有不少学者不断关注国外终身教育立法实践，学习并引进国外终身教育立法经验，对国内外终身教育立法的现状进行比较研究。如，有学者从国外终身教育立法的启示来对我国终身教育的立法保障问题进行探究。⑤ 国外终身教育立法有着相关的法律基础，出台时机与其经济社会背景相关，且在实施过程中不断修订

---

① 项天然. 关于制定终身教育促进法的思考与建议［J］. 教育发展研究，2006（11）.

② 王顺霖，范传伟. 上海市社区教育政策调查研究［J］. 教育发展研究，1998（11）.

③ 丁红玲，张利纳. 关于我国终身教育立法的建议与思考［J］. 教育理论与实践，2014（21）.

④ 吴遵民. 中国终身教育法治70年［J］. 教育发展研究，2019（17）.

⑤ 罗建河. 试论我国终身教育的立法保障——国外终身教育立法的启示［J］. 成人教育，2009（7）.

并出台其他法律予以补充和保障。[1] 吴遵民、黄欣综合分析、梳理、比较美国、日本、韩国以及我国台湾和福建所制定的终身教育法,以此来对我国正在着手进行的终身教育法的制定提供实证的基础。[2] 国卉男认为,在国际组织和机构的持续推动下,英、美、日等发达国家已通过政策的制定及立法的方式实现了终身教育由空想理论到具体实践的转型。[3] 吴遵民、黄健认为,研究和梳理国外终身教育立法经验,对我国国家层面终身教育立法具有重要意义,他们分别介绍了美、日、韩三国终身教育立法的发展历程和可取之处,并分别指出其缺陷。[4] 对于美国终身教育法治化,纪军指出,随着终身教育思潮在美国社会的不断兴起,终身教育成为美国制定教育政策和法律的重要原则。[5] 吴遵民通过对日本的《生涯学习振兴法》制定过程和终身教育立法问题进行阐析,从而给我国终身教育立法以启示。[6] 韩国终身教育的发展在亚洲处于前列,且结合本国社会实际问题来不断对终身教育法进行修正与改革,其实践经验引起我国学者不断关注,并对韩国的终身教育实践进行了分析与探讨,为我国终身教育的发展提出了可借鉴措施,例如奇永花对韩国终身教育的发展与实务运作进行了阐析[7],李正连等人对于韩国终身教育振兴政策的动向和特征进行了分析[8],黄欣等人介绍了韩国终身教育立法的制定背景,并提出了对我国终身教育

---

[1] 孙毅. 国外终身教育立法的经验与启示[J]. 中国远程教育,2013 (10).

[2] 吴遵民,黄欣. 终身教育立法的国际比较与评析[J]. 外国中小学教育,2008 (2).

[3] 国卉男. 当代国际终身教育政策的回顾与展望[J]. 外国中小学教育,2013 (1).

[4] 吴遵民,黄健. 国外终身教育立法启示——基于美、日、韩法规文本的分析[J]. 现代远程教育研究,2014 (1).

[5] 纪军. 当代美国终身教育的发展论略[J]. 外国教育研究,2003 (11).

[6] 吴遵民. 一部名不副实的终身教育法——简析日本《生涯学习振兴法》的制定过程与问题[J]. 外国中小学教育,2007 (3).

[7] 奇永花. 韩国终身教育的发展与实务运作[J]. 成人教育,2009 (3).

[8] 李正连,王国辉.《终身教育法》修正后韩国终身教育振兴政策的动向及特征[J]. 现代远程教育研究,2014 (1).

的政策启示①。

(二)对国内终身教育立法困境的分析

对于我国国家层面终身教育立法难的问题,杨晨指出,要进行国家层面终身教育立法,以下三个问题不能刻意去回避:一是涉及终身教育立法是否把学校教育包含其中的困惑,即使用把学校教育包含其中的"大教育法",还是采用专门终身教育的"小教育法";二是涉及终身教育立法重点的选择问题,即把终身教育法作为"一般法"还是"特别法";三是涉及终身教育立法对象的界定问题,即作为"教育法"还是"学习法"。②我国终身教育立法困境主要集中于终身教育研究的基础薄弱、基本概念理解不清、体系构建空泛无序、地方立法推行不畅等问题,各种错综复杂的原因则造成了我国终身教育立法的艰难。兰岚认为,终身教育法治化的推进手段是发挥终身教育对公民和国家可持续发展作用的重要选择,但我国各项法律法规纵横交错,终身教育法如果得以制定,将不可避免地会与现有的法律体系产生冲突,法律协调是个值得关注的问题。③我国终身教育立法若要突破困境,需明晰目前我国对于立法的基础和条件是否已具备,是否能够基于教育实际和立法现状作出最优选择,在立法中是否能诠释区别于《教育法》的独特性这三个先行问题。④我国终身教育政策的发展虽取得不俗成绩,但政策目标指向偏差、概念界定不明确、政策执行力不强等问题依然不可忽视。⑤

(三)对国内地方终身教育立法的探讨

2005年,福建省人大制定了《福建省促进终身教育条例》,这是我国第一部有关终身教育的法规。自此以后,上海(2011年),太原(2012

---

① 黄欣,张艳. 一次具有突破性意义的教育立法与改革——略论韩国终身教育立法的制定背景及政策启示 [J]. 外国中小学教育,2010 (8).

② 杨晨. 我国终身教育立法三难 [J]. 教育发展研究,2009 (13).

③ 兰岚. 终身教育立法研究之与现有法律体系的冲突与协调 [J]. 现代远距离教育,2017 (5).

④ 兰岚. 论我国终身教育立法的三个先行问题 [J]. 教育科学,2018 (4).

⑤ 孙立新,李硕. 我国终身教育政策演变:社会背景、文本内容及价值取向 [J]. 河北师范大学学报(教育科学版),2018 (5).

年)，河北（2014年）和宁波（2015年）也相继发布了当地的终身教育法规。在国家立法缺位的情况下，地方性法规的制定无疑为在国家层面颁布终身教育法奠定了理论和实践基础。

在这个方面，黄欣、吴遵民在详细介绍上海市终身教育的发展历史与现状的基础上，针对上海市地方立法的现状，分析了上海市制定终身教育法规的背景、立法内容和目标，以及法规条例所存在的问题。① 此外，王宏对我国地方终身教育立法进行了比较分析，为我国从国家层面开展终身教育立法工作提供启示。② 范晓峰对福建省、上海市、太原市等三部终身教育地方条例的特点与问题进行了比较与分析，并对今后国家立法的可行性提出了可供参考的建议。③ 程功舜等人从终身教育立法的目的和依据、终身教育的任务和资源、终身教育的组织实施、学分银行制度以及终身教育的激励与监管等方面对我国地方终身教育立法进行比较与分析，指出地方终身教育立法在内涵明确、理念转变、内容完善、操作性、机制建设等方面仍存在很多不完善的地方。④

（四）终身教育法治化的构想与建议

我国终身教育法治化的建议与构想方面的研究成果较为丰富，研究者们基于终身教育理念，通过结合国内外终身教育的实际进展而提出相应的建议措施。如厉以贤提出，实施终身教育的重点是利用国家政策进行组织建设、环境创设和资源整合。⑤ 桑宁霞则探索中国终身教育政策基本框架，指出应确立终身教育的改革主体，确立终身教育的服务体系和学习机制。⑥

---

① 黄欣，吴遵民. 终身教育立法的制订与完善——关于《上海市终身教育促进条例》的思考［J］. 教育发展研究，2011（7）.

② 王宏. 我国地方终身教育立法比较及对国家立法的启示［J］. 开放教育研究，2014（2）.

③ 范晓峰. 域内终身教育立法的比较研究［J］. 河北广播电视大学学报，2015（2）.

④ 程功舜，李小霞. 我国地方终身教育立法的比较与省思［J］. 教育发展研究，2018（23）.

⑤ 厉以贤. 终身教育的理念及在我国实施的政策措施［J］. 北京大学教育评论，2004（2）.

⑥ 桑宁霞. 中国终身教育政策基本框架考略［J］. 中国成人教育，2013（1）.

此外，吴安新强烈呼吁制定国家层面的终身教育法，认为只有通过法律制度的建设，才能促进终身教育健康发展。① 沈光辉针对终身教育立法不足，主张终身教育立法要达到突出公民受教育权利保障、突出教育资源的整合、突出制度与措施保障等。② 王仁彧针对我国终身教育在推进过程中受到现实挑战，提出我国终身教育法规建设应从以终身学习体系的构建来指导终身教育立法、以完善的终身教育格局推进学习型社会建设、以社会资源的科学整合实现多元文化的有机融合这三个方面来着手。③

三、终身教育法治化研究存在的问题及未来展望

（一）存在的问题

1. 终身教育法治化研究起步晚，法治建设推进速度慢

自20世纪60年代中期提出以来，终身教育思想在世界范围内产生了深远的影响并得到长足的发展，先后有法国、美国、日本、韩国四个国家通过"终身教育专门立法"的方式来推进了本国终身教育的发展，通过法治手段规范了本国终身教育的发展方向。终身教育理念在我国的传播大概在改革开放之后，这比国外晚了20年左右。在初期，我国终身教育的法治化主要集中在校外教育领域，终身教育的法治化研究并不具有专门性。至今，虽然在研究中大力推进终身教育法治化，但是整体进程缓慢。

2. 终身教育理念传播曲折，思想认识有待深化

终身教育理论产生的时间不是很长，其内涵也会随着终身教育实践的开展而发展。受历史发展条件和社会时代环境的制约，人们不可避免地会对终身教育观念产生不同的看法，这是国际思想融入中国时不可避免要经历的过程。但是，终身教育作为一种新的教育思想，有着丰富而深刻的内涵，值得人们不断地在理论和实践层面去探索。随着我国改革开放的深入

---

① 吴安新. 建构我国教育的终身教育法［J］. 继续教育，2004（3）.

② 沈光辉. 我国终身教育立法的主要问题与对策建议——福建省的实践探索与启示［J］. 中国远程教育，2014（12）.

③ 王仁彧. 实践理性：我国终身教育法规建设的路向探究［J］. 教育理论与实践，2014（8）.

以及学术界积极的响应和研究，国外先进教育理念在我国得到了大量的引入和广泛的传播。理论研究的进展促进了实践工作的平稳有序发展，使终身教育思想得到认可和支持，但是终身教育法治化意识层面却略显不足。

3. 有关终身教育的政策文件多，但法治体系构建仍迟缓

党和政府无疑高度重视终身教育的发展和建设，但很少有专门的终身教育政策或法律法规。终身教育经常在会议报告中阐明，例如政府文件中的词汇表述和领导人的讲话。一些地区对终身教育法律法规的建设进行了有益的探索，例如福建、河北等省，上海、太原、宁波等市已经颁布了终身教育法律法规，但这些法规的具体内容大多留在形式和表面上，没有太多可操作性。其原因有如下几点：一是对于终身教育所涉及对象的广泛性和复杂性的清晰认识尚需时日；二是相对于立法程序的复杂而冗长，政策文件具有快速、务实和可操作性等特点，故国内行政部门更喜欢通过文件来传播政府精神，但其效力却没立法强。

（二）未来展望

国家政策、学术研究和实践活动开展三者密切相关，相互促进、补充和完善。国家政策对学术研究和实践活动的方向具有引领作用；学术研究为政策的制定和实施，以及实践活动的开展提供理论支持；实践活动的检验是制定和实施政策的重要标准，也是学术研究可行性的检验标准。虽然我国终身教育立法研究已经取得一定成就，但学术研究与国家政策、实践开展之间所存在的问题也是不容忽视的。

1. 借鉴国际立法经验，促进终身教育法诞生

总体来看，中国学者主要使用比较研究分析方法来详细介绍和分析国外终身教育的发展过程、立法现状和具体的法律规定，他们从不同角度出发，对国外终身教育立法的经验进行了分析，并阐述其对我国立法的启示。

在全球化的背景下，终身教育理念已在世界范围内得到认同，相关的立法实践也如火如荼开展起来。许多国家相继颁布了有关终身教育的法律法规，终身教育的法治化已成为重要的发展方向。我国终身教育的发展也应与时俱进，争取早日颁布国家终身教育法。另外，各国的终身教育法具

有不同的特点，为我国制定终身教育法提供了参考。例如，美国重视保护公民的学习权，而韩国则强调建设专业化的教师队伍。[①] 中国幅员辽阔，地区差异明显，终身教育的发展水平也极为不平衡，因此，仅当地立法是不够的。这就要求不断学习、借鉴国际经验，结合国情，积极突破立法困境，促进国家终身学习法的诞生。这不仅有利于促进全国终身教育实践的开展，也能够推动我国与国际终身教育立法相接轨。

2. 困境分析研究需追根溯源和厘清概念

我国终身教育立法遇到的首要难题就是关于"终身教育"概念的界定问题，究竟什么是"终身教育"，即对"终身教育"内涵的解释。终身教育法治化进程之难，首先在于对"终身教育"的概念界定之困难。事实上，人们对"终身教育"概念的认识与理解经历了一个从较为统一到逐渐产生分歧的过程。国际上终身教育的理念于20世纪80年代传入我国，当时无论是研究学者，还是政府人员，他们对于终身教育理念的理解并无太大差异。1995年颁布的《中华人民共和国教育法》规定："促进各级各类教育协调发展，建立和完善终身教育体系。"[②] 该规定指出了各级各类教育共同组成了终身教育，即所有教育都包括在终身教育之中。然而终身教育概念的分歧源于2003年党的十六届三中全会中所提出的"构建现代国民教育体系和终身教育体系"，这就引出了"国民教育"和"终身教育"这两者之间是包含还是并列的问题。学者们对两者的概念、关系进行了不断的讨论。我国终身教育法治化的深度推进需要对终身教育概念有一个清晰的界定，并以此来为终身教育体系的建立做支撑。在这方面，学术研究者需要进一步阐明终身教育的相关概念，以及相关概念之间的联系和区别，就终身教育的基础理论研究达成共识，以期为终身教育政策的制定和终身教育实践的深入开展提供有益的帮助。

3. 国内地方性法规研究应多结合区域特点

---

① 吴遵民，黄健. 国外终身教育立法启示——基于美、日、韩法规文本的分析[J]. 现代远程教育研究，2014（1）.

② 中国人大网. 中华人民共和国教育法[EB/OL]. [1995-03-18]. http://www.npc.gov.cn/wxzl/gongbao/1995-03/18/content_1481296.htm.

我国正在不断推进终身教育体系建设和学习型社会建设，终身教育法治化对指导、评估和规范终身教育的发展具有良好的作用。但是我国在国家层面的终身教育法尚未颁布，这时候地方立法应发挥"试验先行"的作用，为国家终身教育立法积累丰富的实践经验。目前，我国许多省、市已经出台了适合本地区特点的终身教育法律法规，为其他地区制定相关的终身教育法律法规提供了一定的参考经验。学者们还通过对我国地方法律法规的研究，对国家终身教育立法提出了建议和构想。尽管我国已经发布了大量与地方终身教育法律法规有关的研究成果，但其中大多数集中在对政策内容的分析和解释上，很少有研究讨论政策在相关领域的实施效果。这就无法使政策制定者和实施者知道当前政策的实施效果、存在的问题以及未来调整的方向。因此，我国对于地方终身教育法规的研究应多结合地方区域的特点，并且密切关注地方条例法规制定以后的实施情况，不能仅仅停留在文本分析层面而脱离实际。

4. 策略研究需进一步深入和多元化

由于终身教育涵盖的领域较广，研究者们不应该仅局限于教育层面，而应从社会领域多视角切入，由点到面，寻求终身教育政策法规发展的突破口。例如，面对社会民生中急需解决的问题，我国终身教育可以从社区、老年教育入手，针对某一种教育类型，积极寻求终身教育政策法规发展的突破口。另外，相对于社会实践发展，理论研究具有相对滞后性的特点，而为了避免这一问题的出现，在加强理论研究的时代性同时，需进一步加强对终身教育政策方面的实践应用性研究，并将实践性研究与理论性研究相结合，在现有研究的基础上继续推进，并具体探讨如何将各种教育资源相互整合，如何真正将学校教育和校外教育相联系，为国家终身教育立法提供理论研究支持和实践建议，最终促进终身学习和学习型社会的建立。因此，为促进终身教育立法研究的进一步发展，有必要密切关注我国终身教育领域出台的有关政策，并观察我国终身教育在实际发展中所面临的问题和发展趋势，探究理论上的相关策略和建议的可行性。为了避免理论研究落后于实践活动，应努力使研究能够为制定和实施终身教育政策提供理论支撑，为开展和促进终身教育实践活动提供理论保障。

第二节 终身教育体系化研究

我国对现代终身教育思想的关注与推广始于 20 世纪 80 年代，相比先进国家落后了约 20 年；[①] 而针对构建终身教育体系的专题研究则更为滞后。根据查阅到的相关文献，最早是学者马良声在 1998 年发表的《终身教育体系的构建和实施》一文中对终身教育体系进行了系统的论述。因此，梳理我国终身教育体系化的研究脉络和展望未来研究的趋势，有利于在终身教育体系构建进程中明晰思路并把握方向。

一、文献回顾

（一）文献检索与选择

本研究以中国知网收录的 CSSCI 期刊为主要的文献来源，以可以搜索到的最早文献开始到 2019 年截止为搜索年限，选择"终身教育"和"终身教育体系"作为本研究的关键词，分别在篇名（或题名）、主题词和关键词中进行高级检索，确保研究样本囊括了以终身教育体系为主要研究对象和将终身教育体系作为主要研究视角探究其他学习、教育、社会问题等的各类文章。在实际的检索过程中，按照先检索篇名，后检索主题词、关键词，先检索"终身教育"，后检索"终身教育体系"的顺序依次检索，再依据研究内容对已有文献逐一阅读、筛选，去除重复结果和与研究主题不紧密的文献，最终选取 83 篇文献作为研究的有效样本。

本研究使用 NVivo 作为主要的研究工具，并以内容分析法作为主要研究方法，对文献资料进行文本编码和内容分析。在本研究中所采用的编码方式是，先根据研究主题确定一级维度，即树状节点，形成研究框架；再对文献信息进行开放编码，形成若干子节点后进而整合到相应的树状节点中。本研究将 83 篇文献的摘要、各级标题、关键语句等文本内容根据终身

[①] 吴遵民. 走出理解误区——对当代终身教育理论内涵的深层思考[J]. 杭州师范大学学报（社会科学版），2008（5）.

教育体系理念研究、终身教育体系与不同类型教育关系研究、终身教育体系国内外比较研究和国内终身教育体系构建对策研究这四个方面对原始文献进行归类整理以及关键词句摘录,并将这自行划分的四个方面作为对文本编码的一级维度。在开放编码阶段,笔者通过阅读、分析文献有关内容形成各个子节点,并根据情况相应地删补、改动节点,同时深入思考节点间的逻辑性,形成研究结果。例如将文献关键词中"终身教育理论"和"终身教育思想"合并划归为"终身教育理念"这一节点中。

(二)文献基本情况分析

从研究时间看,虽所选择的有关研究终身教育体系的文献是自1999年开始,但是所选文献的参考文献是自1979年开始,说明研究工作有着较长的研究背景和依据。另外,从进入21世纪以来,不管是参考文献还是引证文献都有明显增多的趋势,说明有越来越多的学者开始关注终身教育体系的研究,并对以前和现有的研究工作加以应用、发展和评价,且文献的影响和价值越来越大。

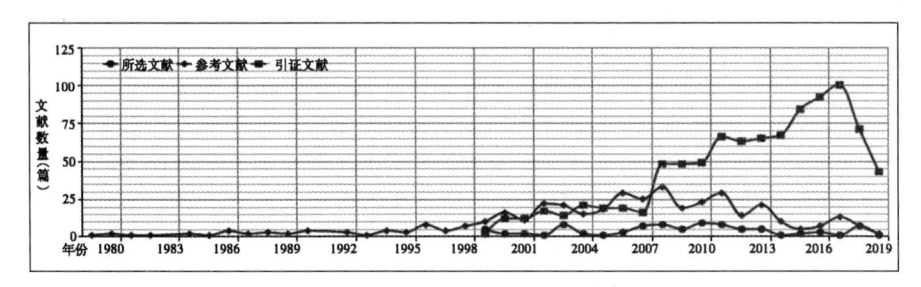

图4.3 终身教育体系研究的年度发表趋势

从期刊来源分布看,据量化统计,83篇有关终身教育体系的文献发表于52种期刊,载文量大于2篇的期刊分布如表4.3所示。从文献的来源期刊可以看出,对终身教育体系的研究主要存在于教育领域,并且随着信息技术的普及和发展,有效地促进了远程教育实现的可能性和便捷性,因此,有关远距离教育类相关期刊的载文量较高也是合理的。

表 4.3 终身教育体系的文献期刊来源表

期刊	文献数（篇）
教育研究	8
现代远距离教育	7
江苏高教	5
黑龙江高教研究	4
开放教育研究	4
外国教育研究	3
现代远程教育研究	3
高教探索	2
江苏社会科学	2
东南学术	2
中南民族学院学报（人文社会科学版）	2
中国远程教育	2
现代教育管理	2
教育发展研究	2

从对文献关键词的编码来看，83篇文献中有关"终身教育理念"的关键词最多，编码数为28，这是因为在终身教育体系化的进程中，终身教育理念是其基础，它起着体系构建的支撑作用，对于终身教育的理论研究必不可少。其次为有关"远程教育"的关键词，编码数为22，这是因为随着信息技术的高速发展，全国开放大学、广播电视大学、继续教育、成人教育等非学历教育更多地可以通过互联网平台来开展，这也就促使在终身教育视角下有关远程教育的研究增多。排在编码参考点数前五的另外3个关键词分别是"成人教育"（编码数为19）、"职业教育"（编码数为17）、"学校教育"和"社区教育"（编码数均为16），说明在终身教育体系建设中，除了传统学校教育体系外，成人教育、社区教育领域的影响开始凸显。

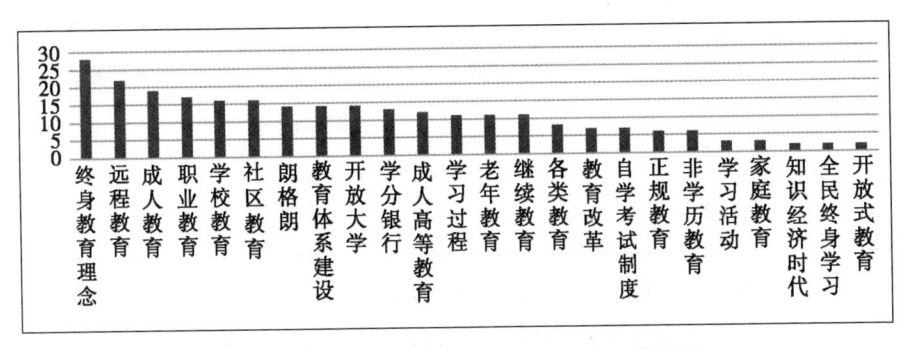

图 4.4 终身教育体系文献的关键词编码情况图

二、研究主题与内容

使用 NVivo11 对文献内容进行编码，以终身教育体系的概念研究、不同类型教育关系研究、国内外比较研究和体系构建对策研究这四个方面作为研究的维度框架，对所搜集到的文献内容进行编码与归纳总结，并根据每篇文章的研究重点及研究的编码体系对终身教育体系相关文献的研究内容进行了分类，结果如表 4.4 所示。

表 4.4 终身教育体系的文献内容编码情况表

一级维度	材料来源	二级节点	编码参考点数
终身教育体系概念研究	83	终身教育理念指导	226
		终身教育的功能	197
		体系的构成要素	121
		终身教育体系特征	103
终身教育体系与不同类型教育关系研究	56	作用	172
		定位	147
		融入	6
终身教育体系国内外比较研究	21	制度设计	69
		机制运行	83
		改革实践	91

131

续表

一级维度	材料来源	二级节点	编码参考点数
终身教育体系构建对策研究	83	制度体系	201
		保障体系	211
		组织体系	147

其中各级维度下编码的构成与分析如下：

第一，终身教育体系概念研究。通过对文献内容的编码分析，并总结研究者们对此直接或间接的表述，大体上从终身教育理念指导、终身教育的功能、体系的构成要素、终身教育体系特征四个方面来分析终身教育体系概念，并以这四个方面作为一级维度"终身教育体系概念研究"的二级维度。

第二，终身教育体系与不同类型教育关系研究。通过对文献内容的分析，发现研究者大多从不同类型教育在终身教育体系构建中的定位、作用和融入三方面来进行研究，故在此部分拟从以上几个方面来作为"终身教育体系与不同类型教育关系研究"的二级维度进行分析。

第三，终身教育体系国内外比较研究。在这一方面，我国研究者基本按照介绍国外发展的经验特色，指出国外发展不足之处，对国内的启示这一思路对国内外的终身教育体系构建进行对比研究。故以制度设计、机制运行、改革实践三个方面作为"终身教育体系国内外比较研究"的二级维度。

第四，国内终身教育体系构建对策研究。我国学者对此问题的研究较多，基本会在文章的后面提出相应的对策建议。经过对文献内容的编码分析，拟以制度体系、保障体系、组织体系三个方面作为"国内终身教育体系构建对策研究"的二级维度来对已有研究进行分析。

（一）关于终身教育体系概念研究

学界目前对"终身教育"尚未形成统一明确的界定，通过对已有文献的分析，发现学者们大体从终身教育理念指导、终身教育的功能、体系的构成要素、终身教育体系特征四个方面对终身教育体系的概念展开研究。

第一，终身教育理念指导。"终身教育体系"的概念是由"终身教育"理念衍生并付诸实践形成的。刘晖等人认为，完备的终身教育体系是指教育系统、社会机构和家庭组织在终身教育理念指导下，经有效整合而成的为社会成员提供一生学习机会的教育制度安排。① 此外，吴遵民等人从对终身教育理念的定位中得出，所谓终身教育体系就是围绕人的一生发展而为之提供教育或学习机会的体系。②

第二，终身教育的功能。由终身教育理念所衍生出的终身教育体系是一个实体系统，而理念付诸实践所产生的实际效用，也正是系统所发挥的功能，因此，有学者从终身教育功能出发，来分析终身教育体系的概念。刘汉辉明确论述了终身教育体系的功能预期，包括：教育功能，满足多样化的教育需求；经济功能，实现教育资源优化配置；人口功能，控制人口数量和提高人口质量；社会功能，通过实现教育公平从而促进社会公平。③ 吴遵民认为，终身教育在解决学校教育单一化、教育不公平和功利性的过程中发挥了与之相应的功能：使人适应变化发展的社会，使人对社会发展达成共识，使不同群体享有与之发展相适应的学习机会。④

第三，体系的构成要素。厘清终身教育体系的构成结构，明晰终身教育体系包含的基本要素，既对体系整体功能的发挥具有重要的前期和基础作用，也有助于理解终身教育体系的基本概念和内涵。周西安将终身教育体系视作一个统合性系统，指出该体系的构成结构至少要包含目标系统、保障系统、领导系统、运作系统。⑤ 学者庾荣认为：终身教育的形式、方

---

① 刘晖，汤晓蒙. 试论各级各类教育融入终身教育体系的时序［J］. 教育研究，2013（9）.
② 吴遵民，黄欣，刘雪莲. 建立和完善终身教育体系的法律制度研究［J］. 继续教育研究，2006（6）.
③ 刘汉辉. 论终身教育体系：架构、实现方式及功能［J］. 广东社会科学，2007（4）.
④ 翁朱华. 终身教育体系的整体再建构——中日学者三人谈［J］. 开放教育研究，2010（10）.
⑤ 周西安. 我国终身教育体系的内容结构与建构原则［J］. 职业技术教育，2011（22）.

式、内容构成终身教育体系的要素，形式上包含正规教育与非正规教育；方式上包括面授、函授、网络、电视以及多媒体教学等；内容上涵盖范围较广，主要包括道德教育、综合知识教育、能力培养与健全人格培养等。①

第四，终身教育体系特征。终身教育体系作为一种新型的教育体系，其特征的展现也以"新"为总概括。尽管研究者的表述不尽相同，但整合性、多样性、开放性仍是出现频次较高的特征。一些学者在这些特征的基础上，从不同的视角作出了较为创新性的概括与表述。如吴遵民等人认为，终身教育体系除了具有统合性和开放性这两种特征以外，还具有非功利性，即不是以职业和功利的追求为目的，而是为了实现人生的真正价值。②朱猷武认为，终身教育体系除了在教育过程的实现形式、教育资源的支撑来源、教育范畴的时空变化上所表现出的多样性、开放性、整合性等三个特征以外，还在教育目标的价值预设上具有个体性特征。③

(二) 终身教育体系与不同类型教育关系研究

通过对文献内容的分析，发现研究者大多对远程教育、成人教育、职业教育、学校教育、社区教育、高等教育、老年教育、继续教育、自学考试、家庭教育等与终身教育体系的关系进行研究，反映出终身教育体系囊括了各级各类教育。另外，不同层次类型教育因其属性、功能不同，因而在终身教育体系构建中的定位、作用和融入亦有不同。

第一，不同类型教育在终身教育体系构建中的作用。从已有文献的编码情况可看出，此方面的研究较多，这是因为终身教育体系由各子教育系统所构成，故各类教育的发展对终身教育体系构建的作用与影响都不可忽视。例如，在研究终身教育体系构建中成人教育所发挥的作用时，学者闫朝晖认为，成人教育除了提供扫盲教育以外，其所包含的成人远程教育、成人高等学历教育、社区成人教育、成人职业技能培训以及现代企业教育

---

① 庚荣. 论终身教育体系的构建 [J]. 西南交通大学学报（社会科学版），2003 (7).

② 吴遵民，黄欣，刘雪莲. 建立和完善终身教育体系的法律制度研究 [J]. 继续教育研究，2006 (6).

③ 朱猷武. 论终身教育体系的特点 [J]. 中国成人教育，2006 (8).

都将发挥相应作用。[①] 对于高等教育在终身教育体系中的作用,孙士宏等人认为作为学校教育最高层次的高等教育,在构建终身教育体系的过程中具有举足轻重的作用,是体系建设中的中坚力量;研究高等教育资源由高校内部向外部、由正式和正规教育向非正式和非正规教育扩散的具体实施途径和操作方式,才能充分实现高等教育与终身教育相互促进。[②]

第二,不同类型教育在终身教育体系构建中的定位。既然终身教育体系囊括了各类教育,那么不同类型的教育在终身教育体系构建中该处于何种位置呢?学者们对此也展开了研究。例如,叶忠海认为,成人教育最先接受和传播终身教育思想,使其在终身教育体系的构建和推进过程中扮演"火车头"的重要角色;并且认为,成人教育不仅是终身教育的主体部分,也是衡量终身教育体系发展成熟度的重要标尺。[③] 贺修炎对高等职业教育在终身教育体系中的定位作了准确阐述,认为高等职业教育是终身教育体系构建的承上启下的节点、有力推动者、场所的主要提供者和各方利益的相关者。[④]

第三,不同类型教育如何融入终身教育体系中。从文献内容编码情况可看出,此类研究较少,在所筛选的文献中,仅有刘晖和汤晓蒙对此问题作过讨论。他们将研究视角延伸至各级各类教育融入终身教育体系的时序问题,认为在未来国民教育体系中,各级各类教育融入的时序是职业教育到普通高等教育,再到基础教育。[⑤]

(三) 终身教育体系国内外比较研究

我国终身教育体系构建的启动滞后于一些发达国家,并且在制度设

[①] 闫朝晖. 成人教育在终身教育体系中的地位和作用研究 [J]. 长春理工大学学报,2012 (5).
[②] 孙士宏,陈武元. 论终身教育体系构建过程中的高等教育调试 [J]. 开放教育研究,2005 (12).
[③] 叶忠海. 终身教育体系下成人教育的发展 [J]. 湖南师范大学教育科学学报,2002 (3).
[④] 贺修炎. 终身教育体系中的高职教育 [J]. 教育研究与实验,2009 (4).
[⑤] 刘晖,汤晓蒙. 试论各级各类教育融入终身教育体系的时序 [J]. 教育研究,2013 (9).

计、机制运行以及改革实践等方面尚处于起始阶段，因此，借鉴和探讨国外终身教育体系构建的成功经验和发展特色就显得重要。但国外在构建终身教育体系中也存在不足之处，故研究者们对此进行分析，并给国内发展以启示。

第一，制度设计。凌磊在对韩国学分银行制和学位自学考试制度改革分析的基础上，指出韩国自2000年正式颁布《终身教育法》后，不断完善终身教育法律保障体系，以适应社会发展对终身教育质量和教育公平的诉求，体现出终身教育发展的新理念、新方向；并通过借鉴韩国的经验，提出我国应建立健全终身教育的法律体系，扩大终身教育的开放程度，创新终身教育的发展模式。[①]

第二，机制运行。终身教育思想凝结着法国人的智慧，学者王晓辉阐述了法国终身教育的发展与特色，指出法国终身教育以正规学校教育机构为基础，倡导个人、企业、国家和地方政府的共同参与，并建立了比较完善的法律保障体系，特别是建立了能力认证机制，从而有利于法国真正实现终身教育和构建学习化社会。[②] 学者周西安侧重从终身教育体系的推进机制层面，阐述了美、英、法、日等发达国家在其观念、理论、制度与实践等四个方面的共同经验。[③]

第三，改革实践。学者徐中意从终身教育的内涵与特色的角度入手来阐述澳大利亚构建终身教育体系的实践措施，指出澳大利亚终身教育体系包含学校、职业教育与培训、高等教育等三大部分；由资格框架、质量培训框架以及培训包构成终身教育体系的三大支柱，其体系的核心是全国统一认证的培训包。[④] 澳大利亚职业与技术教育的改革经验对我国发展职业教育、构筑终身教育体系具有重要的借鉴意义。另外，美国高等学校的终

---

① 凌磊.韩国终身教育改革新动向——基于学分银行制和学位自学考试制度改革分析［J］.现代教育管理，2018（2）.

② 王晓辉.法国终身教育的发展与特色［J］.比较教育研究，2007（12）.

③ 周西安.我国终身教育体系的内容结构与建构原则［J］.职业技术教育，2011（22）.

④ 徐中意.澳大利亚终身教育体系述评：内涵与特色［J］.职业教育研究，2010（9）.

身教育机构利用现代教育技术手段帮助大型企业对员工进行各类终身教育培训，并且随着经济全球化的逐步推进，美国高校已经逐步在向国外推广其各种类型的终身教育项目。[①]

(四) 终身教育体系构建对策研究

从已有文献的编码情况看，我国对终身教育体系构建对策的研究成果较多，基本按照先分析现状及问题，再提出对策的逻辑顺序予以阐述，并且在提出的构建对策中都涉及了制度和保障体系。尽管研究者在研究视角、研究方法及研究表述上体现出一定的差异性，但大都认为构建我国终身教育体系需从终身教育制度体系、保障体系、组织体系等方面予以建设和推进。

第一，终身教育制度体系。随着终身教育理念和实践的深入，研究者们开始关注终身教育政策制定等相关问题，如对区域终身教育政策的比较、对终身教育的历史分析、对终身教育政策基本架构的思考等。[②] 孙立新等人指出，国家层面的政策对于社区教育、老年教育、职业继续教育等相关领域的支持力度不断加强，终身教育体系不断得以补充与完善。[③]

第二，终身教育保障体系。学者吴遵民认为，我国构建终身教育体系的现实阻碍主要是，国民教育体系转型整合的难度大、"校外教育"体制问题长期未能得到解决、教育体制的变革难度较大，以及国家层面的终身教育立法较难实现等；指出解决上述问题的关键举措是应建立一个直接主管并推动终身教育实施的国家级行政机构。[④] 罗健等人认为，在构建终身教育体系的过程中，政府应在规划设计、政策引导、机制调控、物质支

[①] 孙力，徐昉. 中美终身教育的发展趋势与新特征 [J]. 现代教育技术，2018 (S1).

[②] 孙立新，乐传永. 嬗变与思考：成人教育理论研究 70 年 [J]. 教育研究，2019 (5).

[③] 孙立新，李硕. 我国终身教育政策演变：社会背景、文本内容及价值取向 [J]. 河北师范大学学报 (教育科学版)，2018 (5).

[④] 吴遵民. 中国终身教育体系为何难以构建 [J]. 现代远程教育研究，2014 (3).

持、服务保障等方面充分发挥其主导地位。①

第三，终身教育组织体系。终身教育的组织体系往往与社会中的多元主体相关联，李新民就此提出了"终身教育体系构建多主体"的观点，认为终身教育体系的构建就是包括政府、机构、团体、个人多主体协调、博弈、合作的过程，并提出个体是构建终身教育体系最重要的主体。②

三、终身教育体系化研究存在的问题及展望

自1986年"建立一个全人生、全社会的终身教育体系"的观点提出，我国的终身教育体系经历了孕育、初创和全面建设三个发展阶段。时至今日，相关研究主要集中在终身教育体系的必要性与可行性、完善终身教育体系的构想及建议。③虽然我国终身教育研究已经取得了一定成就，但背后所隐藏的问题是不可忽视的，理论研究的共识度与深度不够，终身教育研究的力量有待加强，如何在国际比较研究中融入中国特色，如何多提出可操作的实践建议等都是在今后的研究中必须关注的。

（一）加强理论研究的共识度与深度

虽然我国对现代终身教育思想的真正关注与推广比其他先进国家晚了不少年，但研究者努力弥补我国终身教育理论研究薄弱的缺憾，不断进行理论探索，使得当前我国在终身教育理论方面的研究较为丰富，相关文献数量众多。但是对于终身教育的内涵、发展方向、价值基础乃至终身教育体系所赖以建立的融通机制等研究方面都存在一定的争议，尚未达成共识。④这是目前我国在构建终身教育体系实践机制中的阻碍之一。对此，还需要研究者们在研究终身教育时进一步厘清与终身教育相关的概念，以

---

① 罗健，刘维俭.终身教育体系构建中确立政府主导地位的思考［J］.继续教育研究，2010（6）.
② 李新民.论构建中国模式的终身教育体系［J］.南京理工大学学报（社会科学版），2010（12）.
③ 孙立新，乐传永.嬗变与思考：成人教育理论研究70年［J］.教育研究，2019（5）.
④ 吴遵民.终身教育发展的中国经验——改革开放37年终身教育的历史回顾与展望［J］.江苏开放大学学报，2016（1）.

及各相关概念间的联系,在终身教育体系的基本理论研究方面形成共识,以期为构建终身教育体系实践的深入发展和相关政策的制定提供有益的参考。

(二)汇聚各类教育研究力量于终身教育研究中

终身教育是贯穿于人一生的教育,它囊括了各级各类教育。但大多数研究者对终身教育体系与各类教育的关系是从理论视角较抽象、宽泛地进行讨论,且局限于成人阶段。法国成人教育学家朗格朗在《终身教育引论》一书中明确表示:"我们完全没有把终身教育等同于成人教育,遗憾的是人们常常把这两者等同起来。"[1] 终身教育要满足全体社会成员在幼儿教育、义务教育、高中教育、高等教育和继续教育各个阶段的教育需求,提高教育参与率。这些阶段不是割裂的而是相互衔接的,终身教育体系的构建必须在各级各类教育之间建立衔接体系,方便学习者的终身学习。因此,在终身教育研究领域应以包含人生全方位的整体式发展为教育视野,吸纳、汇聚各类教育的研究力量,明确不同类型的教育在终身教育体系中的定位,充分发挥不同类型的教育对构建终身教育体系的作用。

(三)在终身教育体系的国际比较中融入中国特色

通过对已有文献的分析,我国学者在对国内外终身教育体系的比较研究中,基本按照从"介绍国际经验"到"对国内的启示建议"这一逻辑思路,对一些发达国家在构建终身教育体系进程中的一些特色经验与成功做法进行了较为全面的介绍和细致的分析,其中一部分研究站在中立层面,对其发展中存在的一些不足及潜在的"隐形问题"进行了较为深入的探讨。随着终身教育、终身学习思潮全球化蔓延的态势,在基于合作、交流、达成共识前提下可以更加开放的心态来接纳、学习国外先进的经验[2],但是在借鉴国外发展的经验特色时,应关注我国发展实际,融入我国终身教育的特色,构建具有中国特色的终身教育体系。

---

[1] 保尔·朗格朗. 终身教育引论[M]. 周南照,陈树清,译. 北京:中国对外翻译出版公司,1985:15.

[2] 孙立新,乐传永. 成人教育研究的新进展与未来趋势[J]. 教育研究,2015(6).

（四）对策研究应多提出可操作性的实践建议

以发展眼光来看，我国终身教育体系将会从初级样态，经过逐步完善最终达到完备样态。在这前进的过程中，提高理论研究水平，并加强具象化的实践操作研究，努力改变终身教育理论与实践发展不协调的局面，这是时代发展的要求。从终身教育领域的研究成果看，虽然我国研究者们围绕终身教育实践提出了诸多针对性的对策，且部分对策是基于实践的经验提炼，具有一定的可操作性和可行性，但总体来说，这样的研究成果所占比例依然偏小，大多数研究成果是从理论视角进行的实践探讨。缺乏实践基础的支撑，影响力自然就偏低；任何一项研究成果都应为"实践"服务，这样才能使研究具有"恒久的生命力"。[①] 为避免理论研究相对于社会实践发展的滞后性，紧随时代的发展方向，未来的研究还需要进一步加强对终身教育构建的实践性、应用性方面的研究。研究者们应通过行动研究的形式检验所提出对策的有效性与科学性，以检验结果为依据去进一步对之前的建议与对策进行修正。

第三节　学习型社会研究

在当代社会，教育是每个人拥有的基本权利。确保每个人都能受到教育，不仅可以促进社会发展，也能提高公民的综合素质，使人获得更多幸福感。保证教育公平、保障弱势群体的受教育权利，确保让每个人都能够获得教育的机会，是我国教育政策的基本目标之一。[②] 在我国建设学习型社会的同时，必须尊重社会弱势群体的人权，让这些群体以主人翁的身份参与学习型社会的发展，这也是全纳教育的重要思想。全民学习、终身学习是学习型社会的核心内涵，需运用相应的机制和手段形成全民学习、终身学习、健康积极的社会氛围。随着知识经济时代的到来，研究我国学习

[①] 欧阳忠明，唐薇. 终身教育领域研究：现状与思考——基于国内相关文献的述评［J］. 中国职业技术教育，2019（15）.

[②] 彭霞光. 全纳教育：未来之路——对全纳教育理念的思考与解读［J］. 中国特殊教育，2008（12）.

型社会的发展历程，不仅可以促进我国终身教育建设与国际社会接轨，同时对建设具有中国特色社会主义的伟大事业也发挥着至关重要的作用。

一、文献回顾

（一）文献搜集和整体情况

1989 年，吴仕榜最早提出"学习型社会"。[①] 根据学习型社会研究文献出现的最早时间，本研究首先以中国知网"中国学术期刊"为平台，以"学习型社会""终身教育"为主题，以 1989—2019 年为搜索年限，共检索到文献 4772 篇。

根据所选文献年发文量趋势图以及关键事件的节点，我们将我国学习型社会的相关研究分为三个阶段：一是起步阶段（1989—2002 年）。该阶段文献数量偏少、国家关注度也较低，有关学习型社会的文献共有 170 篇，研究内容主要包括：学习型社会概念的阐释、学习型社会与终身教育和学习型组织的关系辨析以及如何建设学习型社会等。二是迅速发展阶段（2003—2009 年）。2002 年，教育部颁布了《关于进一步加强农村成人教育的若干意见》。在党的十六大报告中，"建设全民学习、终身学习的学习型社会"被列为全面发展小康社会的重要途径之一。2004 年，得益于一系列政策文件的发布，特别是《〈关于开展全国"创建学习型组织，争做知识型职工"活动的实施意见〉的通知》印发后，该阶段学习型社会的研究呈现出繁荣发展的景象，文献数量激增，达到 3886 篇。其中，研究内容以整合教育资源，促进学习型社会建设和建立学习型政党等组织为主体，体现了国家政策对教育研究的导向性。三是趋向成熟阶段（2010—2019 年）。《国家中长期教育改革和发展规划纲要（2010—2020 年）》在这一阶段提出了要在 2020 年基本实现教育现代化、基本形成学习型社会、进入人力资源强国行列的要求。这一阶段我国的学习型社会研究趋于平稳，涌现出一大批高质量的学术研究成果。代表性成果有：全国教育科学"九五"规划

[①] 吴仕榜. 高校图书馆面向社会开放之我见 [J]. 农业图书情报学刊，1989（4）.

重点课题"终身学习社会的理论与学习社会形成研究"、叶忠海主持的"上海市创建终身教育体系和学习型城市研究"课题等。学习型社会的研究呈现出逐渐回落的趋势,说明相关研究渐成体系,研究成果已渐获学者们的认可,同时也体现了我国终身教育研究热点的不断转移和发展。[1]

（二）文献基本情况分析

根据统计文献关键词出现的频次,可以较为客观地把握学习型社会研究的主题,这些关键词共同构成了我国学习型社会研究的基本图景。在所有关键词中,除"学习型社会""终身教育"之外,"图书馆""社区教育"和"学校教育"出现频次较高,这表明主体、资源和手段是学习型社会关注的研究热点。

表 4.5　我国学习型社会研究文献的主题分布表（1989—2019 年）

序号	关键词	频次
1	学习型社会	457
2	终身学习	204
3	图书馆	30
4	社区教育	29
5	学校教育	21

二、研究主题与内容

以中国知网收录的 CSSCI 期刊为主要的文献来源,以 1989 年到 2019 年为搜索年限,以"学习型社会"和"终身教育"作为关键词,按照篇名→主题词→关键词的搜索顺序,依次检索"学习型社会""终身教育"等词组,确保研究样本是以探究学习型社会的文章为主,以其他学习、教育、社会问题等文章为辅;再依据研究内容对已有文献逐一阅读、筛选,将重复结果和与研究主题关系不紧密的文献进行剔除,最终选取 56 篇文献作为研究的有效样本。

---

[1] 樊桂林,董彦菊. 试论当前我国构建学习型社会的现实条件［J］. 职教论坛,2009（19）.

通过使用 NVivo 作为主要的研究工具，并以内容分析法作为主要研究方法，对文献资料进行文本编码和内容分析。编码方式为：先根据研究主题确定一级维度，即树状节点，形成研究框架；再对文献信息进行编码，形成若干子节点，最后通过整合，将子节点放至相应的树状节点中。经过分析，将 56 篇文献的摘要、各级标题、关键语句等文本内容以学习型社会理论基础、学习型社会建设主体、学习型社会建设的国外借鉴以及学习型社会构建策略四个维度进行归类整理，并将这四个维度作为对文本编码的一级节点。

表 4.6　学习型社会的文献内容编码情况表

一级节点	材料来源	二级节点	编码参考点数
学习型社会理论基础	49	内涵	37
		背景	15
		特征	28
学习型社会建设主体	56	个人	28
		学校	18
		政府	40
学习型社会建设的国外借鉴	23	理论概述	17
		经验介绍	22
		制度研究	13
学习型社会构建策略	48	整合公共资源	56
		营造学习氛围	29
		创建学习型组织	35

其中各级维度下编码的构成与分析如下：

第一，学习型社会理论基础的研究。通过对文献内容的编码分析，总结研究者们对此直接或间接的表述，从学习型社会内涵、背景、特征三个方面来分析学习型社会的理论基础，并以这三个方面作为"学习型社会理论研究"的二级节点。

第二，学习型社会建设主体的研究。通过对文献内容的分析，发现研究者大多将个人、学校、政府作为学习型社会建设主体来进行研究，故拟以上述三者作为"学习型社会建设主体的研究"的二级节点进行分析。

第三，学习型社会建设的国外借鉴。从所检索的文献来看，我国研究者主要以分析国外先进理论、国内建设不足以及如何借鉴为主。故将理论概述、经验介绍、制度研究三个方面作为"学习型社会建设的国外借鉴"的二级节点。

第四，学习型社会构建策略的研究。此类研究文献数量较多，研究者多从学习型社会的构建途径、特征和意义等角度，介绍学习型社会构建策略。经过对文献内容的编码分析，我们拟以整合公共资源、营造学习氛围、创建学习型组织三个方面作为"学习型社会构建策略的研究"的二级节点来对已有研究进行分析。

(一) 学习型社会理论研究

我国研究者主要从内涵、背景、特征等方面对学习型社会理论进行研究。

1. 学习型社会的内涵

终身教育的发展与知识经济时代的到来有密不可分的关系，生产的不断变革和社会的不断进步离不开知识的不断创新。[1] 朱新均认为，在表述"学习型社会"时，要严格坚持本体论，并从目的、对象、要素等方面多角度地分析学习型社会。[2] 基于学习型社会理论以及相关实践的发展，学习型社会理论更侧重于发展个体学习[3]，并且与教育特别是继续教育、社会教育的关系更为密切。概言之，学习型社会的本质其实是学习探讨如何促进社会及成员科学发展的过程。[4]

---

[1] 顾明远. 形成全民学习、终身学习的学习型社会 [J]. 求是, 2003 (4).
[2] 朱新均. 学习型社会建设的理念、路径和对策 [J]. 现代远程教育研究, 2011 (1).
[3] 朱新均. 学习型社会建设的理念、路径和对策 [J]. 现代远程教育研究, 2011 (1).
[4] 郑燕伟. 建设学习型社会相关理论的比较与综合 [J]. 资料通讯, 2006 (Z1).

2. 学习型社会的背景

信息革命改变了现代社会的发展趋势，以工业为主导产业的社会不再适应历史潮流，知识型社会的浪潮随之席卷而来。① 2007 年，党的十七大明确提出，我国要全面建成小康社会必须加快学习型社会的建设。2008 年，教育部设立了"学习型社会建设研究"项目，作为教育部人文社会科学研究的一项特殊任务，列入全国教育科学"十一五"规划教育部重点课题。从现有文献的编码情况可看出，研究者大多从学习型社会的提出背景入手，了解不同时期学习型社会的建设目标，从而为学习型社会研究提供正确的方向。例如，顾明远等认为，我国学习型社会建设的提出背景，与其他国家较为相似，都是为了积极应对现代社会发展中面临的新问题、新挑战以及新任务，其目标都在于提高全体人民的科学文化水平和思想道德水平，实现人与社会的全面、和谐、可持续的发展。② 在今后的社会发展中，终身教育不仅是职业更换、社会谋生的途径，也将是人们生活的一部分，并成为提高人们生活质量的重要手段。③

3. 学习型社会的特征

根据社会背景的变化，我国学者分析了不同时期学习型社会的特征，发现这些特征具有一些共同点：从学习者的角度出发，强调学习者自身的重要性，强调学习应基于不同的方法，在任意条件下都应该充分体现，不仅限于正规教育；为了实现学习型社会的法治化，国家应制定相应的法律，为学习型社会的建设提供法律保障。通过整合终身教育、终身学习和学习型社会三大理念，有学者提出，学习型社会的建设应以终身性、全面性、开放性为基本原则，以人的全面发展为根本目的，④ 这要求我们更新教育理念，加快突破终身学习"时空观"，整合有效资源，营造良好的学

---

① 朱新均. 学习型社会建设的理念、路径和对策 [J]. 现代远程教育研究，2011 (1).

② 顾明远，石中英. 学习型社会：以学习求发展 [J]. 北京师范大学学报（社会科学版），2006 (1).

③ 顾明远. 形成全民学习、终身学习的学习型社会 [J]. 求是，2003 (4).

④ 朱敏，高志敏. 终身教育、终身学习与学习型社会的全球发展回溯与未来思考 [J]. 开放教育研究，2014 (1).

习氛围，促进社会教育体系的融合，从而构建学习型社会。

(二) 学习型社会建设主体的研究

通过对文献内容的分析，我们发现，学者们在研究学习型社会建设主体时，多以政府、社会公共服务体系、个人、学校等为对象展开分析，这些不同的主体在学习型社会的建设过程中发挥了不同的作用。

1. 政府在学习型社会建设中起着决定性的作用

1993年，中共中央、国务院颁发的《中国教育改革和发展纲要》首次在中央文件中正式提出"终身教育"这一概念；2001年5月，江泽民在亚太经合组织人力资源能力建设峰会上明确提出了推动终身学习，建设学习型社会的目标；党的十六大报告也强调了建成学习型社会，促进人全面发展的重要性。① 这些举措都体现了政府作为学习型社会建设的主体，始终发挥着其对教育的宏观调控职能，我国学者对于其作用的研究出现频次较高。一些学者在对这些作用特征展开研究的基础上，从不同的视角进行了相应的创新性的概括与表述。例如，政府部门在促进学习型社会建设中应注意以下几点：加快立法，为终身教育体系和学习型社会建设提供法律保障；加快各行业培训认证体系的建设；促进成人学历教育体系的改革与融合，加大对继续教育的投入。② 同时，也要积极调动广大社会成员的参与性，创建一些具体的学习型机构。③

2. 个人是构成学习型社会的最关键部分

从现有文献编码可看出，以"个人"为学习型社会主体的研究文献数量居多。随着科学技术的飞速发展和知识的爆炸性增长，普通教育很难满足人们自身发展的需要。学习权利是当下社会中个体最主要的权利之一，是实现个人自我价值的最主要的途径之一。④ 我们发现，现代人的学习具

---

① 厉以贤. 终身教育的理念及在我国实施的政策措施 [J]. 北京大学教育评论，2004 (2).

② 严继昌. 实现我国继续教育发展战略目标的八点建设性意见 [J]. 现代远程教育研究，2011 (5).

③ 季明明. 中国特色的终身学习理论探索与创新——重读郝克明的《跨进学习型社会》[J]. 北京大学教育评论，2014 (1).

④ 王洪才. 学习型社会与教育转变 [J]. 教育研究，2004 (1).

有终身性、创新性、合作性等突出特征。因此，工作与学习必须相互融合，坚定终身学习是每个人进步的必然要求。

3. 学校是构建学习型社会的重要支撑

学习型高校是通过学习不断创造并完善自我、最终以扩大未来发展能力为目的的组织。加强高校建设对于我国成人教育的发展和建设学习型社会具有重要意义，因为丰富的学习资源是保证学习者多样化学习、个性化学习、时时处处学习的重要保障。[①] 蒋红认为，开放大学可以加快构建终身教育体系以及学习型社会，满足不同社会群体的学习需求，创造一个人人皆学、时时能学、处处可学的学习环境。[②] 还有学者认为，学习型社会是以信息革命、知识创新为发展动力的社会，会从多个方面对地方本科院校产生深刻影响，因此地方高校要积极做出相应改变，进而促进学习型社会的建成。[③]

（三）学习型社会建设的国外借鉴

通过对文献的梳理发现，对国外学习型社会的研究主要从理论、经验、制度等角度展开。

1. 对国外学习型社会的理论概述

当今世界，"学习型社会"以及"终身学习"的观念和理论已成为全球范围的共识和社会发展的方向。[④] 随着学习型社会理念的深入和实践的发展，研究者们开始关注国外学习型社会的建设等相关问题。学者吴遵民在研究国外"学习型社会"理念、理论演变之后，认为学习型社会是主张人从劳动中被解放出来的余暇社会，是人们充分利用余暇时间去从事旨在提高人的自身价值和教养的社会。它体现的是一种未来理想社会的发展趋

---

① 卢彩晨. 改革开放 40 年来学习型社会建设的政策演进与展望 [J]. 职业技术教育，2018（33）.

② 蒋红. 上海开放大学服务学习型城市建设的功能及路径研究 [J]. 开放教育研究，2012（5）.

③ 谢峰，胡志金，汪海涛. 论地方本科院校面向学习型社会的发展定位 [J]. 教育研究，2012（12）.

④ 鲍道宏. 从"终身教育"到"学习型社会"——国外"学习型社会"理论、理念和思潮发展脉络探析 [J]. 福建教育学院学报，2008（1）.

势，同时它也应该成为所有教育活动追求的最高境界。[1] 除此之外，我们也不能盲目地学习国外，在积极借鉴其他国家学习型社会建设的经验之时，要从我国国情和不同地区的特点出发，彰显本土特色。[2]

2. 对国外学习型社会建设经验的介绍

一些西方发达国家对如何构建学习型社会积累了相当丰富的经验，这其中包括建立和完善公共学习场所、创建学习服务机构、举办成人学习周活动等。例如，美国建设了类型多样化的 21 世纪社区教育中心，旨在为成年人提供安全、便利和有效的学习环境；英国创建的"产业大学"为成人和职业群体提供了新型学习服务机构；为加强学习交流，当今世界已有超过 40 个国家举办成人学习周活动，激励人们积极参加各种学习活动并获取更多的知识。[3] 这些都是从其他国家建设学习型社会的过程中可以学习的成功经验。

3. 对国外学习型社会制度的研究

在建设学习型社会的过程中，通过研究一些发达国家丰富的经验和令人瞩目的成果，我们发现，政府对教育的大力投资是发达国家建设学习型社会的主要成功经验之一。[4] 发达国家较早地将建设学习型社会制度化、法治化，这对我国后来学习型社会的制度化、规范化有重要的启发作用。[5] 我国主要可以借鉴发达国家以下几点来构建学习型社会：颁布相关法律、加大学习型社会建设方面的投资、大力建设社会公共服务体系等。

（四）学习型社会构建策略的研究

学习型社会的构建策略可以从两个主体出发：学习个体和教育客体。

---

[1] 吴遵民. 全球化视野中"学习社会"与基础教育改革 [J]. 教育理论与实践，2004（10）.

[2] 郝克明. 跨进学习社会——建设终身学习体系和学习型社会的研究 [M]. 北京：高等教育出版社．2006：42-48.

[3] 朱孔来，李俊杰. 国内外对学习型社会研究的现状评述及展望 [J]. 贵州大学学报（社会科学版），2011（4）.

[4] 杜以德，等. 发达国家成人教育的投资现状和基本政策取向 [J]. 教育研究，2007（3）.

[5] 巨瑛梅. 终身教育的理论与实践：渊源、演变及现状 [D]. 北京：北京师范大学，1992.

学习个体，侧重于终身学习中学习者的主观角度，是学习权和发展权的实现；教育客体，更强调学习条件的重要性，即建立和架构一个使学习者能够终身接受教育的体系，并确保实现人们的各种学习需求。① 我国对学习型社会构建策略的研究成果主要集中在三个方面：整合公共资源、营造学习氛围和创建学习型组织。

1. 整合公共资源

学习型社会建设是一项系统工程，涉及不同层次、不同地域经济社会的发展，关系到社会发展的各个维度。例如，通过学习资源共享模式或创建社会化公共服务体系，都能够有效促进全民学习。② 通过普及计算机、网络和多媒体等先进科技产品，加快学习方式的变革，可以完善我国社会服务体系，这不仅能满足国家经济社会发展和人的全面发展的需要，而且能促进终身教育体系的建设和全民学习、终身学习的学习型社会的形成。③

2. 营造学习氛围

赫钦斯在他倡导的成人名著讨论小组中提出，成人学习应该具备的条件之一就是热爱讨论的小组内部氛围，④ 而学习型社会之"魂"是终身学习文化，因此，学习型社会建设的根本标志是形成终身学习文化，养成全民学习的文化氛围。朱新均认为根据学习文化的结构，可以划分为物质文化、制度文化、精神文化三个层面⑤，从设施筹备、机制建设以及培养文化认同感等方面来营造终身学习文化氛围。例如，高校图书馆丰富的馆藏信息和知识资源、浓厚的学习氛围等，是构建学习型社会最为适宜的学习

---

① 厉以贤. 学习社会的理念和建设 [J]. 高等教育研究，2000 (5).
② 任为民. 学习型社会、数字化学习港与公共服务体系 [J]. 开放教育研究，2007 (1).
③ 杨志坚. 国家开放大学的历史使命 [J]. 中国高等教育，2011 (Z2).
④ 郑秀慧，王晨. 赫钦斯的"理解"教育观与学习型社会建构 [J]. 清华大学教育研究，2015 (3).
⑤ 朱新均. 学习型社会建设的理念、路径和对策 [J]. 现代远程教育研究，2011 (1).

场所。① 在"网络交互平台"的环境下,构建良好的"网络人文环境"也能够提高学习效果。②

3. 创建学习型组织

学习型组织是学习型社会的基本组成部分,从已有文献的编码情况可看出,该领域的研究相对丰富。例如,顾明远认为学习型社会的建设切忌"单打独斗",只有将所有构成学习型社会的主体融合起来,才能满足不同群体的学习需求,因此他建议将整个教育体系纳入终身教育体系之中,在学校、家庭、社会的基础上,建立一种新型社区教育体系,并鼓励社会各种企事业单位办学习型组织。③ 因此,我国学习型社会组织从最初的学校、家庭、社会逐渐发展到建立各种社会公共服务体系,例如公共图书馆、远程教育等。除此之外,还有学者认为学习型组织的建设应该制定相应措施以保证实施,不断促进学习型社会组织的发展。④

三、学习型社会研究存在的问题及未来展望

21世纪以来,我国对建成全民学习、终身学习的学习型社会给予了高度重视,在学习型社会的研究方面已经取得一些成果,对我国终身教育体系的建立发挥了重要作用,为终身教育和学习型社会的实践提供了坚实的理论基础。⑤ 但目前仍然存在一些问题,需要在以后的研究工作中进一步加以完善。

(一)存在问题

首先,我国学习型社会的基础理论研究较为分散,未成系统。虽然关

---

① 刘岚. 图书馆是构建学习型社会的中坚力量 [J]. 图书馆理论与实践,2004 (1).

② 余朝文,张际平. 基于网络学习型社会的立体化教学资源建设研究 [J]. 中国电化教育,2011 (6).

③ 顾明远. 形成全民学习、终身学习的学习型社会 [J]. 求是,2003 (4).

④ 邵均克. 创建学习型组织的进一步思考 [J]. 东南大学学报(哲学社会科学版),2014 (S2).

⑤ 樊桂林,董彦菊. 试论当前我国构建学习型社会的现实条件 [J]. 职教论坛,2009 (19).

于学习型社会内涵和概念的研究有很多，但尚未形成一种被社会各界广泛接受和一致认可的、成熟的理论体系；另一方面，大多研究仍停留在理论层次，只有少数的实证研究被付诸实践，未能有效地结合我国的具体实践加以考量，从而无法真正发挥理论对实践的指导作用。

其次，跨学科的成果有待增加。学习型社会建设不仅仅是社会学和教育学的问题，它与经济学、人口学、管理学等方面也息息相关，单一的研究视角难以全面窥探出学习型社会的组织构成和精神内核，随着现代社会知识更新和社会结构变化的日益加快，越来越多的问题需要从新的视角和新的学科知识出发找到解决方法。

最后，作为解决传统发展危机的全新发展观，学习型社会在中国的发展实践也面临着新形势、新挑战和新问题，其学习的对象不仅包括个体，还包括组织、国家和社会，发展理念也与科学发展观和全面建成小康社会息息相关，在本领域内也出现了新的前沿性的研究主题，但是我国学习型社会的研究主题依旧集中在成人学习和终身教育这些方面，例如教育制度如何变革以适应学习型社会、如何解决教育公平问题、如何构建全民终身学习平台等尚待进一步挖掘。

（二）未来展望

1. 完善理论研究，构建学习型社会研究框架

学习型社会的建设和发展是一个持续的、动态的过程，需要相应的理论体系和框架的支撑。但是，目前我国关于学习型社会的内涵、研究对象、研究方法等层面共识度不高，需要继续完善学习型社会理论研究，构建学习型社会研究的基本框架。首先，要从现阶段我国学习型社会的理念层面和实际操作层面出发，从终身学习理论、公民社会理论、成人学习理论等方面进行梳理，逐渐形成学习型社会理论的基本框架。其次，明晰终身教育、终身学习和学习型社会三大理念之间的共性与个性，以及在各个地区经济、社会等众多领域产生的重要影响，建立学习型社会与除教育以外的诸多事项更为广泛和直接的联系。另外，由于学习型社会内涵的开放性、操作的复杂性以及切入点的难以把握，在当前中国特色社会主义发展和终身学习理念不断推进和深化阶段，研究人员要加大研究力度，探索各

个历史时期学习型社会建设与经济建设和社会发展的主要任务与矛盾，产出更加具有针对性和实用性的研究成果。

2. 拓宽研究视野，增强学习型社会研究活力

学习型社会以人的全面发展为宏旨，需要整个社会为实现这一目标而提供各种制度保障，也需要借助其他领域的研究方法和研究成果来探究学习型社会所涵盖的文化内涵。首先，深度剖析和解决教育实践问题，应该采用多元化的研究方法，学习型社会研究应该在理论研究的基础上适当增添实证研究的内容，对居民学习满意度、需求以及评价等方面进行实证调查，衡量居民教育的发展阶段和发展水平，寻找学习型社会发展现状与教育目标之间的差距，为未来学习型社会建设和发展提供方向指导。其次，我国幅员辽阔，需要在明晰不同地区的经济发展情况的基础上，结合不同区域的学习型社会的不同发展需求，来制定具有针对性和建设性的措施，同时还需要总结各地构建学习型社会的经验举措，探讨和归纳出值得推广和借鉴的典型模式。

3. 密切联系现实，丰富学习型社会研究内容

构建学习型社会的目标之一是为个人和社会提供资源保障，使每个人有可能利用这些资源来规划自己的学习，这就要研究与个人、与社会密切相关的现实需求，动员多方面的力量来促进学习型社会的构建，丰富学习型社会研究的内容。首先，学习型社会体系的构建是一个庞大的系统性工程，我国先后批准了国家级、省级、市级社区教育试验区，并设立了100多个社区服务示范区，在不断建设社会服务组织的过程中，未来的研究在如何调动和组织社会公共机构、企业、社区、个人和各级各类学校参与其中的方面需要多下功夫。其次，借助网络技术来打造数字化学习网络平台，在加强各领域研究者合作网络构建的同时，应该密切关注研究成果的更新与转化，研究如何形成学校与政府间、学校与社区间、校与校之间和各类教育机构之间资源共享的网络格局，打造为研究者和学习者提供资源、交流和学习的平台。最后，政策对学习型社会的发展具有重要的导向作用，因此，研究者要切实关注学习型社会的政策研究，探求我国学习型社会体系的建设机制，为国家、地方政府构建学习型社会提供相应的政策理论支持和法理依据。

第五章　远程教育研究

新中国成立后尤其从21世纪以来，远程教育逐渐受到重视，并在实践发展和学术研究上都取得了较大的成就。本章以1949年中华人民共和国建立为研究起点，以1978年改革开放和中央广播电视大学成立、1999年教育部制定《关于发展现代远程教育的意见》、2012年国家开放大学成立等历史事件作为时间节点，将我国远程教育研究历程分为萌芽期（1949—1979年）、起步期（1980—1999年）、繁荣期（2000—2012年）、调整期（2013—2019年）四个阶段。以"远程教育""网络教育""函授教育""远程学习""网络学习""广播电视教育""开放大学"作为主题词，搜索范围限定在"社会科学Ⅰ辑"和"社会科学Ⅱ辑"，梳理国内远程教育研究的演进历程，分析各个阶段远程教育的研究主题，并对其未来研究工作进行展望。

第一节　远程教育研究的历史演进

一、国内远程教育研究的萌芽期（1949—1979年）

我国的远程教育研究最早始于20世纪50年代。远程教育由西方传入初始，对于远程教育的翻译并不相同，最初称之为函授教育。"函授"主要是指当时的远程教育的媒介手段以邮寄信函的方式进行师生之间和学习者与教育机构之间的交流。函授教育也是我国20世纪50年代至80年代初期主要的远程教育模式。

新中国成立初期，函授教育的实践开展要先于理论研究。1950年4月，教育部召开了全国高等学校函授教育和夜大学工作会议，明确了对加强此项工作的重要性和紧迫性的认识；同年9月，政务院批转了教育部《关于大力发展高等学校函授教育和夜大学的意见》，从而为中国函授教育和夜大学的健康发展打下了重要的基础。1954年，教育部在《东北师范大学函授教育视察报告》中指出："函授教育是普通高等教育的重要组成部分。"由此确立了函授教育在教育体系中的地位。1955年至1957年，高教部和教育部制定了一系列规范函授教育的法规，对函授教育的指导原则、任务、目标、教学要求、学制和管理体制作了明确的规定，初步建构起了函授教育的体制框架。20世纪60年代初，随着各地电视台的设立，我国的主要中心城市——北京、上海、广州、沈阳等地相继创办了电视大学，建立于1960年2月的北京电视大学是中国也是世界上第一所城市电视大学。这些电视大学日后逐渐成为远程教育研究的主要机构，为推动远程教育学术研究发展奠定了基础。

从1951年首次在《人民教育》上发表有关函授教育的文章《办业余函授师范学校的经验》开始，我国对函授教育的研究开始缓慢发展起来。根据中国知网文献搜索平台的统计结果，1949—1979年，函授教育方面的学术论文发表总量为71篇，但文献主题更多集中于函授教育的工作经验总结，以及对苏联函授教育模式的借鉴引入，缺少对函授教育深入的理论研究，文献的质量并不高。1966年至1978年，由于"文化大革命"爆发，函授教育完全停办，研究工作也随之中断，从1973年起，部分高校才开始恢复向农村地区的教师和高中毕业生提供函授教育。"文化大革命"结束后，函授教育的研究才得以重建和发展。此外，这段时间登载函授教育的文献的期刊种类较少，大多集中在《人民教育》和《江西教育》，尚未形成固定的研究平台。该时期只有部分文献标明了个人作者，也缺少固定的研究机构和团体。

二、国内远程教育研究的起步期（1980—1999 年）

（一）文献分析

这一时期，共检索到有关文献 2373 篇，剔除一些报纸、会议、学术辑刊以及与远程教育关联度不高的文章，最终选取有效样本 1865 篇，发表年度如图 5.1 所示。这一时期对远程教育的研究始于 1982 年对国外开放教育的引入与介绍，包括对韩国的开放大学制度、英国开放大学模式、西班牙马德里的远距离教育大学以及后来对斯里兰卡、德国、加拿大、美国的大学远距离教育展开的研究。[①] 该时期我国的远程教育研究一直处于缓慢发展的阶段，每年的发文量由个位数逐渐增加到近百篇。1998 年，发文量出现了明显的增长，截止到 1999 年，发文量已经达到 649 篇。1999 年远程教育研究的突破式进展与国家政策的支持有着必然的联系，除此之外，清华大学等普通高校提出要开展双向交互式远程教育也起到了重要的推动作用。1998 年后，基于国家政策和高校推动的双重作用，我国远程教育研究进入了高速发展的新时期。

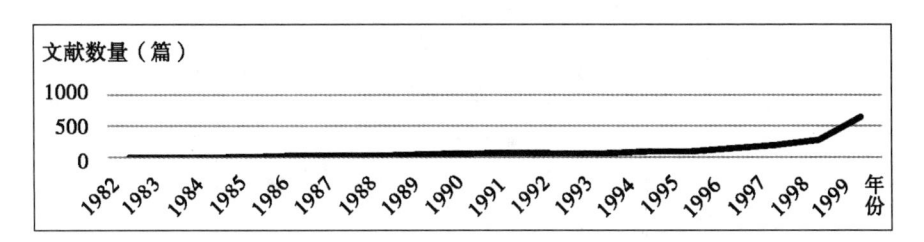

图 5.1　1980—1999 年远程教育文献发表趋势

（二）研究作者

根据中国知网上收录的该时期有关远程教育的文献统计，以关注时间和发文频次划分，梳理得出排名前十的作者及其发文量，如表 5.1、图 5.2 所示，丁兴富、丁新、钟志贤名列前三位，丁兴富在该时期内发文数量最多，共 40 篇，其中 1998 年丁兴富发表在《开放教育研究》上的《巨型大

[①] 丁兴富. 我国远程教育的萌芽、创建和起步——中国远程教育的历史发展和分期（1）[J]. 现代远距离教育，2001（1）.

学、虚拟大学和知识媒体：我们能否同时拥有数量和质量？》一文被引量最多，学术影响较大。从发文类型来看，该时期学者发表的文献大多以单独作者为主，与国外学者合作发文为辅，国内学者之间的合作较少，众多的研究者在各自的研究领域孤军奋战，并没有形成固定的研究团队和一定的研究规模，尚未形成研究合作共同体。

表 5.1　1980—1999 年远程教育研究作者排名（前十）

序号	姓名	发文量	序号	姓名	发文量
1	丁兴富	40	6	刘敬发	11
2	丁新	26	7	周简叔	11
3	钟志贤	22	8	马良生	11
4	袁昱明	14	9	韦钰	10
5	余善云	11	10	于云秀	9

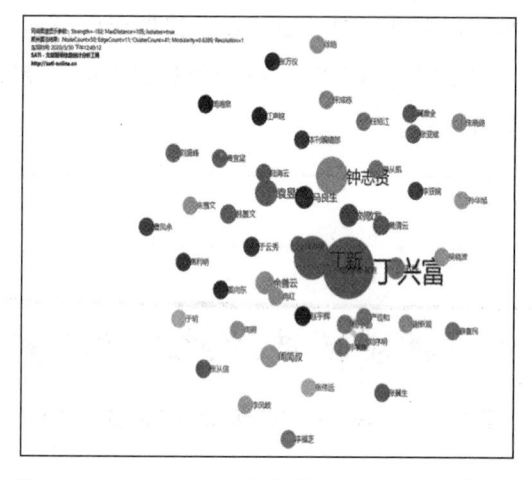

图 5.2　1980—1999 年远程教育研究作者图谱网络

（三）载文期刊统计

学术期刊是远程教育研究重要的文献载体与沟通平台。根据对远程教育研究载文期刊的统计，该时期远程教育研究载文期刊种类较为集中，从图 5.3 中可知，《中国远程教育》和《现代远距离教育》载文较多，载文量均超过 300 次，其中《中国远程教育》载文量最多，达到 431 次。《开放教育研究》和《中国电化教育》的载文量排第三、四位。再者有《天津电大学报》（共 43 篇）、《中国成人教育》（35 篇）、《重庆广播电视大学学报》（35 篇）等，其余还有江苏、福建等地方广播电视大学学报上发表远程教育相关的文章也较多，说明此时期已经基本形成了以期刊为主，各广播电视大学学报为辅的远程教育研究载体。

总体来看，该时期的文献发表平台呈现以下特征：（1）出现了专门的远程教育研究期刊，例如《中国远程教育》，平台专业性较强；（2）远程教育研究已经具备一定规模，最高载文量的期刊登载远程教育文献的数量超过 400 次；（3）各地方的广播电视大学为远程教育的研究起到了不可忽视的推动作用。

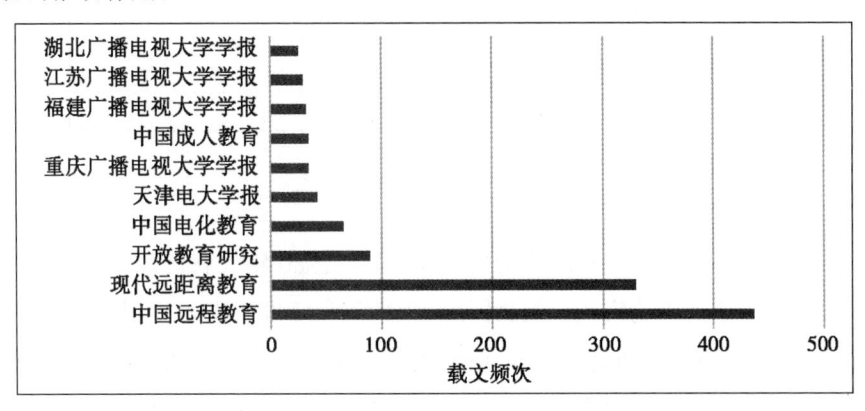

图 5.3　1980—1999 年远程教育文献的期刊来源分布

（四）研究机构分析

根据知网可视化分析生成远程教育研究机构的统计图，发现此时期的远程教育研究机构主体是中央广播电视大学和各地方的广播电视大学。研究远程教育的高校较少，发文量前十的研究机构中只有华东师范大学一所师范类高校，说明此时期远程教育研究主体较为单一，依然是各广播电视大学为主，高校的发文数量相对较少。原因可能是该时期我国各地方都建立起广播电视大学，且大多数广播电视大学中都拥有专门的远程教育研究部门，而高校于 1998 年后得益于国家政策的支持才纷纷建立起远程教育的模式，对于远程教育研究的关注相对较晚，投入力度不大。

表 5.2　1980—1999 年远程教育研究机构分布情况

序号	发文单位	发文数量
1	中央广播电视大学	165
2	黑龙江广播电视大学	50
3	上海电视大学	48
4	江苏广播电视大学	46
5	天津广播电视大学	27
6	重庆广播电视大学	26
7	广东广播电视大学	25
8	浙江广播电视大学	25
9	华东师范大学	24
10	福建广播电视大学	24

（五）远程教育研究的主题透视

1. 远程教育理论的研究

西方学者对远程教育理论的研究从 20 世纪 50 年代就已经开始，并逐渐形成了成熟的理论模式。而我国远程教育于 20 世纪末才得到大力推广，相比于西方，发展时间较晚，理论不成熟，所以学者们早期的研究大量是翻译西方远程教育的著作，将西方的远程教育理论不断地介绍到我国，开阔远程教育的研究视野。例如，对国际上几种主流远程教育理论的综述与评价；对远程教育基本模式和特征的界定；对远程教育基本要素构成的探讨；对远程教育定义和本质的探讨等。这些早期理论的引入研究为我国远程教育研究工作的开展打下了坚实的基础，同时也为现代远程教育工程建设提供了必要的理论指导。

2. 现代远程教育模式的研究

1998 年我国政府颁布《面向 21 世纪教育振兴行动计划》指出："现代远程教育是随着现代信息技术的发展而产生的一种新教育方式，是构建知识经济时代人们终身学习体系的重要手段。"随着现代信息技术的发展，教育模式与教学形式逐渐多样化，基于广播电视大学的远程教育使得传统教育面临一定的挑战。于云秀指出，广播电视大学在我国教育改革中发挥了重要作用，如面向基层培养了大批急需的专门人才等五个方面。[1] 远程教育伴随着技术的发展而发展，基于 Agent 技术、Web 数据库技术、JSP 技术等新技术构建的远程教育系统和对远程教育模式的应用设计研究，也是该时期研究者关注的重点。

3. 基于互联网技术的远程教育发展研究

远程教育的发展与信息化建设息息相关，基于网络的信息化建设成为研究者们关注的重心，现代计算机技术飞速发展并且得到广泛的应用，为远程教育的迅速发展提供了有力的技术支持。但我国远程教育信息化的水平在发达地区与欠发达地区、农村与城市、高等教育与基础教育中参差不齐，具有较大差异。针对不同层次的需求，学者们提出在网络技术发展的基础上，促进网络课程开发与网络教育的建设、重视远程教育信息化、提升教师信息化教学能力等措施，确保远程教育的长期发展。在互联网技术的不断发展与国家的政策支持下，网络教育与网络课程逐渐走入研究者的视野，丰富了我国教育信息化的研究内容。[2]

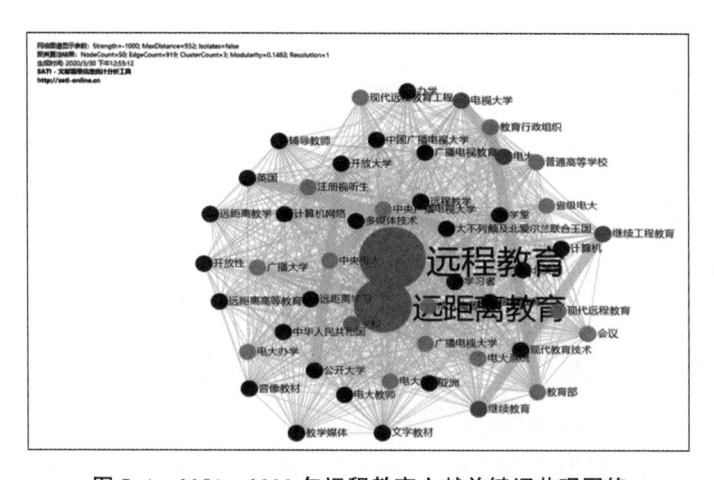

图 5.4 1980—1999 年远程教育文献关键词共现网络

---

[1] 于云秀. 现代远程教育中的广播电视大学 [J]. 中国电大教育，1998 (10).
[2] 毕丹丹. 中国网络教育发展二十年述评 [D]. 长春：吉林大学，2015；丁兴富. 我国远程教育的繁荣、发展和调整——中国远程教育的历史发展和分期（2）[J]. 现代远距离教育，2001 (2).

三、国内远程教育研究的繁荣期（2000—2012 年）

（一）发文趋势分析

这一时期共检索文献 35 741 篇，剔除一些与远程教育关联度不高的文章，最终选取有效样本 23 303 篇，发表年度如图 5.5 所示。21 世纪以来，我国远程教育研究事业进入蓬勃发展时期，发文量约是上一时期的 12 倍，其中，2000 年至 2012 年的年均发文量均超过 1000 篇，2008 年发文量达到高峰，为 2205 篇。此后，文献数量呈下降趋势，但总体趋于平稳过渡。

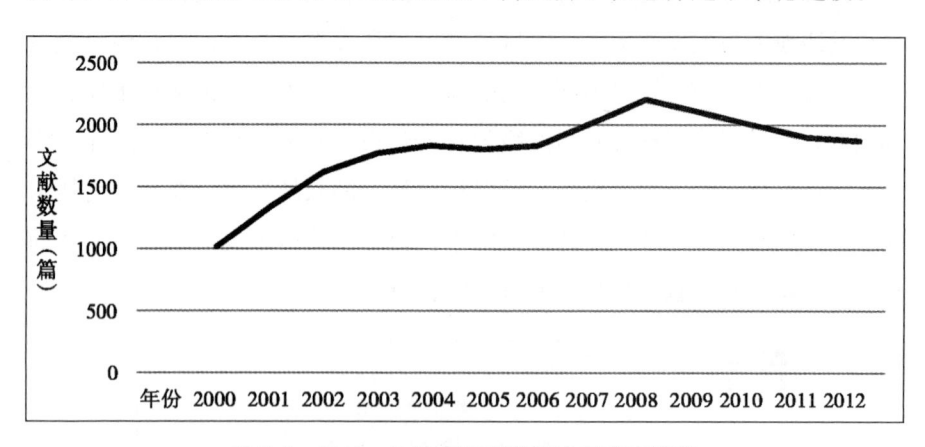

图 5.5 2000—2012 年远程教育文献发表趋势

（二）研究作者分析

通过对该时期的远程教育文献进行整理，梳理出发文频次排名前十的作者如表 5.3 所示。发文量超过百次的学者有丁兴富，此外，陈丽、丁新等人也有较多的成果积累，发文频次超过 50 次的作者共 6 位，分别为丁兴富、陈丽、丁新、杨晓宏、杨改学、张伟远。其中丁兴富、丁新、余善云几位学者在这一时期仍保持着较高的发文量，专注于远程教育研究，为远程教育研究的发展作出了不可磨灭的贡献。丁兴富（中央广播电视大学）、陈丽（北京师范大学）、丁新（华南师范大学）等学者长期从事远程教育研究，关于远程教育研究正在形成以华南师范大学和北京师范大学南北两个研究中心。①其中丁兴富教授发表文献的时间跨度是最长的，论文数和被引频次也是最多的，被公认为是我国远程教育领域研究的开拓者和先驱者，他在远程教育领域中的研究方向非常多元，是该领域内极其典型的"意见领袖"式人物，对中国远程教育事业的发展、远程教育学科体系的创建和学术创新有着不可磨灭的贡献。②总体来看，在远程教育这一领域中，我国已形成专业的研究学者群，学者们关注的研究对象和范畴较为丰富，形成了诸多研究方向和研究领域，推动了远程教育研究的发展。

表5.3 2000—2012年远程教育研究作者排名（前十）

序号	作者	频次
1	丁兴富	105
2	陈丽	67
3	丁新	66
4	杨晓宏	58
5	杨改学	53
6	张伟远	53
7	肖俊洪	40
8	张少刚	39
9	余善云	39
10	张秀梅	34

（三）载文期刊统计分析

从图5.6中可知，这一时期发表在《中国远程教育》上的远程教育研究文献最多，达到1967篇，其次是《中国电化教育》和《现代远距离教育》，载文量分别为649篇和594篇，其他期刊关于远程教育的载文数量也均超过300篇。根据图示分析可知，该时期内远程教育文献来源表现出如下特征：相比于上个时期以广播电视大学学报为主的文章载体，该时期的

---

① 范如永. 终身学习理念下我国远程教育研究的热点、前沿和发展趋势分析[J]. 中国电化教育, 2013（2）.
② 李福宁. 中国（内地）改革开放以来远程教育领域关键学者研究[D]. 南昌：江西师范大学, 2013.

文献来源大多数是专门刊载远程教育文献的期刊，且载文量较多，《中国远程教育》《中国电化教育》《远程教育杂志》《现代远距离教育》《开放教育研究》都属于中文社会科学引文索引（CSSCI）来源期刊，影响因子较高，具有一定的权威性，说明我国远程教育研究平台起点较高。这也是远程教育研究快速发展得到平台有力支持的证明。

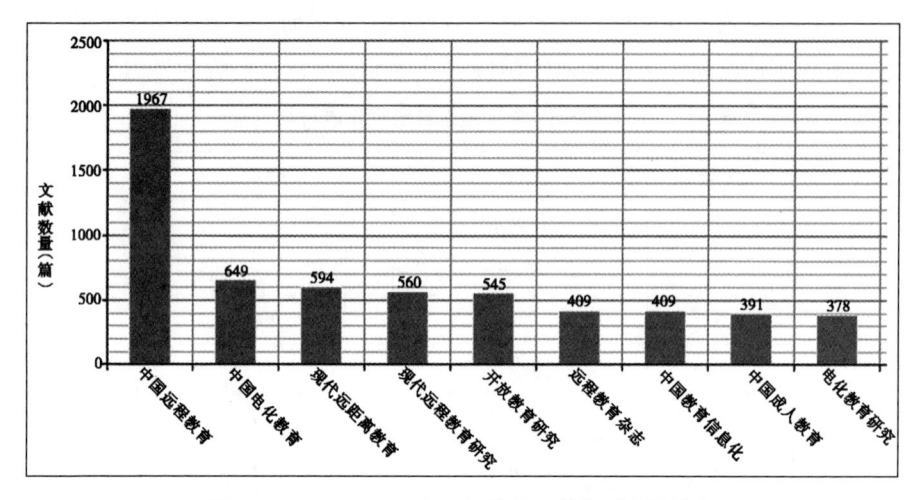

图 5.6　2000—2012 年远程教育文献期刊来源排名

（四）研究机构分析

该时期远程教育研究机构存在如下特征：（1）研究机构中师范类高校占比大幅度增加，例如华南师范大学、西北师范大学等，发文量均超过300篇。（2）中央及各地方的广播电视大学仍然是远程教育研究的重要主体，其中中央广播电视大学的发文数量最多，各地方广播电视大学也是研究不可或缺的推动力量。（3）在远程教育研究机构发文量排名中缺少综合性大学的身影，说明该时期的远程教育研究机构已经具有了一定的专业性。其中，华南师范大学和北京师范大学是此时期我国远程教育研究的南北两个研究中心。这些专业的研究机构能够聚集大批优秀学者，也有利于推动学者之间的交流和协作，发挥团队效应，优化研究资源，提高科研效率。

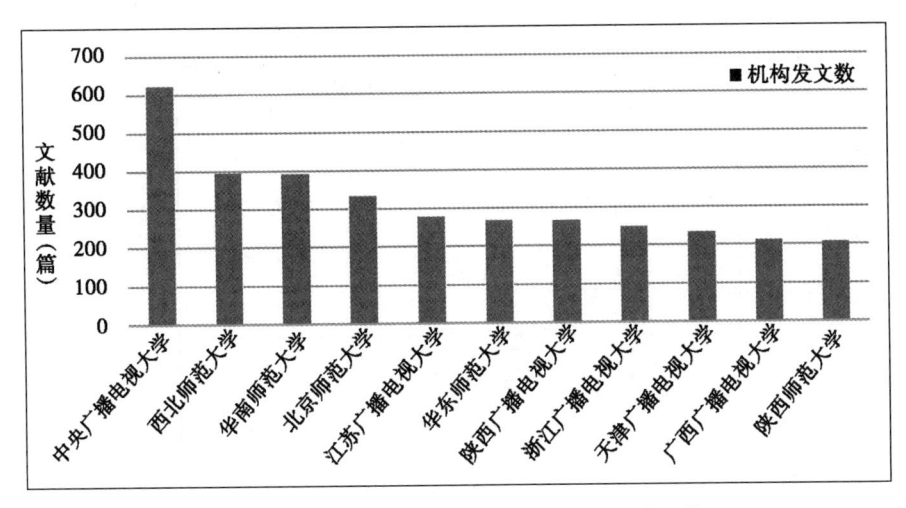

图 5.7　2000—2012 年远程教育研究机构发文数

（五）远程教育专著透视

该时期远程教育类专著出版量较多，且影响较大，这从一个侧面反映出我国远程教育的良好发展态势。远程教育专著中译著占不少份额，其他内容涵括了远程教育学术会议论文集、远程教育教学系统设计、农村中小学远程教育、农村党员干部电化教育等。远程教育相关专著的大量出现与我国教育技术在远程教育领域的实践和发展是分不开的，从前期的硬件环境建设、应用实践探索，到今天的深入融合应用阶段，取得了明显成效。如关于远程教育发展趋势和战略研究专著：《中国现代远程教育发展纲要》《国外开放与远程教育发展研究》；关于学习支持服务研究的专著：《现代远程教育的学习支持服务》《网络教育学习支持服务实践》；关于教学交互研究的专著：《远程学习中的教学交互原理与策略》；关于网络学习和教学的专著：《信息技术与教育》《成人网络学习与教学模式研究》；关于资源建设和网络课程建设研究的专著：《网络课程的开发与应用》《网络课程的导学与评价》；关于西部和农村远程教育研究的专著：《农村现代远程教育引论》《农村中小学现代远程教育工程教师培训教程》《西部地区中小学现代远程教育资源研究》。这些专著的出现丰富了学术成果的表现形式，并且促进了远程教育的研究内容进一步系统化。

表 5.4　2000—2012 年远程教育专著出版情况

年份	远程教育专著数量
2001	13
2002	9
2003	11
2004	19
2005	16
2006	13
2007	10
2008	22
2009	21
2010	10
2011	20
2012	16

（六）远程教育研究的主题透视

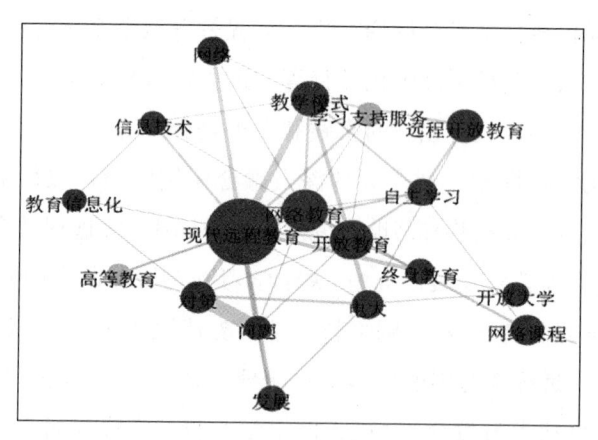

图 5.8　2000—2012 年远程教育文献关键词共现网络

如图 5.8 所示，该时期远程教育研究主题分为以下几类。

1. 远程教育质量研究

远程学习质量保证成为研究者们关注的重点。保证远程教育质量的重要举措就是重视远程高等教育质量，重视远程学习者的学习支持服务，教师教学模式符合远程学习者的学习特点。刘红梅指出，学校、学生、技术的发展程度都会影响远程教育的质量，应保持适度的办学规模，加强校园内涵建设，为学生提供全方位的学习支持服务，建设高素质且经验丰富的教师队伍和管理队伍。① 也有学者指出要借鉴国外开放大学优秀的管理模式，指导国内远程教育实践工作的开展；还有学者提出要从远程教育资源建设、教育管理、教学质量、教学效果评价等多个环节着手，创新远程教育质量观，保证远程学习的质量。

2. 远程教育系统研究

广播电视大学提供教学内容，教育者进行远程教学活动，远程学习者进行远程学习与数字化学习，在学习过程中，产生教学交互，信息技术提供教学支持媒体。对远程教育系统的研究又可分为系统整体研究及系统组成要素的研究两大类。在整体研究中，刘晓刚等人设计了基于云计算的远程系统，在很多方面和传统系统相比有很大的进步。② 远程教育系统构成要素的研究是多种多样的，还有学者对远程教育教师及教师专业发展，远程学习者对网络的需求以及远程教育中的教学交互原理进行了研究等。

3. 远程开放教育学习支持服务体系研究

我国远程教育在国家引导与研究者的积极推动下，逐渐转向远程开放教育，更加强调开放、创新、共享、高质，注重资源的开放、课程的开放、数据的开放以及学术的开放。然而，无论远程教育如何发展变化，学习支持服务体系的提供与远程教育质量的保证，始终关系到开放大学的生存与发展，因此，其始终是远程教育领域研究的重点。王慧等人从学习者角度出发，提出在学生入学、学习、毕业等阶段，从学习资源、服务、技术等方面出发，构建全面的学习支持服务。③ 孙丽青等提出从远程教育系

---

① 刘红梅. 浅谈现代远程教育的质量保证 [J]. 成人教育, 2006 (11).
② 刘晓刚, 徐红丽. 云计算在远程教育系统中的应用探索 [J]. 现代远距离教育, 2010 (5).
③ 王慧, 莫淑坤. 远程开放教育学习支持服务模式构建研究——基于学生学业保持的视角 [J]. 江苏高教, 2015 (3).

统内外部出发，建立质量保证体系。[①]

四、国内远程教育研究的调整期（2013—2019年）

（一）发文趋势分析：逐年快速下降

这一时期共检索文献 16 193 篇，剔除一些与远程教育关联度不高的文章，最终选取有效样本 8744 篇，发表年度如图 5.9 所示。2013 年以来，我国远程教育研究事业进入调整时期，发文量逐年下降，其中，2016 年至 2017 年的年均发文量下降速度最快，2018 年发文量已经低于 1000 篇。此后，文献数量呈快速下降趋势，远程教育研究的规模正在逐渐缩小。

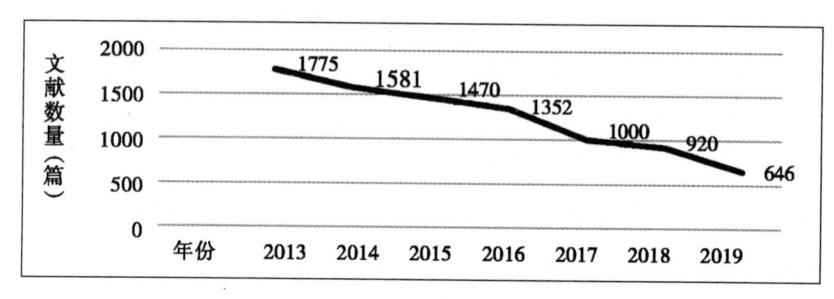

图 5.9　2013—2019 年远程教育文献发表趋势

（二）研究作者分析：出现多名新学者

通过对该时期的远程教育文献进行整理，梳理出发文频次排名前十的作者如表 5.5 所示。本时期作者排名与上一时期相比变化较大，出现了多名新学者，肖俊洪、陈丽、王志军等属于近年来较有影响力的作者。学者们之间的学术联系加强，也有属于同一研究机构或存在师徒关系的学者进行科研合作的。总体来看，在远程教育这一领域中，研究者们更为重视科研合作，合作发文的现象非常普遍，进一步扩大了合作网络规模，有利于领域内研究成果的交流和传播，推动了远程教育研究的发展。

[①] 孙丽青，孙治国. 中国远程开放教育质量保证研究的十年综述——以 2003—2013 年核心期刊为视角 [J]. 中国远程教育，2014（10）.

表 5.5 2013—2019 年远程教育研究作者排名（前十）

序号	作者	频次
1	肖俊洪	52
2	陈丽	46
3	郑勤华	25
4	张亚斌	23
5	王志军	21
6	毛汉硕	14
7	李薇	13
8	曹伟	13
9	贾巍	12
10	南旭光	11

（三）载文期刊统计分析：期刊种类多元化发展

从图 5.10 中可知，该时期发表在《中国远程教育》上的文献最多，共 372 篇，其次是《中国成人教育》《中国教师报》，载文量分别为 235 篇和 149 篇，其他期刊关于远程教育的载文数量也均超过 80 篇。与前一时期相比，文献来源中专门刊载远程教育文献的期刊占比缩小，综合类型的教育学期刊占比增加，例如《继续教育》和《中国成人教育》，但期刊平均发文量下降。这说明我国远程教育研究的发文平台呈现种类多元化，但期刊质量和发文量都有所下降的特征。

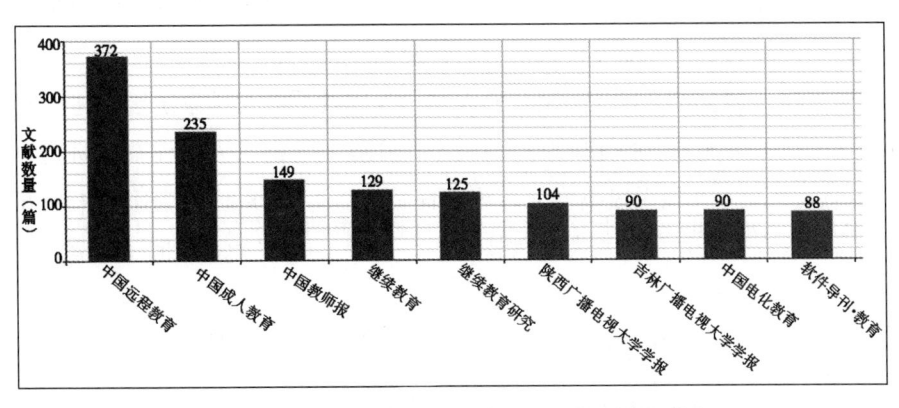

图 5.10 2013—2019 年远程教育文献期刊来源排名

(四)基金支持项目分析：国家支持为主，地方推动为辅

通过对该时期远程教育文献的基金来源情况作出统计分析，可知这一时期远程教育研究文献的基金项目来源分别是"国家自然科学基金"54篇、"国家哲学社会科学基金"50篇，说明国家对于远程教育研究高度重视。其次，各地方政府也在加大对远程教育资金的投入力度，例如"江苏省教育厅人文社会科学研究基金"35篇、"浙江省教育厅科研计划"14篇等。但总体而言，国家基金的扶持仍然起着主导作用。

(五)研究主题：主题丰富，与新兴技术紧密结合

对远程教育的关键词进行数据分析（如图5.11所示），该时期远程教育研究主要从远程教育教学模式、技术、开放大学、MOOC教育四个主题进行研究。如，主要探讨不同在线平台技术支持下的翻转课堂教学模式、虚拟技术教学模式、混合式教学模式、微课学习模式等教学模式。技术研究主要聚焦"云"技术，如国内教育云研究的现状述评，远程教育云平台、移动云环境下自主学习系统构建等。[①] 建设高水平的开放大学是我国教育发展的战略目标之一，学术界关于开放大学的学术研究主要从宏观建设、内涵理念、机构部门、教育教学、基础建设和综合杂谈六个维度进行探讨[②]；随着教育技术的发展和国家政策的支持力度加强，基于MOOC的课程开发、教学模式、教学资源建设等研究逐渐成为了研究的热点。互联网技术和大数据分析技术的发展催生了线上学习和移动学习的浪潮。为了适应国家经济社会发展和人的全面发展需要，在终身教育理念和学习型社会建构的影响下，广播电视大学纷纷转型为开放大学，2012年7月，中央广播电视大学正式组建为国家开放大学，我国的开放大学系统旨在建立网络立体覆盖全国城乡的无围墙新型大学，开放大学也成为远程教育研究的新热点。[③]《2013地平线报告（高等教育版）》将MOOC列为影响未来五年高等教育发展趋势的六大信息技术之一。随着清华大学、北京大学、复

---

① 朱祖林，毕磊，汤诗华，等. 我国远程教育研究2014年度进展报告[J]. 远程教育杂志，2015（6）.
② 门海龙. 我国开放大学近十年研究内容综述[J]. 天津电大学报，2012（4）.
③ 于云秀. 广播电视大学开放教育的质量保证[J]. 中国远程教育，2004（19）.

旦大学等中国名校陆续加入 MOOC，MOOC 在我国掀起了巨大的波澜，受到了研究者的广泛关注。此外，还有学者对远程教育教师及教师专业发展、远程学习者的心理行为以及远程教育中的教学交互等层面进行了相关研究。

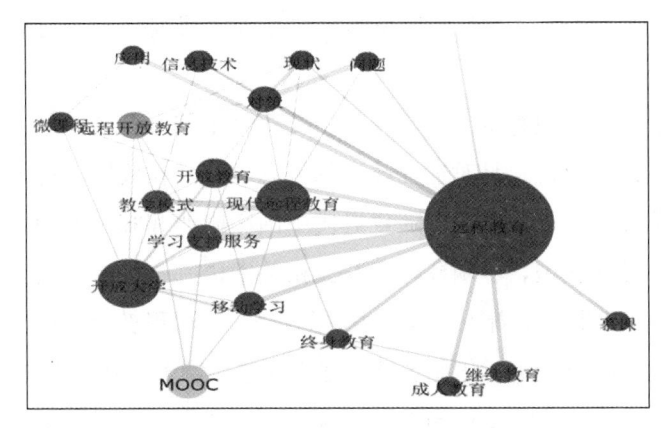

图 5.11　2013—2019 年远程教育文献关键词共现网络

第二节　远程教育研究的主题分析

一、远程教育理论研究

（一）远程教育的内涵研究

1. 远程教育定义的研究

我国学术界对远程教育内涵的研究主要包括对远程教育定义的研究、远程教育基本要素的研究，以及对远程教育特征的研究三项研究主题，进一步完善了远程教育的基础理论。在这一领域中涌现了多名优秀的代表性学者，例如丁兴富、丁新、钟志贤、张亚斌等，这些学者在中国远程教育事业的发展和远程教育学科体系的创建以及学术创新上有着不可磨灭的贡献，其中丁兴富教授的"远程教育发展的动力基础理论"和"远程学习圈理论"对我国远程教育理论构建的学术影响很大，后者还被香港公开大学列为对远程教育发展有重大影响的八大理论之一。[①] 黄清云等主编的《国外远程教育的发展与研究》（2000）、谢新观主编的《远程教育概论》（2001）、丁兴富编著的《远程教育学》（2001）和《远程教育研究》（2002）、陈丽编著的《远程教育学基础》（2004）、张伟远等著的《远程教育研究方法》（2007）等著作都是远程教育理论研究领域较有代表性的专著成果。

学者们在远程教育定义的研究上主要探讨了如下两个问题：一是对远程教育术语的辨析，二是对远程教育的概念界定。在我国，有关远程教育的概念术语经历了许多演变。随着近代中国印刷业和邮政业的发展，函授教育自西方传入我国，但函授教育及其相关术语一直没有太大变化。直至20世纪70年代末，随着英国开放大学的影响，"远程教育"这一概念传入我国，我国广播电视大学体系也逐步建立起来。国务院在1979年1月1日批转教育部和中央广播事业局上报的《关于全国广播电视大学工作会议的报告》中首次使用了"远距离教学"这一术语。当时在我国内地将英文Distance Education翻译成"远距离教育"，我国香港和台湾地区则将其各自翻译成"遥距教育"和"隔空教育"（后来演变成"远距教育"）。[②] 到20世纪90年代后期，在我国内地出现了以"远程教育"取代"远距离教育"作为这类新型教育形态的总的称谓的趋势，而且影响波及香港和台湾地区，学者丁兴富曾于1999年在《中国电大教育》上发表《"远距离教育"和"远程教育"辨析》一文论证使用"远程教育"代替"远距离教育"的合理性和可行性。[③]

我国学术界于20世纪80年代就已经开始了对远程教育定义的探究，最初学者们对远程教育概念的定义及其阐述是从引进国外已有成果开始的，在我国早期出版的远程教育译著、专著和编著中，已经介绍了国外学

---

① 张伟远. 中、英、美三国开放与远程教育研究论文的比较研究［J］. 开放教育研究，1999（Z1）.

② 丁兴富. 远程教育、远程教学和远程学习的新定义——对远程教育和开放学习基本概念的探讨（3）［J］. 中国电化教育，2000（7）.

③ 丁兴富. "远距离教育"和"远程教育"辨析［J］. 中国电大教育，1999（1）.

者，例如多曼（Dolman）、彼得斯（Peters）、穆尔（Moore）、霍姆伯格（Holmberg）以及基更（Keegan）等对远程教育概念及定义的研究，其中基更关于远程教育的定义更加受到人们的推崇。[①] 在吸纳国外已有研究成果和经验的基础上，我国学者开始有了自己的远程教育概念的定义和理论分析。丁兴富等人在《远距离高等教育学导论》（1988）中给出了远程教育的如下五项描述性定义：（1）学生和教师在时间和空间上处于分离状态；（2）以现代教育技术为基础的媒体教学占有主导地位；（3）有组织的系统工程；（4）自学为主、助学为辅；（5）在学生和教师之间存在某种形式的双向通信和反馈机制。[②] 这一远程教育的定义描述在我国远程教育文献中被广泛引用。在专著成果中，20世纪80年代末90年代初的《教育大辞典》和《成人教育大辞典》以及90年代末的《远距离开放教育辞典》等著作都对远程教育下了陈述性定义。此外，丁兴富将远程教育的定义分为广义和狭义两种，广义的远程教育指通过远程教学或远程学习实现的教育（包括各类学校或其他社会机构组织的教育和社会生活情景中的教育）的总称；狭义的远程教育指教师和学生在时空上相对分离，以学生自学为主、教师助学为辅，教与学的行为通过各种教育技术和媒体资源实现联系、交互和整合的各类学校或社会机构组织的教育的总称。[③] 这一定义扩大了远程教育的研究视角，为远程教育的研究提供了理论基础。

2. 远程教育的基本要素研究

远程教育的基本要素是组成远程教育系统的基本单元，是远程教育产生、变化、发展的动因。我国学者对远程教育基本要素界定的标准有所不同，在实践、定义、理论的研究视角形成多样的研究成果。其中，刘序明教授从实践的视角界定远程教育基本要素的观点得到了学术界较多的认

---

① 丁兴富. 中外远程教育定义和特征的分析研究——对远程教育和开放学习基本概念的探讨（2）[J]. 中国电化教育，2000（6）.
② 丁兴富，高克明，董泽群，等. 远距离高等教育学导论 [M]. 北京：中央广播电视大学出版社，1988.
③ 丁兴富. 远程教育学基本概念与研究对象之我见 [J]. 开放教育研究，2005（1）.

可，体现了远程教育重视实践应用的特性，进一步指导了远程教育的实践工作开展。

刘序明、杨小勤从远程教育的实践角度出发，认为远程教育的基本要素包括组织管理的制度化问题、媒体技术的地位、交互手段的作用三方面，除此之外，远程教育的实践环节也是保证远程教育质量的一个基本要素。① 也有学者从远程教育的定义出发来界定基本要素，王蕾根据 AECT 定义和术语委员会对远程教育的定义，总结出远程教育的五个要素：第一是"基于组织机构的"，这就使得远程教育区别于自学；第二是"正规教育"，说明远程教育的属性是正规的教育，而不是一种只提供辅助性的教育；第三是"学习团体是分离的"，即教师和学习者之间的"分离"；第四是"交互式的通讯系统"，这种"交互"可以是同步的或者异步的，即实时或者非实时；第五是"学习者、资源和教师"，远程教育的学习者、资源和教师之间是通过交互的通讯系统联系在一起的。② 远程教育的基本要素包括以上五个方面的内容，缺一不可。王然等人则从教育的三要素出发来界定远程教育的基本要素，认为远程教育是一个相对独立的社会子系统，这个子系统包括三种基本要素：教育者、学习者和教育影响。远程教育的三要素之间既相互独立，又相互规定，共同构成一个完整的实践系统。③ 正是不同教育要素的变化及其组合，最终形成了多样的远程教育形态，担负起不同历史时期和不同社会环境下的教育职责。

3. 远程教育的特征研究

远程教育特征是使远程教育区别于其他教育方式的标志，是远程教育独有的特性。我国学术界对于远程教育特征的研究分为两个阶段，初期集中于借鉴国外已有的研究成果，随后我国学者从不同视角对远程教育的特

---

① 刘序明，杨小勤. 现代远程教育的几个要素［J］. 中国电化教育，1999（5）.

② 王蕾. 远程教育定义的解读与启示［C］//教育部全国高校教育技术学专业教学指导委员会. 教育技术的创新、发展与服务——第五届教育技术国际论坛论文集（上册）. 教育部全国高校教育技术学专业教学指导委员会、湖北省科学技术协会，2006：4.

③ 王然，袁薇，王欣. 基于现代信息技术的远程教育要素研究［J］. 成人教育，2013（5）.

征进行了独立的界定和概括。丁兴富从定义出发，对远程教育特征进行了较为全面的概括，是远程教育研究初期较有代表性的观点，为后期的研究工作奠定了理论基础。随着研究的深入，其他学者也对这一研究成果进行了完善。

张亚斌借鉴国外学者德斯蒙德·基更所总结的"远距离教育的十大特征"，将远程教育特征总结为：教育系统的开放性、教育对象的社会性、远程层次的丰富性、教育手段的媒体性、教育形式的多样性、教育方法的灵活性、教育过程的工业性、教育信息的国际性、教育传播的适时性、教育方面的终身性、教育成本的经济性、教育模式的先进性，共计12个特征。[①] 这12类特征较为全面地总结了远程教育各阶段的特征，但由于我国远程教育的起步较晚，国外成熟的理论并不能完全适应我国的实际情况，所以学者们也热衷于对国内远程教育特征的探讨。丁兴富认为学校远程教育是具有以下属性和特征的教育形态：（1）教师和学生在时空上相对分离，这是远程教育的首要本质属性。（2）建立在对各种教育技术和媒体资源的开发和应用的基础上，这也是远程教育的重要本质属性。（3）由各类学校或其他社会机构组织实施。（4）以学生自学为主，教师助学为辅。[②]但这四点特征主要是以远程教育的定义为依据，尚未完整概括出远程教育特征。胡跃荣在此基础上，将远程教育的特征概括为五点：虚拟性、高度的技术性、自主性、交互性、开放性。[③] 安涛等人借鉴后现代主义思想及其对教育的影响，从远程教育的实践特征和媒体技术特征两个方面来论述远程教育的后现代教育特征。[④] 雷庆、樊文强从高等教育的角度出发，深入分析了高校现代远程教育的发展与特征：（1）以本专科层次的网络学历教育为主，以社会服务为价值体现。（2）成为高等学历教育的重要组成部

[①] 张亚斌. 远程教育特征论[J]. 现代教育技术，2001（1）.

[②] 丁兴富. 中外远程教育定义和特征的分析研究——对远程教育和开放学习基本概念的探讨（2）[J]. 中国电化教育，2000（6）.

[③] 胡跃荣. 现代远程教育的发展特征及其评价[J]. 科技进步与对策，2002（6）.

[④] 安涛，吴秋红，周晓新. 后现代主义视野下的远程教育特征分析[J]. 软件导刊，2005（7）.

分,其中电大系统占据较大比例,普通高校办学特色开始显现。(3)以文科类专业为主,理工科网络教育规模有限。(4)各高校各区域的学习中心数量差异较大,社会化公共服务体系作用增强,学历教育占各类网络教育市场的八成比例。① 这些研究成果进一步扩展了远程教育的特性,深化了学术界对远程教育本质的认识。

(二)远程教育的功能研究

远程教育自产生以来,所受到的社会关注和重视是空前的,现代远程教育之所以如火如荼地发展,究其原因,无疑是其特有的教育功能使然。我国学者对于远程教育功能的研究主要集中在对远程教育功能的分类、对单项功能的深入探讨,以及对不同视角下远程教育功能的探索。其中,张晋、马德俊从功能主义的视角辩证看待远程教育功能的观点得到了较多的关注,使得学术界对于远程教育积极和消极功能有了更为全面的认识。②

我国学者冉红从我国国情和教育状况出发,探讨了现代远程教育的六种功能,分别为推进教育大众化的功能、构建终身教育体系的功能、优化配置教育资源的功能、解决教育发展不平衡矛盾的功能、主体性教育功能、促进教育现代化的功能。③ 这六种功能的范围包括了远程教育的社会功能、经济功能、政治功能、个体功能,较为全面。随后,方舟、陆海云将现代远程教育的功能概括为:实现教育与生产生活的即时融合;实现符合人性发展要求的个别化教育;创造全民平等接受高等教育的机会;实现高等教育大众化和教育终身化。④ 在信息化时代背景下,构建学习型社会是全面实现小康社会的重大战略,是构建终身教育体系的重要组成部分。张璐以学习型社会构建为背景,进一步探讨了远程教育的功能,她认为在构建全民学习型社会的背景下,远程教育的功能应包括服务功能、交互功

---

① 雷庆,樊文强. 高校现代远程教育的发展与特征 [J]. 中国远程教育,2007 (12).

② 张晋,马德俊. 论远程教育的社会功能 [J]. 中小学电教. 2010 (11).

③ 冉红. 现代远程教育的六种功能 [J]. 重庆广播电视大学学报,1999 (3).

④ 方舟,陆海云. 现代远程教育的功能、实践与评价 [J]. 电大教学,2002 (1).

能、组织功能、生态功能四种，并对学习型社会构建中远程教育发展路径的实践探索进行了进一步的分析。[1]

也有部分学者对于远程教育的单项功能进行了更深入的研究。刘玉杰结合 21 世纪知识经济的时代背景重点分析了远程教育的经济功能，他认为远程教育经济功能应该包括三点：（1）现代远程教育成为拉动经济增长的持续增长点。（2）现代远程教育是提高全民文化素质的有效途径。（3）现代远程教育成为终身教育的重要手段。[2] 张晋、马德俊从功能主义的理论视角出发，对远程教育的社会功能作了进一步的阐释，他们认为远程教育的社会功能包括正向功能和负向功能两个方面。正向功能可以从个体层面、教育层面、社会层面加以分析，体现在远程教育能够促进个体继续社会化，教育观念的更新和教学模式的多样化，培养大批社会人才，为社会经济的发展提供动力；而负向功能表现在教育资源的浪费，办学机构以经济效益目标为导向，教学质量难以保证，远程教育的社会认可度低等问题。[3] 这一结论以辩证的视角客观分析了远程教育的双向功能，为后续远程教育工作的开展提供了指导。

随着远程教育研究的进展，越来越多学者从不同的视角对远程教育的功能进行了深入的探究。蔡丽认为现代远程教育已经成为我国高等教育体系的重要组成部分，在促进个体的发展和社会的进步方面都起着举足轻重的作用，所以从高校的角度出发，系统分析了高校现代远程教育的育人功能，以及高校现代远程教育的社会功能，并且提出了高校现代远程教育在引导正确的价值观及实现人性化教育、人文关怀等方面存在的功能性缺失，对高校远程教育改革提出了新的要求。[4] 石亚妮在教育公平视角下对我国现代远程教育功能进行了深入探究，她认为远程教育可以促进城乡和地区之间教育机会公平，可以促进教学过程的公平，此外，现代远程教育

---

[1] 张璐. 学习型社会中的远程教育应然功能与发展路径[J]. 中国成人教育，2017（4）.

[2] 刘玉杰. 现代远程教育的特征与经济功能[J]. 现代远距离教育，2002（3）.

[3] 张晋，马德俊. 论远程教育的社会功能[J]. 中小学电教，2010（11）.

[4] 蔡丽. 浅议高校现代远程教育的功能及其缺失[J]. 教育探索，2009（12）.

科学的课程考核与评价方式确保了现代远程教育的结果公平,并且从三个角度提出了进一步加强现代远程教育在促进教育公平方面作用的措施。[①]

(三)远程教育的模式研究

我国对于远程教育模式的研究最早开始于20世纪末。由于我国远程教育发展时间较短,所以初期的远程教育模式研究着眼于中西方远程教育模式的比较和对我国远程教育模式的探讨,进而转向我国本土的远程教育模式建设,目前针对不同群体的远程教育模式开发研究也是研究热点之一。其中,杨晓宏教授长期从事于有关农村远程教育的研究工作,研究成果集中体现在农村中小学现代远程教育模式的建设和应用上,为我国农远工程的开展作出了不可磨灭的贡献。在相关著作中,胡泽民所著的《远程高等教育:理念与模式》(2004)、钱焕新所著的《现代远程教育实践模式设计》(2007)、刘仁坤主编的《远程教育模式:理论与实践》(2009)是较有代表性的著作成果。

李林曙通过翻译国外学者伯纳狄特·罗宾森的文章,系统比较了西方教学模式和中国传统的教育模式的差异,从课程、教学、学生等方面进行了系统的分析;随后进行了中西方学术论述思维的差异比较,认为中国的思维方式更倾向于互相理解,但难以产生线性形式,容易导致螺旋状的推理结构。[②] 其他学者对国外远程教育模式的借鉴和引入以英美两国为主。张冀生系统比较了英国开放大学首创的多种教学媒体支持的自主学习模式和美国国家技术大学倡导的课堂教学远程传播模式,从多个角度比较了这两种教育模式的差异并进行了评价。[③] 杨清珍深入分析了美国的远程教育模式,包括广播模式、固定频率教学电视、卫星—电缆电视模式、互联网模式四种;随后提出了一些我国远程教育发展存在的问题和不足,并提出

---

① 石亚妮. 教育公平视角下我国现代远程教育功能探究 [J]. 新西部,2017 (33).

② 伯纳狄特·罗宾森,李林曙. 中、西方远程教育模式的差异 [J]. 中国电大教育,1999 (2).

③ 张冀生. 当代远程教育主流模式比较研究 [J]. 教育科学研究,2001 (1).

几点美国远程教育模式的启示,借以指导国内远程教育实践活动的开展。[①]

随着我国远程教育实践的展开,越来越多学者开始探讨我国远程教育模式的建设。冀鼎全、张亚斌系统分析了我国远程教育的发展方向和可能模式,他们认为,现代远程教育在现代教育技术的支持和保障下,将会按照以下几个"可能模式"范型发展:现代远程教育的预制模式(以媒体教材为主的教学模式)、现代远程教育的辅助模式、现代远程教育的直播模式、现代远程教育的虚拟模式。[②] 梁革英认为在现代的远程教育模式下,最能体现其特点的是能充分地实现个性化教育,满足不同层次、不同结构的学习者的需求,应该将个性化教育作为我国远程教育的基本模式;并从学习动机个性化、学习群体的多样性、学习形式个性化、学习过程个性化、教学管理个性化五个层面分析论证了个性化教育的必要性和可能性,为我国远程教育模式发展提出了新的设想。[③]

我国学者也集中于针对不同的特殊群体的远程教育模式开发研究。杨晓宏、梁丽基于农村中小学现代远程教育的实践,系统分析了教学光盘播放点、卫星教学收视点和计算机教室三种远程教育工程建设模式。[④] 也有学者从高等教育的角度出发研究远程教育的新模式。李津结合"互联网+"时代背景对高校远程教育模式进行了新的研究,他认为在"互联网+"驱动下的远程教育会出现以下新模式:建立开放的教育云平台、形成差异化的教育体系、开展自主性的教学活动、利用大数据进行教育决策。[⑤] 远程教育的研究过程是动态变化的过程,针对不同的时代背景和技术条件,学者们的研究热点也会有所变动,目前"互联网+"的时代背景对中

---

① 杨清珍. 美国远程教育模式及其启示 [J]. 现代远距离教育,2006(3).
② 冀鼎全,张亚斌. 现代远程教育的发展方向与可能模式 [J]. 中国电化教育,1999(8).
③ 梁革英. 个性化教育——远程教育的基本模式 [J]. 广西民族学院学报(自然科学版),2001(2).
④ 杨晓宏,梁丽. 解析农村中小学现代远程教育的"三种模式" [J]. 电化教育研究,2006(1).
⑤ 李津. "互联网+"驱动下的高校远程教育模式研究 [J]. 中国成人教育,2018(21).

国远程教育的发展提供了新的机遇和挑战，我国远程教育的研究也扩展出了新的研究领域。

二、远程教育的教学研究

（一）远程教育教学内涵的研究

远程教学理论是远程教育基础理论的核心理论之一，在远程教育中，师生在时空上的相对分离对远程教育的教学提出了新的要求，所以更要建立起扎实的理论基础来指导远程教学实践。其中，丁兴富教授提出的"远程学习圈"，构建起了远程教学与远程学习的基础理论体系，为后续研究工作的开展起到了重要的理论指导作用。在远程教育教学的相关著作上，有钟志贤著的《远程教育导论：学与教的原理和方法》（2001），闫寒冰、魏非著的《远程教学设计》（2008），黄景碧主编的《网络远程教学技术基础》（2005）等。我国关于远程教育教学理论研究的成果主要体现在远程教学的基本要素分类以及对远程教学的特征研究两个层面。

在有关远程教育教学基本要素的研究上，远程教育学术理论界对远程教学的要素构成有四要素和三要素的观点。在四要素说的观点上，顾明远从传统教学的三要素（教师、学生、内容）出发界定了远程教学的四要素（学生、教师、内容、技术）。李彩萍也将现代远程教育教学过程的基本要素分成教师、学生、教材、教学手段四要素，并对每个要素都进行了深入分析，提出了远程教育教师的角色应该重新定位成指导者、服务者、激励者，学生则应该变被动的接受者为自主化、创新化的学习者，并基于网络技术和多媒体技术的发展提出了教学媒体和学习支持服务的新形式。[①] 另一种观点则以传统教学三要素为基础，将传统教学中的教材变成了远程教学中的教育资源或学习资源，即形成了远程教学的新的教学三要素。丁兴富认为远程教育新的教学三要素是助学者、教育资源和学习者。其中，教师身份转换成助学者，即变成了学习者的指导者、辅助者和朋友；教育资

---

① 李彩萍. 现代远程教育教学过程基本要素之研究［J］. 陕西广播电视大学学报，2002（1）.

源也不仅只是教材,而是以教学内容为内核的技术、媒体、材料和环境的总称;由传统教育的教师主导、课堂教学和标准教材的旧三中心制转变成学生自治、自主学习和系统开发的新三中心制。[①]

在远程教学的特征问题上,不少远程教育的专家进行了卓有成效的研究,形成了丰富的研究结论。蔡宪对远程教育教学特征进行了细致的辨析,共提出了十个远程教学的特征,认为教师和学生的分离是远程教学最本质的特征。[②] 陈晓梅将远程教学的特征概括为四点:空间开放性、交互性及自主性相结合、教学内容数字化和多媒体化、网络性。[③] 远程教学在空间上突破了时间、地点和人员的限制,学生学习具有充分的自主性,并且通过网络技术将教学内容数字化和多媒体化,从而为实现资源共享提供条件并实现长期保存。王学珍、黎清林借鉴总结了其他远程教育专家的研究,将现代远程教学的基本特征概括为五个:师生分离、多种媒体教学、以学生为主体、个性化教学、教学民主化。[④] 他们同样认为教师与学生在时空上的分离是远程教学的基本特征,并且在远程教学中,学生成为学习的主体,所以"个性化教学"成为现代远程教学的又一个重要特征,这也使得远程教学的民主化区别于传统教学。

(二)远程教学模式的研究

自20世纪末期中央电大开展"人才培养模式改革和开放教育试点"以来,我国远程教育研究高速发展,对远程教学模式的研究已成为整个远程开放教育理论研究的热点问题之一,形成了丰富的研究成果,例如纪望平著的《现代远程教育教学模式的实践与探索》(2004),杜幼文主编的《现代远程教育教学模式的理论与实践》(2005),冯双鹏、谭惠芩主编的《网络环境下现代远程教育教学模式改革与学习支持服务体系建设研究》

[①] 丁兴富. 远程学习圈:构建远程教学与远程学习的基础理论 [J]. 中国远程教育, 2001 (7).

[②] 蔡宪. 远程教育教学特征辨析 [J]. 中国电化教育, 2001 (5).

[③] 陈晓梅. 简析远程教学的特征、功能和实施方式 [J]. 广东省经济管理干部学院学报, 2001 (3).

[④] 王学珍, 黎清林. 远程教学的特征与模式的研究 [J]. 广州广播电视大学学报, 2003 (3).

（2006）等专著。学者们运用 Web、多 Agent、大数据等信息技术构建起的远程教学模式得到了较为广泛的应用，进一步丰富了我国远程教学模式，促进了实践工作的开展。其余学者在远程教育教学模式实践、理论、技术的研究领域中都取得了丰富的成果。

学者王学珍、黎清林从实践的角度重点分析了广州广播电视大学在"人才培养模式改革和开放教育试点"中所采用的一些教学模式，列举了七个远程教学的模式，并对各种模式的意义、特点和应用作了详细的阐述。[①] 蒋建新认为教育模式可以从宏观、中观及微观三个角度来进行考察，教育部、中央电大、省级电大应注重于从宏观、中观角度进行研究，而各级电大教师则应侧重于从微观的角度对远程教学模式进行探讨，并且列举了上海、宁波、江苏等多地广播电视大学具有特色的远程教学模式，丰富了远程开放教育实践。[②]

从远程教学理论的角度出发，李小林将建构主义引入到远程教育的理论研究中，深入分析了建构主义以学习者为中心的学习观和促进主动发展的教学观，并对建构主义教学模式进行分析，总结出共同特征。[③] 研究发现，建构主义的许多理念与远程教学的特征不谋而合，例如，知识的个人建构、真实的学习环境和社会的交互作用等，都适用于远程教学的成人学习者，但是采取建构主义的教学模式也要注意因地制宜等问题。刘晓晴和王迎在信息技术发展和教学理论日趋成熟的基础上进一步探析远程教学模式发展的新动向，列举了远程教学模式发展的技术、理论、社会条件，并从教学理论、教学过程、教学手段、教学质量等方面分析远程教学模式发展的新动向，为远程教学模式的理论与实践研究发展提供借鉴。[④]

随着信息技术的发展，网络技术和多媒体技术为远程教学提供了坚实

[①] 王学珍，黎清林. 远程教学的特征与模式的研究［J］. 广州广播电视大学学报，2003（3）.

[②] 蒋建新. 远程教学模式的理性思考［J］. 广东广播电视大学学报，2004（3）.

[③] 李小林. 远程教学的建构主义模式分析［J］. 现代教育技术，2003（6）.

[④] 刘晓晴，王迎. 我国现代远程教学模式发展趋势探析［J］. 远程教育杂志，2009（5）.

的技术保障，所以越来越多的学者从技术视角出发，进一步丰富了远程教学的模式。刘新福等人利用 CSCW 的方法，提出和实现了一个基于 Web 方式的面向群体的协同工作的远程教学模式，构建了协同教学系统结构模型，并对模型中的关键部分进行了说明和解答。[①] 董武绍分析了现阶段基于 Internet 的远程教学软件的局限性，并提出多 Agent 软件系统能够克服现阶段远程教学的局限性的优势，最后构建了一个基于多 Agent 的远程教学模型，用以克服现阶段远程教学的局限和不足，进一步丰富了远程教学模式成果。[②] 范颖引入了引领式在线学习模式这一新的远程教学模式，从四个角度分析了引领式在线学习模式与自主性学习模式的不同，阐明目前数据结构课程在远程教学过程中存在的问题，然后针对电大学生的需求，提出采用立体锥形结构的教学改革方案，为电大教学模式改革提供了更多参考和依据。[③] 张琳等人从教学大数据挖掘的角度出发，增加 Web 数据和图像数据，对传统的挖掘数据源进行扩展；提出教学视点和数据视点的概念，并基于此构建了教学数据挖掘框架，为大数据技术下的远程教学挖掘提出了新的思路和策略。[④]

（三）远程教学资源的研究

随着信息技术的快速发展，现代远程教育在我国得到了快速发展。相对于传统的以书籍、磁带、广播、电视等为物质载体的传统远程教育资源，现代远程教育资源表现形式更加多样，为远程教育的发展提供了新的契机，精心设计和编制的教学资源是远程教育成功的保证，这些因素促使学术界加大了对远程教学资源研究的关注力度。在相关著作中，穆道生等编著的《远程教育系统开发》（2004）、葛道凯主编的《远程教育资源库建

[①] 刘新福，王光彩，黄清华，等. 基于 Web 方式协同远程教学模式和教学环境的实现 [J]. 电化教育研究，2000（12）.

[②] 董武绍. 关于基于多 Agent 系统的远程教学模式研究 [J]. 电化教育研究，2001（9）.

[③] 范颖. 引领式在线学习模式在远程教学中的实践 [J]. 现代教育技术，2010（10）.

[④] 张琳，李小平，张少刚，等. 基于远程教学视点下的大数据挖掘模式问题研究 [J]. 中国电化教育，2018（4）.

设的理论与实践》（2011）、俞树煜著的《西部地区中小学现代远程教育资源研究》（2011）等是较有代表性的成果。我国学术界对远程教育资源的研究主要分为远程教学资源建设、资源共享、技术开发三个方面。其中，各位学者基于 Web、XML、云计算等技术构建远程教学信息资源库是该领域的主要成果体现。

在远程教学资源建设的研究层面，孙绿怡通过对广播电视大学教学资源建设的历史分期、现状、取得的成绩、积累的经验进行概要归纳，在历史回顾和实践反思的基础上，理性分析教学资源建设的设计、开发、应用三个关键环节，并针对广播电视大学教学资源的设计和应用提出了实践建议和指导。[1] 张舒予、杨兰娟比较了传统和现代远程教育资源的差异，认为远程教学资源具有处理数字化、显示多媒体化、资源的开放性和可增殖性三点新特征，并重点分析了教师媒体素养在教学资源设计中的关键作用。[2] 蒋国珍、匡贵秋在远程教学资源建设中重点分析了视听教材这一课堂教学的主要替代形式，提出了"课堂教学、现场直播"这一设想，将视听教材由"制作"转为"生成"，为我国远程教学资源建设提出了新思路。[3] 吴丽娟、方正平采用调查研究的方法，通过数据处理的方式对农村中小学远程教育资源应用现状进行分析，提出资源应用上存在的问题，从而对农村的远程教育资源建设提出建议，进一步提高了农村中小学远程教育资源的利用率。[4]

随着社会教育需求和社会成员学习需求的持续增长，远程教育如何提供丰富而优质的教学资源和便捷的教育服务，成为新的研究问题。在此背景下，远程教学资源共建共享成为新的研究热点。田季生、孔令军以西部

---

[1] 孙绿怡. 广播电视大学远程教学资源建设的变迁及思考 [J]. 中国远程教育，2002（12）.

[2] 张舒予，杨兰娟. 远程教学资源设计和媒体素养 [J]. 远程教育杂志，2005（5）.

[3] 蒋国珍，匡贵秋. 远程教学资源建设：如何走出技术的樊笼 [J]. 中国远程教育，2006（1）.

[4] 吴丽娟，方正平. 农村中小学现代远程教育资源应用现状分析与建设思考 [J]. 软件导刊，2006（6）.

地区的广播电视大学教学资源共建共享的探索为例,陈述与反思远程开放教育教学资源区域共建共享的实践,客观分析了区域共建共享可持续性发展的主要障碍,并从制度、资源和技术三个角度提出教学资源共建共享的创新措施。① 冉利龙以高校为研究对象,结合我国多所高校网络教育学院联合开展教学资源共建共享的案例,介绍了管理协调、资源技术方案和标准规范等共建共享机制,资源共享平台的教学管理系统、系统结构、体系模型的设计及实现,并对平台两年来的运行状况进行了分析和总结,为我国高校在资源共建共享方面提供了新的合作模式和发展路径。②

"现代远程教育提供了丰富多彩的辅助教学手段,但由于教学资源的复杂性和多样性,使得人们对它的理解各不相同,出现了大量不同层次、不同属性,并且不易管理和利用的教学资源。"所以,如何在网络技术的基础上有计划、有规模地规划和建设网上教育资源,建立科学的教学资源库,是远程教学资源重要的技术研究热点。郭向勇构建了基于 Web 的远程教学信息资源库,主要包括远程教学信息资源管理系统和资源建设两部分内容,同时提出了适合于远程教学应用的信息资源管理系统平台的设计模型和信息资源的基本特性与制作方法。③ 彭敏佳等人将 XML 技术应用于远程教学资源管理系统的研究和建设,分别介绍了共享远程教育资源的元数据和为满足个性化学习的知识体系结构构建方法,并在此基础上阐述了一个实际开发出的远程教育资源管理系统的功能模型及有关技术。④ 随着信息技术的发展,"云计算"的概念自提出以来,得到了国内外相关领域专家的高度关注,俞建华从云计算与远程教学资源建设的关系入手,并且以浙江开放大学的实践为例,提出了基于云计算的远程教学资源建设模式,

---

① 田季生,孔令军. 远程教学资源区域共建共享:现实形态与精神重构[J]. 中国远程教育,2010(2).
② 冉利龙. 远程教学资源共建共享的探索与实践[J]. 中国远程教育,2015(5).
③ 郭向勇. 基于 WEB 的远程教学信息资源系统的模型设计及资源建设[J]. 电化教育研究,2003(6).
④ 彭敏佳,张玉芳,吴中福. 基于 XML 远程教学资源管理系统的研究与应用[J]. 计算机应用研究,2004(10).

从模式的逻辑架构、内容架构、建设主体、运用行为模型、评价机制等五个方面进行了阐述，为我国其他地方的广播电视大学教学资源建设提供了借鉴案例和参考依据。[1]

（四）远程教育教学交互的研究

远程教育中教与学分离的特性是远程教育区别于其他教育形式的本质特征，教师和学生在时间和空间上的分离，导致了远程教学中教与学的时空分离，而以教学媒体为中介的交互是实现远程教育教与学整合的关键，所以，我国学术界一直把远程教育交互作为重点的研究内容，形成了诸多的研究成果。其中，陈丽教授2004年发表的《远程学习的教学交互模型和教学交互层次塔》一文的被引次数已经达到636次，为后续的研究奠定了扎实的理论基础。陈丽、王志军主编的《远程学习中的教学交互原理与策略》（2016）这一著作更为系统地概括并总结了远程教学交互理论。我国关于远程教育交互的研究成果主要集中在如下领域：交互基本理论和规律的研究、交互的理论模型研究、交互策略的研究。

交互的基本理论研究包括基本概念研究、对国际学者交互理论的引入。在远程教育中交互的概念和分类上，陈丽提出了教学交互的概念。她认为教学交互的本质是"学习过程中，以学习者对学习内容产生正确意义建构为目的，学习者与学习环境之间的相互交流与相互作用"，并将教学交互与自主学习、教学、交互性等概念进行了区分，为教学交互相关研究的开展奠定了理论基础。[2] 张静然指出，并非所有的交互都具有教学意义，也并非所有的交互都是为了促进学习者认知的发展；在此基础上提出了有意义交互，认为"有意义的交互有助于建立学习者之间的信任，加深相互间的情感联系，提升群体凝聚力和认同感，促进社区发展，以及能激发学

---

[1] 俞建华. 基于云计算的远程教学资源建设模式——以浙江开放大学为例 [J]. 中国电化教育，2011（12）.

[2] 陈丽. 术语"教学交互"的本质及其相关概念的辨析 [J]. 中国远程教育，2004（3）.

习者的求知欲，使他们投入到富有成效的教学活动中"。① 教学交互和有意义交互两个概念的提出加深了我们对远程教育中交互的认识。在对教学交互的分类研究上，陈丽根据教学交互层次塔模型，将教学交互分为操作交互、信息交互和概念交互三类。② 我国的研究者也特别重视对国际上已有的交互相关理论的介绍和引入，以此来更好地指导我国的远程教育实践。郑炎顺、丁新采用对学者特里·安德森（Terry Anderson）进行访谈，并将访谈记录整理成论文的形式，向国内学术界介绍其理论思想。③ 丁兴富、李新宇对国际上的交互相关理论进行了系统的梳理和述评，为我国远程教育交互研究提供了参考借鉴。④

在交互理论模型研究上，目前我国与交互相关的理论模型主要有四个：远程学习的教学交互模型和教学交互层次塔、教学交互层次双塔模型、远程学习情感与认知交互层次塔模型、CSCL 的交互研究理论模型。⑤ 其中，教学交互层次塔和 CSCL 的交互研究理论模型是较有代表性的理论模型，被我国学术界广泛参考引用。陈丽基于国外学者劳瑞拉德（Laurillard）的学习过程会话模型构建了教学交互层次塔。根据该层次塔，远程教育中的教学交互从具体到抽象、从低层到高层可以分为操作交互、信息交互和概念交互。她认为远程学习实际上是由操作交互、信息交互和概念交互这三个层面的交互共同作用的结果。⑥ 因此，研究三种交互间的相互作用的规律就显得尤为重要，只有把握了中间层的三类交互在不同的学习

---

① 张静然. 远程教育中有意义交互的含义及其确认［J］. 电化教育研究，2012 (9).
② 陈丽. 远程学习的教学交互模型和教学交互层次塔［J］. 中国远程教育，2004 (5).
③ 郑炎顺，丁新. 特里·安德森远程教育理论与实践研究［J］. 中国电化教育，2005 (4).
④ 丁兴富，李新宇. 远程教学交互作用理论的发展演化［J］. 现代远程教育研究，2009 (3).
⑤ 王志军. 中国远程教育交互十年文献综述［J］. 中国远程教育，2013 (9).
⑥ 陈丽. 远程学习的教学交互模型和教学交互层次塔［J］. 中国远程教育，2004 (5).

情境中的特点和规律,才能够更深入地指导远程教育的理论实践。刘黄玲子等人以活动理论为基础,以 CSCL 交互中协同知识建构为目标,基于交互发生的过程和交互的基本特点、规律提出了 CSCL 交互研究的理论框架——TAP^2 模型,该模型包括话题转化、情感变迁和过程模式三个维度。[1] 该模型对 CSCL 交互环境的设计以及 CSCL 交互过程的系统分析具有指导意义。

在教学交互策略的研究上,大部分研究集中于关注促进和提升交互的策略,主要包括以下三大主题:促进与提升社会性交互体验与质量;基于特定媒体的教学交互策略,如远程视频会议系统、智能手机;促进和提升情感交互的策略,如智能学伴。结合以往研究可见,交互策略的研究经历了从主要关注"印刷材料、计算机课件和媒介"逐渐转向到注重"网络课程、网络环境、师生交互"[2]再到社会性交互和情感交互的演变,研究者视角的转变也恰恰说明促进和提升交互水平的根本在于交互的内容,技术是手段而不是本质。[3] 目前对交互策略的研究也同时深入网络课程和环境中,并从交互控制、运用、选择和组织等多个维度进行研究。

三、远程教育课程研究

远程教育课程的比较研究和远程教育课程的开发设计是我国学术界主要关注的两个研究主题。

(一)远程教育课程的比较研究

随着我国的远程教育事业蓬勃发展,社会对远程教育专门人才的需求也急剧增加,培养高素质的人才必须依托于科学合理的课程体系,但我国的远程教育在教学和课程体系结构方面还没有形成自己的特色,所以,部

---

[1] 刘黄玲子,黄荣怀,樊磊,等. CSCL 交互研究的理论模型 [J]. 中国电化教育,2005(4).

[2] 陈丽. 计算机网络中学生间社会性交互的规律 [J]. 中国远程教育,2004(11).

[3] 王志军. 远程教学交互研究的新视角:结构主义 [J]. 现代远程教育研究,2013(5).

分学者在远程教育课程的研究上运用国外视角，深入研究发展相对成熟的国家的远程教育的课程体系，为我国远程教育课程发展提供借鉴。在相关的著作中，龚辉、徐晓莉主编的《远程教育课程与教学论》（2013），冯晓英著的《远程教育中的专业课程体系开发》（2014）较有代表性。

我国学术界的远程教育课程比较研究包括总体的远程教育课程比较以及关于远程教育这一学科的专业课程比较研究两个研究层面。其中，远程教育较为发达的英国成为主要的比较研究对象。张舒予、章春梅两位学者聚焦于英国远程教育课程体系建设的经验，分析了英国远程教育课程体系的特色和优势，探讨了英国开放大学在课程体系设置、建设、管理等方面的经验，总结出对我国远程教育课程建设的借鉴价值，为国内远程教育课程建设提供了启示和指导。[①] 毛丽萍则深入分析世界远程教育的成功典范——英国开放大学的课程体系建设，探讨了英国开放大学成功的核心因素以及英国开放大学课程建设的特色，认为其特色集中于优质的课程资源开发、有效的课程教学管理、可靠的课程质量保证三方面，并且提出了四项英国开放大学的课程建设给予我国开放大学的借鉴与启示。[②]

我国的远程教育发展时间相比国外较短，国际上远程教育是一个独立的学科专业，而我国远程教育仍然是教育技术专业的一个方向，这不利于培养远程教育的专门人才。不少学者呼吁构建我国的远程教育独立学科，所以比较研究国内外远程教育专业的课程结构建设也是此时的研究热点之一。张秀梅首先提出了远程教育学专业建设的必要性，介绍了远程教育学专业课程开设的国际背景，随后对国外 5 所大学的远程教育专业硕士课程体系进行比较，客观分析了 5 所大学课程体系的优势和不足，指出了国内远程教育专业学科建设任重道远，并为我国的学科建设提供了指导意见。[③]

---

① 张舒予，章春梅. 英国远程教育：灵活高效的课程体系［J］. 远程教育杂志，2004（5）.

② 毛丽萍. 远程教育课程建设的范例——英国开放大学的成功经验［J］. 中国成人教育，2007（20）.

③ 张秀梅. 远程教育专业硕士课程计划国际比较［J］. 中国远程教育，2004（23）.

张伟远以国外有一定知名度的6所大学所开设的教育技术专业和远程教育专业硕士课程为样本，对两个专业的课程设置进行比较分析，并且提出面授教育、远程教育、教育技术应该是教育领域的三个分支学科，随后勾画出三个学科之间既相对独立又相互联系的关系图，呼吁我国建立独立的远程教育学科专业，培养远程教育的专门人才，使我国的远程教育能在构建终身教育体系中发挥应有的作用。①

（二）远程教育课程的开发和设计研究

由于远程教育中教师和学生在时空上处于分离的状态，远程教育中的学习者比传统面授教育的学生花更多时间进行自主学习，更多地依赖远程教育的课程材料，因此，课程开发在远程教育中有着举足轻重的作用。我国有关远程教育课程开发的研究成果主要体现在开发方法和课程设计两方面。丁兴富和徐珺等学者在早期引入国外的研究经验，为后期远程教育课程开发研究提供了必要的借鉴，随后学者们的研究则以多元的视角来看待远程教育课程的开发。

学者们最初的研究聚焦在远程教育课程开发的方法上，丁兴富在《远程教育的课程开发和教学设计》一文中系统讨论了迈森和古登纳芙的课程开发创作模式和组织模式，随后论述了远程教育多媒体课程材料的教学设计，最后探讨了远程教育课程的制作、发送、评估和更新。②徐珺根据北京交通大学远程教育课程开发的实际经验并借鉴国内外课程开发的优秀经验和设计理念，形成了一种开发经验，逐步建立了自己的开发模式。该模式是融合远程教育理论、学习理论和教学设计理论的具有可操作性的课程开发模式，具体包括四个模块：课程开发的组织模式，课程开发策略，课程制作和课程评价。③这一模式为课程开发的技术人员和教育者提供了新的开发思路，能开发出具有较高质量的远程教育课程，从而为高质量的远程教育提供保障。

---

① 张伟远. 远程教育专业与教育技术专业课程设置的国际比较[J]. 中国远程教育，2005（4）.
② 丁兴富. 远程教育的课程开发和教学设计[J]. 中国电化教育，2001（11）.
③ 徐珺. 远程教育课程开发模式的研究[J]. 中国远程教育，2005（1）.

在远程教育课程设计方面，王基一从教育原则出发，认为远程教育课程设计应当坚持立足以学为本，充分考虑个别化学习的特征，突出学习阶段目标的制定、建立交流反馈机制三个原则。[①]郝凯亭、邓祖道重点研究了网络课程教学设计的主要方法，结合网络课程的设计和应用实践集中讨论了三个方面的内容：网络课程的内容设计，网络课程的策略设计，网络课程的评价设计。[②]纪河、周蔚则认为远程教育课程设计应该包括五个要素，即课程目标、学习者特征、课程内容、课程实施和课程评价，并且提出课程设计应该围绕对话、结构和自主学习三个核心进行资源的整合和模式的创新，使远程教育的管理模式从以教材为中心转向以学习者为中心，围绕课程组织进行教学转变。[③]但这些课程开发和设计方法开发多是经验性地借用普通教育中课程开发的方法及程序，或引进国外远程教育课程设计的方法及程序。穆肃整合比较了"本质主义取向""经验主义取向""社会行为主义取向""技术主义取向"和"专业主义取向"五种课程设计意识形态，经过理论综述和行动研究，提出了整合多元化课程设计意识形态的远程教育课程设计思路、方法和模式。[④]多元化课程设计的提出进一步拓展了远程教育课程设计的视角，为课程开发者提供了新思路和方法。

四、远程教育教师研究

（一）远程教育教师的角色研究

现代远程开放教育人才培养模式倡导"以学习者为中心"的分散化、个别化自主学习，但这并非对教师作用进行否定，反而对教师的"导学"作用更为重视，更为强调，所以促进了学者对远程教育中教师的定位或角色进行研究，确保远程教育的高质量开展。翁朱华教授是这一研究领域中

[①] 王基一. 对基于网络的远程教育课程设计的认识[J]. 开放教育研究，2000（6）.

[②] 郝凯亭，邓祖道. 现代远程教育中网络课程的教学设计[J]. 中国远程教育，2002（9）.

[③] 纪河，周蔚. 试论现代远程教育的课程设计[J]. 电化教育研究，2005（5）.

[④] 穆肃. 多元课程设计意识形态整合下的远程教育课程设计[J]. 电化教育研究，2010（3）.

较有代表性的学者，他在自己的博士论文《远程教育教师角色与素养研究》中采用定量和定性结合的研究方法，详细探讨了现代远程教育的发展对教师提出的角色要求，以及中国远程教育教师适应这些要求的现实基础和未来发展途径，为教师角色发展研究提供了理论指导。有关远程教育教师研究的代表著作有陈贤忠主编的《农村中小学现代远程教育工程教师培训教程》（2004）、李兆君、李文主编的《中小学教师远程教育指导手册》（2006）、翁朱华著的《远程教育教师角色与素养研究》（2015）等。学术界对远程教育教师的研究主要体现在远程教师角色构建和远程教师培训两个研究主题上。

有关远程教师角色的研究主要集中在构建怎样的教师角色和如何构建教师角色两方面。周洁贞、王少华认为，在远程教育模式中，教师的角色由单纯的知识传授者变为学习者学习的向导、参谋、设计者、帮助者、管理者和激励者等。[①] 作为从事远程教育的一线教师，要扮演多重角色、更好地发挥其导学作用，就要适时自觉地转变教育观念，熟练掌握和应用现代教育技术，跟踪现代教育思想的发展，不断更新知识、完善自我，以适应学习化社会的需求。谢群、周韶峰、刘定邦则具体讨论了电大辅导员的角色嬗变问题，提出基层电大课程辅导教师必须发生角色嬗变，从传统角色向理想角色不断转化，成为指导学生有效学习的指导员、提供周到完善支持服务的服务员和推进远程开放教育研究的研究员。[②] 也有学者从教育研究方法的角度出发探讨远程教育教师的角色定位，如潘美意结合了行动研究方法的特点，提出远程教师"课程行动研究者"的角色定位，要求远程教师应对其教学实践进行严格的反思，积极实现角色的转换。[③] 翁朱华在回顾相关文献的基础上，分别从工作职能分类视角、课程与教学展开过

---

① 周洁贞，王少华. 试析远程开放教育模式下的教师角色［J］. 中国远程教育，2002（3）.
② 谢群，周韶峰，刘定邦. 论远程开放教育环境下电大课程辅导教师的角色嬗变［J］. 中国远程教育，2003（5）.
③ 潘美意. 论远程教师在课程行动研究中的角色转换［J］. 中国远程教育，2003（13）.

程视角对远程教育教师的角色进行分析，并提出了我国远程教育教师的角色模型，明确了远程教育教师专业发展的方向与内容。[①] 远程教育教师角色的转变对教师在理论水平、教学设计、资源制作、支持服务等方面都提出了更高的要求，所以远程教育教师的培训是该领域研究的另一主要热点。

（二）远程教育教师的培训研究

教师远程培训是指通过音频、视频、课件等方式，运用实时和非实时互联网信息技术将培训课程传输到受训教师那里的教育形式，是现代教育技术和信息技术飞速发展的产物，同时也是现代教师教育发展的必然要求。我国学者对远程教育教师培训的研究主要运用个案研究法来探讨远程教育教师培训模式的构建，其中武丽志教授运用德尔菲法构建起的教师远程培训效果评估指标体系得到了较多的关注，为我国远程教育教师培训工作的开展提供了质量考核的参考标准。

何声钟深入分析了教师远程培训的发展背景和技术支持，提出了远程教师培训的六大优势，并总结了教育观念陈旧、培训的资金紧张、地域差异和经济发展的不平衡、评价与管理机制不健全四个教师远程培训存在的主要问题，最后提出解决措施，推进教师远程培训的快速发展。[②] 郭绍青等人采用访谈和问卷的方法归纳了农村远程教育教师能力发展与学校应用发展状态之间的相互关系，详细阐述了教师远程教育技术能力形成过程的六个阶段，在阶段描述中穿插对远程教育教师访谈的记录，进一步扩展了学术界对远程教育教师专业能力发展过程的认识。[③] 孔维宏则以广东省教育技术能力中级远程培训为研究案例，采用定性和定量相结合的研究方法，重点分析了远程培训中的课程问题、交互问题、培训效果问题和培训迁移问题，并针对问题提出围绕培训课程主线和重点设计作业，重视案例设计与研修，优化课程组织与安排；要加强师生之间深层次的交互，提高

---

① 翁朱华. 我国远程教育教师角色与专业发展［J］. 开放教育研究，2012（1）.
② 何声钟. 中小学教师远程培训的优势与问题［J］. 基础教育参考，2007（11）.
③ 郭绍青，王珠珠，陈美玲. 农村远程教育中教师能力水平与学校应用发展研究［J］. 电化教育研究，2007（11）.

学员培训的内驱力；要强化过程性和表现性评价，重视需求分析等解决措施，以保证中小学教师远程培训的质量和效果。①

在教师远程培训模式的研究上，闫寒冰、褚文培根据华东师范大学网络教育学院在非学历教育中形成的基本理念和实践体会，从研究和实践两个层面对教师远程研修模式进行了深入探讨，分析了不同模式培训的区别，明晰了研修模式的特点，并特别阐明了利用网络开展教师研修的技术应用特色；从实践层面列举了两类研修模式的多个实例，为高校网络教育工作者提供可资借鉴的远程培训案例。②张筱兰、郭绍青通过对国家实施的农村远程教育工程进行大量的考察与调研，认为农村在推进远程教育过程中需要特别重视教师的有效培训问题，提出了一个省、县、乡（校）三级培训机制，明确了各级机构在教师培训中的任务，为农村远程教育工程建设提供了新的动力。③李辉探讨了当前远程教师培训模式的问题与困境，提出了解决现代远程培训模式问题的逻辑起点不能仅着眼于培训模式本身，而应该从研究教师培训的理念开始，并从培训目标、课程、程序、评价、人员、机制六个方面构建起中小学教师远程培训模式。④为了进一步完善远程培训模式，武丽志、吴甜甜在前人研究的基础上，以企业培训效果评估理论、成人学习理论、培训转化理论等为基础，构建了教师远程培训效果的评估指标体系初稿，并以两轮德尔菲法对评估指标体系的科学合理性进行验证，继而进行指标修改和补增，最终构建了包含4个一级指标、12个二级指标和46个三级指标的教师远程培训效果评估指标体系。⑤

---

① 孔维宏. 中小学教师远程培训的问题分析与对策研究[J]. 中国电化教育，2011（5）.

② 闫寒冰，褚文培. 教师远程培训模式的研究与实践[J]. 中国电化教育，2004（11）.

③ 张筱兰，郭绍青. 中国农村远程教育发展中急需解决的几个问题[J]. 中国电化教育，2005（5）.

④ 李辉. 现代中小学教师远程培训模式研究与探索[J]. 中小学教师培训，2008（3）.

⑤ 武丽志，吴甜甜. 教师远程培训效果评估指标体系构建——基于德尔菲法的研究[J]. 开放教育研究，2014（5）.

五、远程学习支持服务研究

远程教育存在教与学时空分离的特性,使得远程教育机构及其教师更加注重思考如何为远程学习者提供各种类型的帮助活动来解决其学习中的困难和问题。从某种意义上说,远程教育的教的过程就是为学习者提供全方位学习支持服务的过程,远程教育的学的过程就是学习者使用、接受服务的过程。[1] 学习支持服务也被视作远程教学的基本要素之一,同时也是影响远程教育质量的关键因素,是远程教育极其重要的研究和建设内容。在我国,丁兴富教授最早关注学习支持服务,通过翻译出版国外相关著作的方式将学习支持服务概念引入国内学术界。在有关专著上,周蔚著的《现代远程教育的学习支持服务》(2005)、李亚婉等编译的《对远程学习者的支持服务(第2版)》(2007)、汪继平主编的《网络教育学习支持服务实践》(2012)等都是较有代表性的著作成果。我国相关的研究成果主要集中在学习支持服务理论研究、学习支持服务系统建设两个研究主题上。

在学习支持服务理论研究上,丁兴富最早梳理了国外学习支助服务思想和理论的提出与发展过程,比较分析了学生学习支助服务的多种界定角度,最后论述了人际交互和基于技术媒体的双向通信交流是学生学习支助服务的核心成分[2];随后将学习支持服务分为信息服务、资源服务、人员服务、设施服务、实践性教学环节以及作业和考试六大类型,并详细探讨了每个服务类型的特征和功能,为学习支持服务的研究打下了理论基础[3]。在对学习支持服务基本要素的界定上,杨亭亭认为服务对象、服务功能、服务模型是构成学习支持服务的三要素,对广播电视大学远程教育学生学

---

[1] 杨成,陈然,方兵. 我国远程学习支持服务研究现状与未来趋势——基于近17年教育技术学核心期刊的统计分析 [J]. 江苏开放大学学报,2015 (4).

[2] 丁兴富. 论远程教育中的学生学习支助服务(上)[J]. 中国电化教育,2002 (3).

[3] 丁兴富. 论远程教育中的学生学习支助服务(下)[J]. 中国电化教育,2002 (4).

习支持服务若干情况进行了分析，并提出实践改进建议。[1]张满才结合人本主义理论，从远程学习支持服务目标、远程学习支持服务内容、远程学习支持服务方式和远程学习支持服务过程四个方面提出了相应的改进措施，促进学习支持服务的高质量发展。[2]

在学习支持服务系统建设的研究上，刁纯志强调学习支持服务系统的构建应该坚持整体性、适应性、交互性、开放性的指导原则，从硬件、软件、人员和运行机制几个要素的建设上入手，以理性的态度构建这一系统，并且结合四川电大构建现代远程教育学习支持服务系统的实践过程，进行了详细的构建说明。[3]而更多的相关研究从信息技术的视角出发，王军锋等人探讨云计算环境下远程学习支持服务模式的构建，以适应当前远程学习者的学习需求，达到优质学习服务的目标。[4]詹泽慧等人结合虚拟助理这一人工智能技术，研究了基于虚拟助理的远程学习支持服务构建及技术难点。[5]随着翻转课堂作为一种新型的教学组织形式，对学习支持服务系统提出新的要求，顾容等人从概念界定入手，结合翻转课堂的教学特点，提出面向翻转课堂的学习支持服务模型，对模型进行分析介绍进而构建系统框架，将面向翻转课堂的学习支持服务系统分为八大模块，并强调了各模块的配合性和有效性，为远程教师实施翻转课堂起到一定的参考和借鉴作用。[6]

---

[1] 杨亭亭. 远程开放教育学生学习支持服务的探索［J］. 开放教育研究，2003（5）.

[2] 张满才. 人本主义思想与远程学习支持服务体系构建［J］. 开放教育研究，2009（3）.

[3] 刁纯志. 现代远程教育学习支持服务系统的理论与实践［J］. 中国远程教育，2004（21）.

[4] 王军锋，张亚斌. 云计算环境中的"四学"远程开放教学模式的建构［J］. 中国电化教育，2012（11）.

[5] 詹泽慧，梁婷，马子程. 基于虚拟助理的远程学习支持服务及技术难点［J］. 现代远程教育研究，2014（6）.

[6] 顾容，沈洋洋，陈丹. 面向翻转课堂的学习支持服务研究［J］. 中国远程教育，2014（5）.

六、远程教育管理研究

（一）远程教育管理模式的研究

现代远程教育教学管理是保证远程开放教育教学质量的三大支柱之一，如果教学管理工作不到位或者教学管理的质量不能得到很好保证，就可能因为教学管理这根支柱的短缺而造成整个远程教育教学质量的下降。[①]所以，构建现代远程教育教学管理模式，对远程教育教学质量保证和现代远程教育健康发展有着重大意义，远程教育管理模式也因此成为了研究热点之一。在诸多研究成果中，詹泽慧等学者借鉴管理学 CRM 理论构建起的客户关系管理模型为远程教育管理的研究视角提供了新思路，具有一定的创新性；在远程教育中运用"学分银行"这一新型管理模式的构想也是值得深入探讨的研究热点之一，得到了越来越多学者的关注。在相关著作中，例如刘建安等编著的《远程教育教学管理研究》（1999）、陈乃林主编的《现代远程高等教育教学及管理研究》（2005）、孙祯祥著的《现代教育技术管理学》（2007）、黄霖著的《远程教育管理概论》（2008）都是较有代表性的研究成果。我国学者对远程教育管理的研究集中在对管理模式的探讨和对管理体制的改革两个问题上。

远程教育管理模式的研究成果主要集中在管理模式构建和远程教育管理信息化、服务化转型两个研究主题上。在远程教育管理的概念定义上，闫亚军从微观和宏观角度界定了远程教育管理的内涵，认为其宏观意义上是国家管理远程教育事业的具有根本性和全局性的组织管理制度，微观意义上是网络院校的内部管理体制，包括办学管理、行政管理、教务管理和教学管理等方面。[②]而我国学术界关于远程教育管理模式的研究，大多从微观层面上进行分析，即主要探讨高校应该构建怎样的远程教育管理模式。王建江、薛晓东认为，我国不少高校发展远程教育所采用的模式只是套用了校内函授的管理模式，未能完全适应远程教育管理自身的特点，应

[①] 郭振武. 学校管理 [M]. 北京：中央广播电视大学出版社，2000：70-76.
[②] 闫亚军. 现代远程教育管理模式的特征分析 [J]. 科技进步与对策，2004 (5).

该建立相应的支持服务系统和管理机构对远程教育管理模式进行完善。[1] 薛晓东、王崧、曾翎认为现代远程教育管理模式的基本要素包括五个方面：教育理念、管理主体、管理内容、管理环境、管理运行，并且从政府规划的宏观层面和高校网络学院的微观层面对现代远程教育管理模式建设提出相应的建议。[2] 王家钧根据电大系统和高校网络学院远程教育管理的实践探索与理论研究，将远程教育教学管理模式总结为"一线、五点、一评价"模式。[3] 王童、杨改学在总结农村远程教育项目实施经验基础上，提出为了保证农村远程教育可持续性发展，建立一个系统、科学的管理体制尤为重要，并重点介绍了以县为主的教师学习资源中心的管理模式，对县级教育行政部门、中心管理委员会、学区中心学校提出了新的要求，为我国农村中小学现代远程教育提供了一个范例。[4] 也有学者尝试将管理学的理论融入远程教育管理实践中，詹泽慧等人借鉴管理学中的客户关系管理（CRM）理论，运用定性分析法和德尔菲法构建出了一个远程教育客户关系管理模型，并完善了相应的指标和权重体系，为远程教育管理新模式的构建作出了一次有创新意义的尝试。[5]

随着信息技术的发展和终身教育体系的构建，越来越多的学者将视角集中在远程教育管理信息化和服务化的转型研究上。康乃美、叶必锋基于全民学习、终身学习的理念，提出要建设远程教育"学分银行"这一新管理模式，并进一步分析了"学分银行"的内涵与特性，提出建设过程中选课制、教育资源、学分互认、转化体制与管理技术等方面存在的问题，并

---

[1] 王建江，薛晓东. 现代远程教育管理模式和评价体系探析 [J]. 电子科技大学学报（社会科学版），2002（2）.

[2] 薛晓东，王崧，曾翎. 现代远程教育管理模式研究 [J]. 电子科技大学学报（社会科学版），2006（2）.

[3] 王家钧. 现代远程教育教学管理模式构建 [J]. 中国电化教育，2005（5）.

[4] 王童，杨改学. 农村中小学现代远程教育的可持续发展之我见 [J]. 中国电化教育，2006（1）.

[5] 詹泽慧，叶惠文，詹瑞华，等. CRM 视角下的现代远程教育管理模式构建 [J]. 中国电化教育，2008（8）.

提出远程教育"学分银行"建设措施。① 随着技术的发展，移动学习成为现代远程高等教育发展的新阶段，曹赛、汤会琳尝试运用新型移动技术来解决广播电视大学向开放大学转型的过程中面对的如何有效实施教学管理这一瓶颈问题，构建起一个"七化同步"的教学管理模式，包括：课程教学精品化、教学设计流程化、管理订单化、服务个性化、学习自主化、教师教学高水平化和教学评价社会化。② 这一管理模式革新了传统的远程教育管理模式，进一步提高了开放大学教学管理的信息化和规范化水平。

（二）远程教育管理体制的研究

在远程教育管理体制的研究上，可以将研究成果分为宏观和微观两个维度进行探讨。宏观维度的研究成果主要体现在对国家层面远程教育管理体制建设的研究上，更加强调政府的作用和地位；微观的研究成果则主要集中在远程教育的品牌管理、质量管理等方面，旨在指导远程教育机构的工作如何确保质量，以实现远程教育的可持续发展。

从宏观维度出发，丁兴富最早提出了远程教育管理学这一学科概念，并且对远程教育管理体制和机制两个概念进行了辨析。他认为远程教育的管理体制是指国家对远程教育院校的行政管理体制，主要包括政府分权体制和对院校的分类管理体制；远程教育的管理机制是指政府对远程教育院校的行政管理机制，即是政府直接主办和管理学校还是政府对实行自治的学校进行宏观管理；并从宏观的角度论述了国家对远程教育体制、机制、立法和财政诸方面的行政管理内容。③ 史文崇、田丽君对国内外现代远程教育运作管理研究进行了综述。进入 21 世纪后，国外学者的目光更多地从现代远程教育办学主体的微观运作研究转向了宏观管理和运作研究。而我国学者则分为两类，一类是基于现代远程教育办学主体的个案研究，另一

---

① 康乃美，叶必锋. 远程教育实施"学分银行"管理模式的思考［J］. 现代远程教育研究，2009（4）.

② 曹赛，汤会琳. 移动技术支撑的远程教育教学平台构建与管理模式［J］. 现代远程教育研究，2014（1）.

③ 丁兴富. 论远程教育国家行政管理［J］. 电化教育研究，2003（3）.

类则涉及国家管理体制和运作机制的宏观研究。[①] 现代远程教育微观管理研究和宏观管理研究都正在成为研究热点,并且国内外学者都已经日渐感受到政府在发展现代远程教育中的地位和重要作用。

我国学者关于远程教育管理体制微观研究的范围较广,例如学校体制、学生管理、教师管理、品牌管理、质量管理等,旨在解决远程教育管理中遇到的现实问题。有学者提出了"以需求为动力、以市场为导向、以质量为生命、以创新为特色,以品牌求生存、以贡献求发展"的远程教育办学思想,为高校远程教育管理体制改革提供了参考。[②] 在质量管理研究中,有学者提出电大的质量管理可分为三个发展阶段:质量检验阶段、统计质量控制阶段、全面质量管理阶段,并为我国远程教育质量管理提供了指导意见。[③] 有的学者从服务的视角对远程教育品牌管理进行了深入的研究,借鉴市场营销中的"品牌"概念,分析了远程教育的品牌特征,提出广播电视大学品牌的核心是管理服务,为我国其他地方电大教育品牌的建设提供借鉴作用。[④] 学生管理是开放大学管理工作的重要组成部分。孙利深入分析了广播电视大学学生管理工作的现状和问题,探索并构建了具有远程教育特点的开放大学学生管理工作的机制和模式,为我国开放大学建设和发展提供了助力。[⑤]

七、远程教育质量研究

(一)远程教育质量观的研究

[①] 史文崇,田丽君. 国内外现代远程教育运作管理研究述评[J]. 远程教育杂志,2006(4).

[②] 刁庆军,严继昌,黄春梅. 高等学校远程教育管理体制创新初探[J]. 中国远程教育,2003(7).

[③] 蒋国珍,匡贵秋. 远程教育质量管理:阶段性与突破口[J]. 中国远程教育,2007(5).

[④] 张德明. 基于管理服务的远程教育品牌建设研究与实践[J]. 开放教育研究,2008(5).

[⑤] 孙利. 基于远程教育环境下学生管理工作的研究[J]. 现代教育科学,2013(5).

远程教育质量是远程教育的生命线，也是保证远程教育可持续发展的关键，它深刻影响着远程教育的发展和前途，自现代远程教育工程在我国开展以来，如何保证远程教育的质量已经成为远程教育领域高度关注、积极探索的主题之一。在这一研究领域中，丁新教授主张将远程教育的基本产出视为一种服务，从而区别于其他普通产品的服务质量观得到了较多学者的认同，影响力较大。远程教育质量研究的相关代表性著作有：刁纯志主编的《现代远程教育质量保证研究》（2006）、高澍苹主编的《远程教育ISO9001：2000质量管理实务》（2007）、侯建军编著的《远程教育的质量保证》（2009）、吴晓波编著的《现代远程教育质量保证体系》（2010）等。总体而言，这一领域的研究成果主要集中在远程教育质量观和远程教育质量保证体系的探讨两方面。

我国学术界早期关于远程教育质量的研究主要集中于探讨远程教育质量观的建立，从多个角度探讨了远程教育质量观的类型和建立途径，建立起多元化的远程教育质量观逐渐成为学者们研究的普遍结论，同时也是学术界公认的观点。张家浚分析了传统教育质量观和远程教育质量观存在的差异，并分析了远程教育质量观建设的现状及其存在问题，提出要树立一个面向实际并富有特色、让学生满意、多层次且多类别、以市场化为导向的新型远程教育质量观。[①] 在远程教育质量的概念上，丁新、马红亮从需求满足层次、培养目标层次、质量标准层次和动态变化层次对远程教育质量进行了概念界定，认为我国远程教育目前的发展态势呈现多样化、多元化，所以构建相适应的多元化的远程教育质量标准非常必要，并分别探讨了远程教育中学历教育和非学历教育质量观的建立。[②] 李凤岐同样认为，建立起一个具备统一性、多样性、特色性的远程教育质量观是现代远程教育发展的需要，并分别论述了统一性、多样性和特色性建设的必要性和可

[①] 张家浚. 树立新型的远程教育质量观 [J]. 中国远程教育，2003（3）.

[②] 丁新，马红亮. 构建全面多元的远程教育质量观 [J]. 中国远程教育，2003（19）.

能性，为远程教育质量观建立的实践工作提供了理论指导。[①]

在多元化原则的指导下，我国远程教育质量观的研究视角也呈现多样化的趋势。学者刘义光引入了自然辩证法中系统观的理论，讨论了系统观理论对远程教育质量工作和质量观建立的启示，提出了远程教育应该建立起整体性、层次性、协调性和历史性的系统质量观，以此更好地指导远程教育实践活动。[②]丁新、武丽志引入了服务的视角，认为远程教育的产出是一种服务，所以质量观的建立应该区别于其他的物质产品，在此基础上阐述了远程教育的服务质量观。[③]丁兴富进一步分析了远程教育在质量观念上对传统教育的革新和挑战，并总结借鉴了我国高等教育质量观创新的经验，认为我国远程教育质量观建立应该参照谢维和提出的网络远程教育质量观三原则：符合一般高等教育的质量观的基本要求、适应信息社会的要求、与终身教育的质量观达到同一和一致；总结出我国远程教育的质量建设更需要长期进行网络远程教育质量观念和质量保证体系的创新的观点，所以，远程教育的质量保证体系是该领域的另一个研究焦点。

（二）远程教育质量保证体系的研究

质量是远程教育的永恒主题，质量与数量的基本矛盾始终存在于远程教育教学和管理工作之中，所以如何构建起一个科学的远程教育质量保证体系，一直是我国学术界探讨的热点。其中，陈丽从宏观角度系统比较了多个国家的远程教育质量保证体系，以此为我国的远程教育质量建设工作提出指导意见，其研究成果是这一领域中较具有代表性的，为我国的远程教育质量保证体系建设工作提供了参考。我国学术界对远程教育质量保证体系的研究主要运用了国际比较的研究视角，引入国际上成熟的质量标准体系，以此来指导国内质量保证体系的构建工作。

在概念界定上，张凤龙等人在研究中指出："网络教育质量保证体系

[①] 李凤岐. 统一性・多样性・特色性：现代远程教育质量观探析[J]. 远程教育杂志，2004（6）.

[②] 刘义光. 远程教育的系统质量观[J]. 中国远程教育，2004（17）.

[③] 丁新，武丽志. 远程教育质量：一种服务的观点[J]. 中国远程教育，2005（3）.

是使网络教育按照确定的培养目标和质量标准组织实施的各种保证措施和监控手段组成的有机整体。"[1]他们同时提出了一个质量保证体系的理论模型，并详细解释了各个部分的功能和作用，这一模型也是当时远程教育质量保证体系较有代表性的研究成果。丁兴富提出："我国现代远程教育试点需要做好长期进行网络远程教育质量观念和质量保证体系创新的准备。"[2]他依据国际比较研究的结果，总结出网络远程教育质量保证体系的九个基本要素，这九个要素全面覆盖了远程教育各个环节，从而为全面的质量保证体系的建立提供了具体指导。

  由于我国远程教育发展起步较晚，暂未形成成熟的质量保证体系，所以比较研究是我国远程教育质量保证体系研究的主要方法。杨素娟尝试将国际上发达国家长期以来实施质量管理和质量保证的ISO9000标准引入我国的远程教育质量建设，深入分析了该标准的优点，从实践角度总结了ISO9000标准对我国质量保证体系建设的几点启示，呼吁从行业角度来规范各远程教育机构的服务行为，从而确保我国远程教育的质量并提高远程教育的国际竞争能力。[3]李怡借鉴了加拿大和印度的教育质量保证体系建设的经验，采用澳大利亚学者哈曼框架中的7个关键特征进行分析，从鉴定过程和标准角度对建立符合我国特色和实际情况的远程教育质量保证体系提出实践建议。[4]陈丽将中国、印度尼西亚、韩国、日本等10个亚洲国家作为研究对象，综合比较了这些亚洲国家远程教育发展的基本情况、质量保证基本模式、组织模式及基本框架等方面的异同，从远程教育质量保证目的的全面性、远程教育质量观的同一性趋势、远程教育质量评估机构和标准的权威性与公信力、远程教育质量保证标准的科学性四个角度提出

---

[1] 张凤龙，张志军，王淑娟，等. 网络教育质量保证体系概念界定[J]. 中国远程教育，2002（7）.
[2] 丁兴富. 论网络远程教育质量观的创新——"远程教育质量保证及质量评估与认证国际比较研究"成果（4）[J]. 中国远程教育，2005（5）.
[3] 杨素娟. 借鉴ISO9000标准，建立远程教育质量保证体系[J]. 电化教育研究，2004（1）.
[4] 李怡. 哈曼框架下远程教育质量保证体系要素分析[J]. 现代远程教育研究，2008（3）.

意见[①]，旨在推动我国尽快成立专门机构，制定出全面、科学的远程教育质量保证标准，并为该领域的其他专家提供启示和参考，从而确保我国远程教育长期、高质量发展。

第三节 远程教育研究存在的问题及未来展望

一、存在问题

（一）研究视域：注重理论指导，但应推进视角国际化

远程教育作为推动我国终身学习的重要手段和教育途径，是传统的学校教育的重要补充，现代技术和社会经济的发展对远程教育研究的视角提出了新的要求。一是我国远程教育的研究主要集中在"远程教与学、管理、资源、学习者、技术与媒体"等研究主题上，这五类研究主题的文章占据了远程教育文献的较大比例，但关于远程教育原理、远程教育心理、远程教育课程论、远程教育教学论等基本理论和原理的研究相对较少，研究冷热分布极化现象明显。王国华等人通过对中国远程教育研究核心文献的可视化分析，认为从研究的时间分布来看，我国远程教育基本理论研究热点在2007年左右基本稳定，此后研究人员更加专注于远程教育各个方向的专题研究，重点关注远程教育的实际应用，研究层次也逐渐深化，总体呈现出相对稳定的发展态势。[②] 因此，亟须加强远程教育学科研究，进一步加强对远程教育理论的定性研究，推动研究主题之间的平衡发展、整体提升。研究者们既要保持研究热情、跟踪前沿，又要观照现实、规范研究、不蹭热点，共同营造良好的远程教育研究学术生态。[③] 二是远程教育的研究范围逐步扩大。当前我国的远程教育还主要集中在高等教育和成人

[①] 陈丽. 亚洲国家现代远程教育质量保证体系比较研究[J]. 现代远程教育研究，2012（2）.

[②] 王国华，俞树煜，黄慧芳，等. 中国远程教育研究的可视化分析——核心文献、热点、前沿与趋势[J]. 远程教育杂志，2015（1）.

[③] 邹范林. 远程教育运行机制若干问题探究[J]. 现代远距离教育，2009（2）.

教育领域，但信息技术的发展使得远程教育未来在中小学领域、教师教育领域、研究生教育领域、社会职业培训等领域的应用也会逐步加大，远程教育如何适应这一变化，大力推动研究领域和范围的扩大也是未来研究者应着重关心的重要问题。三是远程教育研究视域的国际化发展。随着国际交流合作的不断发展，远程教育研究的国际化也在不断深入。一方面，国外先进的教育方法、教育课程、教育产品和教育理念不断被引进国内，成为推动国内远程教育发展和质量提升的重要动力；另一方面，我国远程教育研究平台起点较高，文献质量有保证，也有大批的优秀远程教育专家和丰富的研究成果，未来应争取在国际远程教育研究领域发声，传播中国远程教育研究成果，争取在国际远程教育研究领域占据一席之地。

（二）研究方法：理论与实践相结合，但应进一步规范化

首先，从研究方法看，我国学术界对远程教育的研究以定量研究法为主，定性研究和混合研究法为辅，且规范研究方法的应用占比，自2013年以来总体呈递增趋势，2017年达到52.97%，首次超过非规范研究方法的占比。[①] 但是在2018年的研究方法应用中，定性研究在总体不断下降中创出新低（6.88%），定性研究作为规范研究方法的一个大类，其占比持续、大幅走低，值得反思。[②] 这表明，我国远程教育研究的方法意识和研究方法的规范应用意识明显提升，但仍有进步空间，并且在研究方法的选择上，出现了重定量轻定性的现象。例如在远程教育研究中部分学者选择采用问卷法、测验法等调查方法，但未报告问卷相关的信度效度，实验的科学性不足，以及部分采用实验研究法的文献未完整呈现关键环节等。其次，从研究主体的角度分析，依然以非远程教育机构为主，远程教育机构为辅。其中，普通高校、电大系统于2018年的研究主体占比分别为82.19%和9.69%，且电大系统占比为6年来最低。电大一直扮演着我国远程教育办学的主体角色，积累了丰富的远程教育办学经验，但在远程教

[①] 汤诗华，郭允建，朱祖林，等. 我国远程教育研究2017年度进展报告[J]. 远程教育杂志，2018（5）.

[②] 郭允建，朱祖林，刘盛峰，等. 我国远程教育研究2018年度进展报告[J]. 远程教育杂志，2019（5）.

育权威学术期刊发表的成果数量远不及以全日制教育为主的普通高校。[①]这种主体角色的反差,既是学术研究与实践探索的反差,也是我国远程教育生态的优化空间,值得学术界进一步反思。

基于这些研究方法上的不足,笔者提出三点建议,期望能对接下来的远程教育研究工作有所帮助。(1)研究方法选择要切实。对远程教育的研究,要注重方法论的选择,对照定量研究的持续增长,在规范研究方法中的定性研究和混合研究比例相对下降,提示我国远程教育研究界需要反思三类规范方法的辩证关系。[②] 我国远程教育研究界近年来虽然越来越热衷于定量研究,但并不代表定量研究能够解决所有问题,未来在研究方法格局中应该重新审视定性研究方法的作用和地位。(2)我国远程教育研究的方式要求真务实,校正以往仅凭经验、思维进行理论构建的形式,切实开展实地调研,客观分析情况,检查方法工具的信效度,如实报告结果,使研究成果具有实践价值。(3)推进研究主体的多元化。近年来远程教育的研究主体以普通高校为主,电大的比例逐年下降,研究主体与实践主体分离加剧,将深度影响我国远程教育研究与实践的健康发展。在日后的研究开展中,要促进理论与实践的相互结合,推进远程教育机构与非远程教育机构,尤其是开放大学(广播电视大学)与普通高校的相互合作、优势互补,促进研究主体多元化,使远程教育研究能持续健康发展。

二、未来展望

(一)远程教学模式和教学设计仍然是研究重点

刘晓晴等认为,随着理论、技术的进步,远程教学模式出现新动向:远程教学理论基础不断扩大,远程教学理论与实践结合更加紧密,远程教

[①] 朱祖林,毕磊,郭允建,等. 我国远程教育研究 2015 年度进展报告[J]. 远程教育杂志,2016(5).

[②] 毕磊,朱祖林,郭允建,等. 我国远程教育研究 2016 年度进展报告[J]. 远程教育杂志,2017(5).

学过程更加优化,远程教学模式构建的方法与手段更加丰富。[1] 这就使得远程教学中的模式必须成为一个动态构建过程,没有一成不变的教学模式,对远程教育中教学模式的探讨也必定成为热点话题。我国学术界目前对远程教育教学模式的研究主要集中在混合式教学模式构建和 MOOCs 与 SPOC 教学模式的探究。前者主要探讨不同在线平台支持下的混合式教学模式,例如"多媒体创作基础及应用"课程的深度混合学习,基于朗文交互英语学习平台的"在线学习+课堂教学"等;后者主要探究翻转课堂、深度教学情境下的 MOOCs 与 SPOC 教学模式构建。[2] 在远程教学设计的研究上,我国学术界主要集中在学习环境设计、教学活动设计、教学交互设计三个领域。例如,通过对 Coursera、edX 等 MOOC 平台的 26 门 MOOCs 进行分析,总结出项目式教学、创设故事情境、使用案例教学、认知学徒制、联系真实实践的反思等五种设计方法。[3] 而教学交互设计主要聚焦于远程教学资源和环境中的交互策略,文献研究显示,在线开放课程中的交互形式主要有"人—人""学习者—内容""学习者—界面"等三类,其中"学习者—内容"的交互是目前的研究重点。[4] 由此可见,未来针对不同问题情境的具体教学活动的设计、远程教学资源和环境中的交互策略、利用定量研究方法揭示在线教学情境中有关变量之间的规律性关系都将成为远程教育重要的研究方向。

(二)关于 MOOC 与远程教育的创新研究

2012 年以来,MOOC 经过 6 年的发展已经进入 4.0 阶段,但持续不断的技术进步和以学习者为中心始终是 MOOCs 发展的两个基本原则,对象的融合性、目的的共生性和机制的跨界合作性是 MOOCs 创新扩散的本

---

[1] 刘晓晴,王迎. 我国现代远程教学模式发展趋势探析 [J]. 远程教育杂志,2009 (5).

[2] 郭允建,朱祖林,刘盛峰,等. 我国远程教育研究 2018 年度进展报告 [J]. 远程教育杂志,2019 (5).

[3] 李小平,张琳,赵丰年,等. 虚拟现实/增强现实下混合形态教学设计研究 [J]. 电化教育研究,2017 (7).

[4] 杨九民,等. 在线开放课程中的交互设计及其应用现状分析 [J]. 电化教育研究,2018 (11).

质特征。① 我国 MOOC 平台建设发展较好，已经有高校教师尝试实施 MOOC 与学校课堂学习的融合。中西部高校基于 MOOC 的大学计算机课程改革项目组联合中西部十所高校，进行了大学计算机基础课程课堂学习与 MOOC 相融合的改革，取得了非常好的效果，值得借鉴。但在互联网＋的时代背景下，呼唤 MOOCs 的价值由"知识汲取"向"转识成智"转变，培养学习者"去粗取精"的知识选择能力、"学思结合"的学习能力、"知识重构"的建构能力和"合作共享"的交往能力，同时更加关注学习者品德修养的养成。② 因此，如何使 MOOC 与远程教育教学融合而相辅相成地发展，MOOC 的教学理念如何应用到远程教育，MOOC 优秀开放的教学资源怎样能使更多远程教育的学生受益，都值得远程教育研究者思考。MOOC 对远程教育来说既是机遇也是挑战，后续学者针对 MOOC 与远程教学手段的融合，以及如何保证 MOOC 的教学质量的相关研究将会越来越多。

（三）大数据、人工智能、虚拟现实等新技术在远程教育实践中的应用研究

远程教育中产生的大量数据是丰富的研究资料，在线学习平台中蕴含的海量学习行为数据为在线学习评价及预测、预警提供了重要依据。通过学习分析、大数据挖掘等技术，能为学习提供支持服务，有助于教师教学设计的改进，在未来将会促进远程教育的发展。③ 理工类的操作性课程、医学类实验课程等因其特殊性，单纯的课堂讲授，使得课程枯燥难懂，学生接受度较低，而虚拟现实等新技术促进了这类课程在远程教育中的开展，通过实际教学与虚拟体验交互，感受实验的真实场景，使得远程教育

---

① 赵磊. MOOC 创新扩散的本质特征及分析框架研究［J］. 中国远程教育，2018（3）.

② 马爽，胡凡刚. 从知识汲取到"转识成智"：智能化时代慕课（MOOCs）的价值走向［J］. 远程教育杂志，2018（6）.

③ 姜强，赵蔚，李勇帆，等. 基于大数据的学习分析仪表盘研究［J］. 中国电化教育，2017（1）.

学生获得实际操作体感，如同身临其境。[1] 作为智慧教育的核心力量，人工智能技术在远程教育领域具有广阔的应用前景，例如智能虚拟助手具有个性化辅导、交互式问答、情境学习等支持功能，其开发方式可以是基于原生系统的全新开发、基于开发框架的定制开发，也可以是基于现有平台的快捷开发。[2] 这些新技术的应用不但能够解决远程教育学生学习的困难，还能使得实验更加精准，操作更加便捷。由于这些技术较为新颖，所以如何将这些新技术引入到远程教育中，远程教育又会面临哪些新的机遇和挑战，都是未来远程教育研究的新领域。

（四）开放大学发展及"学分银行"构建的策略研究

自2010年开始，为响应国家政策的号召和自身可持续发展的需要，中国的广播电视大学逐渐开始向开放大学转型，关于开放大学的研究也迅速升温，成为研究前沿。从国内实践看，我国开放大学建设砥砺前行，但在当前面临的主要问题有：顺畅高效的办学架构和体系尚未形成，教育教学改革尚不能满足日益增长的学习需求，符合自身特点的质量标准尚未建立，资源重复建设，高校与平台之间学分互认机制仍在探索，学分银行制度尚未真正落地等[3]，这些都是亟待学术界研究解决的问题。学分银行是借鉴国外开放大学的一套成熟的学分认证与转换机制，我国学分银行的实践探索也取得新进展。国家开放大学设计制定了国家层面的学分银行制度框架，浙江、上海等省市有序推进学分银行建设，基层电大、有关企业等也开始积极参与学分银行的探索。学习成果认证、学分认定与转换是学分银行运行的关键。国内这方面研究主要涉及涵盖范围、运行机制、案例比较、对象衔接、标准构建等。[4] 现在学分银行的构建是国际开放大学的发

---

[1] 邹玲. 虚拟现实技术在现代远程教育中的应用研究［J］. 继续教育，2017（4）.

[2] 王萍，石磊，陈章进. 智能虚拟助手：一种新型学习支持系统的分析与设计［J］. 电化教育研究，2018（2）.

[3] 郭允建，朱祖林，刘盛峰，等. 我国远程教育研究2018年度进展报告［J］. 远程教育杂志，2019（5）.

[4] 周晶晶，陶孟祝，应一也. "学分银行"概念功能探析——基于国内理论研究的回顾和实践探索的梳理［J］. 现代远距离教育，2017（1）.

展趋势，所以如何确保学分银行制度的信效度，继续开发学分银行与新技术融合的形式，正在成为未来新的研究热点。

（五）远程学习者心理和行为的研究

对远程教育学习者的心理研究成为了近期的研究热点，这一研究领域主要集中于远程学习者个性心理、情感投入、学习投入行为三个研究热点。学习需求、动机与能力等的实证研究显示，不同学习者对远程教育教师的专业技能、情感素质与倾向等需求趋于一致，但对信息技术、交互和教学的技能、视频语言表达、引导和组织管理的能力等需求差异显著。[1]也有学者分别研究了成人学习者和老年学习者等不同群体在学习心理上的差异。在情感投入研究上，主要集中在"情感计算""自我调节学习"的研究。由于远程教育师生时空分离的特性，教师掌握学习者心理变化比较困难，通过计算机识别设备判断学习者情感态度的变化则显得尤为必要。[2]相比较真实的学习环境，网络远程学习者的"自我调节"受到诸多因素影响，存在更多不确定性，因此这类研究更具挑战性。在学习投入的研究上，学者认为远程学习者学习投入包含认知投入、情感投入、交互学习投入、自主学习投入等四个维度，学习者的四个维度及参与度整体水平中等偏上，不同性别、年龄、学龄等的学习者，其学习参与度水平存在显著性差异。[3]有关远程教育学习者的学习投入及其影响因素的实证研究及对不同群体的学习投入研究将成为重要热点。

---

[1] 马丽华，丁沁南，张永. 老年学员网络自信影响因素路径分析［J］. 开放教育研究，2018（3）.

[2] 戴妍. 远程教育中自我调节学习的困境与出路——基于远程教育信息交互模式的思考［J］. 现代远距离教育，2013（2）.

[3] 文书锋，孙道金. 远程学习者学习参与度及其提升策略研究——以中国人民大学网络教育为例［J］. 中国电化教育，2017（9）.

第六章　社区教育研究

适逢中华人民共和国成立70周年，梳理和审视国内社区教育的已有研究，既能够勾勒出其发展脉络与历史图景，又有助于推动其实践活动与理论探索的高效开展。新中国成立以来，我国社区教育的相关研究逐渐得以重视，尤其是改革开放后，随着社区教育实践活动的开展，其研究成果也日趋丰富。本章以1949年10月中华人民共和国成立为研究起点，以1978年底改革开放、1999年《面向21世纪教育振兴行动计划》的颁布、2000年《关于在部分地区开展社区教育实验工作的通知》的实施等重要事件为节点，将其划分为社区教育研究的混沌期（新中国成立初至20世纪70年代后期）、兴起期（20世纪80年代初至20世纪末）、深化期（21世纪初至今）三个阶段，进而分析国内社区教育研究的历史脉络、阶段特征、主题内容以及存在问题，并尝试对今后的研究提出一些思考和建议。

第一节　社区教育研究的历史演进

以中国知网（CNKI）为搜索平台，以"社区教育"为主题词或关键词，进行高级搜索，搜索范围限定在"社会科学Ⅰ辑"和"社会科学Ⅱ辑"，发表时间选定为"1949年10月1日至2019年10月22日"，获取与主题相关的中文文献16 000余篇，并通过可视化分析、Excel软件等途径对检索文献进行文本分析。

一、业余教育浪潮下的混沌期（新中国成立初至 20 世纪 70 年代末）：社区教育研究在业余教育理论探索中"隐性"运行

这一时期国内学者对社区教育领域的研究较为缺乏，多以"业余教育"进行理论探索。溥存富、李飞虎等指出："1949 年以后，我国主要采取业余教育的方式对工人、农民和干部进行教育。虽然社区教育这个概念曾一度消失，但是这种灵活的业余教育，可以称得上是社区教育的另一种形式。"[①] 因此，以"业余教育"为主题词或关键词进行同等条件搜索，得到相关文献 174 篇，较早的一篇是江凌发表在《人民教育》1950 年第 5 期的《工人业余教育的三个问题》。1960 年 1 月 16 日，中国共产党中央委员会、国务院联合发表了《中国共产党中央委员会、国务院关于建立业余教育委员会的通知》，引起了学界对业余教育的广泛关注，发文共计 56 篇；1960 年 3 月 24 日，《人民日报》刊发《全民大办业余教育》的社论，进一步激发了广大学者的研究热情。但是，此后相关研究逐渐回落，总体呈现"低—高—低"的研究态势。此外，研究者、研究机构均呈现出零散状态，没有形成相应的研究团体和聚焦的研究主题。

二、改革开放政策推动下的兴起期（20 世纪 80 年代初至 20 世纪 90 年代末）：社区教育研究从"西方引进"逐步走向"本土化"

（一）文献发表趋势：前期低速平稳，后期曲折攀升

该时期有文献 588 篇，总体取得较大进展（如图 6.1 所示）。其中，张祥麟在《外国教育动态》1980 年第 10 期发表的《社区学院——美国高等教育的新浪潮》一文拉开了我国正式研究"社区教育"的帷幕。从发文数量上看，该时期的研究可以分成两个阶段：1980 年至 1989 年，该阶段是我国社区教育实践的起步阶段，发文量共计 25 篇，处于低速平稳时期；1990 年至 1999 年是国内社区教育的探索试验阶段，发文总量 563 篇，呈现较快增长态势。总体而言，理论研究在这一时期整体呈现先稳后增的态

[①] 溥存富、李飞虎. 社区教育概论 [M]. 成都：西南交通大学出版社，2018：19-20.

势，这与我国社区教育实践活动成正相关，也说明实践发展是推进理论研究的重要动力。

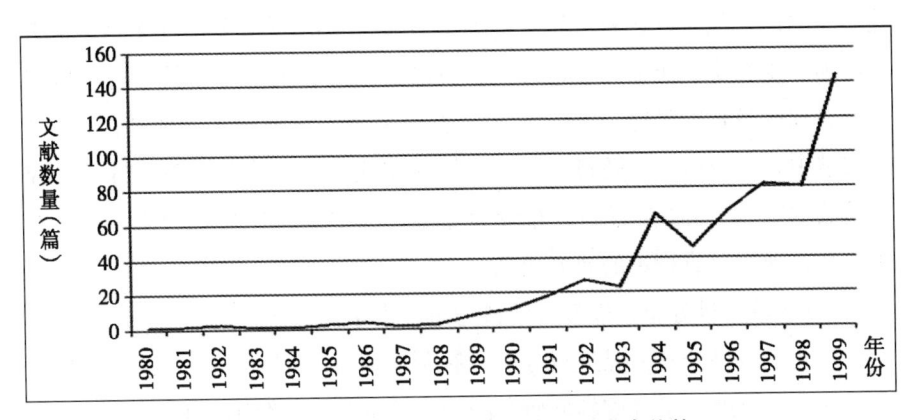

图 6.1 1980—1999 年社区教育文献发表趋势

(二) 文献分布情况分析

1. 文献作者：领域研究者初现，尚未形成研究团体

表 6.1 1980—1999 年社区教育研究作者排名（前十）

序号	作者姓名	发文频次	发文形式
1	王良娟	7	6 篇独作，1 篇合发
2	黄云龙	7	6 篇独作，1 篇合发
3	范传伟	6	4 篇独作，2 篇合发
4	厉以贤	5	独作
5	马超	4	独作
6	梁春涛	3	独作
7	刘继同	3	独作
8	钱丽霞	3	独作
9	陈乃林	2	合作
10	胡凤英	2	独作

作者分析是指通过研究某一特定时期及特定研究领域内相关作者的分

布情况、发文情况以及作者间的合作情况而进行统计分析的一种手段。[①] 通过梳理，得出排名前十的作者、发文频次及发文形式（如表 6.1 所示）。这段时间内关注"社区教育"主题的学者较之前有所增多，发文总量也有所增加，王良娟、黄云龙、范传伟、厉以贤等人分列前十，其中厉以贤发表的《社区教育的理念》等 5 篇文章引用率高，影响较大。此外，在 588 篇文献中，合作研究（超过 2 人以及课题组文献）发表的文章 116 篇，仅占总数的 1/5，说明学者们分布较为零散，以"单兵作战"为主，缺乏合作关系，尚未形成稳定的研究团队。

2. 文献学科分布：以教育学科为主，多学科探索为辅

对文献学科分布情况进行分析，有利于研究者明确研究主题所聚焦的学科领域，有助于了解该领域研究的中心地带和辐射范围。通过对 1980 年至 1999 年的文献进行整理分析，得到文献学科分布统计结果（如图 6.2 所示）。可以发现，该时期内的研究主要在"教育学"领域，共有 384 篇文献；其次是"社会学"领域，共有文献 137 篇；"政治学"领域主要是与"马克思主义"有关的研究，关注社区内青少年、成人的思想政治教育。此外，经济学、公共管理等领域也有涉及，但是相关学科内的文献较少。

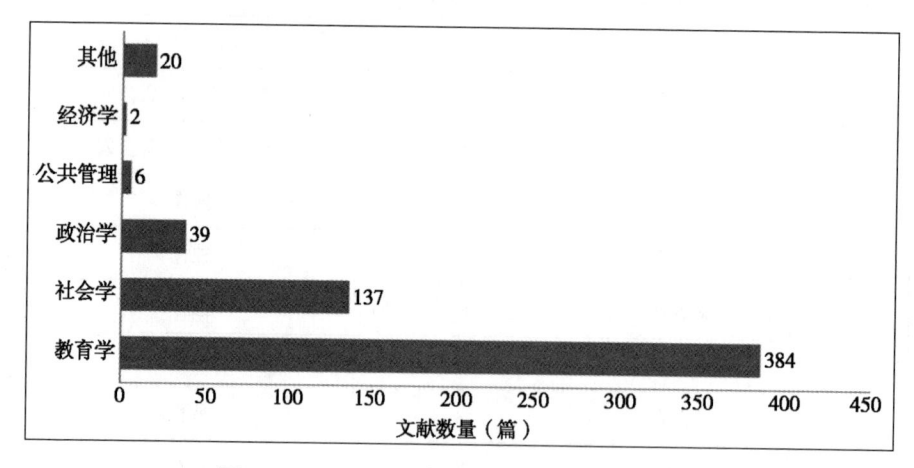

图 6.2 1980—1999 年社区教育文献的学科分布

[①] 吴遵民. 终身教育发展的中国经验——改革开放 40 年终身教育的历史回顾与展望 [M]. 上海：上海人民出版社，2018：36-37.

以上分析表明，该阶段社区教育的研究不仅仅在教育学领域内进行翻译引进与本土总结，也受到社会学、政治学等领域学者的关注，或者教育学领域学者开始从以上学科视角阐释社区教育。其中，社会学领域与社区教育的结合将成为社区教育研究的必然趋势。总体而言，该时期内，社区教育文献的学科分布呈现以"教育学"为主、"社会学"等学科为辅的状态，显现出多学科研究视角的态势。

3. 文献发表期刊来源：教育类期刊水平较高，但发文平台不聚焦

文献期刊是学者发表见解、阐述思想、进行讨论的重要平台，对文献期刊来源进行分析是知悉社区教育在特定时期理论研究发展的重要指标，并且通过期刊的层次、类别以及数量能够反映学术理论的研究程度和水平。[①] 对该时段内文献的整理发现（如图6.3所示），《北京成人教育》（31篇）、《武汉市教育科学研究院学报》（26篇）、《教育研究》（25篇）发文较多，其他期刊上的文章为300多篇，所占比例较大，该部分包括《职教论坛》等教育学专业期刊，也包括《群众》等非教育学专业期刊。该时期的社区教育文献来源表现出两个典型特征：一是论文受到高质量教

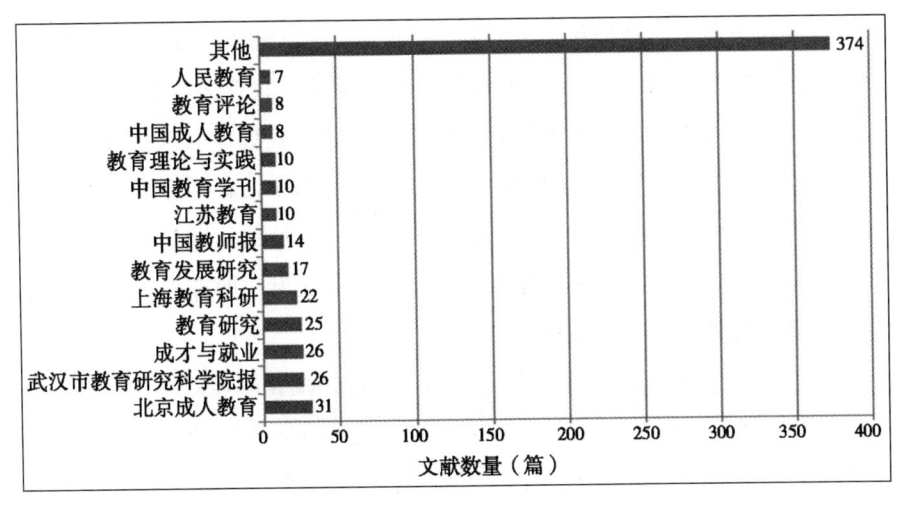

期刊	文献数量（篇）
其他	374
人民教育	7
教育评论	8
中国成人教育	8
教育理论与实践	10
中国教育学刊	10
江苏教育	10
中国教师报	14
教育发展研究	17
上海教育科研	22
教育研究	25
成才与就业	26
武汉市教育研究科学院报	26
北京成人教育	31

图6.3　1980—1999年社区教育文献的期刊来源分布

---

① 吴遵民. 终身教育发展的中国经验——改革开放40年终身教育的历史回顾与展望[M]. 上海：上海人民出版社，2018：41-42.

213

育类期刊的青睐，比如《教育研究》《教育发展研究》《教育理论与实践》等核心权威期刊，期刊层次高，反映出国内对社区教育研究的重视与迫切需求；二是单个期刊发文量低且期刊来源较为分散，发文数量排名前十的期刊发文量占总发文量的 32%，说明还有大部分文献分布在零散的期刊中，仅有少部分文章集中于特定期刊。

4. 社区教育专著：理论研究逐渐系统化，注重实践经验总结

20 世纪 80 年代初至 90 年代末，是我国社区教育实践的起步与探索试验阶段，也是理论研究的兴起阶段。其间，不仅期刊论文数量迅速增加，相关的论述专著也开始出现。吴泽强基于社区教育著作的梳理，认为我国社区教育理念的研究经历了兴起期、探索期和快速发展期三个阶段。[①] 从文献中了解到，较早进行社区教育专著编写的学者有毛澹然、袁采、叶立安、黄立群、黄云龙等人。毛澹然的《美国社区学院》是中国较早系统地描述美国社区学院的专著，书中对美国社区学院的发展阶段、特点、职能等作了介绍；叶立安的《社区教育新探》，详细介绍了真如中学社会教育委员会的发展过程、宗旨等；黄立群在《社区教育概论》中分析了我国社区教育的历史沿革、特征和未来趋势等。此外，《中国社区教育导论》《天津社区教育》《北京社区教育》等专著，专门对社区教育进行系统化论述。这段时期内的专著呈现出两种倾向：前期学者们主要翻译引进西方国家的书籍，以美国的社区学院为典型，注重基本理论的学习；后期主要结合我国十多年的社区教育活动，从理论层面聚焦某一地域的实践，对其经验进行总结提取，探索国内社区教育的基本规律，呈现出"西方引进→本土探索"的研究趋势。

（三）研究主题：研究重点较为突出，阶段性变化明显

在特定的时间段内，学者会就某一领域的热点问题进行探讨，进而形成该时期的研究主题，对其进行剖析，能够清晰地了解研究重点及其变化。从 1980 年至 1999 年，学者们的研究重点主要聚焦于美国社区学院、青少年校外教育、本土化实践经验分析、"家—校—社"教育、终身教育

---

① 吴泽强. 社区教育著作综述[J]. 成人教育，2011 (2).

以及农村社区教育等方面。

第一，美国社区学院（大学）和青少年校外教育属于该阶段早期研究的重点。20世纪80年代，我国刚刚从西方引进现代化社区教育概念，急需国外社区教育理论、实践经验以及模式的翻译引进，指导我国社区教育的实践开展，于是学者以美国社区学院（大学）为突破口，进行了诸多的理论研究。较早阐述社区教育的是1980年载于《外国教育动态》题为《社区学院——美国高等教育的新浪潮》的文章，主要介绍了美国社区学院的发展概况。此后，《社区大学——平民教育理想的实现》《美国社区学院的发展前景》等文章相继发表，其中，毛澹然在引进美国社区学院（大学）发展理念方面贡献较大。此外，国家在社区教育的发展过程中予以较多关注，1988年，《中共中央关于改革和加强中小学德育工作的通知》提出"城市的区或街道可通过试点，逐步建立社区（社会）教育委员会一类的社会组织，以组织、协调社会各界支持、关心学校工作，优化社会教育环境"，之后研究内容聚焦于青少年的"德育"上。1988年5月，李季在《广州教育》上发表第一篇关注社区教育"德育"的文章——《深化广州德育改革之我见——努力实现德育的社区化》；随之，《浅论德育的社区化建设》《社区教育的德育功能》等文章相继发表。此后，社区教育成为学校教育的一种补偿形式而存在，教育对象局限于青少年。

第二，本土化实践经验总结成为研究热点。本土化实践经验的总结主要是对我国的社区教育基地进行调查研究，以个案形式进行分析，从中提取教育经验，比如《发展中的上海社区教育》《上海的社区教育》《记北京128中社区教育》《上海石化的社区成人教育》等，皆以地区性的社区教育实践为研究对象进行学术探究。

第三，"家—校—社"教育运行机制在本土实践中得以凸显，备受学者关注。吴盛雄等人指出，1988年至1997年社区教育研究热点比较多地集中在学校、家庭、社区三者之间的关系上，社区教育研究关键词包括学校教育、家庭教育、教育社会化等。① 佘荣福于1990年在《中国教育学刊》上发表的《建立学校教育、社区教育的良性运行机制，优化育人环境》一文，是国内较早关注"家—校—社"教育运行模式的文章。1997年10月，根据"全国中华传统美德教育第六届研讨会"的研究主题，张彦华、张玉洁等学者以会议论文的形式连续发表7篇相关论文，使研究更加系统和集中。实际上，"家—校—社"结合教育机制为社区教育服务广大社区成年人解放了思想，使早期社区教育的补充角色得以扭转。

第四，学者们开始关注农村社区教育。首篇农村社区教育的文章见诸李慷1990年在《教育理论与实践》上发表的《农村社区教育与社区发展——湖南省桃源县社会调查报告》，文中提到"更要重视农村自身发展的动能积累，不断培植和完善农村社区自身发展的动能结构和运行机制，尽快提高农村社区人的素质"。② 此后，《在农村开展社区教育的尝试》《我国农村乡镇社区教育的展望》《中国农村的社区教育》等文章相继对我国农村社区教育进行学术探津，并为后期的农村社区教育实践提供了理论指导。

第五，"终身教育"成为该阶段后期的研究主题。1999年1月，国务院批转了教育部《面向21世纪教育振兴行动计划》，行动计划明确提出了"实施'现代远程教育工程'，形成开放式教育网络，构建终身学习体系"，并明确提出"开展社区教育的实验工作，逐步建立和完善终身教育体系"的行动纲领，这为我国终身教育体系的建构和社区教育的发展提出了纲领性的发展战略。③ 正是因为国家层面的宏观政策引导，"终身教育"开始受到学者们的关注，成为1998年以后研究的热点。终身教育思想的提出，拓展了社区教育的教育对象，即从青少年→社区成年人→全社会成人，内容

---

① 吴盛雄，陈乃林，江丽娜. 我国社区教育研究40年（1978—2017）状况与反思——基于CiteSpace文献知识图谱分析 [J]. 终身教育研究，2018（4）.

② 李慷. 农村社区教育与社区发展——湖南省桃源县社会调查报告 [J]. 教育理论与实践，1990（5）.

③ 丁红玲，都雅男. 我国社区教育政策40年：历史回顾、价值逻辑及未来展望 [J]. 当代继续教育，2018（4）.

也不断丰富。在终身教育思想指导下，社区教育逐步演化为面向社区居民的教育，显现出服务全民学习和终身学习的特征。[1] 董明传于《上海高教研究》上发表的《关于社区教育与终身教育的思考》，是国内较早阐述"社区教育"与"终身教育"关系的文章，文中介绍了国际终身教育的发展历程、社区教育（社区学习中心）的基本特征以及两者之间的关系，并提出"社区学习中心将是继续教育、终身教育思想实施的载体和有效途径，是建立学习社会的重要步骤，并将成为21世纪教育改革和发展的共同趋势和突出特点"。[2] 继而，《构建苏州市的终身教育体系》《社区教育：终身教育体系的依托》等文章对终身教育思潮下的社区教育进行了多角度的论述阐释。

社区教育在兴起期的研究中呈现出较多的阶段性特征，概述如下：一是文献总量不多，且年均发文量较低；二是期刊来源较为分散，在文献期刊来源的统计中，单种期刊发文量不超过35篇，大部分文献分散于数十种期刊之中；三是缺乏硕博论文，这表明社区教育理论研究队伍的层次水平有待提升；四是学者们倾向于"单打独斗"，缺乏合作关系；五是文献的学科分布较为集中，多数文献聚焦于教育学领域，表明学者们对于"社区教育"属性的认同较为一致；最后是研究主题变化明显，从"美国社区学院"到"终身教育"理念，研究受社区教育实践和国家政策的影响较大，其变化趋势较为明显。

三、政策引擎与实验探索作用下的深化期（21世纪初至今）：社区教育研究在终身教育理念下实现跨越式发展

（一）文献发表趋势：直线上升增幅大，优秀硕博论文涌现

随着国家提出"开展社区教育实验工作"，在全国有力推进社区教育实验以及《国家中长期教育改革和发展规划纲要（2010—2020年）》明确提出"广泛开展城乡社区教育"的新要求，学者们对社区教育的研究非常

---

[1] 吴盛雄，陈乃林，江丽娜. 我国社区教育研究40年（1978—2017）状况与反思——基于CiteSpace文献知识图谱分析[J]. 终身教育研究，2018（4）.

[2] 董明传. 关于社区教育与终身教育的思考[J]. 上海高教研究，1998（12）.

关注，研究成果不断涌现，这一阶段共搜索到中文文献16 000多篇，包括期刊论文13 700多篇，硕博论文2200多篇。社区教育的理论研究成果在20年中大幅度增加，文献总数是1980年至1999年文献总量的28倍左右，年均发文量约为800篇，并且一直处于上升趋势（如图6.4所示）。该时期文献发表趋势有四个特征：一是发文总量多，年均发文量高；二是增幅大，从整体看20年中增加了1000余篇，从局部看年增幅在100篇左右；三是理论研究成果一直处于上升趋势，社区教育的理论研究更加丰富；四是优秀硕博论文大量出现，研究者水平不断提升。总而言之，从社区教育发展和研究成果数量来看，进入21世纪后，社区教育呈现出比较强劲的发展态势，这与中国改革开放以来社会结构转型、社会经济快速发展，与党和国家重视社区教育，以及广大社区教育工作者和研究者不断加深对社区教育的实践与理论研究，都有着密切关系，是多方面主客观因素综合作用的结果。[①]

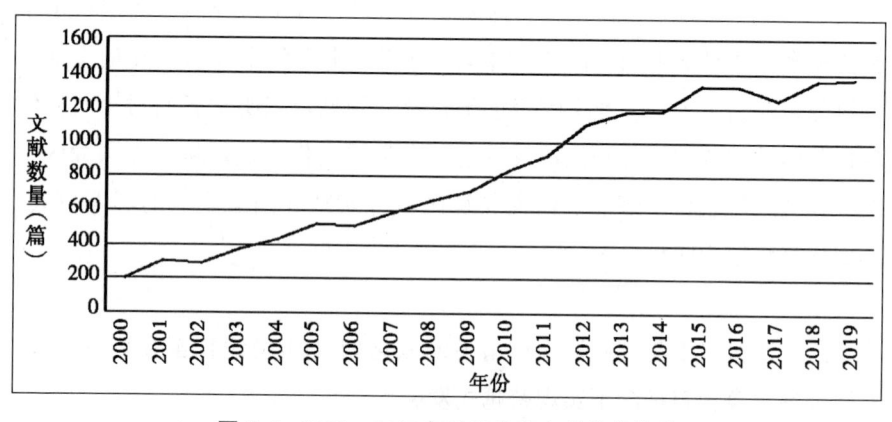

图6.4 2000—2019年社区教育文献发表趋势

（二）文献分布情况分析

1. 文献作者：个人发文频数高，研究者较为稳定

[①] 桑新民. 呼唤新世纪的教育哲学——人类自身生产探秘[M]. 北京：教育科学出版社，1993：49-50.

表 6.2　2000—2019 年社区教育研究作者排名（前十五）

序号	作者	发文频次/篇	单位
1	陈乃林	74	中国成人教育协会
2	仲红俐	40	常州开放大学
3	宋亦芳	37	上海长宁社区学院
4	胡凡刚	35	华南师范大学
5	沈光辉	30	福建广播电视大学
6	丁红玲	28	山西大学
7	朱涛	27	五邑大学
8	赵小段	25	广州城市职业学院
9	杜君英	23	上海行健职业学院
10	刘尧	21	浙江师范大学
11	高洪波	21	南通开放大学
12	程仙平	20	浙江广播电视大学
13	桑宁霞	19	山西大学
14	张永	18	华东师范大学
15	邵晓枫	17	四川师范大学

经梳理，发文频次排名前十五的作者如表 6.2 所示。其一，发文量都不低于 17 篇，发文频次超过 25 篇的学者分别是陈乃林、仲红俐、宋亦芳、胡凡刚、沈光辉、丁红玲、朱涛，这些研究者都在不同类型的高等院校对社区教育进行理论探索，丰富了社区教育的内容，产生了较为广泛的学术影响。值得一提的是，陈乃林以发文 74 篇位居榜首，该作者从 20 世纪 80 年代初开始关注社区教育的理论研究，是该领域较为稳定的研究者，为社区教育的理论研究与发展作出了诸多贡献。此外，叶忠海、乐传永、黄云龙等学者对社区教育也进行了学术探索。其二，对研究者的科研合作情况进行分析是必要的，能够反映出该时期作者在社区教育研究中的合作关系。吴盛雄等结合图谱分析软件 CiteSpace 进行分析指出，社区教育研究文献的合作程度并不高，无论是机构间的合作还是作者间的合作；看来在坚持独立思考与独立研究的基础上，提倡社区教育的合作研究，互补短

长，亦应重视和加强。[①] 而在对 2000 年至 2019 年发文作者的研究中发现，2005 年之前，学者们以单独研究发文为主，仍缺乏科研合作；2005 年之后，同篇文章作者超过 2 人的文献数量增加，出现频次日趋频繁，这表明学者们逐渐意识到科研合作的重要性。因此，研究者们的科研合作关系在 20 年中出现两个阶段，即"独作为主，合作为辅"阶段和"趋向合作，重视组队"阶段。

2. 基金来源：中央地方联动支持，理论研究较受重视

对特定时期内某一领域所获得的基金项目进行分析，能够了解政府的重视程度和资金投入力度。对该阶段研究基金来源作统计（如图 6.5 所示），基金项目来源分别是"全国教育科学规划课题""国家社会科学基金""江苏省教育厅人文社科研究基金""国家自然科学基金"等。其中，"全国教育科学规划课题"达 242 篇，"国家社会科学基金"达到 202 篇，作为教育学（人文社科）领域的重要基金项目，这无疑说明国家在 20 年中

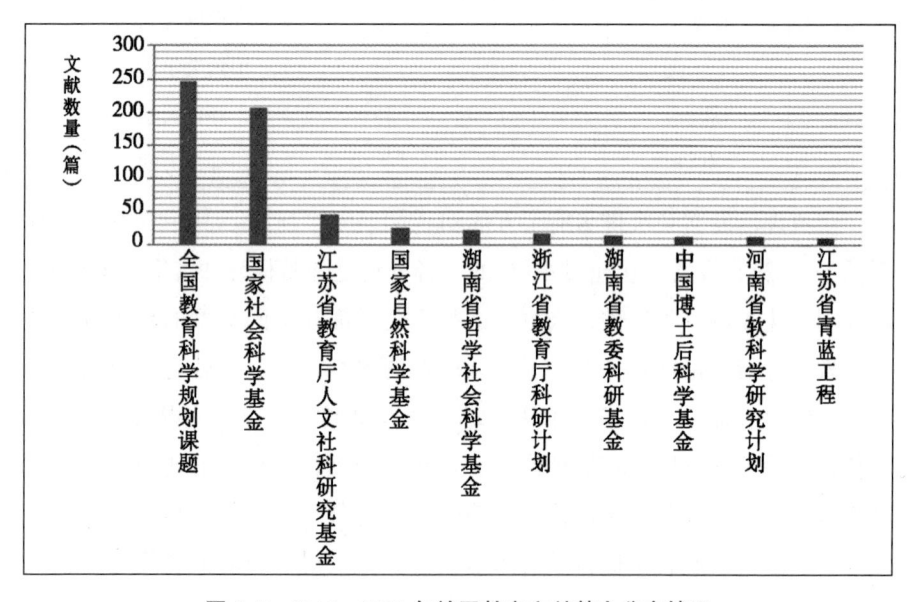

图 6.5 2000—2019 年社区教育文献基金分布情况

---

① 吴盛雄，陈乃林，江丽娜. 我国社区教育研究 40 年（1978—2017）状况与反思——基于 CiteSpace 文献知识图谱分析 [J]. 终身教育研究，2018（4）.

对社区教育理论研究的高度重视，支持力度很强，为社区教育的研究提供了极大的项目平台和资金投入。总之，社区教育文献的基金来源呈现出以下特征：一是基金来源广，国家地方联动支持，不仅包括国家层面的研究项目，比如"全国教育科学规划课题""国家社会科学基金"等，也包括地方的基金支持，如"江苏省教育厅人文社科研究基金""湖南省哲学社会科学基金"等。二是国家层面支持力度大，发挥主导作用。国家层面的立项支持篇数明显高于地方文章数量，仅"全国教育科学规划课题""国家社会科学基金"项目支持发表的文章就超过400篇。根据以上分析可知，近20年来，国家政府对社区教育的资金投入力度较大，投入倾向良好，这或许与"构建学习型社会""终身教育""社区治理"等国家政策导向有关。

3. 研究机构：机构类型多样，但以师范院校为主

对文献作者的所在机构进行归类梳理（如图6.6所示）发现，2000年至2019年间，文献量产出排名前十五的机构，有华东师范大学、曲阜师范大学、山西大学、华中师范大学等，作者囊括了社区教育理论研究的诸多杰出学者，比如叶忠海、陈乃林、吴遵民、沈光辉等。研究机构的类型也较为多样，一是师范类高校，包括华东师范大学、北京师范大学、曲阜师范大学等；二是高职院校及电大（开放大学），包括广州城市职业学院、常州开放大学、福建广播电视大学等；三是综合性大学，包括山西大学、

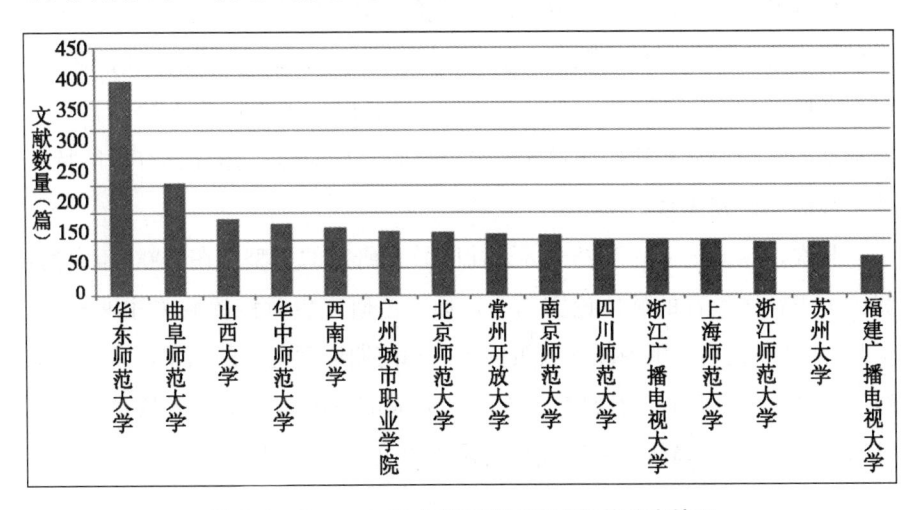

图6.6 2000—2019年社区教育研究机构分布情况

苏州大学、西南大学等。此外，研究机构所处的地理位置较为优越，多数研究机构位于江浙沪等东南沿海地区，有着丰富的社区教育实践，也说明了该类地区对社区教育较为重视。总而言之，研究机构以师范类高校为主，所处地理位置优越，专业学者集聚，清晰反映出其在学科领域的科研实力，数据也表明，社区教育研究成果主要集中在部分研究能力较强的科研机构。

4. 社区教育专著及硕博论文：专著成果涌现，呈现形式日趋多元

随着国家政策对社区教育的不断引导以及教育实践活动的不断推进与深入，国内学者在这阶段20年中对社区教育的研究不断走向系统化，其表现形式为相关专著的出版以及硕博论文的刊发。

首先，社区教育著作的大量涌现提高了理论研究的水平。吴泽强在《社区教育著作综述》一文中对2000年以来的社区教育专著作了系统介绍，从专著的侧重点出发将其分为理论建构类、实践发展类、经验总结类、学习型社区建设类和社区教育比较类著作五类。[①] 从理论与实践两方面进行归纳，我国社区教育专著分为理论探究和实践探索两类：理论探究类著作有《社区教育的发展与展望》《社区教育原理》《社区教育》以及《社区教育内涵发展论》等，这些著作从社区教育的基本原理、内涵本质、特征功能、体系结构等方面对社区教育进行理论建构；实践探索类著作有《论社区教育发展模式》《江苏省社区教育案例选》《社区教育与构建和谐武汉》《杭州社区教育发展报告：1989—2009》等，以上著作以国内社区教育实践活动为基础，从实践层面对社区教育进行经验总结，形成具有中国特色的实践活动研究体系。

其次，硕博论文的发表丰富了社区教育研究的类型。在2000年之前，我国关于社区教育的硕博论文为零，硕、博研究生对该领域关注度较低，但是2000年之后，随着国家政策的导向和前期期刊论文的积累，硕博论文数量达到2200多篇。宵英明于2000年完成的《中国主要社区教育模式研究》，是国内第一篇研究社区教育的硕士论文。文中根据"中层理论"，运

---

① 吴泽强. 社区教育著作综述[J]. 成人教育, 2011 (2).

用国别专题研究的方法,对中国社区教育的历史及现状进行分析,并考察了中国社区教育的主要模式等。[①] 刘洋于 2003 年完成的《中国农村社区教育研究》,是国内第一篇真正意义上的社区教育博士论文。该文采用系统论方法,从我国国情出发,研究了农村社区教育与农村社会环境的辩证关系,以及中国农村社区教育的形成与发展等内容。[②] 总之,社区教育硕博论文的出现,一方面壮大了社区教育研究者队伍;另一方面,突破了研究成果囿于专著和期刊论文的状态,丰富了成果的表现形式,并且使其研究内容系统化、视角多元化。

(三) 社区教育研究主题:政策牵引研究焦点,更加具有中国特色

卢德生等人指出,在大数据信息提取与整合功能不断强化以及有关用户行为收集和分析体系不断成熟的背景下,科学研究对各个研究领域的可视化分析和大数据统计提出了新的要求。[③] 通过可视化分析,实现关键词共现(如图 6.7 所示),"终身教育""学习型社会""终身学习""老年教育""社区教育"等主题在这 20 年中关注度很高,这与吴泽强、卢德生等学者的研究结论基本一致。自从 1999 年《面向 21 世纪教育振兴行动计划》批转后,2000 年 11 月中共中央办公厅、国务院办公厅转发《民政部关于在全国推进城市社区建设的意见》、2013 年推出的《关于推进学习型城市建设的意见》以及 2017 年制定的《国家教育事业发展"十三五"规划》等一系列政策文件,推动了社区教育研究在"终身教育""学习型社会"等先进理念下较快发展。并且,研究者基于国情,从城镇化、农村教育、社会治理等角度探讨社区教育,形成了具有中国特色的研究趋向,有学者将其称为"新型社区教育"。此外,社区教育研究的焦点不仅在于社区教育外部及其关系上,也聚焦于社区教育自身内部的研究,比如社区教育的内涵发展、课程开发、工作队伍建设等内容。该阶段研究焦点有两个值得关注之处:一是在 2000 年至 2019 年,"终身教育""学习型社会"等理念贯

---

① 胥英明. 中国主要社区教育模式研究 [D]. 石家庄:河北大学,2000.
② 刘洋. 中国农村社区教育研究 [D]. 咸阳:西北农林科技大学,2003.
③ 卢德生,赖长春. 我国社区教育研究十年(2006—2015)现状与反思——基于 CiteSpace 的知识图谱分析 [J]. 职教论坛,2016(12).

穿社区教育理论研究始终；二是学者们于2000年至2010年开始关注"城市社区""电大远程教育""人才队伍"以及"课程资源开发"的研究；2010年之后，理论研究倾向于"农村社区建设与教育""社区治理""老年教育""学分制银行"以及"移动社区教育"等热点，研究主题变迁的特征较为明显。

图6.7　2000—2019年社区教育文献关键词共现网络

社区教育研究深化期有以下几个方面的特征：一是理论成果丰富，期刊论文、专著以及硕博论文等数量突增，研究趋势良好。二是产生了一批较为稳定的社区教育研究学者，比如陈乃林、厉以贤、沈光辉、吴遵民等，巩固了社区教育研究的人才队伍。三是研究主体范围扩大，不仅有高等院校的理论研究者，也有社区教育实践基地（开放大学、社区学院、广播电视大学）的一线实践者，以及诸多硕士生、博士生等"学术潜力股"加入。四是相关研究具有明显的政策导向性与问题导向性，从国家层面以政策文件为引擎，"自上而下"用先进理念引领研究方向，从实践层面紧扣社会转型时期的社会问题，"自下而上"推进研究深度。五是研究机构区域分布不平衡，多数研究机构位于江浙沪闽京等东南沿海城市和一线城市，中西部地区研究机构分布很少。六是研究内容和主题更加注重国情以及社区教育实际情况，比如农村教育、老年教育、农民工流动人口社区教育等，更加具有本土特色。七是研究取向出现"学院派"和"实务派"两种，前者更加注重社区教育的内涵规律、功能体系等方面的研究，后者主要关注社区教育实际问题的解决，比如教育队伍建设、资源分配、平台建设等。八是研究方法日趋多元，虽然仍以思辨方法为主，但个案分析法、统计学方法均有所涉猎。九是研究领域主要以教育学科为主，但也不乏社会学、管理学等跨学科研究成果。

第二节　社区教育研究的主题分析

本研究通过对中国知网、国家图书馆（官网）、优秀硕博论文库等平台进行文献检索，使用 SATI、CiteSpace 和 Excel 等研究工具，结合内容分析法，对我国社区教育研究的高频词、关键词进行词谱共现和聚类分析，发现新中国成立70年以来，我国社区教育的研究内容和主题主要聚焦在内涵探讨、功能模式、教育治理、教育工作者以及课程资源等几大方面。

一、国内社区教育的内涵研究

20世纪80年代以来，我国社区教育在政策引导、实践探索和理论研究等方面取得了很大进步，其中理论研究作为社区教育研究的重要方面，受到诸多学者的关注。在众多的关注焦点中，社区教育的内涵探讨是其基点。在研究探讨过程中，叶忠海、厉以贤、黄云龙、陈乃林、吴遵民等主要学者贡献颇多，出现了一些颇具影响力的学术成果，为理论研究的深入开展提供了重要支撑。代表性研究成果有厉以贤的《社区教育的理念》、黄云龙的《关于社区教育本质的思考》、陈乃林的《解读社区教育的本质与功能》、吴遵民的《关于对我国社区教育本质特征的若干研究和思考》等文章，其主要涉及社区教育的基本概念、构成要素以及特征分析等内容。

（一）社区教育的基本概念梳理

1. 教育学视角下的"社区教育"

有些学者从教育学视角认为"社区教育"是教育活动、教育体制、教育模式或教育综合体等，即"活动说""体制说""模式说"和"综合说"。

第一，"活动说"。金辉认为，社区教育是指反映和满足社区发展需要的，对社区全体成员的身心发展施加影响的教育活动和过程。[①] 黄云龙指出，社区教育是一种区域性的、有组织的、教育社会一体化的教育活动。[②] 社区教育是提高社区全体成员素质和生活质量以及实现社区发展的一种社区性的教育活动过程。[③] 吴遵民认为，中国社区教育是由地区居民自发产生的，为追求精神生活的充实及对终身学习的需求……自下而上的群众性教育活动。[④] 以上观点的阐释以教育为基点，将"社区教育"定位于"教育"的种概念。当前，社区教育的"活动说"获得了界内的普遍认同，教育部将"社区教育"定义为：在一定地域范围内，充分利用各类教育资源，旨在提高社区全体成员整体素质和生活质量，促进区域经济建设和社会发展的教育活动。

第二，"体制说"。梁春涛等人较早从体制的角度对社区教育概念进行解读，1993年在《中国社区教育导论》中指出"社区教育是在一定区域内，在党和政府帮助、指导下，组织协调学校和社会各个方面……促进地区经济、社会和教育协调发展的教育社会一体化组织体制"。[⑤] 此后，张云间等人认为，社区教育是把教育置于一定区域的经济、社会、文化、科技等的大背景下……逐步实现教育社会一体化，不断促进社区发展的一种教育体制。[⑥] 黄利群指出社区教育是一定地域内政府统筹、社会参与，促进教育与社会紧密结合、协调发展的教育体制。[⑦] "体制说"主要着眼于政府，注重政府在区域中的协调和管理，而非将落脚点放在"社区"，凸显出"政府主导"的特点。因此，持"体制说"的社区教育研究者不多，但

---

① 金辉. 社区教育的概念界说及其方法 [J]. 上海教育情报，1994（4）.
② 黄云龙. 中国社区教育的两个飞跃 [J]. 教育参考，1994（5）.
③ 厉以贤. 社区教育的理念 [J]. 教育研究，1999（3）.
④ 小林文人，末本诚，吴遵民. 当代社区教育新视野：社区教育理论与实践的国际比较 [M]. 上海：上海教育出版社，2003：8-9.
⑤ 梁春涛，叶立安. 中国社区教育导论 [M]. 天津：天津人民出版社，1993：32-34.
⑥ 张云间，张秀岩，王晓明. 关于社区教育若干基本问题的思考 [J]. 教育研究，1995（5）.
⑦ 黄利群. 关于发展我国社区教育的几点思考 [J]. 教育研究，1994（1）.

在学术上仍值得探讨。

第三,"模式说"。吕型伟在《教育社会化,社会教育化》中认为,社区教育是能够体现教育社会化和社会教育化的一种新型的教育模式。[1] 也有学者在总结国内社区教育的概念时指出,社区教育是学校与社会相结合,教育与经济相结合的一种立体教育网络模式。[2]

第四,"综合说"。叶忠海认为,社区教育是指以社区为范围,以社区全体成员为对象,旨在促进社区可持续发展,以提高其成员素质及生活质量为目的的教育综合体。[3] 也有学者认为,社区教育就是把同处在一地的不同的社会群体、社会组织,依照其在时间和空间上的相互关联性和利益基础上的一致性结合起来,对不同的社会成员所实施的联合横向教育等。

2. 社会学视角下的"社区教育"

部分学者从社会学视角认为,"社区教育"是一种社会组织形式、社会组织体制或者是一种社会工作模式,"社区教育"姓"社"而不姓"教",以社区发展为本位。有学者将社区教育看成社会组织形式,比如,把社区教育看成打破正规学校教育的一种组织形式[4];是一种教育与社会结合双向服务、相互促进、同步发展的社会组织形式[5]。也有学者认为,社区教育以地区为依托,是能够提高社区全体成员的素质,促进物质文明和精神文明建设的社会组织体制。台湾社区教育学者林振春认为,社区教育是一种过程,社区发展的过程就是社区教育的过程。[6] 顾东辉在《"社区教育"的概念架构》中指出,社区教育是社区工作的一种新模式。[7] 社区

---

[1] 吕型伟. 教育社会化,社会教育化 [J]. 人民教育,1990 (11).
[2] 何爱霞. 成人教育社会学研究 [M]. 青岛:中国海洋大学出版社,2007:191-194.
[3] 叶忠海. 社区教育学研究 [M]. 上海:同济大学出版社,2011:22-23.
[4] 姚远峰. 国外"社区教育"的界定及其启示 [J]. 湖北大学成人教育学院学报,2003 (5).
[5] 厉以贤. 社区教育的理念 [J]. 教育研究,1999 (3).
[6] 沈光辉,蔡亮光. 海峡两岸社区教育比较研究 [J]. 成人教育,2010 (10).
[7] 顾东辉. "社区教育"的概念架构 [J]. 广西民族学院学报(哲学社会科学版),2003 (4).

教育以社区发展为本位，是一种社区发展行为。[①] 以上观点都是从"社区"出发，将"社区教育"看成社区建设中的一部分。刘尧结合教育学和社会学视角下的各种概念，认为社区教育包括以下内容：一是对象上包括社区全体成员（幼儿、青少年、成年人、老年人）；二是目的上涉及个人发展、社区发展和社会稳定；三是内容上逐渐丰富，包括德育、法治教育、职业教育、健康教育等；四是形式上更加丰富多样。[②]

虽然学者偏向于认同"社区教育"是教育学研究的领域，其指向的主体、对象、内容、目的等都符合教育的属性，但无论是从"教育学"还是从"社会学"视角进行概念界定，都有助于人们全面深入地认识"社区教育"。

（二）社区教育的基本要素研究

从系统论视角对"社区教育"的要素进行分析，能够较为清晰地了解其内部结构，进而利于我们明确社区教育的概念内涵。学者们在探讨"社区教育"概念的同时也对其要素进行了阐述，可以归纳为"三要素""四要素""五要素"以及"六要素"四种类型。

第一，"三要素"。有学者在研究民族社区教育时，根据普通教育的要素构成提出，社区教育一般包括学习者、教育者和教育措施三个要素。[③] 其中，教育措施这一要素包括教育内容、教育手段、教育情境三个方面。

第二，"四要素"。社区教育的基本要素通常包括社区、学校、教育机构和参与者四个方面。[④] 有学者在探索农村社区教育的基础时认为，社区教育包括社区与社区组织、学校、教育资源、参与者四个要素。[⑤] 此外，也有学者归纳出四个基本要素：特定区域内进行的教育活动，社区内所有

[①] 沈光辉. 转型发展中的社区教育问题研究［M］. 北京：中央广播电视大学出版社，2016：15-16.

[②] 刘尧. 社区教育的内涵、特点与功能探讨［J］. 西北农林科技大学学报（社会科学版），2010（3）.

[③] 王国超，潘华. 从"教育三要素"谈民族社区教育竞争与文化传承［J］. 继续教育研究，2013（10）.

[④] 孙亚玲. 社区教育的基本问题［J］. 云南教育学院学报，1995（4）.

[⑤] 刘洋. 中国农村社区教育研究［D］. 咸阳：西北农林科技大学，2003.

教育机构、教育力量的协同教育活动,适应社会发展需要、为社区所有成员提供的教育服务,学校教育与社会教育的结合。[①] 王英在研究社区老年教育的基础上提出,社区教育应包含以下四个构成要素:社区教育的权利和资源,社区教育的方式(包括自主、自治、全民参与),社区教育发展的核心理念,社区教育的目标。[②]

第三,"五要素"。社区、学校、教育机构、参与者和社区组织通常被认为是社区教育的基本要素。[③] 侯怀银提出了不同的见解,认为社区、居民、社区教育内容、组织者、资源是社区教育的要素,并指出社区是基本要素、居民是核心要素、社区教育内容等是支持要素。[④] 封喜桃在对天津、重庆、上海等地社区教育的调研基础上,认为社区教育应该具备社区教育主体、社区教育目标、社区教育内容、社区教育条件、社区教育方式五个要素。[⑤]

第四,"六要素"。有学者认为社区教育有六个构成要素:利用学校之类的公共设施,包括所有年龄所有阶层所有种族集团的参加者,人们认识自己的需要和问题,适应需要的多种计划,社区内的各种机构和部门相互协作,公共(私人)等多方面的资金来源等。此外,秦钠基于中日都市社区教育的比较研究,提出社区教育的对象、社区教育的目标、社区教育的运作平台、管理体制、教育的内容、社区教育的施教者六个要素。[⑥]

从以上分析可知,国内研究者对于社区教育的构成要素持有不同观点,或从宏观角度进行解读,将社区、学校、教育机构、社区资源等外部因子归入其中;或从微观角度着眼于内部要素,将社区教育的主体、目

---

① 邱建新,陆军. 社区教育的嬗变 [J]. 扬州大学学报(高教研究版),2001(3).
② 王英. 中国社区老年教育研究 [D]. 天津:南开大学,2009.
③ 刘尧. 社区教育的内涵、特点与功能探讨 [J]. 西北农林科技大学学报(社会科学版),2010(3).
④ 侯怀银. 社区教育 [M]. 北京:北京师范大学出版社,2015:49.
⑤ 封喜桃. 试析上海、天津、重庆的社区教育模式 [J]. 河北职工大学学报,2000(6).
⑥ 秦钠. 中日都市社区教育比较研究 [D]. 上海:上海大学,2006.

的、理念、方式等视为基本的构成要素。以上不同的观点既丰富了人们的认识，又为进一步的探讨争鸣提供了不同的视角。

（三）社区教育的特征研究

社区教育的特性是指其他教育所不具备或不及的特殊属性。国内学者对社区教育的特征提出了较多观点，代表性学者有叶忠海、吴遵民、沈光辉等人，总结起来，主要有"四性说""五性说""六性说"和"七性说"四种观点。

第一，"四性说"。"八五计划"全国社区教育课题组认为，社区教育具有教育性、地域性、群众性、灵活性特征。也有学者提出，社区教育应具备全员性、终身性、综合性和地区特色性，抑或社区特色性、"三全"统一性、整体性、广泛参与性。① 也有研究者认为，社区教育的特性应该包括：为社区的建设发展服务，全民参与，资源共享，非正规的教育，这是实现教育化社区、实现终身教育、建立学习化社会的一种途径四个方面。②

第二，"五性说"。梁春涛认为，社区教育具有地缘性、整合性、开放性、互补性以及广延性。张云间等人认为，社区教育具备区域性、群众性、方向性、综合性、多样性。③ 还有学者认为，社区教育具有社区特色性、教育与生活发展关联性、"三全"统一性、社区整体性和广泛参与性五个特征。社区教育特征的"五性说"是对"四性说"的补充，后者丰富了人们对社区教育特征的认识。

第三，"六性说"。刘尧认为，社区教育具有社区性、灵活性、"三全性"、目的性、时空性、特色性六个特征。④ 溥存富、李飞虎等人指出，社

---

① 叶忠海. 社区教育学研究［M］. 上海：同济大学出版社，2011：24-26.
② 社区教育的特征与特点［EB/OL］.［2006-06-27］. http://www.jasq.cn/show.aspx? cid=26&id=246.
③ 张云间，张秀岸，王晓明，等. 关于社区教育若干基本问题的思考［J］. 教育研究，1995（5）.
④ 刘尧. 社区教育的内涵、特点与功能探讨［J］. 西北农林科技大学学报（社会科学版），2010（3）.

区教育具有区域性、全员性、广泛性、综合性、多样性和社会性特征。[①]也有学者指出社区教育具有地域服务性、对象广泛性、内容丰富性、模式多样性、资源整合性以及办学主体多元性等特征。这些是近年来根据社区教育的实践活动而提出的，实际上也是对以上两种观点的延伸。

第四，"七性说"。叶忠海在《社区教育学研究》一书中指出，社区教育具有育人性、地域性、广参性、即需性、多样性、组织性和共管性。[②]此外，侯怀银等人认为，地域服务性、对象广泛性、内容丰富性、形式多样性、资源整合性、办学主体多元性、方式补偿性是社区教育的基本特征。[③] 在"七性说"中，侯怀银的观点是比较有针对性的，使社区教育的特征更加明确化，这是较前人的一大改进。

此外，王霞从哲学的视角认为社区教育还具有人文性和精神性，这是注重社区教育的内在特性。[④] 也有学者认为，"社区性"是社区教育的本质特征，如果社区教育没有"社区性"，那就和其他教育没有区别。[⑤] 黄云龙持不同意见，他认为社区性是社区教育的空间范围属性，而社区教育的本质特征在于社区生活、社区发展与教育的有机结合，并衍生出社区教育具有历史性与永恒性。[⑥] 吴遵民在对社区教育基本特征进行总结与分析后指出，社区教育的本质特征可包括两个方面，一是它的自下而上性，二是它的自发性和自主性。[⑦] 陈乃林指出，社区教育具有人本性、人文性本质特征，这一点必须坚持。[⑧] 总而言之，对于社区教育特征的研究，学者们各持己见，"四性说""五性说""六性说""七性说"都反映出社区教育特征

[①] 溥存富，李飞虎，等. 社区教育概论 [M]. 成都：西南交通大学出版社，2018：3-5.
[②] 叶忠海. 社区教育学研究 [M]. 上海：同济大学出版社，2011：24-26.
[③] 侯怀银. 社区教育 [M]. 北京：北京师范大学出版社，2015：11-14.
[④] 王霞. 全面回归：社区教育的内涵解读 [J]. 教育理论与实践，2016（7）.
[⑤] 金辉. 社区教育的概念界说及其方法 [J]. 上海教育情报，1994（4）.
[⑥] 黄云龙. 关于社区教育本质的思考 [J]. 教育研究，1999（7）.
[⑦] 吴遵民. 关于对我国社区教育本质特征的若干研究和思考——试从国际比较的视野出发 [J]. 华东师范大学学报（教育科学版），2003（3）.
[⑧] 陈乃林. 创新社区教育治理体系略论 [J]. 职教论坛，2014（15）.

的多样化；其基本特征中的"三全"（"全程性""全员性"和"全方位"）已得到学者们的认可，而本质特征尚未达成共识。

二、社区教育的功能与模式研究

我国社区教育在多年的"试点—推广"实践活动中，其功能不断凸显，愈加丰富，形成以教化育人功能为主，政治宣传、文化传承等功能为辅的架构，并且在该过程中逐渐形成特色鲜明、类型多样的发展模式。社区教育功能的研究中涉及的学者有方丹敏、马晓东、陈晶晶、晋银峰等，最早涉及这一方面的文章是《试探社区教育功能》，被引率较高的文章有《关于新世纪社区教育功能的探讨》《中国农村城镇化建设之社区教育功能思考》等。此外，涉及社区教育模式的研究者有苏民、胥英明、文锦等，最早涉及该方面研究的文章是《县级市城区社区教育模式探讨》，其后《中国主要社区教育模式研究》《面向21世纪社区教育模式探索》《面向未来的社区教育模式探索》等文章具有一定代表性。总的来看，其主要的研究成果可以归纳为以下几个方面。

（一）社区教育的功能研究

社区教育的功能即服务机构采用专门技术针对社区成员进行教育所体现的作用和效果。[①] 国内对于社区教育功能的研究不一而足，学者们从不同的视角提出了多种功能及其分类。

第一，社区教育功能"三分法"。顾东辉从社会学角度对社区教育功能进行审视，将其定位在"社区成员成长""社区发展"及其关系上，认为社区教育是一种知识投资，可以直接促进社区成员的成长、间接推动社区的可持续发展、间接提高社区成员的生活质量。

第二，社区教育功能"四分法"。厉以贤认为，社区教育在社区发展中有四大功能：可以形成社区居民积极的价值观、态度和道德；可以形成良好的社区文化；可以建设良好的社区环境；可以培养社区角色、社区意

[①] 顾东辉."社区教育"的概念架构［J］.广西民族学院学报（哲学社会科学版），2003（4）.

识和社区归属感等。① 陈乃林从促进人的全面发展和促进社区全面进步两个角度出发，认为社区教育的功能表现在促进社区居民生活质量提高、促进居民自我发展和自我完善、促进社区精神文明建设、促进社区的全面发展等四个方面。② 纪军则总结为推进社区公民教育、支持社区可持续发展、构建学习化社区、发展社区文化四种功能。③

第三，社区教育功能"五分法"。孙亚玲认为，社区教育能够发挥对全体居民进行教育，统筹社会化教育因素，形成良好社区文化，监督和咨询等功能。④ 刘尧等人指出，社区教育具有公民教育、社区凝聚、社区发展、文化建设、资源整合等功能。⑤ 吴遵民提出，社区教育能使青少年社会化，维护和控制地区安定，具有发挥居民潜能以及促进人的交往与互助的功能。⑥

以上学者对社区教育功能的介绍较为简明，而叶忠海在《社区教育学研究》中专门用一章内容对其进行了详尽的解释，其中包括促进社区成员素质提高功能、推动社区可持续发展功能、提高社区成员生活质量功能、推进教育改革和发展功能等内容。侯怀银借鉴总结前人观点，在《社区教育》一书中从社会功能和个体功能两个角度也进行了系统详细的阐述，认为社区教育的社会功能包括政治功能、经济功能、文化功能、服务功能，个体功能包括谋生功能、个体享用功能、育人功能等，并就社区教育功能实现的条件、原则以及策略进行了论述。⑦

（二）社区教育的模式研究

第一，社区教育模式"三分说"。山西省社区教育课题组在 1998 年对

---

① 厉以贤. 社区教育、社区发展、教育体制改革 [J]. 教育研究，1994（1）.
② 陈乃林. 解读社区教育的本质与功能 [J]. 当代教育论坛，2003（11）.
③ 纪军. 社区教育的多维分析 [J]. 教育探索，2003（1）.
④ 孙亚玲. 社区教育的基本问题 [J]. 云南教育学院学报，1995（4）.
⑤ 刘尧. 社区教育的内涵、特点与功能探讨 [J]. 西北农林科技大学学报（社会科学版），2010（3）.
⑥ 吴遵民. 终身教育发展的中国经验——改革开放 40 年终身教育的历史回顾与展望 [M]. 上海：上海人民出版社，2018：110-111.
⑦ 侯怀银. 社区教育 [M]. 北京：北京师范大学出版社，2015：61-69.

襄汾县社区教育模式的调查中,认为有三种主要模式:贾罕乡模式、襄汾二中模式、襄汾城关小学模式,以具体的学校进行模式介绍,是对"学校"主体下的社区教育模式进行的探索。[1] 也有学者从地域位置上将社区教育模式划分为城市型、市镇型和乡村型三种类型,该模式类型的划分简单清晰,得到较多学者的认可。[2]

第二,社区教育模式"四分说"。对社区教育模式较早进行探讨的是孙亚玲,她认为存在四种社区教育模式:一是以区或街道为中心的地域型模式;二是以学校为中心的辐射型模式;三是以大型企业为中心的厂区型模式;四是以学区为中心的模式。[3] 此后,黄云龙将我国社区教育模式概括为四种模式:以区或街道(镇)为主体的地域型体制模式,以学校为主体的辐射型体制模式,政府机构与社区合作办学的体制模式,社区学校(院)实体型的体制模式。[4] 苏民将其概括为以街道办事处为中心的连动型、以中小学为主体的活动型、以社区学院为载体的综合型、以地域为边界的自治型,并认为在实践中这四种模式不是相互孤立的。[5] 学者们对社区教育模式的探讨基本有以上几种,形成了以街道、学校、社区学院、企业等为主体的社区教育模式。

侯怀银在对以上模式进行总结后,将其归纳为"政府统筹型"和"多元辐射型",并提出其具有多样性、整体性、动态性和交叉性等特征。[6] 此外,2011 年,叶忠海在《中国社区教育发展研究》一书中,从数量增长、质量效益、结构优化等多个维度对社区教育模式进行了较为全面深入的阐释。也有部分学者开始着眼于网络社区教育模式的探索,比如,陈金华主张,建立以博客平台增强社区管理能力,提高居民综合素质,促进社区教育科学发展的 E 化社区交互模式。

---

[1] 卢红,张雪莲. 国内社区教育研究述评 [J]. 教育理论与实践,2006 (8).
[2] 杨燕燕. 社区教育模式及其本质 [J]. 杭州师范学院学报(人文社会科学版),2001 (7).
[3] 孙亚玲. 社区教育的基本问题 [J]. 云南教育学院学报,1995 (4).
[4] 黄云龙. 社区教育管理与评价 [M]. 上海:上海大学出版社,2000:55-60.
[5] 苏民. 面向 21 世纪社区教育模式探索 [J]. 北京成人教育,2001 (7).
[6] 侯怀银. 社区教育 [M]. 北京:北京师范大学出版社,2015:51-52.

综上所述，关于社区教育模式的探讨，学者一般认为正由政府主导向群众自治模式转变。随着社区教育研究的深入，学者们着眼于其特征等方面，并愈加重视网络社区教育模式的探索。

三、社区教育治理研究

我国学者对社区教育治理的研究主要集中在近十年，较早涉及的文章有《教育治理理论视域下的我国社区教育发展转向》《多中心治理：我国社区教育发展的路径选择》《基于社会治理视角的社区教育管理创新路径选择》等。2014年，《教育部等七部门关于推进学习型城市建设的意见》提出要"广泛开展城乡社区教育，推动社会治理创新"，随后教育部等九部门颁布的《关于进一步推进社区教育发展的意见》（2016）也对社区教育治理提出了相应要求。在以上政策的引导下，研究者们更加关注社区教育治理研究，高志敏、黄健、陈乃林、程仙平等学者涉及这方面研究。引用率较高的文章有《创新社区教育治理体系略论》《迈向交集：论社区治理与社区教育》《街镇社区教育治理的完善与创新》等，相关研究成果主要包括社区教育治理的演进路径、理论基础、结构模式等方面。

（一）社区教育治理的演进路径

有学者依据历史时期，从纵向维度将我国社区教育治理历程划分为启动阶段（1986—1992年）、转型阶段（1993—1999年）和实验深化阶段（2000年至今）[1]，其划分方式与社区教育实践的发展历程具有一致性。也有学者基于我国改革开放以来的社区教育治理实践，梳理出我国社区教育治理的演进历程，并从主体构成、管理方式、组织形式等方面对每个阶段的社区教育治理特征进行了归纳。[2] 刘宗锦进一步指出，社区教育治理的演进包括管理体系初步建立阶段、治理模式基本形成阶段、多部门治理格局初步构建阶段，其中前两个阶段与上述第一、第二阶段特征相近，第三

---

[1] 李佳萍. 我国社区教育管理的问题与对策研究［D］. 长春：东北师范大学，2014.

[2] 沈光辉. 转型发展中的社区教育问题研究［M］. 北京：中央广播电视大学出版社，2016：70-74.

阶段主要突出"品牌项目""社区教育学习圈"和"学习型组织"三种不同的社区教育治理推进模式。①

(二)社区教育治理的理论基础研究

学者们一般以"治理理论"为切入点对社区教育治理进行阐释探讨,其中包括"新公共管理理论""多中心治理理论""教育治理理论"以及"协同治理理论"。其中,由奥斯特罗姆夫妇提出的"多中心治理理论"备受国内学者青睐,该理论强调构建政府、市场、社会多中心治理模式,提倡管理主体和权力中心的多元化,从而弥补单一主体治理的弊端,这正符合我国现代社区教育治理创新的需要。也有学者从"利益相关者理论"视角进行研究,认为社区教育治理的利益相关者包括政府、社区、居民、社区教育机构、社会组织等。雷沙沙以利益相关者理论为基础,分析社区教育治理存在的问题,并从政府、社区学校、居民、第三方等层面提出相应的优化措施。②还有学者从"需要理论"角度对"社区教育"和"社区治理"进行分析,构建两者的关系模型,提出需从重构熟人社会、社区文化治理等方面打造共建共治共享的社区教育治理格局。③此外,部分学者从"新公共服务理论"出发,提倡社区教育治理应从"管理导向"向"服务导向"转变,这是对"新公共管理理论"的批判与超越;还有学者从"教育统筹理论"解释社区教育公平问题,关注农村与城镇化中社区的教育治理。以上多种理论对社区教育治理的探讨,试图打破"单中心"治理体系,突出多元主体的参与,强调治理重心下移,满足居民的个性化、多样化需求,构建"一体多翼"的创新型治理格局。

(三)社区教育治理的结构模式研究

在社区教育治理的实践中,由于时代需求和地域特性的不同,会形成多样的治理结构模式,这些结构模式是动态发展的,处于"液体状态"。

---

① 刘宗锦. 我国城市社区教育协同治理研究[D]. 天津:天津大学,2017.

② 雷沙沙. 利益相关者视角下我国社区教育治理研究[J]. 成人教育. 2017(1).

③ 徐博闻. 新时代的社区教育与社区治理研究——基于需要理论视角[J]. 沈阳工程学院学报(社会科学版),2019(2).

有学者根据社区教育治理阶段将社区教育治理的结构模式概括为"I"型、"Y"型以及"X"型[1]，从"I"到"X"型的主要区别在于治理主体的改变，即从教育部门单一主导向社区教育委员会领导转变，从多部门参与向多元主体协同治理的模式转变。也有学者认为教育治理观提倡教育管理分权[2]，社区教育治理存在直线型和矩阵型两种治理结构模式，由直线式组织结构逐渐调整为矩阵式组织结构，能提高社区教育的管理效用。此外，根据"新公共管理理论"，社区教育治理结构模式是由"单中心"向"多中心"发展[3]，由"金字塔"结构向"扁平网络式"结构转变，实质上与"I→X型"结构模式相似。还有学者统筹政府、社会、市场三者关系，提出社区治理的"三角协调"模式，构建"三角稳定模型"。总而言之，社区教育治理模式的总体趋势表现为单向型向复合型模式发展，在发展中将更多的治理主体纳入，形成多元共治的新局面。

四、社区教育工作者研究

社区教育工作者作为社区教育实践活动的实施主体，研究者们很早就对其进行了研究，在研究的过程中，其重要性逐渐被政府所重视。2013年，教育部职成司就该群体印发公布《社区教育工作者岗位基本要求》，在文件中指出"社区教育工作者是指社区教育的管理人员和专职教学人员"。2016年，教育部等九部门下发《关于进一步推进社区教育发展的意见》，强调："加大社区教育工作者培训力度，发挥社会工作专业人才在社区教育中的作用，探索建立社区教育志愿服务制度。鼓励高等学校、职业学校开设社区教育相关专业，鼓励引导相关专业毕业生从事社区教育工作。"在实践活动的需求和政府政策引擎的驱动下，研究者逐渐将社区教

---

[1] 沈光辉. 转型发展中的社区教育问题研究［M］. 北京：中央广播电视大学出版社，2016：74-77.

[2] 霍新怀，张倩，王慧英. 教育治理理论视域下的我国社区教育发展转向［J］. 中国成人教育，2010（17）.

[3] 陈龙根，胡央波. 多中心治理：我国社区教育发展的路径选择［J］. 中国成人教育，2012（13）.

育工作者作为研究对象,并运用多种理论与方法从多层面进行研究。在研究的过程中,黄健、马定计、刘雪莲、高卫东等人对其关注度较高,也出现了一些较有代表性的学术成果,如《社区教育专职工作者素质分析》《社区教育工作者职业化专业化发展研究》《专业化:社区教育专职教师队伍建设的研究》等文章,研究内容集中在社区教育工作者的概念内涵、专业化、教育培训等方面。

(一)社区教育工作者的概念探讨

目前,很多学者对社区教育工作者的概念进行了多种界定,各有侧重,共识度不高。因此,厘清社区教育工作者的定义应该是研究该群体的第一步。

一类概念是从宏观上进行概括,凝练程度较高。陈乃林等认为社区教育队伍(社区教育工作者)集合了社会各方面的智力资源和人才力量,具有一定专业素养,数量庞大,组织行为社会化,是从事社区教育的工作人员的总称。[1] 高参参指出,社区教育工作者,主要是从满足社区成员的群体性学习需求及个体学习需求出发,以提高社区成员基本素养、技能水平为目标,通过专题讲座、主题活动、社区服务等形式开展社区教育的群体。[2] 社区教育工作者是在社区中,具备基本的社区工作专业知识,负责社区教育的组织、宣传、管理和教学等工作的工作人员。[3] 以上定义是学者们从宏观上对社区工作者进行的抽象性定义,采取的是"属概念=种差+种概念"的定义范式,具有较高的概括性。

另一类概念是从具体内容入手,通过具体化的思路对所需界定的概念进行内容的细化。高卫东认为,社区教育工作者主要由负责社区教育工作的街道干部、负责社区教育工作的居委会干部、区县教育行政部门派驻街

---

[1] 陈乃林,张志坤. 社区教育管理的理论与实务[M]. 北京:高等教育出版社,2009:64-65.

[2] 高参参. "三位一体"社区教育队伍建设的研究[J]. 湖州职业技术学院学报,2014(1).

[3] 林洁. 成都市社区教育教师队伍建设研究[D]. 成都:四川师范大学,2017.

道办事处或居委会专门负责社区教育工作的中小学教师构成。[1] 黄健指出，社区教育工作者是由社区教育专职教师队伍、社区教育兼职教师队伍以及志愿者队伍组成。[2] 社区教育工作者队伍包括社区教育专兼职干部队伍、专兼职教师队伍、办学网络队伍以及为社区教育活动的开展提供专业协助的学者专家等部分[3]；也可界定为管理工作者、专职教学人员以及志愿者等三类。

综上，对于"社区教育工作者"的界定尚未形成统一的认识，学者们从不同的角度提出各自见解，根据自己的研究需要进行选择，既表明该概念内涵的不断拓展，也反映出对其研究的深入，但核心概念的"一词多义"会影响学者们作进一步探究。

（二）社区教育工作者专业化的研究

社区教育工作者专业化一般包括宏观和微观两个层面。宏观上指该群体从非职业化、半专业化向职业化、专业化的过渡过程；微观上指其个体通过职前培养、入职考核、职后培训等环节，从一名新手成长为具有专业意识、专业知识等能力的社区教育工作者的过程。[4] 刘雪莲通过参与式观察等方式对社区教育工作者进行调研，从"问题"出发，系统解释了"什么是专业化""为什么要专业化""距离专业化多远、能否实现"以及"怎么专业化"等问题。[5] 此后，又有众多学者就其中的一个或多个问题提出了不同的看法。如从内涵厘定、角色定位、目标体现等方面进行了更加深入的解释[6]；从社区教育教师队伍的专业化入手，通过个体内部的自我学

---

[1] 高卫东. 社区教育专职工作者素质分析［J］. 北京广播电视大学学报，2008（1）.

[2] 黄健. 专业化：社区教育专职教师队伍建设的研究［J］. 远程教育杂志，2010（4）.

[3] 申仁建. 农村社区教育工作者的角色定位［J］. 现代教育，2015（8）.

[4] 王鹏. 社区教育工作者专业化发展问题研究［J］. 继续教育研究，2010（9）.

[5] 刘雪莲. 关于社区教育工作者专业化问题的研究［D］. 上海：华东师范大学，2007.

[6] 王秋芳. 从"职业"到"专业"：社区教育工作者转型发展策略研究［J］. 继续教育研究，2013（12）.

习实现专业成长，通过外部的有效干预实现专业发展[①]。就其内涵研究而言，呈现出研究广度的拓展和研究深度的深化趋势。

此外，社区教育工作者的工作素养是其专业化中的重要一方面。国内学者多从工作素养的存在问题与提升策略、构成要素等方面进行分析。关于其工作素养现状的调查，如《上海市基层城市社区工作者的素质和培训研究总报告》等，对其现状进行了系统的研究，揭示出存在问题，并从培育机制等方面提出了相应的策略措施，涉及的研究者有陆素菊等。关于其工作素养的构成，黄焕山认为，社区教育工作者既要有开拓创新素质、复合型素质和外向型素质等，又要有高尚的师德、渊博的知识与多方面的才能等。[②] 叶忠海在《社区教育学研究》中指出，"德——品德、识——见识、才——能力、学——知识、体——体质等"五大要素之间应整体性地和谐发展，"德"要放在第一位。[③] 社区教育工作者除了具备一般的素质之外，还要具有资源整合能力、分析判断、行动力和学习发展四项素质。[④] 此外，溥存富等人也从多重视角进行了多层次多类型的探讨。[⑤] 对于社区教育工作者工作素养的构成，学者们各有解读，但他们较为认同社区工作者应该具备思想道德素质、知识素质和能力素质三种专业素养。

（三）社区教育工作者的教育培训研究

社区教育工作者是推动社区教育实践发展的"助力器"和"顶梁柱"，因此提升社区教育工作者的能力是重要环节，而教育培训是提升其能力的有效途径。学者们对社区教育工作者教育培训的研究主要集中在培训模式和培训策略两个方面。

首先，在培训模式的研究中，杨淑珺和程仙平认为，社区教育工作者

---

① 黄健. 专业化：社区教育专职教师队伍建设的研究 [J]. 远程教育杂志，2010(4).

② 黄焕山. 社区教育概论 [M]. 武汉：武汉出版社，2005：208-212.

③ 叶忠海. 社区教育学研究 [M]. 上海：同济大学出版社，2011：92-93.

④ 张书娟. 社区教育专职教师胜任素质模型研究——以上海市为例 [D]. 上海：华东师范大学，2011.

⑤ 溥存富，李飞虎，等. 社区教育概论 [M]. 成都：西南交通大学出版社，2018：45-47.

教育培训模式主要有"知识本位"接受模式、"案例中心"研讨模式、"课题研究"研修模式、"诊断式"培训模式，要根据培训目标、培训内容和培训对象的特点对培训模式进行选择和优化。① 彭明勇针对社区教育工作者自身素质特点和培训中的不足，提出了"理论培训—观摩学习—实践指导—总结反思"的四段式培训模式，且四个阶段时限设置可根据实际情况灵活掌握。② 杜君英以社区教育专职教师为研究对象，认为培训模式包括互助式培训、参与式培训、反思式培训与分层式培训四种。③ 也有学者建议从指导体系、方法体系和支持体系三个维度来构建立体化培训模式。④ 总而言之，社区教育工作者的教育培训模式一般是根据各自社区的实际情况而形成的，具有自身的独特性。

其次，关于培训策略的研究。有学者以"创新"为切入点，指出社区教育工作者的教育培训应该注重方式方法上的创新性与灵活性，既可举办短期的研讨会和培训班，还可以定期组织培训对象进行经验交流和参观考察。⑤ 有学者以社区教育志愿者为教育培训对象，认为教育培训方式主要分为讲座式的知识技能传授和实训，根据培训者的能力水平、培训内容等合理选择，强调培训要迎合志愿者的兴趣和需要。⑥ 有学者认为可以从工作时间上将社区教育志愿者的培训分为岗前和岗后培训、职前和职后培训。⑦ 社区教育工作者学习具有自我导向性等特征，因此，培训方式的选择应尽量多给学员创设"经验分享"的平台和"现实挑战"的情境，实现多种方式综合交叉运用。总之，社区教育工作者的教育培训从形式、内

---

① 杨淑珺，程仙平. 社区教育工作者培训模式初探 [J]. 继续教育研究，2011 (1).

② 彭明勇. 社区教育工作者四段式培训模式的设计与实践——以沙坪坝区社区教育工作者培训为例 [J]. 科学咨询，2012 (16).

③ 杜君英. 社区教育专职教师培训方式新探 [J]. 职教论坛，2013 (3).

④ 温锡娟，雷丹. 社区教育工作者继续教育培训制度构建 [J]. 中国成人教育，2015 (10).

⑤ 温婷. 广州市社区教育工作者管理模式探析 [J]. 亚太教育，2015 (19).

⑥ 史媛. 社区教育志愿者培训现状与策略 [J]. 教育现代化，2017 (26).

⑦ 孙文袭. 借鉴视角下温州社区教育志愿者队伍建设研究 [J]. 成人教育，2015 (10).

容、时限上都有不同的选择，应该遵循需求导向和问题导向原则进行选择。

五、社区教育课程资源研究

社区教育课程是社区教育的重要内容，也是其得以持续进行的核心环节。2016年颁布的《关于进一步推进社区教育发展的意见》对社区教育资源的开发、利用、整合等方面提出了诸多要求，并在"提升社区教育内涵"一节中专门就社区教育的课程资源建设进行了详细说明，强调："鼓励各地开发、推荐、遴选、引进优质社区教育课程资源，推动课程建设规范化、特色化发展。鼓励引导社区组织、社区居民和社会各界共同参与课程开发，建设一批具有地域特色的本土化课程。"继而，学者们对社区教育课程进行了大量研究，取得了较多研究成果。涉及该方向的研究者有杜君英、蒋逸民、何爱霞、仲红俐以及丁红玲等人，被引率较高的文章有《社区教育课程资源的开发与利用》《社区教育课程开发研究》等，主要内容涉及社区教育课程内涵、类型与特征、课程资源开发等方面。

（一）社区教育课程的概念探讨

国内学者基本上以"课程"为基础，对社区教育课程的概念进行了不同的界定。陈乃林认为，社区教育课程是根据课程一般理念和社区教育特定需要，用于满足社区居民需要，为实现社区教育目的而设计的、有指导的学习方案，或者是有目的地指导学习者获得教育性经验的计划。① 该观点在相关文献研究中使用较为普遍。仲红俐等从"满足需要"出发，认为社区教育课程是为了满足社区成员的终身学习需求和社区变化发展的需要，组织研究各种教材等持续性活动的总称。② 此外，也有部分学者从"实现目标"出发，将社区教育课程定义为社区为实现培养目标而选择的教育内容及其进程的总和，包括所教的各门学科和有目的、有计划的教育

---

① 陈乃林. 社区教育特色课程建设的初步实践与思考［J］. 成才与就业，2009（19）.

② 仲红俐，董农美. 论社区教育课程开发流程构建［J］. 云南开放大学学报，2016（1）.

活动。[1] 总之，学者们对于"社区教育课程"的概念定义繁杂多样，从"需求""目标"等不同的侧重点进行界定，但基本没有脱离"课程"的定义范式。

（二）社区教育课程的类型与特征研究

一是有关社区教育课程类型的研究。学者们从宏观与微观上进行了不同的划分。钱旭初将其划分为"学科中心""社区中心"和"人本中心"三类课程，并认为"人本中心"课程是最普遍存在的一种课程。[2] 社区教育课程主要包括四大类：文化科学知识、职业技术、公民素质以及家政教育课程。[3] 仲红俐从学习对象、学习内容、课程内容等具体方面将其划分为多类课程，比如知识类、经验类、活动类等，并且指出文化、休闲、生活类课程是其主体。[4] 沈光辉从存在形态、媒体表现形式以及实施方式三个维度将其划分为学科/经验课程、传统/网络类课程、活动性/实践性课程。[5] 另外，侯怀银基于网络信息化技术，创新性地提出其包括微课程、云课程和全资源课程三种类型[6]，该种类型结构紧跟时代前沿，别具特色。此外，有关资源类型的研究，学者因依据不同的标准而呈现出多样化的状态，按其性质可分为有形资源和无形资源[7]、显性与隐性资源等[8]，即显性的物质化教育资源和隐性的非物质化教育资源。

二是有关社区教育课程特征的研究。学者们从不同角度对其进行了较

---

[1] 李惠康，等. 以需求为导向：上海社区教育的探索与实践 [M]. 上海：上海高教电子音像出版社，2010：103.

[2] 钱旭初. 浅谈社区教育课程质量标准 [J]. 中国成人教育，2018（20）.

[3] 黄云龙. 用生活教育理论构建社区教育的科学基础 [J]. 教育研究，1996（1）.

[4] 仲红俐. 关于社区教育课程开发的思考 [J]. 成人教育，2012（10）.

[5] 沈光辉. 转型发展中的社区教育问题研究 [M]. 北京：中央广播电视大学出版社，2016：174-176.

[6] 侯怀银. 社区教育 [M]. 北京：北京师范大学出版社，2015：175-178.

[7] 刘杼. 创建学习型社会背景下的社区教育资源共享问题研究 [J]. 继续教育研究，2009（8）.

[8] 高卫东. 北京社区教育资源整合模式研究 [C] //中国成人教育协会. 2009 年中国成人教育协会年会论文集. 中国成人教育协会，2009：11.

为多样的探讨。陈乃林认为，社区教育课程应该具有课程结构的非学科性、课程内容的动态生成性以及课程设置的生活化等特征[1]，还具备多样性、时效性以及实用性特征。学者们对于社区教育课程特征的研究各有侧重，涉及课程结构、课程内容等不同方面。

（三）社区教育课程资源开发的相关研究

一是社区教育课程资源开发的理论视域研究。社区教育课程资源的开发离不开理论的支撑，基于不同的理论会产生多样化的研究内容，进而使研究更有深度，视角更加广阔。因此，学者们从不同的理论视角对社区教育课程资源开发进行较多的解释。黄健、李惟民等着眼于人与社区发展的需求，从"需求理论"来探索社区教育课程资源开发的必要性和可行性；将现代社区论、社会分层论和成人学习论作为基础理论[2]，对其进行了较为详细的阐释。也有学者以加德纳的多元智力理论为基础，从微观和宏观两个方面提出了完善社区教育课程资源开发的对策。[3] 周利利从社会人类学的学习共同体理论和学习的社会文化视角，提出我国城市社区课程资源开发的原则。[4] 部分学者立足于成人教育理论进行阐述，认为课程资源开发应该以成人教育理论为基础，以社区学习者的需求为导向，并结合社区发展的目标，确定社区教育的内容。[5] 综上，关于社区教育课程的理论基础，涉及社会学、心理学、教育学等多学科。学者们正以多学科视角进行相关研究，也体现出社区教育课程自身所具备的"社区"与"教育"属性。"需求理论"通常着眼于居民的课程需要和社区实际发展需求，得到较多学者的认可。杜君英提出的三大理论基础对社区教育课程研究的影响颇为重要，溥存富等在《社区教育概论》一书中进行了更为深入的拓展

---

[1] 陈乃林. 把握社区教育课程的定位和特征 [J]. 成才与就业，2010 (19).

[2] 杜君英. 社区教育课程开发的基础理论 [J]. 江苏技术师范学院学报（职教通讯），2008 (12).

[3] 付冰. 多元智力理论视角下的社区教育课程开发研究 [D]. 武汉：华中师范大学，2016.

[4] 周利利. 基于社会人类学的社区教育课程开发 [J]. 成人教育，2009 (9).

[5] 李名义，陈文沛. 试论社区成人教育课程开发的基本理念及其实施流程 [J]. 北京宣武红旗业余大学学报，2014 (3).

研究。

二是社区教育课程资源开发的原则与模式研究。首先，有关社区教育课程资源开发原则的研究，研究者们根据各自的研究需要和实际要求提出了不同的看法。仲红俐认为，社区教育课程资源开发的过程要以公平性、地域性、差异性和实用性为原则①，坚持需求导向，精准施教。同时，应该坚持"立足社区"和"以人为本"两个基本原则，并强调"以人为本"是最根本、最核心的原则，应该贯穿于社区教育之始终。仲红俐还认为应遵循生活化与草根化、差异性与适切性、灵活性与实用性、课程开发与社区发展相结合的原则。②"四个结合"原则对部分学者的观点进行了归纳总结，形成了具有概括性的见解。其次是有关社区教育课程资源开发模式的研究。黄健对社区教育课程资源开发模式较早进行探索，她在《成人教育课程开发的理论与技术》一书中构建了"需求导向型"的开发模式，关注社区和社区居民的发展，满足社区居民多样化、个性化的学习需求。此外，有学者建构了"7+8"社区教育课程开发模式以及"模块化"开发模式等。以上社区教育课程开发模式的探讨是对国内社区教育课程资源开发经验等进行的梳理概括，是理论与实践相结合的产物，并仍在持续创新优化。

三是社区教育课程资源开发的困境与策略研究。社区教育课程资源开发的困境与策略是研究者关注的焦点，研究者从不同的立足点进行了探讨。首先是对社区教育课程资源开发困境的研究，主要集中在课程资源开发内部与外部问题。内部问题涉及开发目标不明确、教育对象单一、内容设置不合理、评价机制欠缺、实践性课程开发不足等方面。外部问题主要有教师的数量和质量不能满足需求、社区教育工作者专业素质不高、环境支持不足、技术手段落后、政策与制度缺失及投入有限、资源隶属主体间

---

① 仲红俐. 关于社区教育课程开发的思考 [J]. 成人教育，2012（10）.
② 仲红俐. 社区教育课程建设调研思考——以江苏省为例 [J]. 云南开放大学学报，2018（2）.

缺乏协调力、不同资源隶属主体参与度不足等。① 其次是对社区教育课程资源开发策略的研究，即突破当下困境、解决现存问题的方式方法的研究。有学者提出，突破社区教育课程资源开发困境需要转变社区教育课程目标，明确社区教育课程观，完善社区教育课程开发的机构职责，构建多元化的社区教育课程评价机制。② 也有学者认为，建设专业化的社区教育师资队伍、营造优质的社区教育发展环境、运用现代化多媒体技术和教学手段等，是解决社区教育课程开发难题的重要途径。③ 以上的困境及问题在实践中客观存在，需要一线实践者、理论研究者等各方共同去解决，但学者们提出的部分方法策略过于笼统，某种程度上缺乏可操作性。总而言之，从人力队伍上，要充分开发和利用人力资源，强化师资力量，建立有效的人力资源开发机制；从管理体制上，制定社区教育课程资源开发规划，建构社区教育课程资源开发体系，创建相互协调的资源共享机制；从信息化资源上，完善社区教育课程资源网络，推进网络平台的利用，满足居民学习需要；从居民需求上，调查了解和梳理社区居民的课程需求信息，建立居民课程需求档案库等。

第三节　社区教育研究存在的问题及未来展望

一、存在问题

社区教育研究通常指研究者运用科学的方法，遵循一定的程序，有目的有计划地研究社区教育问题，以了解社区教育的特点、探索社区教育的规律、解决社区教育发展的问题为目的的富有创造性的认识活动和历程。④

---

① 李训贵，韩娟. 学习型社会建设框架下的社区教育资源整合［J］. 教育与职业，2012（32）.

② 房颖. 社区教育课程设计与实施模式研究［J］. 成人教育，2015（7）.

③ 孙干. 多元智力理论指导下的社区教育课程开发探究［J］. 教育与职业，2018（24）.

④ 侯怀银. 社区教育［M］. 北京：北京师范大学出版社，2015：345-346.

我国学者对社区教育的研究已经取得较为丰硕的成果，但由于研究者的认知偏差等问题，存在一些尚待改进之处。

(一) 概念尚未厘定，共识度不高

"概念"是反映对象的本质属性的思维形式，是研究某一事物的支点，厘定基本概念有利于相关研究更加具有逻辑性、系统性。首先，"社区教育"作为一个基本概念，是相关研究中的重要部分。然而，在目前的研究中，研究者们从不同的角度对"社区教育"的概念进行解释，有些学者从教育学角度进行"活动说""体制说""模式说"等方面界定，也有些学者从社会学角度进行不同的界定，使其处于众说纷纭的状态，学界还没有提出一个共识度高、认可度高的概念定义。因此，"社区教育"概念究竟是什么？如何进行准确厘定？这是当下需要回答的问题。其次，"社区教育"的概念较多，但是对众多概念共同特征的进一步梳理归纳不够，虽然有叶忠海、沈光辉等学者从对象、目的、要素、特征等方面进行了相应归纳，仍需进一步完善。此外，从前文的论述中可知，与"社区教育"相关的"社区教育工作者""社区教育资源""社区教育课程"等下位概念也存在莫衷一是的情况，比如"社区教育工作者"，有学者从宏观上进行概念性阐释，也有学者从微观上进行具体化解释，这使社区教育领域的理论研究存在较大偏颇，不利于社区教育领域的系统性研究，也制约着社区教育由研究领域向学科建设方向发展。

(二) 理论成果整合不足，高质量综述文献较少

文献综述一般是指研究者对相关文献进行深入阅读并进行归纳总结的过程，具体而言，就是对前人的研究成果进行收集、阅读、整理、分析以及归纳评估。[1] 然而，在对诸多文献的分析中，以"社区教育"为主题的综述性文章较少。首先，相关研究成果大多数仅就某一主题、观点等提出相应解释，并未重视对"社区教育"的理论成果进行归纳总结，而使其呈现"散、碎"的状态。其次，就数量而言，在10 000多篇相关文献中，社

---

[1] 张斌贤. 文献综述与教育学博士学位论文撰写 [J]. 学位与研究生教育，2015 (1).

区教育综述类文章只占很小比例,反映出研究者对该方面研究的忽视。从少有的综述类文章来看,除丁红玲等人《我国社区教育理论研究40年：回顾、评价与展望》、吴盛雄等人《我国社区教育研究40年（1978—2017）状况与反思——基于CiteSpace文献知识图谱分析》、邵晓枫《中国社区教育研究30年：回顾、反思与展望》等为数不多的综述文章质量较高以外,其他研究内容质量有待提升,存在框架结构相似、研究内容趋于一致等问题。其实,综述类研究成果对社区教育的理论研究而言,具有重要作用。它不仅为研究者呈现出研究的"历史图景",更为后人的深入研究提供研究方向。马奇等人曾说："高级文献综述是确立原创性研究问题的基础,也是对一个问题进行探索的基础。"总体观之,社区教育的综述研究数量较少,质量有待提升,研究内容缺乏全面、深度的整合归纳。

（三）研究者合作不足,研究团队尚待完善

对于研究者的合作情况,有学者应用CiteSpace、NVivo等软件进行分析,也有研究者通过对文献作者的梳理进行大致总结。同样,笔者在对论文作者合作情况的研究中,也发现社区教育研究者倾向于"单兵作战",合作研究成果不多。一是文献作者以独作为主,合作为辅,尚未形成稳定的、跨院校、跨学科合作团队,这制约了社区教育的深入研究。二是虽然部分研究者有所合作,如山西大学继续教育学院、福建广播电视大学等,但基本上囿于"熟人圈"师生、师门、同事之间的合作,并未达成跨院校、跨区域的交流探讨。三是理论研究者与实践工作者联系不紧密,一定程度上阻碍了理论研究与教育实践的结合,不利于社区教育研究、实践的持续良性发展。

（四）以思辨研究为主,研究方法单一

近年来一些研究机构和高校的理论研究者受到研究经费短缺的制约,大多还是一种形而上的闭门造车式的研究,研究方法的形式主义比较严重,导致其研究成果的实践指导意义不尽如人意。[①] 概览相关文献标题、

---

① 丁红玲,都雅男. 我国社区教育理论研究40年：回顾、评价与展望[J]. 中国成人教育,2018（10）.

摘要、关键词，其理论层面的探究占据多数，多数研究以文献法、内容分析法、比较法等方法进行。有些文章虽涉及调查法、案例分析法等，但是调查多以问卷调查、访谈法进行，研究结论缺乏一定的深度；案例分析法多以单个社区为研究对象，对实践经验进行总结归纳，缺乏一定的理论高度。此外，在硕博论文中，研究方法虽然涉及实证、量化研究等，但处于"蜻蜓点水"层面，没有作出深层次的阐述。卢红等人在《国内社区教育研究述评》一文就研究中使用的调查法进行了分析，认为在方法选择、实施以及结果统计上都存在较大问题。[①] 总之，就研究方法来看，当前社区教育研究依然注重思辨研究，缺乏实证研究、定量研究，所使用的案例分析、调查法在研究深度上依旧存在劣势。

二、未来展望

（一）研究方法：突破思辨方式，注重方法多元化

随着研究范围、研究对象的扩大，简单的经验总结、推广已然不能满足成人教育研究深入发展的需要，加上关于加强教育实证研究、促进研究范式转型、促进高水平的教育研究呼声日益高涨，实证研究方法得到学界的普遍关注与认可。[②] 实证研究在教育领域被日趋重视，社区教育研究作为教育研究的一部分，应该顺应学科建设需求，关注实证研究，进而与思辨研究形成并重的格局，保持社区教育研究方法的多元性。当然，运用实证手段对教育学研究起着重要作用，但是这种高效性与可操作性也成为一把双刃剑，后果之一就是，很多人运用"流行"的方法，选择相应的研究方向和研究内容，以此来保证其研究成果的高产出率[③]，却不一定专注于自身理论的研究。因此，思辨与实证方法并重，使两者优劣势互补，是当下亟须努力的。此外，在社区教育领域的实证研究中，要立足实践，以问

---

① 卢红，等. 国内社区教育研究述评[J]. 教育理论与实践，2006（4）.
② 孙立新，乐传永. 嬗变与思考：成人教育理论研究70年[J]. 教育研究，2019（5）.
③ 孙立新，乐传永. 近年来成人教育研究的主题分析与问题考量——基于2015—2017年的文献梳理与分析[J]. 教育研究，2018（5）.

题为导向，以需求为原则，进行规范的、深入的论证，从而把握社区教育的发展规律，解决迫切的实践问题。在社区教育未来的研究中，多元的研究方法是研究者获取丰富、客观资料的重要手段，是促进社区教育理论研究发展、深化的必要途径。

（二）研究视角：拓展研究视域，倡导学科交融

社区教育所面对的对象范围广，人员类型多样，管理主体呈现多中心，其具有较强的包容性与开放性，在对其进行研究时，学者应以包容性的理念、跨学科的视角进行不同维度的探究。在目前的研究中，虽然学者们能够从多学科领域、多理论视域进行相应的阐释，但处于较为浅显的层面。因此，在将来的研究中，进一步拓展研究视域、倡导学科交融是必要的。首先，就社区教育研究的范围而言，不能仅仅局限于宏观层面的政策解读，中观层面的体制机制构建研究，还要将研究视角放在微观层面，即对社区教育教学论、课程论、评价范式等方面作深入探索，这是专注于社区教育研究的"内功训练"。其次，要对社区教育的受众群体进行细化研究，部分研究对象是随着社会转型而出现的新型群体，对他们的深入研究具有必要性，也是社区教育实践发展的迫切需要。此外，还应从不同学科视角进行多角度的扫描，如从心理学、社会学、经济学、管理学、生态学、生命科学等学科领域对社区教育展开立体化研究，进而形成社区教育经济学、社区教育管理学、社区教育心理学、社区教育生命学、社区教育生态学等交叉学科，构织社区教育研究的图景，使其理论研究具有全面性、丰富性和深度。

（三）研究倾向：立足本土研究，关注中外比较

我国现代意义上的社区教育普遍认为是从改革开放以后兴起的，对其研究也有40年之久。根据对多年研究成果的梳理，对外学习研究、对内本土探索似乎是贯穿研究的两条主线，前期对美国、英国、日本等国家的相关著作进行译介，作理论的总结，后期专注于本土化探索，从社区教育实践中进行经验的总结与提炼。然而，从研究成果看，研究中的"两条线"多是单向平行前进，相关的比较分析文献不多。众所周知，英美等国家的社区教育实践与理论研究较为成熟。冯晖曾指出，借鉴国外社区教育发展

研究的经验，能够积极有效地推进我国城市和农村社区教育的研究工作。[1]因而，应从中外比较的视角，去审视我国社区教育研究的差距与不足，汲取他国较为先进的研究成果、理论范式，尝试在理论研究上与国际接轨。总之，从中外比较研究的利好和国内研究的需要出发，进一步加强国际比较研究，是今后研究的重要方向之一，但坚持社区教育研究的本土化是关键。

（四）研究主题：审时度势，把握研究焦点

社区教育既要注重其本体性研究，也要紧随社会实践，适应时代需求，把握国内外研究焦点。在社会转型背景下，每个时期都有其实践问题和实际需求，进而呈现出阶段性的研究热点。研究者们应该具备敏锐的焦点意识、政策意识，善于从热点中选择适合的切入点，为社区教育研究寻找创新点。一方面，从国内看，阶段性研究焦点常伴随着国家的政策文件而出现，从国家层面上予以导向。比如，近年来研究比较集中的农村社区老年教育、社区教育治理等。另一方面，从国际看，在全球化、信息化背景下，社区教育的研究不应该固守"一亩三分田"，应将研究视角放宽，关注国际上的相关会议报告以及发达国家的重要政策文件等，从中把握社区教育研究的未来趋势。如，在终身教育、信息化时代背景下如何进行社区教育研究，需要研究什么内容等。总之，在社区教育研究中，把握国内外研究焦点，是将来研究中的一个走向，既能迎合社会需求，又能够促进国内外研究的交流，与国际社区教育研究趋势接轨。

（五）研究队伍：推动"理实"结合，加强团队合作

前文谈到，我国社区教育研究存在协作不紧密、缺乏团队合作等问题，这使得研究力量难以形成合力，进而造成研究主体分散、主题零散，难以形成系统化的理论。因此，在今后的研究中，加强研究者之间的团队合作将是重要方向，"一个人走得快，一群人才能走得远"。一方面，研究者之间需要加强合作，除了"熟人圈"的协作，还要通过课题立项等方式将"圈子"之外的学者聚集起来，共同致力于社区教育的研究，使研究成

---

[1] 冯晖. 我国社区教育研究综述［J］. 伊犁师范学院学报，2006（3）.

果更加聚焦，呈现出系统化的理论。另一方面，研究机构之间要加强合作，综合性院校、业余大学、社区学院等需要进行研究资源共享，搭建社区教育研讨的平台，比如社区教育研究论坛、专门的期刊等，推进社区教育研究向整体性、体系化甚至学科化方向发展。值得一提的是，"学院派"研究者和"实务派"研究者的结合是社区教育研究的必然趋势，有学者指出两种研究倾向各有所长，也各有所短，好在两者的研究目标殊途同归，可互动互学共同发展。丁红玲等人指出，理论研究者可以借用实践工作者的丰富实践资源，提高理论研究与实践的贴近度，从而提高其理论研究的实用价值；实践工作者可以利用理论研究者丰富的智库资源，升华其实践，从而提升实践研究成果的科学性和可行性。[①] 总而言之，无论是研究者之间的合作，还是研究机构之间的协作，抑或"实务派"与"学院派"研究者的联合，都将是社区教育研究主体趋于合作化的必要走向。

[①] 丁红玲，林红梅. 社区教育研究新进展与未来展望［J］. 中国成人教育，2016(6).

第七章　教师继续教育研究

教师继续教育是指对已达到国家规定学历的教师进行以提高政治思想素质和教育教学能力为主要目标的培训，主要包括新教师见习培训、骨干教师培训和对部分骨干教师提高学历层次的培训。[①] 教师继续教育工作已经在许多国家开展，其目的已不单纯是补足学历，补充新知识或改进目前的教学工作，而是改变教师教学的知识、能力、态度、行为等，以提高教育对社会和新科学技术革命发展的总体适应性。

从新中国成立到"文化大革命"结束，我国对教师继续教育的研究停留在酝酿阶段，研究不够深入、全面。随着"文化大革命"的结束和改革开放的推进，我国为提高教师整体素质，大力支持教师继续教育研究，为教师继续教育研究提供了基础条件。20世纪90年代后，随着我国对教师继续教育的不断重视，研究平台不断增加，研究队伍不断扩大，教师继续教育研究得到了快速发展，范围主要包括理论研究、模式研究、课程研究、专业发展研究、管理研究、国内外比较研究等，为教师继续教育改革提供了坚实的理论基础。目前教师继续教育研究虽然已经得到快速发展，但是仍存在政策导向性过强、理论与实践结合程度较低等问题。针对这些问题，我们提出了几点展望，以期促进教师继续教育研究更好地发展。

---

① 吴遵民，秦洁，张松龄. 我国教师继续教育的回顾与展望[J]. 教师教育研究，2010（2）.

第一节　教师继续教育研究的历史演进

教师继续教育从新中国成立初期开始萌芽并逐渐步入正轨，在近些年来更是取得了较快的发展，并且由于教育目标、教育任务以及教育环境的变化，在不同的时期呈现出不同的特征。对新中国教师继续教育70年来发展历程的总结，有助于我们加深对各个时期继续教育的理解，了解教师继续教育事业的热门研究方向，认清当前研究中的利弊得失，也为日后教师继续教育研究的发展指明方向。

以中国知网（CNKI）为搜索平台，以"教师继续教育""教师职后教育""教师培训""教师教育（不含学生）"为主题词，逻辑关系为"或者"；搜索范围限定在"社会科学Ⅰ辑""社会科学Ⅱ辑"，时间范围选定为"1949年10月1日至2019年12月31日"，共获取与主题相关的中文文献96 000余篇，年发文量参见图7.1。

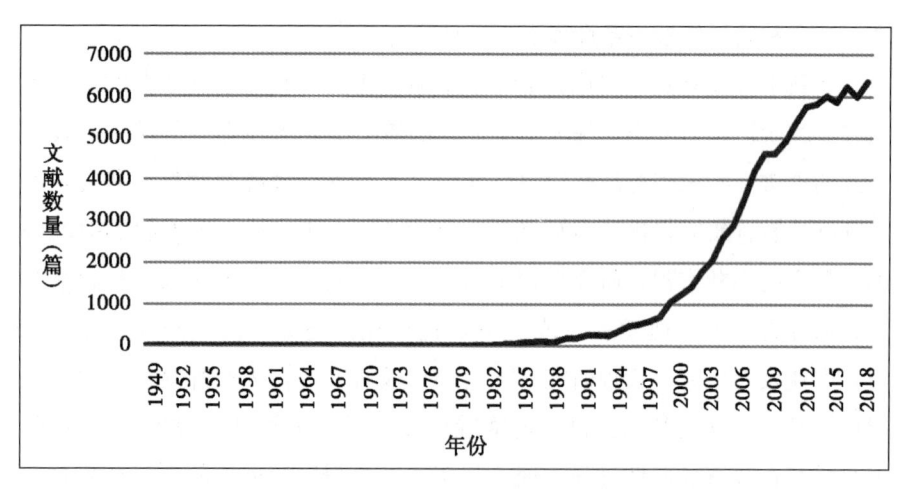

图7.1　1949—2019年各年份教师继续教育研究文献数量

教师继续教育研究始于新中国成立初期，由于教育目标、教育任务以及教育环境的诸多变化，在不同的时期呈现出不同的特征。本章以1949年中华人民共和国成立为研究起点，以1990年全国中小学教师继续教育工作座谈会、1999年中共中央、国务院《关于深化教育改革全面推进素质教育的决定》、2010年《关于实施"中小学教师国家级培训计划"的通知》等重要事件、重大政策为关键点,将我国教师继续教育研究划分为四个阶段:初步发展时期(1949—1989年)、快速发展时期(1990—1999年)、深入发展时期(2000—2009年)以及创新发展时期(2010年至今)。

一、教师继续教育研究初步发展时期(1949—1989年)

在我国教师继续教育研究初步发展时期,相关研究体系尚未建立,发表文献数量相对较少,以改革开放为分界点,将教师继续教育研究分为1949年至1977年的酝酿期和1978年至1989年的萌发期。

新中国成立以后,中国进入社会主义改造时期,教师继续教育研究处于发展的萌芽时期,但是"文化大革命"对教师继续教育的研究造成了一定的影响,每年教师继续教育研究的相关文献仅有一两篇。"文革"结束后,我国教师继续教育的目标转变为解决师资队伍的短缺问题以及提高教师教学水平。为了实现这个目标,政府通过多种手段来恢复教师队伍以及重新建立教师继续教育体制,如恢复师范院校的师范生教育和高等师范院校的函授教学,重建各级各类市、区教育学院及教师进修学校。1978年改革开放之后,国内更是兴起了对国外教师继续教育的比较研究,因此1976年到1989年,相关文献的数量有了小幅度增长。

(一)文献刊发情况分析

在教师继续教育研究酝酿期,共发表32篇文章,其中《江苏教育》发文最多,共计10篇,占总数量的31.25%。其次是《人民教育》,《江西教育》也较多地关注到了教师继续教育。这三种期刊在教师继续教育研究的酝酿期起到了十分重要的奠基作用。

"文革"对我国的基础教育教师队伍造成了非常严重的破坏,因而"文革"后教师队伍的文化素质普遍不高,中小学教师的合格率均不到50%,初中的教师合格率更是不足10%。1977年12月,教育部就中小学教师的培训工作做了重要部署,要求尽快建立和健全省、地、县的教师培训网络,这也加大了我国学者对教师继续教育的关注力度。1978年,党的十一届三中全会提出实行改革开放,教师继续教育研究进入萌发期。中国研究者放眼于世界，积极学习国外的教师继续教育体制和方法，如完善师范生的培养体制、建立教师暑期培训班等。1985年，中共中央出台了《关于教育体制改革的决定》，1986年全国人大又通过并实施《中华人民共和国义务教育法》，提出要促使教师培训向着标准化、专业化的方向迈进，"只有具备合格学历或有考核合格证书的，才能担任教师"，并具体规定了中小学教师的任职学历标准。关于教师继续教育的政策逐步完善，研究者对教师继续教育的研究热情也逐步提高，在教师继续教育研究萌发期，共查到文献727篇，涨幅明显，如图7.2所示，1985年和1986年的文献数量更有了较大的增加。

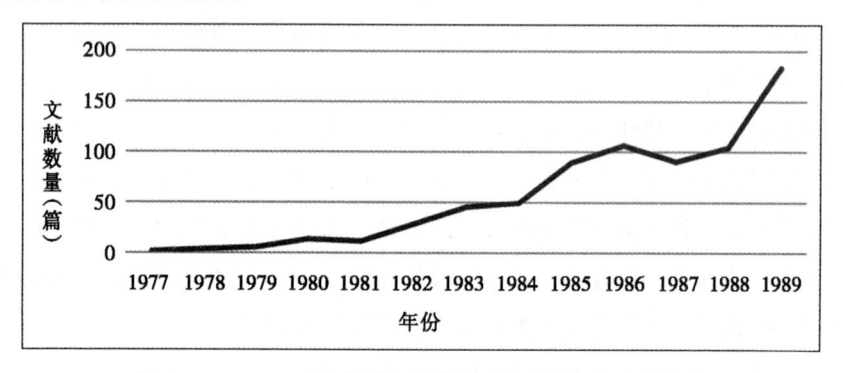

图7.2 1977—1989年各年份教师继续教育研究文献数量

（二）文献分布情况分析

1. 文献作者情况分析

表7.1 1977—1989年教师继续教育研究作者排名（前十）

序号	作者姓名	作者单位	发文频次
1	金长泽	国家教育委员会师范教育司	3
2	王光裕	北京教育学院	2
3	朱培元	江苏省南通教育学院	2
4	张家祥	上海教育学院	2
5	蔡浩中	上海教育学院	2
6	刘锦章	上海松江区教师进修学校	2
7	何艳茹	《中小学教师培训》杂志社	2

续表

序号	作者姓名	作者单位	发文频次
8	李殿元	四川省教育厅	2
9	鲁作之	湖南省益阳市教育局	2
10	王乃英	北京教育学院	2

通过中国知网（CNKI）可视化分析，梳理得出教师继续教育萌发期排名前十的作者及其发文量（如表7.1所示）。从发文频次来说，该阶段单个作者的产出量较低，对教师继续教育尚未有深入和细致的研究。发文较多的作者大多来自教育学院或者政府的教育行政单位，这说明当时教师教育研究的主要机构是教育学院和政府教育行政部门，研究质量欠佳。对中外教师继续教育进行比较研究的论文被引率均相对较高，例如高文1983年发表在《外国教育资料》中的《对教师的系统研究与科学培训（巴班斯基教学论思想述评之四）》。

2. 文献期刊发表来源分析

梳理1977年至1989年发表的文献期刊的来源，发表在《中小学教师培训》上的文献有130篇，占总篇数接近20%，其次是《人民教育》（44篇）、《师范教育》（31篇）、《江苏教育》（30篇）、《比较教育研究》（23篇）等（如图7.3所示），以上期刊对教师继续教育的研究给予了相当大的关注，为推动教师继续教育的发展作出了贡献。随着关注教师继续教育的期刊逐渐增多，种类日趋丰富，表明教师继续教育的研究越来越受到重视。

该时期文献来源表现出三个典型特征：一是中小学教师继续教育受到期刊的青睐；二是比较研究是当时的研究热点，如《比较教育研究》《外国中小学教育》《全球教育展望》等刊登了较多相关论文，说明当时国内急需通过借鉴国外的成功经验来发展国内的教师继续教育；三是单个期刊发文量低，在所列出的期刊中，发文量最多的是《中小学教师培训》（130篇），大多数期刊单独发文均不超过30篇，这也说明当时对教师继续教育的研究较少有特定的期刊进行集中刊登，难以形成聚焦点，文章发表分散。

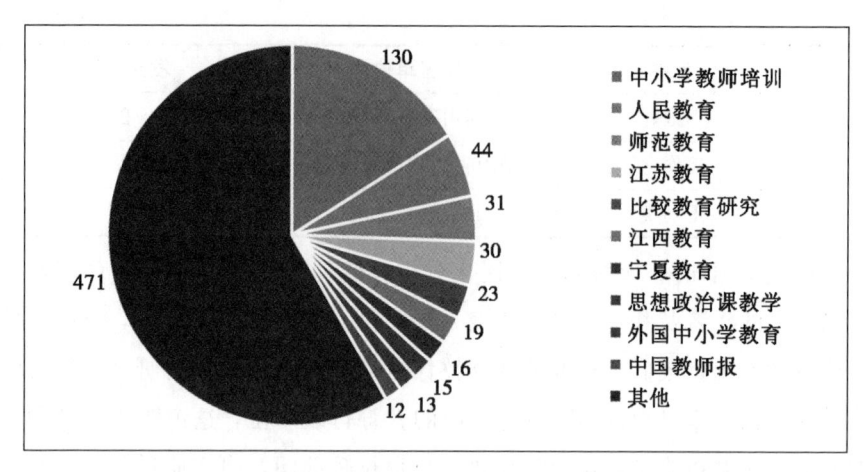

图 7.3　1977—1989 年教师继续教育研究文献的期刊来源分布

3. 研究主题分析

在教师继续教育研究酝酿期，在教师思想政治的意识培养方面，1952年发表在《人民教育》的《从批判"活教育"里教师们应该学到什么》一文，主要认为教师应当在当前的教育中加强系统知识和马列知识的教育。1956年《江西教育》发表的《积极培训新的师资　提高在职教师水平》在教师继续教育的目的方面强调要注重教师的思想政治教育，提高教师思想觉悟。在教师的职业技能培养方面，润身、保忠在《江西教育》发文提出，教育事业发展需要在暑期积极采取措施培训教师，抽出时间学习政治时事、钻研新教材和备课。

在教师继续教育研究萌发期，由于教师继续教育刚刚起步，对国外教师继续教育的研究成为当时的热门课题之一。研究者大多从国外的教师继续教育体制、形式及内容三个方面展开研究，试图借鉴他国经验促进中国的教师继续教育改革。

最早的关于国外的教师继续教育的研究是 1980 年迟恩莲等发表在《外国教育动态》的《几个发达国家的师范教育》，该文研究了苏联、英国、日本的师范教育和教师培训。作者认为发达国家对在职教师的培训已经制度化，并列举了各国为鼓励教师进修所采取的相应措施。[①]

1980年兹贝格纽·塞玛地尼和李环在《外国教育动态》发表的《波兰用电视、广播培训数学教师》是国内最早提到通过广播电视大学进行教师进修培训的文献。他们认为这样的教育方法可以扩大培训的教师数量，并通过回答听众的问题以及讨论有争议的教学问题来进行有效的教师培训。[②]

李守福等的《朝鲜中小学教师的在职培训》、许明的《埃及的师资培训》、蒋伯惠的《法国中小学教师培养与在职进修》等论文均提到各国在开展教师继续教育时采用寒暑假期开展或以短训班、夜间大学等形式对教师进行集中的在职培训来提高教师的技术水平，此外还采用函授教育与离职到教育干部学校学习的形式来提高教师的业务水平。

研究者通过介绍国外的教师继续教育对我国教师培训提出了建议。如苏式冬在《英国、意大利中学理科教师的培训工作》中指出，在职教师培训主要在于用新的科学技术成果武装教师，不断提高教师的实验能力以及帮助教师补充自然科学的缺门这三个方面。[③] 易先俊则在《略谈东德培训体育教师的措施》一文中提出，体育教师应定期展开培训，需在寒假期间学习马列主义哲学、政治经济学、教育学和心理学，在暑假期间学习体育理论和教法等专业知识。[④]

（三）阶段特征总结

教师继续教育研究酝酿期的研究注重对教师思想政治意识的培养，此外，还重视教师的职业技能培养，如教师的汉语拼音、普通话和教材讲解等能力的培养。这主要是因为新中国刚刚建立，需要教师提高自己的政治素养，对学生进行符合国家主流价值观的教育。此外，教师教育体系还处于逐渐完善的阶段，不少教师在教学技能方面还很欠缺，因此对教师的职

---

① 迟恩莲，苏真，宋文宝. 几个发达国家的师范教育 [J]. 外国教育动态，1980 (3).

② 兹贝格纽·塞玛地尼，李环. 波兰用电视、广播培训数学教师 [J]. 外国教育动态，1980 (5).

③ 苏式冬. 英国、意大利中学理科教师的培训工作 [J]. 外国教育动态，1981 (4).

④ 易先俊. 略谈东德培训体育教师的措施 [J]. 学校体育，1981 (1).

业技能培训方面也较为重视。

在教师继续教育研究萌发期，中国关于教师继续教育的研究得到了相应的发展，论文数量有了明显的增加。该阶段有关外国教师继续教育的研究，主要在教师培养体制、师范生的培养、教师在职培训的形式以及培训内容等方面。这可能是由于当时中国在教师继续教育管理体制、方式和内容方面缺乏系统的经验，所以需要借鉴国外教师继续教育的先进经验来培养国内的教师，为中国教师继续教育事业的发展服务。

二、教师继续教育研究快速发展时期（1990—1999年）

1990年召开的全国中小学教师继续教育工作座谈会对教师继续教育概念进行了明确的规定。为教师继续教育"正名"后，研究者们对教师继续教育研究的热情被点燃，中国教师继续教育研究进入了快速发展时期，相关文献的数量增幅明显。

（一）文献刊发情况分析

该阶段的文献数量达到4610篇，从1990年的190篇增长到1999年的1051篇，其中1999年的文献增量是这十年里最大的，较前一年增加了358篇（如图7.4所示），这主要是因为1999年教育部根据《中华人民共和国

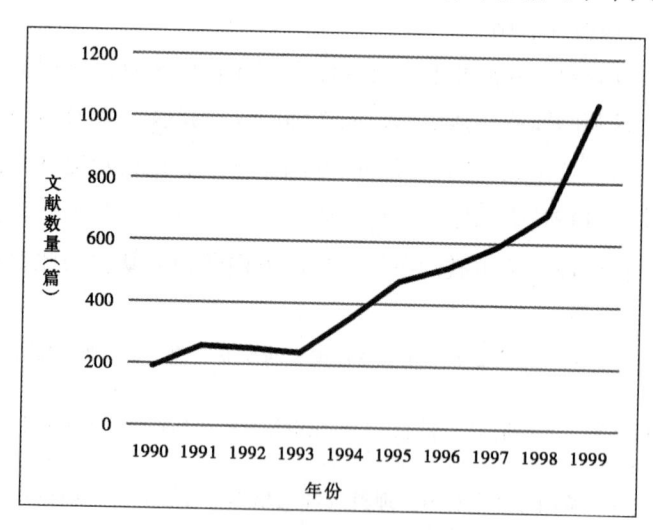

图 7.4　1990—1999年各年份教师继续教育研究文献数量

教育法》和《中华人民共和国教师法》制定了《中小学教师继续教育规定》，旨在提高中小学教师队伍整体素质，以适应基础教育改革发展和全面推进素质教育的需要。这项规定的出台，极大地推进了中国在教师继续教育专业的研究和发展。

（二）文献分布情况分析

1. 发文作者情况分析

表 7.2　1990—1999 年教师继续教育研究作者排名（前十）

序号	作者姓名	作者单位	发文频次	发文类型
1	金长泽	国家教委师范教育司	15	15 篇独作，0 篇合发
2	马立	国家教委师范教育司	15	15 篇独作，0 篇合发
3	任顺元	杭州教育学院	14	9 篇独作，5 篇合发
4	楼世洲	浙江师范大学	10	2 篇独作，8 篇合发
5	易长发	湖北大学	9	6 篇独作，3 篇合发
6	申继亮	北京师范大学	9	0 篇独作，9 篇合发
7	辛涛	北京师范大学	9	1 篇独作，8 篇合发
8	林崇德	北京师范大学	7	1 篇独作，6 篇合发
9	周风	上海教育学院	5	5 篇独作，0 篇合发
10	陈秀凤	国家教委师范教育司	5	5 篇独作，0 篇合发

通过梳理得出排名前十的作者及其发文量（如表 7.2 所示），金长泽、马立、任顺元、楼世洲、易长发等人分列前十。林崇德、申继亮、辛涛三人的论文被引率较高，其中林崇德等 1996 年在《中国教育学刊》发表的《教师素质的构成及其培养途径》[①] 被引次数达 1340 次，1999 年发表在《高等师范教育研究》的《从教师的知识结构看师范教育的改革》[②] 被引次数达 870 次。此外，易长发在《比较教育研究》发表的《外国中学教师继续教育培训模式例析》、楼世洲在《高等师范教育研究》发表的《高校教

---

① 林崇德，申继亮，辛涛. 教师素质的构成及其培养途径[J]. 中国教育学刊，1996 (6).

② 辛涛，申继亮，林崇德. 从教师的知识结构看师范教育的改革[J]. 高等师范教育研究，1999 (6).

师岗前培训制度化的理论与实践研究》、马立在《中小学教师培训》发表的《走向21世纪的中国师范教育——在全国中小学教师继续教育实验区工作会议上讲话摘要》，被引率也较高，影响较大。

此外，在表7.2的"发文类型"中，可看出作者"单打独斗"的现象比较明显。通过对前十名作者的单位分析，我们可以发现，研究单位层次较高的研究者多以合作研究为主，比如北京师范大学的林崇德、申继亮、辛涛均以合作为主，而研究单位层次较低的研究者多以单独研究为主。这说明在层次相对较高的研究单位中，研究人员较多，能够形成较好的合作关系，形成相对稳定的研究团队。而在层次相对较低的研究单位中，研究人员相对较少，难以组建较大的研究团队，因此研究多以单独形式开展。国家教育委员会师范教育司发表的论文以各论坛或会议的讲话，或者政策意见的评述为主，因此研究方式以单独研究为主。

从研究者的研究单位也可以看出，北京师范大学和国家教育行政部门发表的相关文献较多，说明教师继续教育在这阶段的研究已经得到了教育部和各地高等院校的重视。

总而言之，以研究教师继续教育为主的研究人员逐渐增加，发文总量得到提高，而且每位作者发文的数量均有明显提高，发文形式也呈现出独立研究和合作研究并存的情形。

2. 文献学科分布情况分析

通过对搜索到的1990年至1999年的文献进行可视化分析及二次整理，得到文献学科分类统计结果（如图7.5所示）。从中可以发现，该时期内的理论研究绝大部分集中在"教育学"领域，共有3425篇文献，约占总文献的75%；其次是"体育学"领域，共有文献53篇，这可能缘于体育教师在知识和教学技能方面与其他学科教师相比相对薄弱，需要对体育教师的继续教育进行较深入的研究，为体育教师的继续教育提供理论支持。此外，教师继续教育也得到法学、社会学、政治学等领域的学者的关注和研究，显现出多学科研究视角的势头。

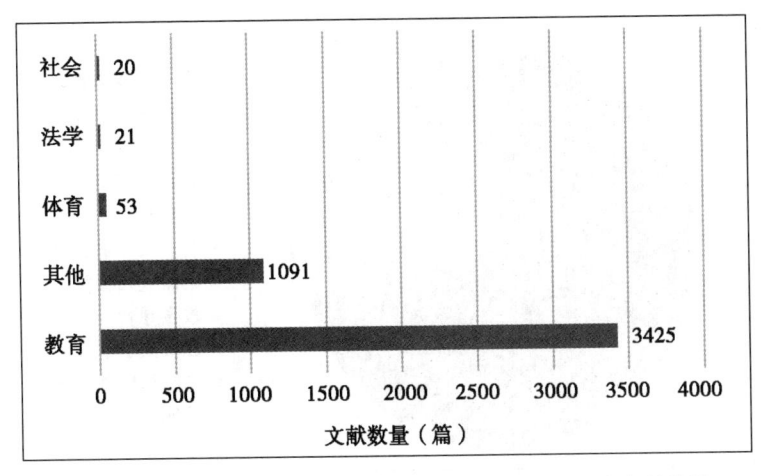

```
社会  | 20
法学  | 21
体育  | 53
其他  | 1091
教育  | 3425
```

图 7.5　1990—1999 年各学科类别的教师继续教育研究文献数量

3. 载文期刊分布分析

从文献发表的来源看，如图 7.6 所示，《中小学教师培训》发文最多，共 749 篇，占总篇数的 16%；其次是《师资培训研究》，有 113 篇，占总篇数的 2.5%；再者有《人民教育》（85 篇）、《教师教育研究》（70 篇）、《师范教育》（64 篇）等；而发表在其他期刊上的文章为 3301 篇，占比最大，这些期刊包括《继续教育》《中国高校师资研究》《当代教育科学》等教育学专业期刊。

该时期内的教师继续教育研究文献来源表现出三个典型特征：一是论文受到高质量教育类期刊的青睐，如《中小学教师培训》《师资培训研究》《人民教育》等高级别期刊。期刊层次高，这也表现出国内高水平期刊对教师继续教育的重视以及对理论研究的迫切需求。二是单个期刊发文量显著提高，在所列出的期刊中，发文量最多的是《中小学教师培训》，平均每年约发表 75 篇文献，年发文量排名前二十的期刊年均发文量超过 30 篇，相关的教育期刊的发刊频率均上了一个新台阶。三是文献期刊来源丰富，各个期刊都开始重视教师继续教育，重视从多个角度研究教师继续教育。

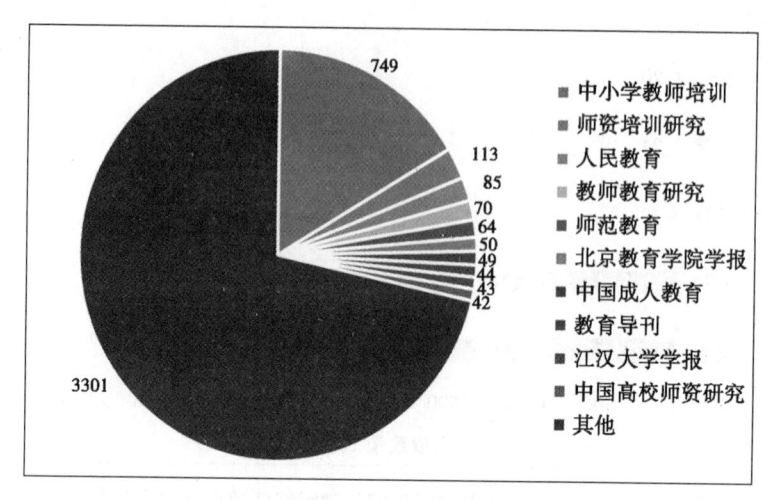

图 7.6　1990—1999 年教师继续教育研究载文期刊分布

4. 教师继续教育专著分析

20 世纪 90 年代是我国教师继续教育得到快速发展的时期，这一段时间内，不仅期刊论文迅速增加，相关的论述专著也开始出现。从相关文献中了解到，较早进行教师继续教育专著编写的学者有张家祥、金锵、李之群、程火生等人。张家祥、金锵（1991）的《中学教师继续教育问题》是中国较早系统描述中学教师在继续教育中出现的问题的专著，书中对教师继续教育在发展过程中出现的问题进行了详细的讲解。李之群、程火生（1991）出版《小学教师继续教育研究》，通过现状分析、理论探讨和培训方案阐述了小学教师继续教育的问题；武敏（1995）在《中小学教师继续教育的理论与实践》中介绍了我国中小学教师继续教育的相关理论和实践。此外，陈景仁（1996）的《中学教师继续教育模式研究》、教育部师范教育司（1998）的《中小学教师继续教育课程开发指南》、迟双明（1998）的《学校教师继续教育全书》等专著，专门对教师继续教育进行具体化、系统化论述。这段时期内的专著呈现出两种倾向：一是聚焦于教师继续教育理论方面的研究，如继续教育模式、继续教育课程开发、继续教育理论等方面的研究；二是聚焦于教师继续教育的实践研究，分析中小学教师继续教育、幼儿教师继续教育等实践中面临的问题，探索解决方法。

5. 研究机构分布分析

对文献作者机构进行归类梳理，得出关于研究机构的分布情况（如图 7.7 所示）。首先，1990 年至 1999 年间，文献量产出排名前十五的机构，有华东师范大学（62 篇）、北京教育学院（59 篇）、东北师范大学（41 篇）、北京师范大学（41 篇）等，这些机构囊括了教师继续教育理论研究的诸多杰出学者，比如叶澜、林崇德、申继亮、辛涛、易长发等。其次，研究机构的类型包括三种：一是师范类高校，包括华东师范大学（叶澜、唐玉光、赵中建）、北京师范大学（林崇德、申继亮、辛涛）、浙江师范大学（楼世洲）等；二是各地的教育学院，比如北京教育学院（王金保）、湖北教育学院等；三是政府教育部门研究机构，如国家教委师范教育司（金长泽、马立）等。研究机构类型较为多样，既有一线教师的经验探讨，也有学院学者的理论研究，更有政府教育机构专家的专业分析。再者，研究机构所处的地理位置较为优越，多数研究机构位于东部沿海地区，经济较发达，师资力量较雄厚，并且多有政府资金的大量援助，研究人员较多。这反映出以上研究机构在学科领域的科研实力，尤其是重点师范类高

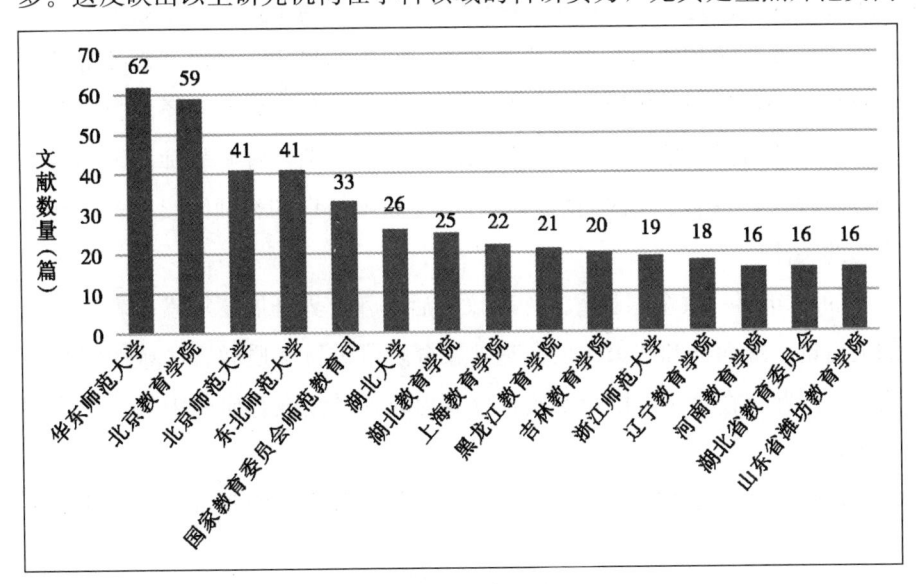

图 7.7 1990—1999 年教师继续教育文献的研究机构分布

校对教师继续教育的研究程度较高。但是，除了排名前十的研究机构以外，其他机构在这十年中发表论文的总数均未超过20篇，这说明在这阶段很多研究机构还未将教师继续教育作为研究的主题。

6. 研究主题分析

表 7.3　1990—1999 年教师继续教育研究关键词排名（前十）

序号	关键词	频率	序号	关键词	频率
1	素质教育	136	6	体育教师	15
2	师资培训	91	7	青年教师	14
3	中学教师	20	8	中小学教师	11
4	课程设置	20	9	知识结构	10
5	师范教育	16	10	教育科研	10

通过中国知网的可视化分析得到了在1990—1999年教师继续教育研究排名前十的关键词（如表7.3所示）。其中"素质教育""师资培训""课程设置"等出现频率较高，同时青年教师、体育教师、中小学教师等也是研究的热门对象。这可能是由于1990年12月召开的全国中小学教师继续教育工作座谈会对教师继续教育概念进行了明确的界定，指出"教师继续教育是指对已达到国家规定学历的教师进行以提高政治思想素质和教育教学能力为主要目标的培训，主要包括新教师见习培训，骨干教师培训和对部分骨干教师提高学历层次的培训"[1]，使得教师培训和教师继续教育得到了广泛的关注。

1985年第一次全国教育工作会议之后，教育界开展了对素质教育问题的大讨论。继而党和国家作出在基础教育阶段进行素质教育区域性实验的决定。因此，在这个阶段，素质教育成为教师继续教育研究中的一个热门话题。

1996年的第五次全国师范教育工作会议，确定了教师继续教育的工作

---

[1] 吴遵民，秦洁，张松龄. 我国教师继续教育的回顾与展望 [J]. 教师教育研究，2010 (2).

方案和内容,提出要努力探索符合我国国情的教师继续教育基本框架和办学模式。① 1999年出台的《中小学教师继续教育规定》中,对中小学教师继续教育的类型、教育教学机构与形式、教学时间及条件保障、行政管理和奖惩措施等作了具体规定,使得课程设置成为当时的一个热点话题。

(三)阶段特征总结

这个阶段的教师继续教育研究较上个阶段有了快速发展,发文数量从年均100篇到年均近1000篇,单个研究作者的发文数量也有了较大的提高,在高层次的研究机构中逐渐形成较为固定的研究团队。高等院校对教师继续教育的研究层次也逐步加深,发表了较多高水平的论文,为后续的研究打下了坚实的基础。在研究主题方面也更多样化,从主要对国外的比较研究转变为对国内的素质教育、教师培训、课程设置、教育改革等方面的研究。

三、教师继续教育研究深入发展时期(2000—2009年)

1999年1月13日,国务院批转了教育部《面向21世纪教育振兴行动计划》,为了大力提高教师队伍素质,将教师继续教育称为"跨世纪园丁工程",并要求"三年内,以不同的方式对现有的中小学校长和专任教师进行全员培训和继续教育""加强中小学教师继续教育的教材建设""重点加强中小学骨干教师队伍建设",1999年、2000年在全国培训10万名中小学及职业学校骨干教师,通过开展本校教学改革试验、巡回讲学、研讨培训和接受外校教师观摩进修等活动,发挥骨干教师在当地教学改革中的带头和辐射作用。② 此外,1999年6月,中共中央、国务院召开了改革开放以来的第三次全国教育工作会议,并于13日发布了《中共中央国务院关于深化教育改革全面推进素质教育的决定》,要求"开展以培训全体教师为目标、骨干教师为重点的继续教育,使中小学教师的整体素质有明显提

---

① 陈新. 郑州市中学教师继续教育现状的调查与对策研究[D]. 重庆:西南师范大学,2000.

② 陈强. 建国以来我国中小学教师继续教育政策的历史沿革与现实反思[D]. 福州:福建师范大学,2009.

高",这使得国内对教师继续教育的研究达到高潮,研究得到深入发展。

(一)文献刊发情况分析

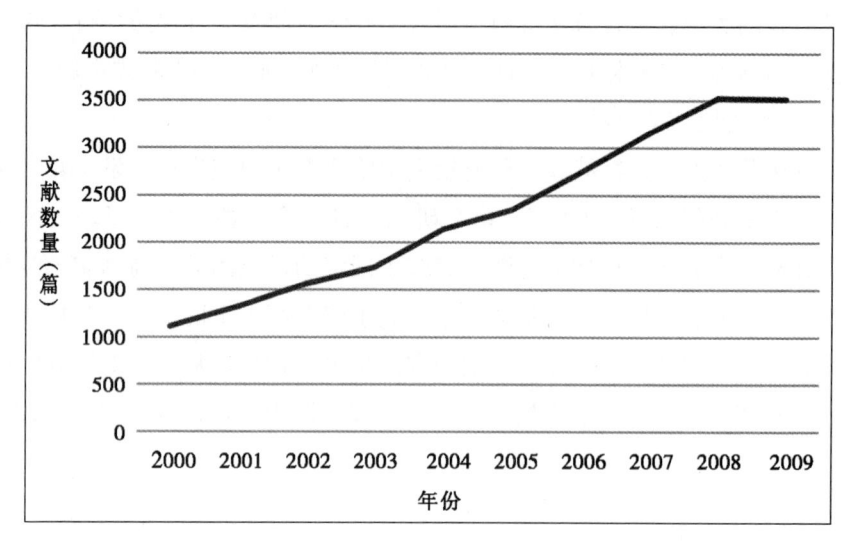

图 7.8 2000—2009 年各年份教师继续教育研究文献数量

该阶段检索到的文献达到 23 134 篇,其中期刊论文 20 412 篇,硕博论文 2089 篇,国内会议综述 543 篇,从硕博论文、国内会议文献以及教师继续教育的论坛会议数量可以看出研究教师继续教育的人员越来越多,研究程度越来越深。文献数量从 2000 年的 1109 篇增加到 2009 年的 3513 篇,增长幅度较大(如图 7.8 所示)。

(二)文献分布情况分析

1. 发文作者情况分析

表 7.4 2000—2009 年教师继续教育研究作者排名(前十)

序号	作者姓名	作者单位	发文频次	发文类型
1	洪明	福建师范大学	36	12 篇独作,24 篇合发
2	谌启标	福建师范大学	33	21 篇独作,12 篇合发
3	庞丽娟	北京师范大学	29	27 篇独作,2 篇合发
4	裴跃进	三门峡职业技术学院	25	24 篇独作,1 篇合发
5	朱旭东	北京师范大学	24	18 篇独作,6 篇合发

续表

序号	作者姓名	作者单位	发文频次	发文类型
6	张贵新	东北师范大学	22	11篇独作，11篇合发
7	申继亮	北京师范大学	21	2篇独作，19篇合发
8	曲铁华	东北师范大学	18	2篇独作，16篇合发
9	姜勇	华东师范大学	17	5篇独作，12篇合发
10	李方	北京教育学院	17	15篇独作，2篇合发

通过梳理得出排名前十的作者及其发文量（如表7.4所示），洪明、谌启标、庞丽娟、裴跃进等人分列前十，其中洪明发文数量最多，达36篇，其次是谌启标（33篇）、庞丽娟（29篇）、裴跃进（25篇）等，前十的作者发文量均超过15篇。

分析论文的被引率发现，庞丽娟、叶子2000年发表在《教育研究》的《论教师教育观念与教育行为的关系》是在这10位研究人员中被引率最高的，为381次。其次是饶从满、张贵新于2007年发表在《教师教育研究》的《教师合作：教师发展的一个重要路径》，被引次数为340次。与上个阶段相对比，这一阶段论文数量不仅有显著性提升，而且论文的质量也有所提高。

此外，从表7.4的"发文类型"可看出，研究形式包含了单独研究和合作研究，两者的比例大致持平。对前十名的作者单位加以分析可以发现，来自北京师范大学的作者发文较多，发文类型既有单独研究，也有合作研究，说明北京师范大学在这一时期对教师继续教育的研究方式多样，研究程度更深入。此外，华东师范大学、福建师范大学以及东北师范大学研究者的论文多为合发论文，这说明这些师范大学关于教师继续教育的研究有较完整的研究团队，研究体系相对完善。来自三门峡职业技术学院的裴跃进和北京教育学院的李方则多以单独研究为主，既说明这两位研究者的科研能力较强，也表明他们所在的学校在教师继续教育的研究体系上相对还不够完善。

通过对这10位研究者的研究内容进行分析发现，这10位研究者的论文中均有对国外的教师继续教育的研究，其中洪明、谌启标、曲铁华、姜勇均有大量关于国外与国内教师继续教育的比较研究，体现了这阶段研究的一大热点。总而言之，这段时间内关注"教师继续教育"主题的学者较之前有很大程度的增加，发文总量也得到较大提高，发文形式依旧延续了独立研究和合作研究并重的特点。

2. 文献的学科分布情况分析

对2000年至2009年搜索的文献进行可视化分析以及二次整理，得到文献学科分类统计结果如图7.9所示。可以发现，该时期内的理论研究绝大部分集中在"教育学"领域，共21 838篇，占总文献的94%；其次是"体育学"领域，共1040篇，这与上一个阶段的学科分布情况类似，可能还是由于高校中对体育教师的继续教育研究较多，体育教师在知识和教学技能方面与其他学科教师相比相对薄弱，需要对体育教师的教师继续教育进行较深入的研究，为体育教师的继续教育提供理论支持。此外，教师继续教育也受到语言学、法学、政治学等领域的学者的关注和研究，但发表的论文数量较少。总体来说，该时期的教师继续教育文献的学科分布以"教育学"为绝对主导地位，"体育学"占据一定的数量，语言学等学科也对教师继续教育有一定的深入研究，显现出多学科研究视角的态势。

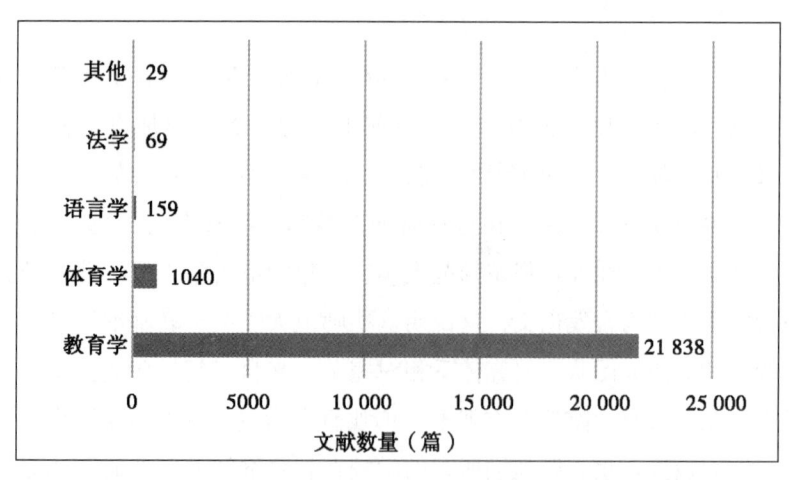

图7.9 2000—2009年各学科类别的教师继续教育研究文献数量

3. 载文期刊分布分析

通过对该时间段内文献的整理，得到如图7.10所示数据。从图中可知，发表在《中小学教师培训》上的文献最多，有902篇，约占该阶段文献总数的4%；其次是《中国成人教育》有355篇；再者有《继续教育研究》(343篇)、《继续教育》(319篇)、《教师教育研究》(255篇)等。

该时期内教师继续教育文献来源表现出三个典型特征：一是论文受到成人教育类期刊的青睐，比如《中国成人教育》《继续教育研究》《继续教育》等核心权威期刊，期刊层次高。这也表现出国内成人教育对教师继续教育的重视以及对理论研究的迫切需求。二是期刊的发文数量和种类有显著性提高。在所列出的期刊中，发文量最多的是《中小学教师培训》（902篇），其发文量占据了该阶段全部文献的约4%。文献发表数量排名前四十的期刊也都发表了超过100篇相关文献，说明这一时期，中国的教师继续教育研究得到了深入发展。三是高校教师继续教育研究数量有很大增长，华东师范大学、东北师范大学等大学学报对教师继续教育研究的发文数量呈现增长的趋势，其中《华东师范大学学报》发表文献174篇，位列第十。

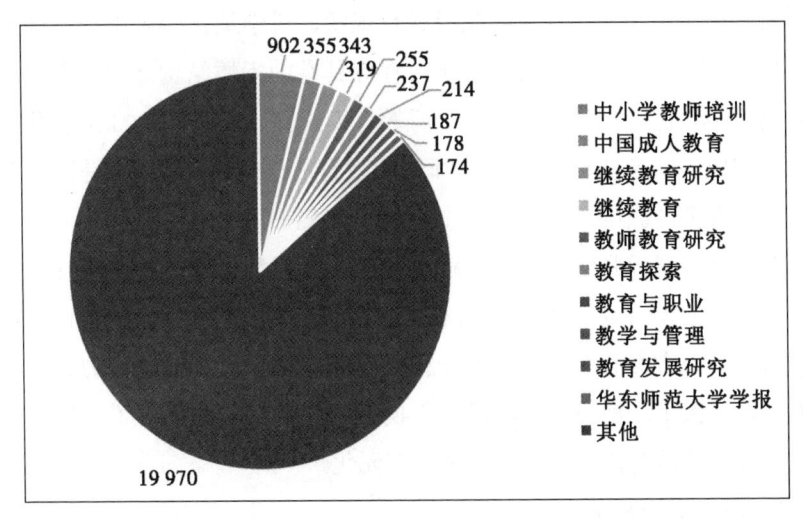

图 7.10　2000—2009 年教师继续教育研究载文期刊分布

4. 教师继续教育专著及硕博论文分析

随着国家政策对教师继续教育的不断引导以及教师继续教育实践活动的不断推进，国内学者对教师继续教育的研究不断走向系统化，其表现形式为相关专著的不断出版以及硕博论文的刊发。

首先，教师继续教育著作的大量涌现提高了理论研究的水平。理论研究类著作有《教师继续教育模式与机制研究》《中小学教师继续教育新论》《"中小学教师继续教育工程"论》《教师继续教育新探》等，这些著作从教师继续教育的基本原理、内涵本质、特征功能、体系结构等方面对教师继续教育进行理论上的建构；实践探索类著作有《中小学教师继续教育校本培训模式理论与案例》《中小学教师继续教育培训模式研究》等，以上著作以国内教师继续教育实践活动为基础，对教师继续教育进行经验总结，为教师继续教育的理论发展和制度改革提供了宝贵的事实依据。

其次，硕博论文的发表丰富了教师继续教育的研究类型。在2000年之前，我国没有硕、博研究生关注该领域，但是2000年之后，随着前期期刊论文的积累和国家政策的导向，硕博论文数量迅速增长。成会君于2000年在曲阜师范大学完成的《素质教育形势下山东省中小学体育教师职后教育的现状调查与对策研究》是国内第一篇研究教师继续教育的硕士论文，文中深入调查了中小学体育教师职后教育现状，科学地比较了中小学体育教师实际具有的素质结构和实施素质教育应具有的素质结构之间的差别，从中找出不足，进而构建了相应的职后教育模式。[①] 时伟于2003年在华东师范大学完成的《专业化视野下教师继续教育的理论与实践》，是国内第一篇真正意义上的教师继续教育博士论文，该文采用系统论方法，从国外与国内两种环境对教师继续教育实践历程进行分析与比较，并着重探讨了教师继续教育的模式与高师院校的职能应答。[②] 总之，教师继续教育硕博论文的出现，一方面壮大了教师继续教育研究者队伍，积累了人力资源；另一方面，突破了之前研究成果局限于期刊论文的状态，丰富了成果的表现形式，并且使研究内容系统化、视角多元化。

5. 研究机构分布分析

对文献的作者机构进行归类梳理，得到文献关于研究机构分布的情况

[①] 成会君. 素质教育形势下山东省中小学体育教师职后教育的现状调查与对策研究 [D]. 济宁：曲阜师范大学，2000.

[②] 时伟. 专业化视野下教师继续教育的理论与实践 [D]. 上海：华东师范大学，2003.

（如图 7.11 所示）。首先，2000 年至 2009 年间，文献产出量排名前十五的机构分别有华东师范大学（758 篇）、北京师范大学（505 篇）、东北师范大学（365 篇）、西北师范大学（348 篇）等。其次，研究机构的类型比较单一，文献产出量排名前十五的机构基本为师范类院校，缺少非师范类的院校对教师继续教育的研究。此外，在该阶段，各研究机构的论文数量较多，排名前十五的研究机构均超过 150 篇，其中以华东师范大学、北京师范大学为领头的重点师范院校对教师继续教育的研究更为深入，发表论文数量更多，这说明教师继续教育研究已经受到高校广泛的关注并进行了深入的研究。

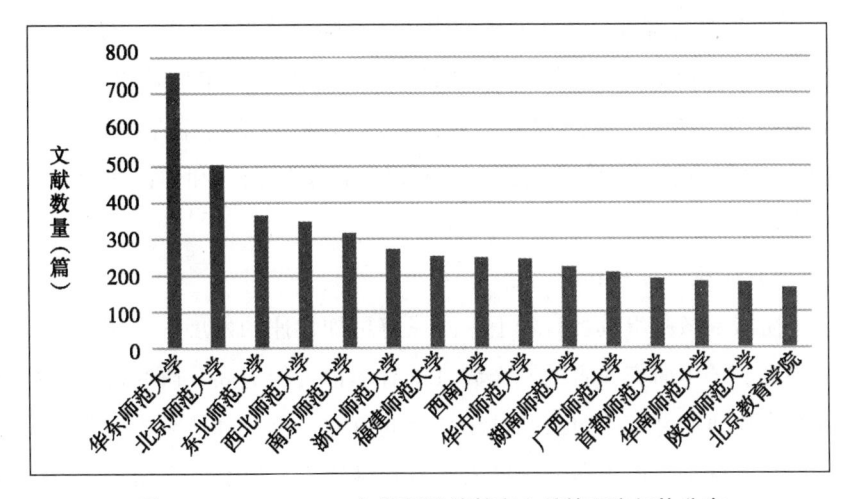

图 7.11　2000—2009 年教师继续教育文献的研究机构分布

6．研究主题分析

表 7.5　2000—2009 年教师继续教育研究排名前十的关键词

序号	关键词	频率	序号	关键词	频率
1	教师专业发展	1099	6	师资培训	334
2	校本培训	548	7	教师素质	266
3	中小学教师	496	8	师范教育	250
4	体育教师	453	9	课程改革	243
5	高校教师	359	10	素质教育	240

梳理 2000—2009 年教师继续教育研究排名前十的关键词发现，"教师专业发展""校本培训""中小学教师""体育教师"等出现频率较高（如表 7.5 所示）。2004 年 3 月 3 日，国务院批转教育部印发的《2003—2007 年教育振兴行动计划》，该计划明确提出了"全面推动教师教育"，即改革教师教育模式，将教师教育逐步纳入高等学校教师教育体系，构建以师范大学和其他高水平大学为先导，专科、本科、研究生三个层次协调发展，职前职后教育相互沟通，学历与非学历教育并举，促进教师专业发展和终身学习的现代教师教育体系。[①] 这使得"教师专业化""师资培训"得到了广泛的关注。

1999 年教育部在《关于实施"中小学教师继续教育工程"的意见》中最早提出了"校本培训"的概念，"各中小学都要制定本校教师培训计划，建立教师培训档案，组织多种形式的校本培训"，这使得在 2000 年后对"校本培训"的研究探索不断深入，使得"校本培训"和"课程改革"成为研究热点。

（三）阶段特征总结

该阶段的教师继续教育较上一阶段有更加快速的发展，文献数量有了较大提高。单个研究作者的发文数量也有了很大的提高，研究形式上独立研究和合作研究并存。对教师继续教育的研究也仍以师范院校为主导，这一阶段很多硕士、博士研究生投入到教师继续教育研究。在研究主题方面也更多样化，涉及校本培训、教师专业发展、教师继续教育现状及策略等方面的研究。研究方向更加贴合实际，与当前在中国的发展现状和教育政策紧密相关。

四、教师继续教育研究创新发展时期（2010 年至今）

教师继续教育研究经过前三个阶段的不断发展，每年都有数量稳定的高品质论文产出，说明教师继续教育研究体系已经较为完善，达到较高的

[①] 何东昌. 中华人民共和国重要教育文献（1998—2002）[M]. 海口：海南出版社，2003. 374.

研究水平。2010年《国家中长期教育改革和发展规划纲要（2010—2020年）》及《关于实施"中小学教师国家级培训计划"的通知》等政策的发布进一步推动了教师继续教育研究的发展，加之"国培计划""乡村教师支持计划"等政策的出台，为中国教师继续教育提供了新的研究方向。

（一）文献刊发情况分析

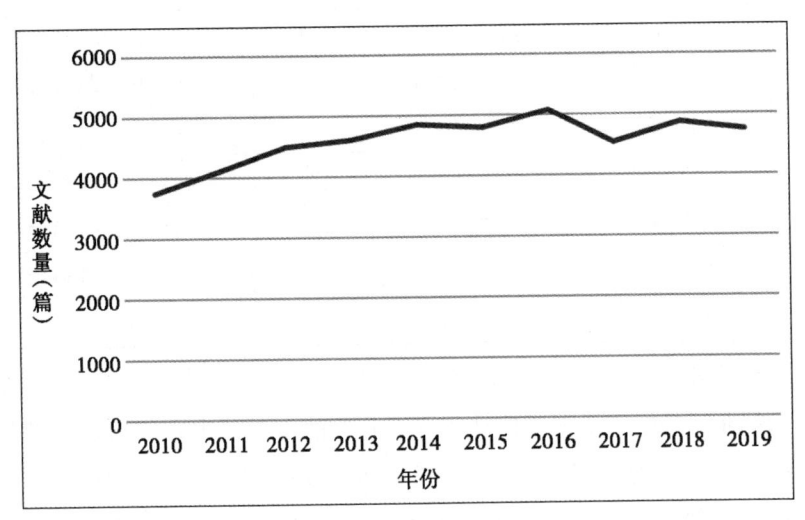

图7.12 2010—2019年各年份教师继续教育研究文献数量

该阶段检索到的文献达到45 763篇（如图7.12所示），其中期刊论文36 046篇，硕博论文6591篇，会议综述2150篇，从期刊论文、硕博论文、会议文献数量可以看出对教师继续教育研究的发文总量得到进一步提高，研究教师继续教育的硕博研究人员越来越多，中国参加与举办的关于教师继续教育的会议数量也呈现增长趋势，研究程度越来越深。这一阶段，每一年的文献刊发数量都保持较高的水平，增长幅度较小，这说明我国的教师继续教育研究已经达到了较高的水平，有稳定的研究成果产出，我国的教师继续教育研究进入创新发展阶段。

（二）文献分布情况分析

1. 发文作者情况分析

表 7.6　2010—2019 年作者排名（前十）

序号	作者姓名	作者单位	发文频次	发文类型
1	龙宝新	陕西师范大学	76	63 篇独作，13 篇合发
2	朱旭东	北京师范大学	47	20 篇独作，27 篇合发
3	杨跃	南京师范大学	34	34 篇独作，0 篇合发
4	洪明	福建师范大学	31	8 篇独作，23 篇合发
5	曲铁华	东北师范大学	27	1 篇独作，26 篇合发
6	闫建璋	山西师范大学	26	7 篇独作，19 篇合发
7	马云鹏	东北师范大学	24	3 篇独作，21 篇合发
8	吴新建	福建教育学院	24	1 篇独作，23 篇合发
9	张贤金	福建教育学院	23	0 篇独作，23 篇合发
10	谢莉花	同济大学	21	10 篇独作，11 篇合发

通过梳理得出排名前十的作者及其发文数量（如表 7.6 所示），龙宝新、朱旭东、杨跃、洪明、曲铁华等人分列前十，其中龙宝新发文数量最多，高达 76 篇，其次是朱旭东（47 篇）、杨跃（34 篇）、洪明（31 篇）、曲铁华（27 篇）等，排名前十的作者均发表过 20 篇以上论文。在发文数量上，前十作者的发文数量有小幅度增长，其中朱旭东、洪明、曲铁华等研究者在两个阶段里都展现出强大的科研能力，龙宝新、杨跃等作为新晋研究者在本阶段里对教师继续教育研究作出巨大贡献。

此外，从表 7.6 的"发文类型"可看出，研究形式包含了单独研究和合作研究，其中合作研究的比重较大。对前十名的作者加以分析可以发现，多数研究者都采用合作研究的形式开展教师继续教育研究，其中吴新建和张贤金之间有紧密的合作关系，这说明现阶段的大学关于教师继续教育的研究有较完整的研究团队，研究体系相对完善。来自陕西师范大学的龙宝新和南京师范大学的杨跃则多以单独研究为主，既说明这两位研究者的科研能力较强，也表明他们所在的大学在教师继续教育的研究体系方面相对还不够完善。

总而言之，这段时间内关注"教师继续教育"主题的学者较之前有很大程度的增加，发文总量也有增加，一些作者产出较多，发文形式从上阶段的单独研究和合作研究并重转变为以合作研究为主、单独研究为辅的情形。

2. 文献的学科分布情况分析

对搜索到的 2010 年至 2019 年的文献进行可视化分析以及二次整理，得到文献学科分类统计结果（如图 7.13 所示）。可以发现，该时期内的理论研究绝大部分集中在"教育学"领域，共 40 456 篇，约占总文献的 88%；其次是"体育学"领域，共 2224 篇，这与上一个阶段的学科分布情况类似，可能是因为教师继续教育研究的学科针对性较强，研究的学科分布更容易归纳到教育学领域。此外，其他学科分布的文献数量增加说明语言学、基础医学、社会学等更多领域的学者关注和研究教师继续教育，但发表的论文数量仍旧较少。总体来说，该时期的教师继续教育文献的学科分布仍旧呈现以"教育学"为绝对主导地位，"体育学"占据一定的数量，语言学等其他学科对教师继续教育有一定研究，继续保持学科交叉、多学科合作研究的趋势。

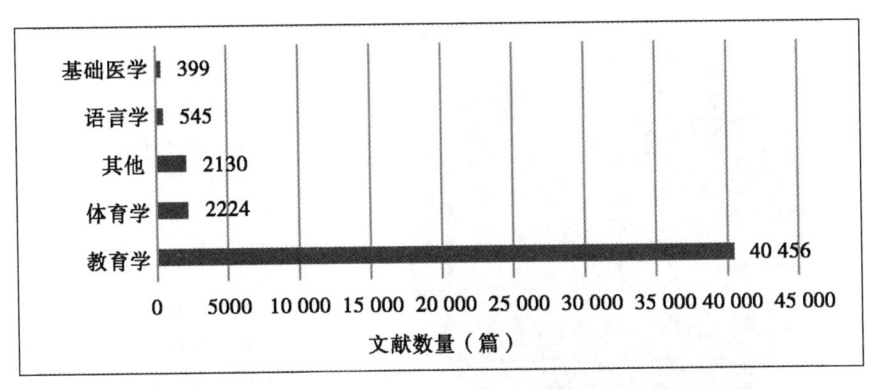

基础医学 399
语言学 545
其他 2130
体育学 2224
教育学 40 456

文献数量（篇）

图 7.13　2010—2019 年各学科类别的教师继续教育研究文献数量

3. 载文期刊分布分析

通过对该时间段内文献的整理，得到如图 7.14 所示数据。从图中可知，发表在《中小学教师培训》上的文献最多，有 624 篇，约占该阶段文献总数的 1.4%；其次是《中国成人教育》，有 482 篇；再者有《继续教育研究》（428 篇）、《中国教师》（387 篇）、《教学与管理》（351 篇）等；而其他来源的文章为 41 944 篇，占比最大，该部分来源包括《江苏教育》《现代教育科学》《教育探索》等教育学专业期刊，以及华中师范大学、东北师范大学、华东师范大学等高校的硕博论文。

　　该时期内教师继续教育文献来源表现出三个典型特征：一是主要的教师继续教育研究载文期刊的发文数量仍保持较高水平，比如《中小学教师培训》《中国成人教育》《继续教育研究》等期刊在上个阶段就处于载文数量前三的期刊，在这个阶段仍旧保持前三且载文数量有较大提高，这表现出国内的教师继续教育研究有相对稳定的发文渠道。二是期刊的载文数量和种类有显著性提高。在所列出的期刊中，发文量最多的是《中小学教师培训》（624篇），占据了该阶段全部文献的约1.4%。文献发表数量前四十的期刊也都发表了超过160篇相关文献，相较上一阶段有显著提高。三是高校硕博论文数量有很大增长，达6591篇，将近上个阶段的3倍，西南大学、华中师范大学、东北师范大学的发文数量均位列前十五。

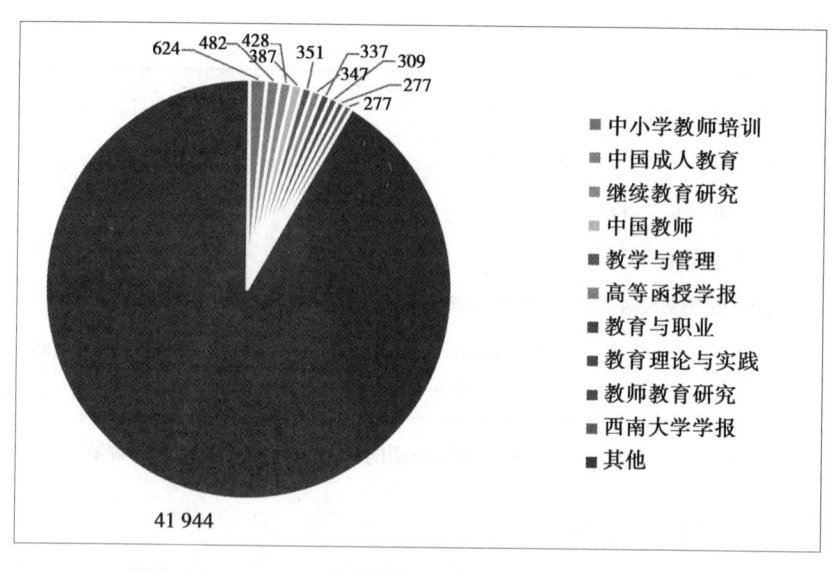

图 7.14　2010—2019 年教师继续教育研究载文期刊分布

4. 教师继续教育专著及硕博论文分析

　　随着教师继续教育研究的不断深入，关于教师继续教育的专著和硕博论文也有一定的变化。

教师继续教育的专著在上个阶段得到了巨大的发展，在这个阶段呈现出平稳发展的态势，在研究内容上仍旧分为理论研究类著作和实践探索类著作。理论研究类著作有《中小学教师继续教育新论》《当代教师专业发展研究》等；实践探索类著作有《新课改背景下教师教育课程改革的理论与应用》《知明行笃：教师培训的实践与思考》等。

本阶段的硕博论文较上个阶段有大幅度增长，硕博论文的数量从上个阶段的2000余篇增长到本阶段的6000余篇，且每年的硕博论文呈现波动上涨趋势。这一方面说明硕士、博士等高层次研究者的数量有大幅度增加；另一方面说明硕士、博士等高层次研究者对教师继续教育研究的热情逐渐加强。此外在研究主题上，硕博论文更加关注"学习过程""教师培训模式""教学效果"等方面的研究。

5. 研究机构分布分析

通过对文献的作者机构进行归类梳理，得到文献关于研究机构的分布情况（如图7.15所示）。首先，2010年至2019年间，文献产出量排名前十五的机构分别有西南大学（878篇）、华东师范大学（767篇）、北京师范大学（755篇）、东北师范大学（708篇）等，这些机构囊括了教师继续教育理论研究的诸多学者，比如钟启泉、胥兴春、饶从满、马云鹏、曲铁华等。其中西南大学的文献产出量从上一阶段的第八名跃居第一，说明西南大学在这一阶段对教师继续教育研究的重视和投入。其次，研究机构的类型包括：师范类高校，如华东师范大学、西南大学、北京师范大学、东北师范大学、浙江师范大学等；部分综合性大学，如河南大学、河北大学等院校。再者研究机构所处的地理位置较为优越，多数研究机构位于东部沿海地区，经济较发达，师资力量较雄厚，研究人员较多。此外，在该阶段，各研究机构的论文数量均较多，排名前十五的研究机构均超过300篇，平均每年约有30篇论文产出，这也说明了教师继续教育研究得到了巨大的发展。

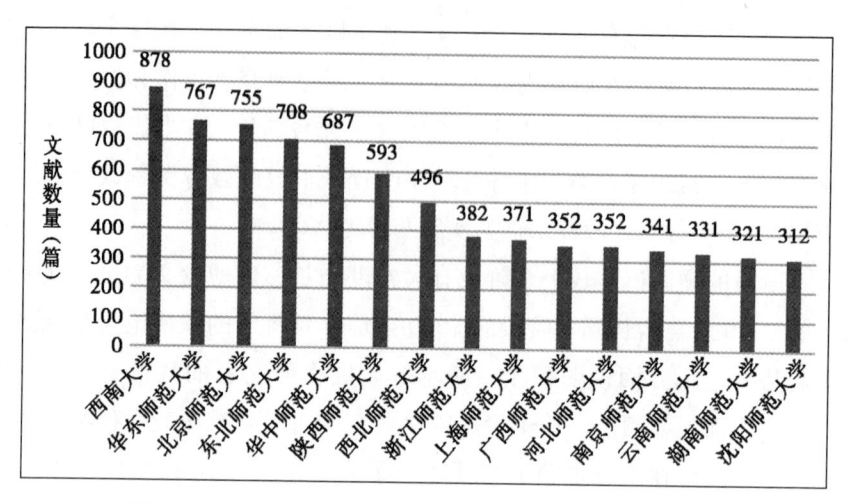

图 7.15　2010—2019 年教师继续教育文献的研究机构分布

6. 研究主题分析

表 7.7　2010—2019 年教师继续教育研究关键词排名（前十）

序号	关键词	频率	序号	关键词	频率
1	教师专业发展	2352	6	师资培训	478
2	中小学教师	863	7	国培计划	431
3	体育教师	721	8	校本培训	421
4	高校教师	685	9	农村教师	375
5	青年教师	615	10	美国	369

梳理 2010—2019 年教师继续教育研究排名前十的关键词发现，"教师专业发展""美国"等关键词在这个阶段仍然是研究的热点，"中小学教师""高校教师"以及"农村教师"也是这个阶段的热点研究对象（如表 7.7 所示）。此外，"国培计划"成为新兴的关键词，是该阶段一个新的研究方向。这主要得益于教育部和财政部联合发布的《关于实施"中小学教师国家级培训计划"的通知》，该通知决定实施以"中小学教师示范性培训项目"和"中西部农村骨干教师培训项目"为重点的"国培计划"，使得"中小学教师""农村教师""国培计划"等作为关键词的论文数量得到大幅度增加。

（三）阶段特征总结

该阶段的教师继续教育研究较上一阶段呈现稳步发展的趋势，文献数量较上一阶段有小幅度增加，每年的文献数量呈现平稳产出的趋势。单个研究者的发文数量也有了很大的提高，在研究方式上，形成了以合作研究为主、单独研究为辅的态势。对教师继续教育的研究也不仅仅局限于师范院校，像河北大学、河南大学等综合性院校对教师继续教育也进行了较深程度的研究。在研究主题方面也更多样化，涉及校本培训、教师专业发展、国培计划等方面研究，研究方向与当前中国的教师继续教育发展现状和教育政策紧密相关。

第二节 教师继续教育研究的主题分析

1998年以前国内教师继续教育主要以学历补偿为主，缺什么就学什么的教学方式具有较强的针对性。1998年之后我国开始关注教师的全面发展，1999年国务院颁布的《面向21世纪的教育振兴计划》中提出了"中小学教师继续教育工程"，教育部颁布的《中小学教师继续教育规定》促使此工程全面启动，教师继续教育研究得以全面展开。

一、教师继续教育理论研究

教师继续教育的理论研究自20世纪初开始并于五六十年代开始飞速发展，主要包括概念界定和特征这两个方面。

（一）教师继续教育概念界定

对教师继续教育的概念界定是研究的起点，我国诸多学者对教师继续教育的概念进行了深度剖析，一般有"教育说""活动说"两类。

第一，关于教师继续教育的"教育说"。《教育大辞典》一书中对教师继续教育作出的解释是：对大学毕业的在职教师进行知识更新、补缺和提高的教育。[①] 教师继续教育是指对中小学教师进行加强政治思想教育，补

[①] 顾明远.教育大辞典[M].上海：上海教育出版社，1991：3.

充、更新知识，提高教育教学能力和科研能力的教育，是一种主要采取教育机构培训与教师自我教育的方式，以提升教师职业能力与专业技能为主要目的，具体表现为在职进修、讲座、函授、脱产培训班等形式的教育①，它不同于学历教育、专业合格教育和教材教法过关教育，不能包括所有的在职培训，而是一种对学历达标后中级职称以上教师进行的大学后高层次的教育。教师继续教育有广义与狭义之分，狭义的教师继续教育指大学毕业后在职所接受的各类教育，广义的教师继续教育泛指在职教师所接受的各种层次的教育。②

第二，关于教师继续教育的"活动说"。许多学者将教师继续教育视为对教师进行专业化发展和培养的一项活动。教师继续教育指通过提供完整的连续的学习经验和活动来促进教师专业的、学术的、人格的发展的活动，是在现代教师在职培训的基础之上发展而来的、专门致力于教师专业发展的新兴教育活动。③

（二）教师继续教育特征研究

关于教师继续教育的基本特征，国内许多学者都进行了详细的探讨研究，分为"四性论""六性论"和"七性论"三种。

第一，关于教师继续教育的"四性论"。有的学者认为，教师继续教育具有系统性、多样性、地方性、动态化等特点；具有业务培训的针对性，培训过程的实践性，教学管理的职业性，办学功能的服务性。④ 教师继续教育在性质上属于高等延续教育层次，知识内容上具有起点高、内容新、涉及面广、超前性强的特点，教学形式上具有培训面广、灵活多样、

---

① 吴丽生. 中小学教师继续教育模式分析［J］. 南昌教育学院学报，2017（6）.
② 邢志强. 我国中学教师继续教育问题研究综述［J］. 高校社科信息，1997（2）.
③ 吴遵民，秦洁，张松龄. 我国教师继续教育的回顾与展望［J］. 教师教育研究，2010（2）.
④ 南通教育学院. 坚持"四性"开展中学教师继续教育［J］. 中小学教师培训，1993（10）.

自学为主的特点,时间上具有终身性的特点。[①]"四性论"作为教师继续教育特征分类中数量最少的一种分类方式,其观点较多,学者们将特征分为四个方面来描述的研究成果较多,内容较为丰富。

第二,关于教师继续教育的"六性论"。教师继续教育具有高质量性、公平性、开放性、灵活性、专业性和一体化六个特征。[②] 在"互联网+"的背景下,教师继续教育呈现出共生性、自主性、开放性、技术性、灵活性和终身性等新的特征。[③] 此外,教师继续教育还有性质上的为师性,时间上的边疆性,对象上的在职性,成员上的多层性,内容上的针对性,目标上的重能性等特征。[④]

第三,关于教师继续教育的"七性论"。有的学者从自主性、实用性、反思性、合作性、终身性、远程性与创新性等七个方面来探讨教师继续教育的特征。[⑤] 教师继续教育具有全局性、法规性、全面性、终身性、学术均衡性、课程广博性、机构规格趋同性等七个基本特征,具有培训对象的全员性、培训时间的终身性、培训目标的层次性、培训内容的实用性、培训方法的灵活性、培训形式的多样性、培训效果的长久性等七大特征。[⑥] 对比传统的教师继续教育,现代教师培训内容具有教育性、趣味性、规则性、协作性、竞争性、挑战性、亲历性等特征。[⑦]

总的来说,对于教师继续教育特征的研究,国内学者各呈其辞,从不

---

① 苗懿明,沙丽华. 浅谈中学教师继续教育的起源、发展与特点 [J]. 大连教育学院学报,2004 (4).
② 朱旭东. 论我国教师教育新体系的六个特征 [J]. 课程·教材·教法,2012 (12).
③ 张小佳. 互联网+教师培训的新特征 [J]. 中国教育技术装备,2019 (1).
④ 戴长和,许天英,陈振兴,等. 我国中学教师继续教育问题现状综述 [J]. 教育科学研究,1995 (3).
⑤ 吴立宝,宋维芳,曾意. 教师继续教育的特征 [J]. 继续教育研究,2010 (2).
⑥ 邢志强. 我国中学教师继续教育问题研究综述 [J]. 高校社科信息,1997 (2).
⑦ 邵征锋,杜尚荣. 教师培训活动化的内涵、特征及操作设计——基于"小学数学基础理论"的案例分析 [J]. 中小学教师培训,2018 (6).

同的角度提出了各自的观点。

二、教师继续教育模式研究

21世纪初新课程改革以来,我国教师继续教育模式呈现出多样化的特征。为进一步加强教师培训,全面提高教师队伍素质,教育部、财政部于2010年开始全面实施"国培计划",培训方式以地方地区开办培训班为主,培训对象主要是边远、农村地区的一线教师。自"国培计划"实施以来,国内有关教师继续教育培训模式的研究迅猛发展。国内的教师继续教育培训模式按照空间形式来分,逐渐形成了校本培训模式与远程培训模式并存的局面。

(一)校本培训

校本培训是以学校为培训基地,在上级培训机构的指导下,由校长、教师、学生共同参与的,充分利用校内外培训资源,直接服务于学校,服务于教师,服务于教学的培训活动。① 随着教师培训的迅速发展,传统培训模式的弊端越加凸显,难以适应时代发展的需要以及教师更高教育水平的需求,培训改革势在必行。"校本培训"产生的背景有以下三方面:一是培养新世纪优秀教师的迫切需要与现行教师培训实效性低下的矛盾;二是教育管理体制改革与学校办学自主性的扩大;三是"校本课程""校本研究"的蓬勃兴起。②

校本培训根据不同的目标呈现出不同的表现形式。具体表现形式可分为技能型培训、实践型培训、评价型培训、理论型培训、研究型培训等五种培训方式。③ 也有学者将其分为课题研究模式、临床诊断模式、案例教学模式、"师徒制"模式。④

以校为本提高教师的教育技术能力,进而有效地实施校本培训,做法与方式有很多。校本培训的有效实施需要转变培训观念、建立完善的校本

---

① 万福. 校本教师培训模式研究 [J]. 教育研究,2002 (1).
② 周建平. 对"校本培训"的认识与思考 [J]. 中小学教师培训,2001 (10).
③ 万福. 校本教师培训模式研究 [J]. 教育研究,2002 (1).
④ 周建平. 对"校本培训"的认识与思考 [J]. 中小学教师培训,2001 (10).

培训机制、组建校本培训资源、加强对校本培训效果的评价来加强校本培训的操作与管理。① 可以采取名优教师和新教师结成师徒促使新教师提高、开展假期培训班、校际之间观摩交流学习、进行反思性教学等形式。② 成功实施校本培训需要具备以下条件：中小学具有自主权、国家重视校本培训、国家强有力的经费支持、以系统的理论为指导、高素质的师资队伍、学校建立有效的管理机制。③ 校本培训的实施形式多种多样，不尽相同，但无论何种形式，在实施过程中都要紧密围绕学校、教育专家、受训教师这三方展开，做到以校为本，以师为体。

（二）远程培训

远程培训，也称远程教育，是对教师和学生在时空上相对分离，教与学的行为通过各种教育技术和媒体资源实现联系、交互和整合的各类院校或社会机构组织的教育活动的总称。④ 近年来各种新兴的技术和手段不断涌入教育培训领域，现代教育技术和信息技术快速发展，教师远程培训得到了广泛的应用，远程培训已经成为教师继续教育的一种重要形式。

远程培训能够以最优秀的教师资源、最新的信息资源、最先进的技术资源满足社会发展对教师综合素质提高的要求，与传统培训相比存在着开放性、共享性、高效性、互动性等优势。此外，远程培训为受训教师提供了理想的学习环境、高质量的学习资源和优秀的导师，以及相互间广泛沟通与交流的平台，时空不限性满足了培训历时长、地点散的要求，有助于挖掘并记录受训教师的隐性知识，展示了一种全新的学习方式，能够切实提高教师的现代信息技术素养。⑤

教师远程培训因其具有开放性、共享性等特征，被广泛运用于教师继续教育中，并受到学者们的关注。但在实施过程中也存在着不少问题，如

---

① 万福. 校本教师培训模式研究［J］. 教育研究，2002（1）.
② 赵蒙成. 校本培训：教师在职培训制度的创新［J］. 教育与职业，2000（3）.
③ 陈霞. 校本教师培训的特征与实施［J］. 中小学教师培训，2002（3）.
④ 王萍. 幼儿教师远程培训的现存问题及改善策略［J］. 现代远距离教育，2014（3）.
⑤ 何声钟. 中小学教师远程培训的优势与问题［J］. 基础教育参考，2007（11）.

培训过程中作弊现象盛行，培训的内容缺乏针对性，培训过程中教师互动严重缺失，培训过程中缺乏监管①，学习内容与实践脱节，教师学习积极性不高，考核方式不合理，管理人员水平较低以及监控不足等问题②。总的来说，远程培训具有两面性，在信息传递方便快捷的同时，作弊行为也变得容易，并且人与人之间的互动性大大减少，网络授课的普遍性也难以满足各个教师对于专业化知识的需求。

三、教师继续教育课程研究

教师继续教育课程指的是针对教师开展的，促进其专业发展，提高教学能力的有关课程。继续教育课程建设是"十二五"教师继续教育工作的研究重点之一，在整个教师继续教育中占有重要地位。国内对教师继续教育课程的研究主要涉及课程体系、课程设计原则、课程实施策略三个方面。

（一）教师继续教育课程体系研究

教师继续教育课程体系是指为了促进教师专业发展，将教师继续教育的教育机构提供的有关课程的所有组成要素按照一定的结构进行整合，使其在动态过程中指向教师继续教育目的的系统③，一般包括课程目标、课程内容、课程实施、课程评价等几个方面。在教师继续教育活动中，教师继续教育课程是关键环节，教师继续教育课程体系是决定教师继续教育质量的核心因素，要提高教师继续教育质量必须完善教师继续教育课程体系。教师继续教育课程体系目前存在着课程目标定位不准，课程内容滞后，课程实施力度不够④，缺乏多元化的课程结构，课程开发机制不合理，

---

① 陈翠冰. 中小学教师远程培训存在的问题及对策研究 [D]. 长春：吉林外国语大学，2019.

② 卢诗华. 农村中小学校长远程培训存在问题分析 [J]. 教育现代化，2017 (36).

③ 周德威. 我国在职教师教育课程体系建构初探 [D]. 南京：南京师范大学，2017.

④ 胡薇. 核心素养视域下英语教师培训课程的构建 [J]. 教学与管理，2019 (21).

课程内容与教师的实际需求不一致①，课程体系的实际效果不高等问题②。总的来说，教师继续教育课程体系仍旧不够完善，不能很好地满足教师发展的需求。解决这些问题最好的方法是构建更加完善的教师继续教育课程体系。构建完善的课程体系可以从以下几个方面出发：纵向层次型课程体系构建方法，划分教师继续教育级别并确立每一级别教育目标，进而确立课程目标并设计课程体系；横向职能型课程体系构建方法，将教师工作划分出主要职能，针对每一职能对应的素质要求，确立课程目标进而设置课程体系；从知识、能力、创新三个纬度确立课程目标进而设计课程体系。③还可以结合教育实践对教育理论与学科专业课程进行整合；突破以往封闭保守的传统，及时感应教师的新需求；注重实践性，为教师提供探索实践的机会。④

(二) 教师继续教育课程设计原则

教师继续教育课程的设计需要符合教师个体的发展，符合实际教学的需求，符合教师继续教育发展的需要，因此课程在设计的过程中应遵循一些基本的原则。

研究者在此方面做了大量研究，总的来说，课程设计需遵循以下原则：基础性原则，重视教育学理论基础的建设；创新性原则，重视创新的教育观念，培养教师的创新思维与实践能力；主体性原则，确立以教师为主体的教育思想；⑤实效性原则，重视教师日常的教育教学实践；整体性原则，以整体化为指导思想联系课程的各个要素；多元性原则，课程设计需要考虑课程培训主体与目标的多元化；开放性原则，秉持宽泛的、不确定性的、动态的思维方式来进行课程设计；对话性原则，重视教师继续教

---

① 文进荣. 教师继续教育课程体系研究 [J]. 教育与职业，2015 (3).
② 李新翠. 区县教师培训课程体系现状及反思 [J]. 中国教育学刊，2019 (2).
③ 杨荣昌. 教师继续教育课程体系研究 [D]. 上海：华东师范大学，2006.
④ 周娟. 科学教师继续教育课程体系研究 [D]. 金华：浙江师范大学，2006.
⑤ 姚楚英. 中职教师继续教育课程体系研究 [D]. 广州：广东技术师范学院，2014.

育课程与教师之间的对话和交流;[1] 统一性原则,即专业理论知识与实践技能、传授知识与发展能力、专业知识与相邻学科知识、纵向发展与横向联系相统一;层次性原则,根据继续教育教师的需求来进行有效的层次划分。[2] 有的学者以教师的发展需求和学习特点为切入点,提出课程设计需遵循以下原则:微型化,将整个教学内容拆分为若干个小点;模块化,将内容、学习方式要求和培训目标相近的放在同一个模块;生成性,根据课程的实施情况和教师的发展状况及时补充和完善课程资源。[3]

(三)教师继续教育课程实施策略

高效的课程实施策略有助于教师继续教育课程顺利开展,是课程得到有效实施的前提条件。

从教师继续教育的实际出发,要选择适应自主学习的教学模式,促进教师之间的交流互动;[4] 引导教师认可课程学习,鼓励教师对课程内容提出质疑,改变教学形式;[5] 着力于解决教师存在的问题与疑惑,重视学习支架的提供,帮助学员更好地掌握知识,重视对课程作业的评价。[6] 教师继续教育课程的实施还要坚持全员培训与分层指导相结合、集中培训与分散培训相结合、讲授与实践体验相结合、理论研修与实践体验相结合,实施从点到面的教育策略。[7]

---

[1] 王笑地. 实践取向的中小学教师培训课程设计研究[D]. 贵阳:贵州师范大学,2018.

[2] 田忠成. 中学体育教师继续教育课程设置的对策研究[J]. 中国学校体育,2013(S1).

[3] 徐凤."互联网+"背景下个性化教师培训课程研究[D]. 南昌:南昌大学,2017.

[4] 周昭权,袁洁. 教师继续教育网络课程的实施策略[J]. 教育信息技术,2006(6).

[5] 周惠颖. 浅议高职院校教师教育技术能力培训课程的实施[J]. 中国信息技术教育,2013(6).

[6] 唐雪梅. 有效教师培训课程设置与实施中应重视的几个问题[J]. 现代教育科学,2013(12).

[7] 庞维成. 区域生命教育教师培训课程开发与实施[J]. 上海教育科研,2019(9).

综上，研究者们认为教师继续教育课程在实施的过程中，需要加强对于信息技术的运用，促进教师与教师、教师与专家之间的交流与互动，交互方式可以通过作业与作业评价来进行，教学方法需要多样化、灵活化，以此来保证课程效果更加充分有效的体现。

四、教师专业发展研究

教师专业发展研究起于 20 世纪 60 年代末的美国，兴于七八十年代的欧美，90 年代末，我国教育界逐渐开始研究中国教师的专业发展。国内对教师专业发展的研究主要集中在概念界定、阶段研究、措施三个方面。

（一）教师专业发展的概念界定

教师专业发展指的是教师以自身专业素质包括知识、技能和情意等方面的提高为基础的专业成长与成熟的过程，是一个由非专业人员转向专业人员的过程[1]，是以教师教育为主要途径、以教师专业自觉意识为动力，不断完善、提升教师的专业素质和信念系统的动态发展过程，是一个教师从"教会学生学习""育人""服务"三个维度进行发展的过程，是教师在整个专业生涯中，依托专业组织、专门的培养制度和管理制度，通过持续的专业教育，习得教育教学专业技能，形成专业理想、专业道德和专业能力，从而实现专业自主的过程[2]。教师专业发展能够增进教师专业化、提高教师职业素养，从个人发展角度对自己的职业发展目标作出设想，通过学习进修等方式来提高自己的教育教学能力，最大限度地实现自己的人生价值[3]。

（二）教师专业发展的阶段研究

发展是一个时间的概念，也是一个变化的概念，教师的成长是一个长期的发展过程，教师专业发展经历了较长的发展阶段。国内学者对于教师专业发展的阶段认识各不相同。以职前和职后为界可以把教师专业发展划

---

[1] 朱新卓. "教师专业发展"观批判[J]. 教育理论与实践，2002（8）.
[2] 张家选. 略论教师继续教育与专业发展[J]. 继续教育，2010（1）.
[3] 肖丽萍. 国内外教师专业发展研究述评[J]. 中国教育学刊，2002（5）.

分为职前专业发展和职后专业发展两个阶段。[1] 有学者认为根据教师的职业发展阶段可将教师专业发展划分为师范生的专业社会化、实习教师的专业社会化、合格教师的社会化三个阶段。[2] 也有学者认为可分为从师范生到入门教师，从入门教师到合格教师，从合格教师到优秀教师三个阶段。[3] 还有的学者将教师专业发展分为四个阶段：学徒期、成长期、教学成果反思期、成熟学者期。[4] 针对教师的关注度，有学者提出教师专业发展包括非关注阶段、虚拟关注阶段、生存关注阶段、任务关注阶段、自我更新关注阶段等五个阶段。[5]

（三）教师专业发展的措施

教师专业发展是一个教师由不成熟走向成熟的过程，在此过程中利用怎样的方式与措施进行专业知识、能力和素养的提高，是一个值得深思的问题。学者们对此进行了大量的研究与讨论。

总结教师专业发展措施，可分为以下几个方面：一是源头改革，弥补缺失；二是通过教学改革激发教师的教学热情；三是以高校教师发展中心为依托，通过项目安排、教学共同体构建促进教师专业发展；四是强化教学实践，实现教师专业发展的理论与实践统一；五是加强教学反思，提高教师专业发展的内力；[6] 六是校本培训，开展能够有效提高教师专业水平以及真正符合教师实际需要的培训。[7] 此外，教师专业发展还要重视教师职前培养和在职培训，完善外在制度，构建组织机构，明确教师专业标

---

[1] 朱玉东. 反思与教师的专业发展 [J]. 教育科学研究，2003（11）.

[2] 王秋绒. 教师专业社会化理论在教育实习设计上的蕴义 [M]. 台北：师大书苑，1991，33-48.

[3] 刘捷. 专业化：挑战 21 世纪的教师 [M]. 北京：教育科学出版社，2002：150, 4-5.

[4] 申继亮，费广洪，李黎. 关于中学教师成长阶段的研究 [J]. 天津师范大学学报（基础教育版），2002（3）.

[5] 叶澜，白益民，王枬，等. 教师角色与教师发展新探 [M]. 北京：教育科学出版社，2001：199-345.

[6] 张忠华，况文娟. 论高校教师专业发展的缺失与对策 [J]. 高校教育管理，2017（1）.

[7] 方娇，梁敏. 我国教师专业发展研究综述 [J]. 教育教学论坛，2012（15）.

准，提高教师教育教学与职业技术实践能力。[①] 还应注重教材解读和应用，转变教师考核晋升模式，提升信息化教学能力，提高教师的专业素养。[②]

综合来看，学者们在涉及教师专业发展的措施与途径的研究中，大多会谈到自我反思、行动与实践研究、校本培训等，一方面是要求教师们从自身出发多进行教学实践与反思，一方面是从学校与教育机构等组织出发，完善培训机制，从教师需求出发开展合适的教学培训。

五、教师继续教育的管理研究

教师继续教育的管理主要需要依赖国家出台的政策以及教师继续教育工作者的努力来进行。学界对教师继续教育管理的研究主要集中在政策以及体制机制两个方面。

（一）教师继续教育的政策研究

自1999年教育部颁布了《中小学教师继续教育规定》后，国内许多学者开始关注教师继续教育政策的研究，研究成果主要集中在政策变迁特征、不足与展望三个方面。

教师继续教育政策出台数量较多，时间跨度较大，因此学者们利用政策文本分析法等方法对政策的变迁过程和特点进行了分析研究。从1949年后至今的演变进程来看，教师继续教育政策主要的变化表现为：20世纪50年代到60年代重在职学历补偿，"文革"后至80年代末的政策中"教材教法过关"与学历提升并重，90年代至21世纪初的政策呈现制度化趋势，21世纪初至今的政策逐渐形成专业化教师培训体系。[③] 从价值取向来看，教师继续教育政策从关注"社会价值"走向关注"人的价值"，从注重效率走向注重公平，从关注社会外在需求走向关注教师内在需求，从注重知

[①] 易森林，程宜康. 高职院校教师专业化发展研究述评［J］. 现代教育管理，2014（5）.

[②] 张芬香. 大学英语教师专业发展的目标与途径探讨［J］. 教育现代化，2019（76）.

[③] 李瑾瑜，史俊龙. 我国中小学教师培训政策演进及创新趋势［J］. 西北师大学报（社会科学版），2012（5）.

识培训走向注重能力和素质的提升。① 从整体特点来看，教师继续教育政策从注重社会需要到平衡并重社会与个人需求，从注重外延发展到统筹兼顾外延和内涵建设，从注重规模扩张到更加注重质量的提高与保障。② 总的来说，教师继续教育政策发展呈现一个由不足到完善的过程，经历了成型、完善、变革的一个发展过程，整体上逐渐向前进步。但教师继续教育政策依旧存在着一些不足，如对于教师培养的目标偏离、缺乏人力保障和财力支持、规划不长远、监管评估体系不够完善、效果不显著等问题一直未能得到很好的解决。

针对以上问题与不足，学者们提出了一些意见与展望。有的学者提出了理顺教师继续教育的管理体制，鼓励教师参与政策的制定，加强专题研究，为政策变迁提供理论支撑，突出非学历教育的重要地位，制定科学的远程教师继续教育评价政策等构想。③ 有的学者提出提高教师继续教育政策的决策水平和实施效果可以从匹配教师继续教育政策与经济政治制度，建立政策执行监管机制，教育行政部门统一领导和规划不同部门的政策，多元主体参与政策制定等几个方面着手。④ 有学者提出为实现教师教育政策公平，需推行均衡化策略，统筹区域教师、城乡教师、校际教师的均衡发展。⑤ 还有学者认为，制度上构建执行主体间有序合作的运行机制，理念上实现执行思维从统治管理向治理善治转变是改进和完善现行的政策执行方式的有效途径。⑥

---

① 单志艳. 中小学教师培训政策的价值取向变迁——基于1986年和2011年国家关于中小学教师培训《意见》的文本分析[J]. 教师教育研究，2013（3）.
② 曲铁华，王凌玉. 我国学前教师培训政策的演进历程及特点——基于1978—2016年政策文本的分析[J]. 河北师范大学学报（教育科学版），2018（1）.
③ 孙芳. 我国现代远程教师继续教育政策探析[J]. 现代远距离教育，2012（1）.
④ 肖军虎，张艳茹，王静静. 中小学教师培训政策实施存在的问题及对策——以山西省为例[J]. 教育理论与实践，2018（19）.
⑤ 李帅军. 教师教育政策公平的现实困境与有效路径[J]. 东北师大学报（哲学社会科学版），2012（2）.
⑥ 张群梅. 高校教师继续教育政策主体的执行逻辑与效果评估[J]. 教育发展研究，2014（17）.

政策的制定改善与实施并非一蹴而就，需集思广益，广泛采纳意见，合理有效地为教师继续教育作出贡献。

（二）教师继续教育的体制机制研究

体制机制是教师继续教育治理中的顶层设计，主要包含了质量与保障两方面的内容。

提高教师继续教育质量，是教师继续教育的当务之急。相关研究表明，影响教师继续教育质量的因素主要有教育培训计划和方案、培训目标、培训的内容与形式、培训的模式、受训者的基本情况、培训者的能力与水平、培训政策等。提高教师继续教育质量的策略不一而足。一些学者在调查后提出了重视教师培训需求分析，提高培训针对性，丰富培训方法，调动培训积极性，优化师资，促进师资队伍专业化，监测和控制培训过程，强化对培训质量和效果的评估等政策性建议。[1] 加强顶层设计，提供多元化高质量培训，加大政策和经费支持力度，提升教师专业发展内驱力，增强教师专业发展的自觉性等策略也是提高教师继续教育质量的良好途径。[2]

保障机制对教师继续教育的健康发展具有重要意义，保障体系大致由法治建设、经费保障、质量评估、质量管理、质量保障五个方面构成，保障机制在实施的过程中，主要存在着物质保障不充分、精神保障不得体、管理服务保障不到位、法律保障不完善等问题。[3] 针对这些问题，学校方面要加大教育经费投入，重构物质激励保障，提升教师认知水平，重塑学校人文关怀，提高管理服务水平，形成多元评价机制。[4] 教育行政部门可以从完善管理体制，提高管理水平；强化队伍建设，构建继续教育分层体系；加强财政保障，确保教师继续教育的经费供给；创新监督机制，促进教师继续教育科学发展；深化激励机制，构建科学的评价机制等五方面来

---

[1] 薛海平，陈向明. 我国中小学教师培训质量调查研究［J］. 教育科学，2012（6）.

[2] 赵宇. 农村幼儿园教师培训质量提升策略［J］. 学前教育研究，2019（5）.

[3] 胡平凡，林必武. 教师继续教育质量保障体系的构成［J］. 教育评论，2004（4）.

[4] 罗少成，陈亮，王慧红. 中小学教师校本培训保障机制调查与分析［J］. 现代教育管理，2011（2）.

构建完善的教师继续教育保障机制。[1]

六、教师继续教育的比较研究

国内学者对国外教师继续教育的研究对象国主要集中在美国、德国、英国、日本等发达国家,研究主题集中在国外教师继续教育的特点以及对国内教师继续教育发展的启示两方面。

(一)国外教师继续教育的特点研究

国外的教师继续教育发展早于国内,发展时间长,规模大。自20世纪70年代以来,各国有关教师继续教育的发展便逐渐进入了飞速发展阶段,各国都开始高度重视教师继续教育与在职培训,一直到20世纪末,这股迅猛发展的浪潮才有所缓和。

发展是一个动态的过程,发展的整体趋势往往是由不成熟走向成熟,由不完善走向完善,研究者对国外的发展情况进行了研究,概括总结出了其变化的特点。20世纪90年代以来,发达国家教师继续教育的改革主要呈现出国家化、标准化、系统化、一体化、实践性、高学历化等取向。[2]教学形式信息化,课程设置通识化也是其变化的特点。[3] 此外,国外的教师继续教育拥有完善的法律法规以保障教师参加继续教育的权利和质量,建立激励机制以激发教师参加继续教育的积极性,有充足的经费投入确保教师继续教育的有序实施。[4]

总的来说,相比于国内的教师继续教育,国外更加重视教师继续教育的立法,教师继续教育制度化与法治化程度较深,在资源投入方面高于国内,并且十分注重教师继续教育的实践性。

---

[1] 袁晓英. 构建区域性教师继续教育保障制度的实践与探索 [J]. 上海教育科研, 2009 (2).

[2] 陈霞. 国际视野下的中小学教师继续教育改革:理论、特点与展望 [J]. 教育科学, 2006 (1).

[3] 张晓东,李蕊,刘念禹. 国外教师继续教育研究综述 [J]. 继续教育研究, 2010 (8).

[4] 房艳梅. 日本教师研修制度及对中国教师教育的启示 [J]. 河南师范大学学报(哲学社会科学版), 2013 (1).

（二）国外教师继续教育的启示

国外教师继续教育起始时间早，发展时间长，因此有许多优秀的方面值得我国借鉴，不足之处则应提高警惕，不重蹈覆辙。我国需要学习国外的优秀经验，重视教育理论研究，提升教师继续教育模式的实用价值，发扬教师的主体意识和创造精神，唤起教师自我发展的意识，深入研究适合教师学习的课程，从学校和教师的实际情况着手，有针对性地设计培训方案，为教师提供可以整合知识的保障措施与空间，形成符合我国自己特色的教师继续教育模式。[1]

我国学者将国内外的教师继续教育发展状况进行比较研究，发现国内教师继续教育存在的诸多问题，对照国外的教育经验，深刻反思后总结出一些国外对国内发展的启示。在培训管理方面形成平行培训管理的机制，在哲学基础上反思我国教师继续教育的宏大叙事倾向进而构建多元的指导体系，在微观课程与教学方面构建基于教师需要和学习导向的参与式学习方式，切实提高教师继续教育机构的资质水平，走专业化发展的教师继续教育道路。[2] 在教师继续教育制度方面，设立体贴设计、减负增效的保障制度，以师为本、切合需求的培养制度，考核、晋升与继续教育紧密联系的激励制度。[3] 有的学者指出要促进教师继续教育法治化，教育形式多样化，在教育内容上强调针对性、实用性和全面性，在教育方法上重视操作性、开放性，建立相应的严格考核制度。[4]

---

[1] 王福华. 国外教师继续教育模式梳理与启示 [J]. 中小学教师培训，2014（1）.

[2] 金建生. 发达国家教师继续教育的转向及启示 [J]. 教育发展研究，2013（4）.

[3] 马艳芬，曲铁华. 法国教师继续教育制度对我国的启示 [J]. 外国教育研究，2009（5）.

[4] 汤利军，季浏. 英美日体育教师继续教育比较研究 [J]. 体育文化导刊，2010（5）.

第三节 教师继续教育研究存在的问题及未来展望

新中国成立以来，教师继续教育研究从最初的酝酿时期到现在的蓬勃发展，研究者不断地提出教师继续教育研究存在的问题并对日后的教师继续教育研究提出建议。现如今，教师继续教育研究已经得到了全面开展，研究程度也得到了很大提高，但是仍旧存在着一些问题。本节指出目前教师继续教育研究存在的问题，并根据目前的研究状况，对未来教师继续教育研究的发展提供一些参考意见。

一、存在问题

由于传统观念、办学机制、发展条件等多方面原因，教师继续教育研究成果存在不尽如人意之处。通过对历年来相关文献的梳理，大致分析出其理论研究中存在以下问题。

（一）政策导向性过强，自主创新意识不足

国家政策文件对教师继续教育研究有重要影响，对研究的主题、方向、阶段特征都有着导向作用。在一定程度上，研究者会更注重研究政策导向的内容而减少了对教师继续教育其他方面的研究，自主发现问题、研究问题的意识还较缺乏。首先，有些学者直接将国家颁布的教师继续教育政策作为研究内容，进行政策背景、文本内容以及政策逻辑的研究；其次，通过对教师继续教育研究进程的梳理，可知重要政策文件对每个阶段的研究起到关键作用。如在教师继续教育研究的初步发展时期，《关于加强在职中小学教师培训工作的意见》出台后，该阶段的教师继续教育文献数量有所增加；1999年教育部发布《关于实施"中小学教师继续教育工程"的意见》后，"素质教育"和"校本培训"成为研究热点；2004年《2003—2007年教育振兴行动计划》的颁布，使教师继续教育研究对象聚焦于教育体制改革；此外，教育部、财政部于2010年开始全面实施"国培计划"，构建教师远程培训管理系统，使"远程教育"和"国培计划"成为研究的焦点。从以上分析可以得知国家政策文件对教师继续教育研究的

导向作用，表明教师继续教育研究一定程度上依赖于政策，政策的导向性过强，从而一定程度上忽视了对教师继续教育更多研究方面的探索。

（二）研究方法单一，缺乏综合多种方法的研究

我国学者对于教师继续教育的研究大多采用思辨式的文献研究法，综合运用多种方法的研究并不多见，常见的是在他人的研究基础上继续推论，这样在理论的基础上推导理论，使得研究的结果难以带动实践的发展。概览相关文献标题、摘要、关键词，其理论层面的探究占据多数，多数文献以文献法、内容分析法、比较法等方法进行。有部分文章涉及调查法、案例分析法等，但是研究结论缺乏一定的深度；案例分析法多以单个地区的教师继续教育为研究对象，对实践经验进行总结归纳，缺乏一定的理论高度，在数量庞杂的研究中难以发挥指导作用。总之，就研究方法来看，当前教师继续教育研究依然注重思辨研究，方法较为单一，实证研究、定量研究较少；所使用的案例分析、调查法缺乏系统的理论指导，停留在其他学科的研究范式之中，缺乏能综合运用多种方法的研究。

（三）注重理论研究，与实践结合程度较低

教师继续教育研究直面教师群体，其研究应该立足于教师继续教育的实践而进行，呈现出较多有实践依据、佐证的研究成果。但是在对研究内容的分析中，发现教师继续教育更加注重理论研究，理论与实践的结合度不高。多数研究者在关于教师继续教育模式研究、教师继续教育特征研究、教师专业发展研究中以研究其理论为主，缺乏和一线教师或者实践基地的合作，导致研究内容偏理想主义，缺乏可实施实现性，对后续实践的开展指导意义不强。在对研究者的分析中，发现研究者多为高校的研究人员，而一线教师的数量较少。这体现出教师继续教育的理论研究和实践研究结合程度不高，缺少一线教师对教师继续教育最直接的体验，减少了研究的信效度。总之，当前教师继续教育研究缺乏理论与实践的结合，缺少教师继续教育新形式、新措施的实践研究，没有与一线教师更好地合作交流，导致研究缺少一定的准确性。同时，在相关研究中，很少看到来自基层的学术研究，这说明一线教师也缺乏系统的理论研究能力，无法和理论研究者进行更多的研究合作。

(四) 研究内容不全面，评估体系不完善

师德发展是教师可持续发展的"灵魂"，是在职教师获得具有较高效能的可持续发展的内在动力的根本。然而，目前存在着一些教师道德水平不高的现象，如体罚学生、向家长索要礼品等。目前可查询的文献显示，教师继续教育研究注重培训教师专业技术，对教师的师德培养研究仅有梁钊华的《论教师继续教育中的师德发展》、周书勤的《试论师德教育在教师继续教育中的重要性》、张立兴的《中小学教师继续教育中的师德教育》等少数文献，表明学界对教师继续教育师德研究需要进一步深入。王培华的《近年我国中小学教师继续教育研究综述》、韩信钊的《继续教育师德培训问题研究》等，也提到了这一研究问题。

教师继续教育评估是从教师继续教育的内在特质要求出发，根据一定目的和一定标准，遵循相应的基本准则，采用科学可行的方式，对教师继续教育的要素、过程、状态和绩效进行质和量的价值判断活动。[①] 而目前对教师继续教育的评价研究体系不够健全，导致教师继续教育的评估统一性不足，具备的客观性和可参考性不高。这一问题在王培华的《近年我国中小学教师继续教育研究综述》、周正怀的《关于高职高专教师继续教育评估的几个问题》等文献中均有提及。

总的来说，相较于教师继续教育模式研究、教师专业化研究等热门研究，教师继续教育师德和评估的研究数量较少，质量不高，亟待研究者加强研究力度。

二、未来展望

(一) 提高创新意识，引领政策发展

如前文所述，各个时期人们对教师继续教育的研究，一般是在当时国家政策的指导下展开的，研究的价值主要在于对理论的提炼或对实践的反

---

① 柳国梁. 论教师继续教育评估的依据和原则 [J]. 宁波大学学报 (教育科学版), 2003 (4).

思。① 首先，中国科研人数不断增加，科研水平不断提高，使从事教师继续教育研究的青年研究者的数量和水平也得到很大提高，为教师继续教育研究带来更多创新。其次，国家大力支持科研创新，高校和政府更加重视对研究者的创新意识的培养，以促进教师继续教育研究领域的拓展及教师继续教育发展现状的研究水平。这些具有创新意识的研究者通过发表更有价值的科研成果，可以为国家教师继续教育政策提供宝贵的意见，及时更正政策的不足，引导政策朝更有效的方向发展。最后，随着教师继续教育的不断发展，专门的教师继续教育研究机构将越来越多，研究水平将会有很大提高。这些专门的教师继续教育研究机构可与相关的政府部门合作，为政策提供一定的建议，使得研究成果和政策之间形成良性循环，相互促进、不断完善，更有力地推进教师继续教育的改革与发展。

（二）理论与实践结合，研究方法多样化

国内学者对教师继续教育的研究往往以思辨为主，注重理论探讨，而缺乏理论与实践相结合。随着研究范围、研究对象的扩大，简单的经验总结、推广已然不能满足教师继续教育研究深入发展的需要，再加上关于加强教育实证研究、促进研究范式转型、促进高水平的教育研究呼声日益高涨，实证研究方法得到学界的普遍关注和认可。② 实证研究在教育领域日趋受重视，教师继续教育研究作为教育研究的一部分，思辨式的理论研究经过这 70 年来的发展已经达到一定的高度，因此教师继续教育研究应该顺应时代、学科需求，将研究方法逐渐转向实证研究，进而与思辨研究形成并重的格局。在教师继续教育的研究过程中重视将理论运用于实践中，用实践检验理论的正确性，积极与一线教师合作，获取最直接、最准确的一手资料，从而使得研究成果更加科学准确。当然，在实证方法的运用中要对其利弊进行权衡，运用实证手段对教育学研究起着重要作用，但是这种高效性与可操作性也成为一把双刃剑，后果之一就是，很多人运用"流

---

① 杨超有，韦莉娜. 教师继续教育研究的回眸与展望［J］. 教育与职业，2006（14）.

② 孙立新，乐传永. 嬗变与思考：成人教育理论研究 70 年［J］. 教育研究，2019（5）.

行"的方法，选择相应的研究方向和研究内容，以此来保证其研究成果的高产出率，却逐渐放弃了对教师继续教育学科理论本身的思考。① 因此，在使用实证手段时需多加思考，根据教师继续教育理论，运用合理的方法进行研究，而不是运用大众流行的方法进行研究，这样才能达到理论与实践相结合且研究方法更加多样化。

（三）拓宽研究视域，加强学科融合

教师继续教育的研究主要集中于教育学领域，教育学类的文献占据总文献量的90%以上。然而，教师继续教育是一个复杂、多元的系统，若仅仅局限在狭小的教育学范围内或较小的研究受众中，往往会遗漏很多问题。因此，拓宽研究的视域，加强学科间的融合将逐渐成为今后教师继续教育研究的一大潮流。首先，就教师继续教育研究的范围而言，不能仅仅局限于宏观层面的政策解读、中观层面的体制构建、培训机制改革研究，还要将研究视角聚焦微观层面，即对教师继续教育教学论、课程论、评价模式等进行深入探索。其次，就教师继续教育研究受众而言，教师继续教育的受众包括幼儿教师、中小学教师、高校教师等。杨超有等人在《教师继续教育研究的回眸与展望》中表示，教师继续教育前期的研究更多的是中小学教师继续教育，而对其他层次的教师，如幼儿教师的继续教育问题关注得较少。② 因此，今后对教师继续教育研究较少的受众将得到更多的研究，满足各种类教师继续教育发展的需要。最后，就教师继续教育学科而言，教师继续教育涉及的学科不仅仅是教育学，还与心理学、语言学、政治学等有密不可分的关系，从多学科、多角度探寻教师继续教育研究，才能更全面地理解和认知教师继续教育存在的问题，提出更加合理、科学的解决方法。

（四）吸取国外经验，注重本土化研究

近年来，对国外教师继续教育研究的论文越来越多，而且质量也有很

---

① 孙立新，乐传永. 近年来成人教育研究的主题分析与问题考量——基于2015—2017年的文献梳理与分析［J］. 教育研究，2018（5）.

② 杨超有，韦莉娜. 教师继续教育研究的回眸与展望［J］. 教育与职业，2006（14）.

大的提高，其中很多文献是前沿性的，具有很高的研究价值。国外对教师继续教育的研究有很多先进经验，但是由于我国的政治制度、基本教育制度等情况与国外有许多不同，因此，研究者不能盲目地生搬硬套，需要结合我国的具体实情对国外的经验进行反复的验证，修改不适用的经验。然而，目前大多数研究国外教师继续教育的文献以介绍国外先进经验为主，缺少对国外先进经验运用到国内的本土化研究。王培华在《近年我国中小学教师继续教育研究综述》一文中表示，在教师继续教育研究过程中应立足于本土，积极推广实施教师继续教育的成功做法，加强各地、各培训点的相互交流与合作，同时，将本土化研究与国外研究有机结合，真正使我国的中小学教师继续教育能实现我们的目标。[①] 因此，进一步加强对国外先进经验的研究，探寻如何将国外先进的教师继续教育经验本土化，使其适用于中国国情，这将在国内教师继续教育研究中起到重要作用，也是今后研究的重要方向之一。

（五）丰富研究内容，构建评估体系

前文谈到，我国教师继续教育研究缺乏对师德培养以及评价体系的研究。因此，如何在教师继续教育中培养教师道德和完善教师继续教育评价体系将会是研究的一大重要方向。此外，目前教师继续教育多以授课的形式开展，教师培训效果的评价方式多为组织一次形式上的考试或是上交一篇作业，而这往往不能很好地评估教师是否达到了培训效果。吴遵民等人在《我国教师继续教育的回顾与展望》一文中提出，以表现性评价、档案袋评价和自我评价进行教师继续教育效果评价。[②] 目前，不少研究者已经开始对教师继续教育评价体系进行研究，并提出自己的构想，但是仍旧没有研究出可以进行大面积推广的教师继续教育评价方法，这就需要更多的研究者投入其中，提出自己的想法并用实践来检验可行性。因此，如何建立一个合理的评价体系在今后将会成为一个重要的研究方向。

[①] 王培华. 近年我国中小学教师继续教育研究综述［J］. 继续教育，2003（3）.
[②] 吴遵民，秦洁，张松龄. 我国教师继续教育的回顾与展望［J］. 教师教育研究，2010（2）.

第八章　干部教育研究

在中华人民共和国成立70周年这一关键时期，梳理70年来党的干部教育学术研究历程，厘清干部教育研究的发展脉络，进行经验总结，对于新时代干部教育研究工作的创新发展具有十分重要的意义。本章以1949年中华人民共和国成立为研究起点，1980年中央组织部、中央宣传部联合下发《关于加强干部教育工作的意见》、1994年党的十四届四中全会召开、2006年中央颁布《干部教育培训条例（试行）》等历史事件为时间节点，将我国干部教育研究历程划分为萌芽期（1949—1979年）、准备期（1980—1993年）、起步期（1994—2005年）、繁荣期（2006年至今）四个阶段。

第一节　干部教育研究的历史演进

为了保证文献搜索的准确性，将检索主题设定为"干部教育"，并将"干部培训""干部学习""党校教育""党校培训"作为主题词，搜索范围限定在"社会科学Ⅰ辑"和"社会科学Ⅱ辑"，发表时间选定为"1949年10月1日至2019年12月31日"进行文献检索，获取与主题相关中文文献19 702篇，并通过文献分析、可视化分析、SATI等途径对检索文献进行研究。

一、干部教育研究的萌芽期（1949—1979 年）

在新中国成立初期，面对错综复杂的政治环境和亟待恢复发展的经济形势，党中央深刻认识到干部教育的重要性，制定了一系列方针政策，采取了多项具体措施，逐步探索和建立起新中国的干部教育培训体系。1950年中共中央召开了第一次全国宣传工作会议，提出了试办干部业余理论学校，加强干部理论培训的号召；同年，政务院下发《关于举办工农速成中学和工农干部文化补习学校的指示》。1953 年 12 月中共中央发布《关于加强干部文化教育工作的指示》。这些文件促进了干部教育的规范化、标准化。[①] 1953 年 10 月，第二次全国组织工作会议指出，要完成对干部的马克思主义理论和政治教育的任务就必须大大加强党校的工作。全国省、市以上的党校得到恢复、组建，各级党校和省、市委党校的教学任务不断增加，党校体系初步形成。[②] 这些党校是开展干部教育实践的主要机构，同时也为推动干部教育学术研究发展奠定了基础。总体而言，国家文件对这一时期干部教育的目标、内容、重点、对象等作了比较全面的规定，使新中国初期的干部教育开始向着正常化、系统化和制度化迈进。

1951 年发表在《人民教育》上的《大力加强工农干部教育》是我国第一篇有关干部教育研究的文章，说明我国学者已经开始关注对干部教育的研究，但由于新中国成立初期研究条件不足，并未形成一定的研究规模。这一时期，共检索到有关文献 20 篇，但文献质量普遍不高。1966 年 5 月"文化大革命"爆发后，以大规模政治运动的形式搞阶级斗争成为党和国家政治生活的主题，党的干部教育培训工作陷入混乱和停滞状态，干部教育培训机构受到严重冲击，很多从事干部教育工作的干部、教员受到批斗，干部教育培训事业遭受严重挫折。[③] 中国知网文献/搜索平台的统计结

---

① 何彦霏，刘晓哲. 中国共产党干部教育培训 70 年：历程、规律及启示 [J]. 贵州社会科学，2019 (10).
② 冯俊. 新中国 60 年干部教育培训工作的历程 [J]. 红旗文稿，2009 (18).
③ 李晖. 中国共产党干部培训的历史回顾与经验总结 [J]. 理论参考，2013 (4).

果呈现，1967—1977 年，干部教育方面的学术论文发表总量为 0 篇。"文革"结束后，干部教育才得以重新开展，恢复研究工作。

二、干部教育研究的准备期（1980—1993 年）

党的十一届三中全会以后，为了正确、全面地贯彻党的教育方针，迫切需要加强普通教育干部培训工作。1980 年，中央组织部、中央宣传部联合下发了《关于加强干部教育工作的意见》，1983 年，中央组织部又印发了《全国干部培训规划要点》，1984 年，中共中央批转了中央组织部和中央宣传部《关于加强干部培训工作的报告》，于是，一场全党学习和教育的热潮迅速展开，干部教育培训在经历"文革"破坏后得到了恢复发展。1982 年，"干部教育问题研究"被列为全国教育科学"六五"规划立项重点课题，这也是成人教育首批国家级课题之一，该课题的立项大力推动了干部教育研究工作的开展。除此之外，以江泽民为核心的第三代中央领导集体十分重视党校在干部教育培训中的作用，干部教育机构的规范化也为干部教育研究工作的开展奠定了基础。总体而言，1980—1993 年这段时间内，干部教育研究得以恢复发展，也是干部教育研究的准备期。

（一）文献发表趋势分析：有所波折，但总体呈现上升趋势

这一时期共检索到有关文献 717 篇，剔除一些报纸、会议、学术辑刊以及与干部教育关联度不高的文章，最终选取有效样本 695 篇，发表年度如图 8.1 所示。我国正式对干部教育进行研究始于 1980 年对干部教育过程中产生的问题的探讨。但该时期我国的干部教育研究一直处于缓慢发展的阶段，每年的发文量由个位数逐渐增加到近百篇，增长幅度不大。截至 1994 年，发文量由 1993 年的 69 篇增长到 143 篇。这一年（1994 年）干部教育研究的突破式进展与国家政策的支持有着必然的联系，党的十四届四中全会要求"全面提高现有领导干部的素质，把各级领导班子建设成为坚决贯彻党的基本路线，全心全意为人民服务，具有领导现代化建设能力的坚强领导集体"。1994 年后，由于以江泽民同志为核心的党的第三代中央领导集体对干部教育的重视，我国干部教育研究进入了新的时期。

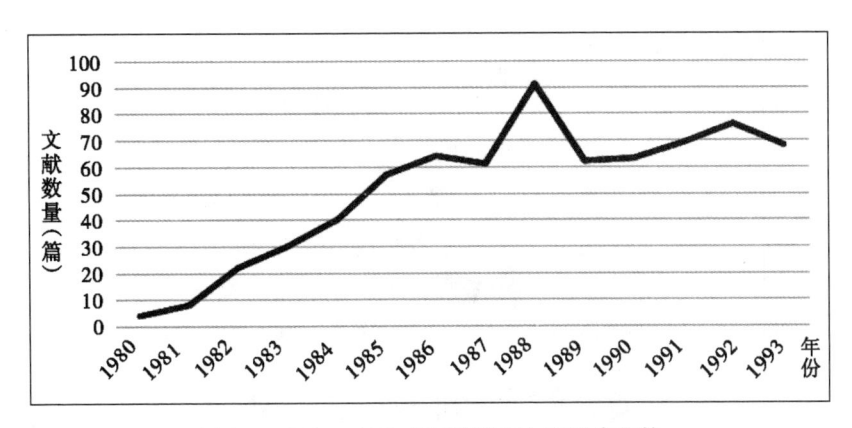

图 8.1　1980—1993 年干部教育文献发表趋势

（二）研究作者：核心作者较少，暂未形成合作网络

根据中国知网上收录的有关干部教育的文献统计，以及关注时间和发文频次，梳理得出排名前十的作者及其发文量（如表 8.1 所示），陆海英、孙中范、宋平、张克武等人分列前十，但总体发文量不多，绝大部分作者在该时期仅发表 2 至 3 篇相关论文。从发文类型来看，该时期学者发表的文章大多以单独研究为主，国内学者之间的合作较少。由图 8.2 可知，仅有三组作者进行合作发文，分别是高荣发与何益军、韩涛与徐文俊、胡斌与郭开怡。众多的研究者在各自的研究领域孤军奋战，并没有形成固定的研究团队和一定的研究规模，尚未形成研究合作共同体。

表 8.1　1980—1993 年干部教育研究作者排名（前十）

序号	姓名	发文量	序号	姓名	发文量
1	陆海英	4	6	汪善荣	3
2	孙中范	3	7	陈必华	3
3	宋平	3	8	于光远	2
4	张克武	3	9	何云伟	2
5	曹基荣	3	10	何益军	2

○ 成人教育研究

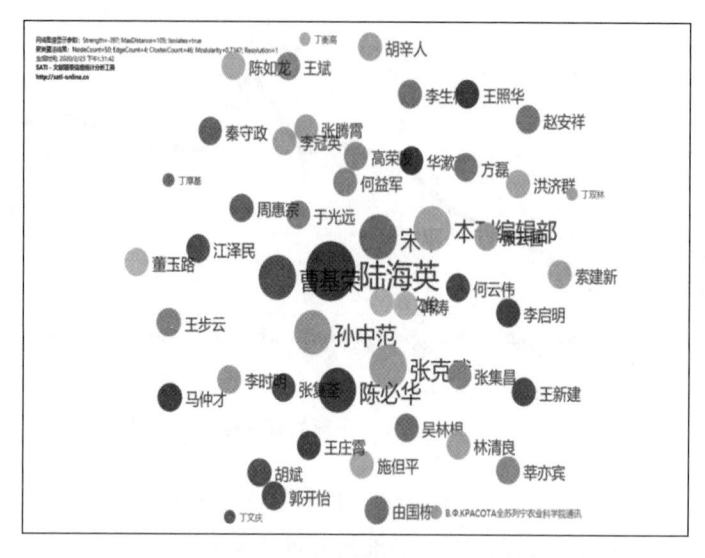

图 8.2 1980—1993 年干部教育文献作者图谱网络

（三）载文期刊：发文分散，期刊质量不高

学术期刊是干部教育研究重要的文献载体与沟通平台。根据对干部教育研究载文期刊的统计，该时期干部教育研究载文期刊种类较为集中。《北京成人教育》载文量最多，达到 48 篇；其次是《中国教师报》《中国劳动关系学院学报》《中国高等教育》；再者有《中国税务》（共 15 篇）、《理论导刊》（15 篇）、《政工学刊》（14 篇）等。总体来看，该时期的文献发表出现以下特征：一是暂未出现专门的干部教育研究期刊，载文量较高的期刊多为《北京成人教育》等综合性成人教育学期刊，平台专业性不强；二是干部教育研究已经初步具备条件，但规模并不大，且发文较为分散；三是发文期刊的质量并不高，CSSCI 期刊占比较小。

（四）研究机构：类型单一，缺少合作

根据 SATI 分析生成干部教育研究机构的统计图，发现此时期的干部教育研究机构主体是国家机构和各地方的省委部门，研究干部教育的高校较少，发文量排名前十的研究机构中只有中国工运学院和上海教育学院两所高校。原因可能是该时期我国干部教育培训机构较为单一，大多数高校还未拥有承担干部教育的师资力量，对干部教育研究的关注相对较晚，投入力度不大。

表 8.2　1980—1993 年干部教育研究机构分布情况

序号	发文单位	发文数量
1	中国工运学院	3
2	上海市司法局	2
3	上海教育学院	2
4	中共中央组织部	2
5	中共北京市委组织部	2
6	中共四川省委	2
7	中共黑龙江省委组织部干部教育处	2
8	人民银行湖北省分行	2
9	农牧渔业部	2
10	劳动人事部	2

（五）研究主题透视

选用 SATI 分析对干部教育的关键词进行数据分析，时间跨度为 1980—1993 年，生成该时期干部教育研究文献的关键词共现图谱，如图 8.3 所示。通过 SATI 软件的聚类与图谱分析发现，其关键词以"思想体系""岗位培训"和"毛泽东思想"等为主。结合文献的题目、关键词进行二次整理，梳理出研究中较为关注的几个方面。一是毛泽东干部教育思想研究。毛泽东在领导中国革命和建设的实践中，十分重视对党的各级干部进行共产主义思想与马克思主义基本理论教育和科学知识教育，为我们党培养和教育出大批德才兼备的干部，保证了革命和建设事业的需要，并在实践中形成了独具中国特色的干部教育思想。毛泽东的干部教育思想，对此时期的干部教育工作有重要指导意义。二是对不同岗位干部培训工作的探讨。例如学者卢放、姚长林认为我国医院管理干部的业务素质及工作能力发展很不平衡，着重探讨了有效提高管理干部业务素质及能力的途径。三是对干部教育的历史回顾和经验总结。例如李绵和张安民重点分析了抗日战争时期陕甘宁边区的干部教育工作和在职干部教育的学习制度，

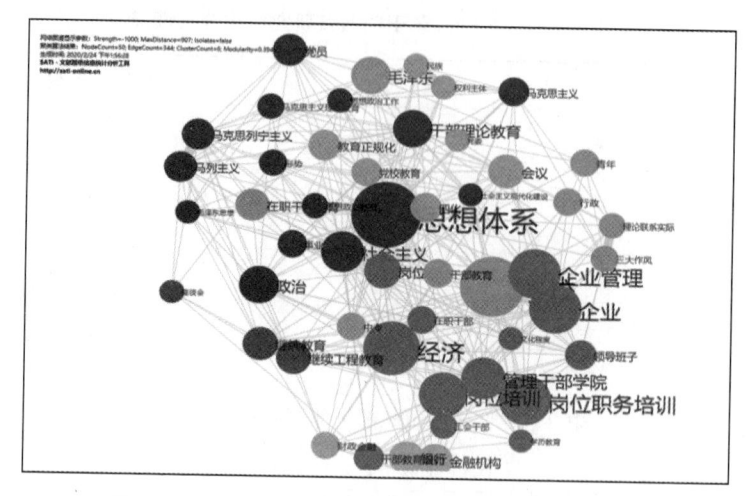

认真总结这方面的经验，对当前加强干部和职工的教育提供了借鉴。①

图 8.3 1980—1993 年干部教育文献关键词共现网络

（六）阶段特征总结

1980—1993 年是我国干部教育研究的准备期，实际上，我国正式的干部教育研究工作于 1980 年就已经开始，并受到了国家的重视，干部教育被列入全国教育科学规划立项的重点课题，改革开放初期，就基本形成以党校、干校为主渠道，以高等学校、电视大学、函授夜大为辅助渠道的干部教育培训格局。②但接下来的十几年里研究进展较为缓慢，并未做出突出的成绩。原因可能是"文革"结束后，干部的文化水平偏低，干部培训以扫盲教育为主，对于理论研究的重视程度不足，导致干部教育的学术研究进展缓慢。这一阶段的干部教育研究存在如下特征：发文量增长缓慢，但总体保持上升趋势；刊登干部教育文献的期刊质量不高，有关干部教育的学术期刊建设工作仍待进一步开展；中央及地方党校是干部培训实践工作的主体。

---

① 李绵，张安民. 陕甘宁边区的在职干部教育［J］. 陕西师大学报（哲学社会科学版），1982（2）.

② 秦明月. 建党以来干部教育培训的发展历程与历史启示［J］. 贵州省党校学报，2017（2）.

三、干部教育研究的起步期（1994—2005年）

（一）发文趋势分析：波动中持续增长

这一时期共检索文献3226篇，剔除一些与干部教育关联度不高的文章，最终选取有效样本3120篇，发表年度如图8.4所示。1994—2005年，我国干部教育研究事业进入起步期，10年来发文量均超过百篇，2005年的发文量达到387篇。虽在1998年出现波动，但总体呈现上升趋势。干部教育实践活动的正规化和科学化为干部教育研究工作提供了必要的基础，此时期我国干部教育研究工作处于平稳过渡的起步期，每年的发文数量有所波动但总体呈现稳定上升趋势。

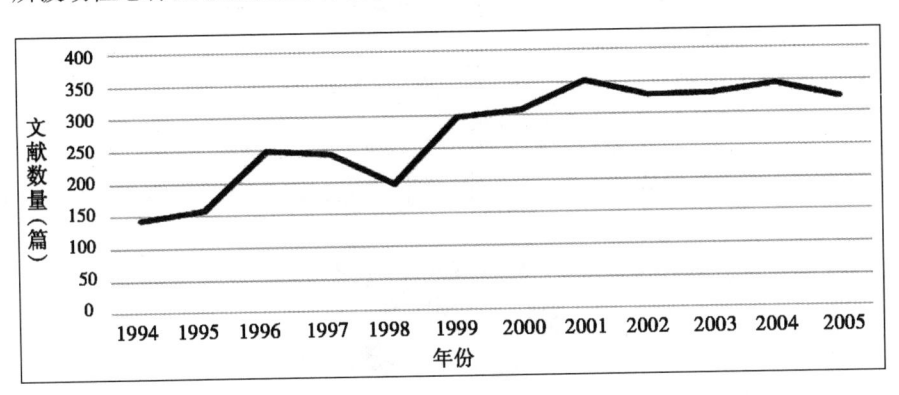

图8.4　1994—2005年干部教育文献发表趋势

（二）研究作者分析：学者增加，科研合作较少

通过对该时期的干部教育研究文献进行整理，梳理出发文频次排名前十的作者。如表8.3所示，发文频次排名前十的作者有任登菊、沈桂萍、钟学忠、刘冬冬等，其中任登菊的发文量最多，为7篇，但发文数排名前十的作者最高发文量未超过10篇，说明此时期干部教育的发文量仍有进一步提升的空间。学者王建华2002年发表的博士论文《中国共产党干部队伍建设的历史考察与思考》一文被引率较高，达52次，是该时期较有代表性的干部教育研究文献。总体来看，在干部教育这一领域中，研究学者的规模正在逐步扩大，正在形成专业的干部教育研究学者群；但此时的学者仅有任登菊和朱定国、王伟和向楠等几对学者存在合作发文，其余学者仍以

单独发文为主,缺少学术合作;平均发文量较前一时期有所增加但总体发文量不高,干部教育研究处于起步时期。

表8.3 1994—2005年干部教育研究作者排名(前十)

序号	姓名	发文量	序号	姓名	发文量
1	任登菊	7	6	朱定国	5
2	沈桂萍	6	7	王通智	5
3	钟学忠	6	8	胡洪宝	5
4	刘冬冬	5	9	陈福今	5
5	孙中范	5	10	崔勇	4

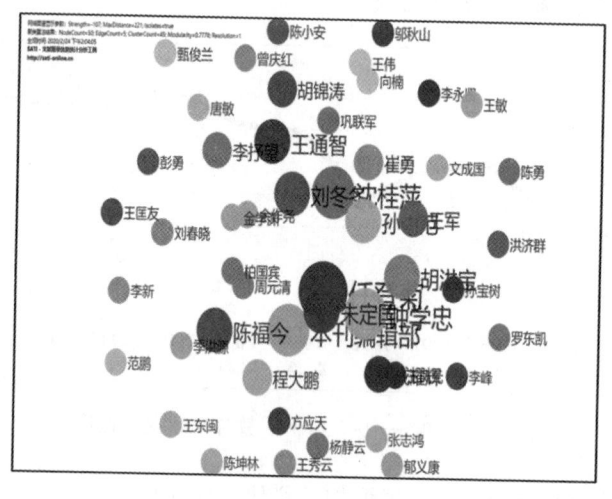

图8.5 1994—2005年干部教育文献作者图谱网络

(三)载文期刊:类型复杂,质量不高

根据对干部教育研究载文期刊的统计,发表在《继续教育》上的干部教育文献最多,已经达到86篇;其次是《政工导刊》和《党建研究》,载文量分别为62篇和53篇;其余的期刊关于干部教育的载文数量也均超过20篇。该时期内干部教育文献来源表现出如下特征:文献来源期刊的类型较为复杂,有管理学、教育学、政治学等多类型的期刊,专门刊登干部教育文献的期刊较少,发文期刊难以形成聚焦点。文献来源的期刊质量不高,干部教育的文献尚未得到高质量期刊的青睐,说明我国干部教育研究平台仍待进一步建设。

（四）研究机构分析：以党校及其他干部培训院校为主体

根据表8.4，该时期干部教育研究机构存在如下特征：研究机构中，高校占比较少，发文量排名前十中仅有华东师范大学和陕西师范大学两所高校，说明该时期高校对干部教育的关注较少，尚未成为研究主体。中央及地方的党校是干部教育研究的重要主体，中共中央党校的发文数量最多，各地方党校也是干部教育研究不可或缺的推动力量。国家教育行政学院和中央社会主义学院两所干部培训院校发文量较多，说明该时期的干部教育研究机构已经具有了一定的专业性，且学院中大多建立了教学科研部门，有利于推动学者之间的交流和协作，聚集研究资源，提高科研效率，对干部教育研究工作起到了重要的推动作用。

表8.4 1994—2005年干部教育研究机构分布情况

序号	发文单位	发文数量
1	中共中央党校	31
2	国家教育行政学院	18
3	中共四川省委	17
4	中央社会主义学院	11
5	中共四川省委党校	11
6	华东师范大学	10
7	中共北京市委	10
8	陕西师范大学	10
9	中华全国总工会	9
10	中共山西省委党校	9

（五）干部教育研究领域的主题透视

选用SATI主题词可视化工具对干部教育的关键词进行数据分析，时间跨度为1994年至2005年，生成干部教育研究文献的关键词共现图谱；根据关键词聚类分析结果以及文献内容分析，形成干部教育研究的主题词共现网络，如图8.6所示。该时期干部教育研究主题分为以下几类。

一是领导人干部教育思想体系的研究。包括邓小平的干部教育思想和江泽民"三个代表"重要思想的研究。邓小平的干部教育思想是对毛泽东干部教育思想的继承与发展，是邓小平建设有中国特色社会主义理论的重要组成部分，是新时期党的干部教育工作的思想指南。① 江泽民同志在江苏、浙江、上海考察时指出，我们党要做到"三个代表"，关键在于建设一支能够适应新形势新任务要求的高素质领导干部队伍，特别是培养和选拔好跨世纪担当重任的一大批接班人②，这也对干部教育研究工作提出了新的要求。

二是针对农村干部教育的研究。此时的"三农"问题是社会各界普遍关注的焦点、热点和难点问题，在新的形势下通过大力提高农村干部的素质可以加快"三农"问题的解决和全面建成小康社会的步伐。③

三是干部培训机制研究，主要探讨了社区、企业、中小学等机构干部培训机制建设存在的问题和解决途径，为干部培训实践工作提供指导。

总体而言，这一时期的干部教育研究范围扩大，重视不同区域和机构中干部群体的特殊性，研究的深度、针对性、实用性得到了加强。

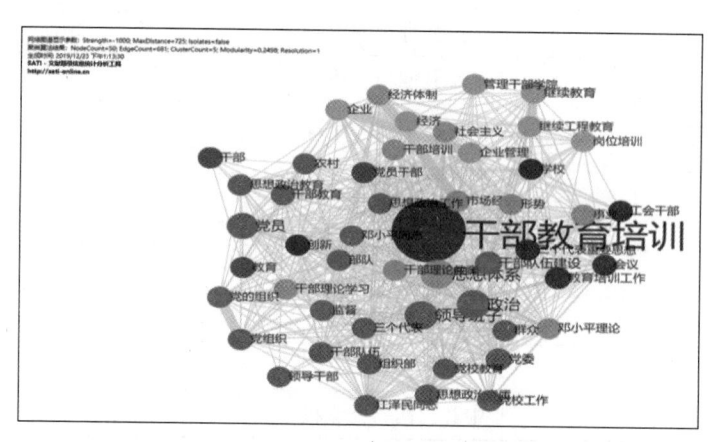

图 8.6　1994—2005 年干部教育文献关键词共现网络

---

① 黄明科. 邓小平干部教育思想的理论来源及其伟大新发展 [J]. 湖南师范大学社会科学学报，1996（6）.

② 曾庆红. 认真落实"三个代表"的要求为建设高素质干部队伍提供制度保证 [J]. 党建研究，2000（8）.

③ 单正丰. 村干部素质需求及教育对策研究 [D]. 南京：南京农业大学，2004.

（六）阶段特征总结

中共十四大以来，干部培训日趋正规化，党的十五大进一步阐述了邓小平理论的历史地位和指导意义。面对新形势新任务，以江泽民同志为核心的中央领导集体，号召全党"学习、学习、再学习"，我国干部教育培训进入快速推进阶段。[①] 党中央先后发布了《关于新形势下加强党校工作的意见》《中国共产党党校工作暂行条例》和《关于面向二十一世纪加强和改进党校工作的决定》，推进党校工作的制度化建设，同时为干部教育研究工作提供了机构保证。党的十六大以后，以胡锦涛同志为总书记的党中央，集中力量抓干部教育工作，要求各级各类干部学院"联系实际创新路，加强培训求实效"，完成大规模培训干部、大幅度提高干部素质的战略任务，开创了干部教育的新局面[②]，全面、具体地指导党的干部教育工作，推动了干部教育体制、机制、内容、方式的改革创新。在这些政策支持的基础上，此时期干部教育研究工作得以发展，呈现特征如下：发文量有波折但总体呈上升趋势；党校成为这一时期干部教育研究工作的主要科研机构；刊登干部教育文献的期刊质量上升，专业性增强；干部教育的研究主题与国家政策方向息息相关。

四、干部教育研究的繁荣期（2006年至今）

（一）发文趋势分析：前期快速上升，后期趋于稳定

这一时期共检索文献15 136篇，剔除一些与干部教育关联度不高的文章，最终选取有效样本15 047篇，发表年度如图8.7所示。2006年以来，按照中共中央的要求，各级党组织、各级党委的干部教育部门，各级干部培训机构和每一位党员干部，都必须制定相应的培训计划[③]，这使我国的

[①] 李晖. 中国共产党干部培训的历史回顾与经验总结［J］. 理论参考，2013（4）.

[②] 沈传亮. 党的干部教育发展：回顾与展望［J］. 中国党政干部论坛，2018（11）.

[③] 刘俊杰，辛愿. 新时期中国共产党干部教育的历程及经验［J］. 衡阳师范学院学报，2011（1）.

干部培训逐渐走向正规化、科学化。我国干部教育研究事业也进入蓬勃发展时期，这一时期的干部教育发文量是上一时期的 5 倍，2010 年至 2019 年的年均发文量均超过 1000 篇；自 2000 年以来，每年发表的文献数量持续增长，并于 2014 年发文量达到高峰（1398 篇）；2016 年之后，文献数量呈下降趋势，说明此阶段我国的干部教育研究已经趋于饱和，学者们的关注度逐年下降，再加上精简发文的政策影响，干部教育文献的发展由注重数量转向更为注重质量，2018 年有关干部教育的文献为 1195 篇。

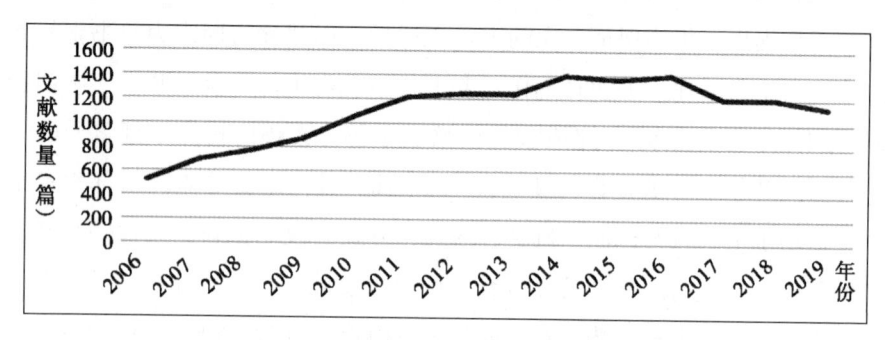

图 8.7　2006—2019 年干部教育文献发表趋势

（二）研究作者分析：出现核心作者

通过对该时期的干部教育文献进行整理，梳理出发文频次排名前十的作者，如表 8.5 所示。首先，发文量最高的学者是肖小华，发文次数达到了 88 次，他是该时期干部教育研究领域比较具有代表性的学者，长期从事干部教育理论研究，形成了丰富的研究成果，学术影响较大。发文频次超过 20 次的作者还有两位，分别为王金波和薛冰，他们为干部教育研究的发展作出了一定的贡献。杨晓宏是远程教育研究领域的专家，他尝试将远程教育的技术运用于干部培训上，在农村党员干部现代远程教育这一研究领域作出了突出贡献。总体而言，在干部教育这一领域中，我国已形成较为专业的研究学者群，学者们关注的研究对象和范畴较为丰富，形成了诸多研究方向和研究领域，推动了干部教育研究的发展。

表 8.5 2006—2019 年干部教育研究作者排名（前十）

序号	作者	频次	序号	作者	频次
1	肖小华	88	6	相清平	14
2	王金波	23	7	李小三	12
3	薛冰	22	8	梅黎明	11
4	张鑫鑫	15	9	赵世明	11
5	杨晓宏	15	10	欧阳慧	11

（三）载文期刊分析：期刊专业性增强，种类复杂

根据对干部教育研究载文期刊的统计，干部教育研究载文期刊较多，数量较大。发表在《党政论坛》上的文献最多，达到169篇，其次是《继续教育》和《中国人才》，其余的期刊关于干部教育的载文数量也大多超过100篇。该时期内干部教育文献来源表现出如下特征：已经出现专门研究干部教育的专业性期刊，例如《党政论坛》《中国井冈山干部学院学报》《党建研究》等；文献期刊来源较多但类型复杂，在干部教育的文献来源中存在管理学、教育学、政治学等多类型的期刊；文献来源期刊的质量不高，虽然发表干部教育文献的期刊种类较多，但其中中文社会科学引文索引（CSSCI）期刊来源的杂志占比较少，说明我国干部教育的发文平台质量有待进一步提高。

（四）研究机构分析：研究机构专业性增强

根据知网可视化分析生成干部教育研究机构的统计表，发现该时期干部教育研究机构存在如下特征：干部研究机构中的高校占比增加，例如华东师范大学、吉林大学和延安大学等，发文量均接近300篇，发文量排名前十的机构中高校数量和党校的数量相近，说明该时期干部教育研究机构并不仅局限于党校，高校纷纷关注干部教育这一研究领域，促进了干部教育研究的进一步发展。中央及各地方的党校仍然是干部教育研究的重要主体，各干部学院也是研究不可或缺的推动力量。在干部教育研究机构发文量排名中，干部学院的发文量出现明显的增长，说明该时期的干部学院对干部教育的研究已经初具规模。2005年，中国浦东干部学院、中国井冈山干部学院、中国延安干部学院成立，基本形成了中央党校、国家行政学院

与三所干部学校优势互补的国家级干部培训基地新格局。[①] 这些专业的干部教育研究机构能够聚集大批优秀学者，也有利于推动学者之间的交流和协作，发挥团队效应，优化研究资源，提高科研效率。

表8.6 2006—2019年干部教育研究机构分布情况

序号	发文单位	发文数量（篇）
1	中国井冈山干部学院	594
2	中央党校	421
3	中国延安干部学院	405
4	中共天津市委党校	392
5	中国浦东干部学院	389
6	中共上海市委党校	309
7	延安大学	305
8	吉林大学	293
9	华东师范大学	291
10	国家行政学院	272

（五）文献学科分布分析

通过知网可视化分析对该时期的干部教育文献进行整理，得到文献学科分布统计结果，如图8.8所示。由图可知，这一时期有关干部教育的文献较多来源于政治学领域，共有9962篇文献；其次是教育学领域，共有2264篇；随后是公共管理领域和军事领域，分别为627篇和407篇。干部教育文献学科分布的主体是政治学，这一现象是由干部教育的本质和政治特性决定的，其余的马克思主义、法学、历史学等学科的学者们也对干部教育有所关注，也有的学者从多学科结合的视角对干部教育进行了研究。总体而言，这一时期干部教育文献学科分布呈现以政治学为主，教育学为辅，并与其他学科结合交叉的状态。

---

① 赵铁锁，秦明月．新中国成立以来党的干部教育述论［J］．理论学刊，2010(3)．

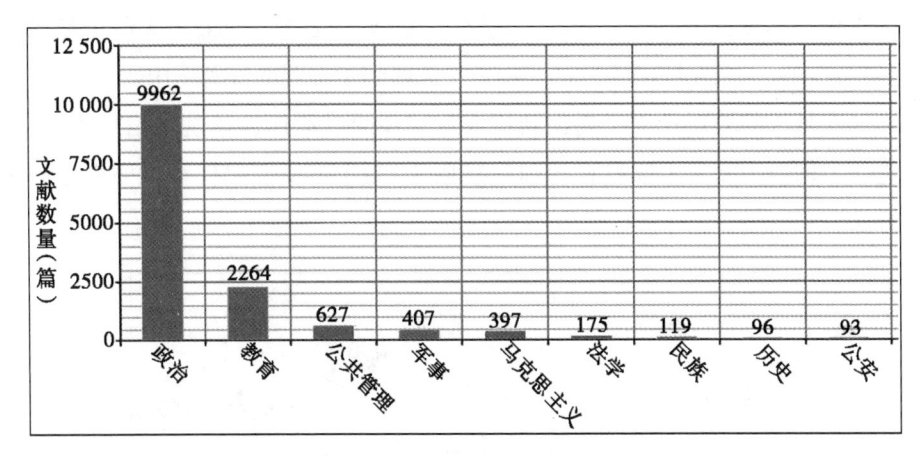

图 8.8　2006—2019 年干部教育文献学科分布

（五）干部教育研究领域的主题透视

选用知网可视化分析对干部教育的关键词进行数据分析，生成 2006—2019 年干部教育研究文献的关键词共现图谱。根据关键词聚类分析结果以及文献内容分析，形成该时期我国干部教育研究的主题词，如图 8.9 所示。该时期干部教育研究主题分为以下几类：

一是关于习近平干部教育理念的研究。党的十八大以来，习近平总书记发表了一系列重要讲话，提出干部教育培训的目标、内容、方法、原则和要求等，是指导开展干部培训工作的基本依据，这也是当下干部教育研究的重点和热点。

二是干部教育质量的研究。主要包括干部教育质量保证体系和干部教育评估两方面的研究，代表成果有董明发的博士论文《干部教育培训质量保障研究》[1] 和周志平的《干部教育培训教学质量评估研究》[2] 等。

三是党校教育的研究。代表成果有华冰撰写的《"互联网＋"视阈下

---

[1]　董明发. 干部教育培训质量保障研究［D］. 北京：中共中央党校，2011.
[2]　周志平. 干部教育培训教学质量评估研究［J］. 中国浦东干部学院学报，2009(1).

○ 成人教育研究

的党校干部教育培训研究》[①]，为党校运用互联网思维，创新教育教学理念和模式，跟上"互联网+"这一创新浪潮起到了重要的推动作用。

四是干部教育管理机制创新研究。郭玮通过运用微信这一信息平台，进一步创新了党员干部教育管理的路径[②]，为干部研究提供了新的思路和方法。

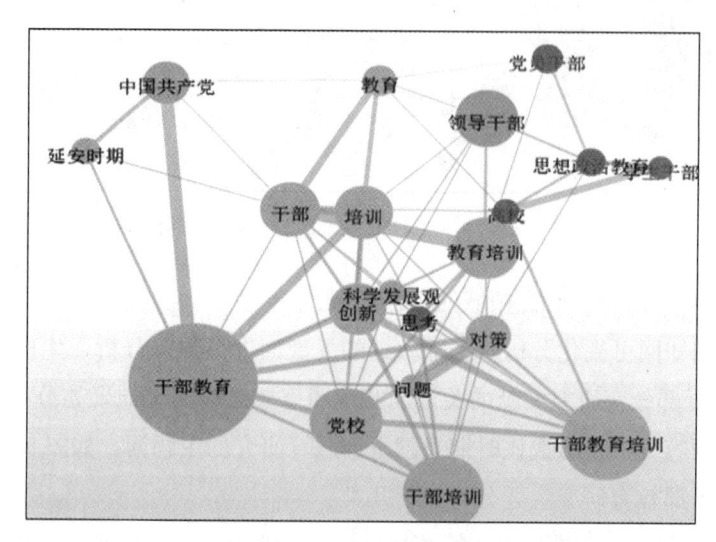

图 8.9　2006—2019 年干部教育文献关键词共现网络

（七）阶段特征总结

党的十六大以来，以胡锦涛同志为总书记的党中央，集中力量抓干部教育工作，要求各级各类干部学院"联系实际创新路，加强培训求实效"[③]，大幅度提高干部素质，开创了干部教育的新局面。这一时期得益于国家政策的扶持，我国的干部教育研究有了"飞跃式"的发展，发表文献数量逐年上升，涌现出大批专门研究干部教育的学者，各党校及其他干部

---

① 华冰."互联网+"视阈下的党校干部教育培训研究［J］.延边党校学报，2015（6）.

② 郭玮.新媒体时代利用微信平台创新党员干部教育管理的路径选择［J］.中共四川省委党校学报，2018（1）.

③ 胡锦涛要求各级各类干部学院在干部教育培训工作中联系实际创新路，加强培训求实效［N］.人民日报，2006-03-21.

教育机构纷纷建立起专业的科研部门。中共中央印发的《2018—2022年全国干部教育培训规划》中明确指出："干部教育培训是干部队伍建设的先导性、基础性、战略性工程，在进行伟大斗争、建设伟大工程、推进伟大事业、实现伟大梦想中具有不可替代的重要地位和作用。"[①] 在新时代的背景下，坚持以习近平新时代中国特色社会主义思想为指导，深化干部教育培训改革，提高培训针对性、有效性，高质量培训干部、"互联网＋"时代下的干部教育等问题都是未来的研究热点。干部教育研究工作的深入开展也能为贯彻落实新时代党的组织路线提供理论体系支撑，只有保持干部教育研究工作的科学化，干部教育培训事业才能始终保持生机和活力。

第二节 干部教育研究的主题分析

一、中国共产党历代领导人关于党员干部教育思想体系的研究

（一）毛泽东干部教育思想研究

毛泽东的干部教育思想是毛泽东思想的重要组成部分，毛泽东在指导干部教育的长期实践过程中，对干部教育本质、教育方针、教育任务、教育内容、教育原则、教育方法以及干部教育的领导和管理等等，都进行了科学总结和概括，形成了具有中国特色的完整的干部教育思想体系，[②] 所以成为干部教育研究工作的研究热点之一。学术界主要从两个方面来讨论毛泽东干部教育思想：一方面从纵向视角来探讨毛泽东干部教育思想的形成与发展，包括毛泽东干部教育思想的理论渊源和实践背景；另一方面从横向思维来讨论毛泽东干部教育思想的内容、原则以及方法等具体内涵。在干部教育内容上，陈启直认为毛泽东在开展马克思主义教育过程中，重点是学习马克思主义哲学，就是要解决思想方法问题，解决从群众中来到群众中去的根本方法和工作路线问题，使我们党的各项路线、方针、政策

---

① 2018—2022年全国干部教育培训规划［N］．人民日报，2018-11-02．

② 李冠英，刘荣光．论毛泽东干部教育思想的形成和发展［J］．中国人民大学学报，1992（2）．

符合中国革命建设的实际。[1] 而孙来斌则强调毛泽东之所以把马克思主义哲学作为干部教育的重要内容，主要是因为"各种错误思想的根源就在于世界观和方法论上的偏差"，而学习马克思主义的哲学就是要用辩证唯物论和历史唯物论的观点去观察世界，改变社会，从而获得正确的认识并以此指导实践。[2] 也有学者对毛泽东的干部教育内容进行了细分，包括马克思主义哲学教育，国情的研究教育，政策水平教育，共产主义世界观、人生观教育，廉政教育，群众路线教育，业务教育，领导方法等多个方面。[3]

在干部教育的方法上，毛泽东在总结传统教育与马克思主义理论原则的基础上构建了干部教育的基本架构。一是提出要注重理论与实践相结合的原则。有学者指出："在干部教育培训的方法上，毛泽东始终坚持理论联系实际，注重理论与实践的结合，做到多种手段、多种形式并用，切实提高教育实效。"[4] 二是强调群众路线。毛泽东在干部教育中强调理论工作者和实际工作者要互相学习，在具体实践中要加强互相学习的力度，互相结合，各自向自己缺乏的方向发展。[5] 另一方面要加强对干部的监督，群众对干部的监督亦是促进干部学习、提升干部教育质量的有效手段。三是干部教育的路径与原则。毛泽东对干部教育的路径持开放态度，并不仅限于学校教育或在职教育，而存在于一切生活和工作当中。学者归纳了毛泽东的干部教育途径主要有：领导农民运动培养干部，通过血雨腥风的战争洗礼造就干部，通过办学校以及以整风运动为抓手的干部教育等多个方面的途径来培养干部。从规范的角度来看，毛泽东的干部教育主要包括两种途径：一是常规性的安排，主要是通过干部学校或在职教育的方式来提升干部素质；二是特殊性安排，侧重于特定时期的具体问题进行的非常规性

---

[1] 陈启直. 继承和发扬毛泽东关于干部理论教育的思想 [J]. 南京大学学报，1994（2）.

[2] 孙来斌. 毛泽东干部理论教育思想及其现实意义 [J]. 思想政治教育研究，2008（3）.

[3] 胡拓坪. 毛泽东的干部教育思想浅探 [J]. 安徽省委党校学报，1993（1）.

[4] 高世琦. 毛泽东干部教育思想与实践（上）[N]. 组织人事报，2013-12-26.

[5] 杨丹娜. 论毛泽东关于创新干部培训教育方法的思想及其意义 [J]. 毛泽东思想研究，2003（4）.

安排来正本清源，消除影响。①

（二）邓小平干部教育思想研究

1997年9月，中共十五大要求全党集中时间学习邓小平理论。邓小平的干部教育思想是邓小平理论的重要组成部分，具有鲜明的中国特色和时代特征，为研究解决干部教育培训中出现的新情况和新问题，提供了科学的世界观和方法论。②有学者提出干部教育的总目的在邓小平干部教育理论中具体化为提高干部队伍的思想政治素质、提高广大干部的专业水平和业务能力两个方面，并明确了新时期干部教育重点是培养年轻干部。在干部教育途径上，有学者将邓小平干部教育理论总结为三点：坚持理论联系实际的原则；注重在实践中培养提高干部；营造良好的育人环境，建立良好的育人机制，创造一种使出类拔萃人才能够脱颖而出的环境和条件。③

（三）江泽民干部教育理念研究

党的十三届四中全会之后，江泽民结合社会主义现代化建设新阶段的新任务，从新情况出发，针对党员干部的教育工作和队伍建设作出了许多重要的论述，形成了具有时代特色的党员干部理论教育思想。④江泽民指出："改革开放和现代化建设越深入，越要加强对干部的教育。这是摆在全党面前的一项严重任务。"⑤江泽民干部教育理念坚持以马克思主义为指导的原则、教育与管理相结合的原则、德治与法治相结合的原则、理论联系实际的原则，以理想信念教育、纪律作风教育、道德民主法治教育、形势政策教育为主要内容；明确提出干部教育最根本的目标是帮助广大干部解决好世界观和人生观问题，"树立正确的世界观和人生观，无论过去、现在和将来，对于每一个干部和党员来说，都是首要的问题"，把大力推

---

① 丁留宝，张洁. 改革开放四十年来毛泽东干部教育思想研究综述［J］. 南昌师范学院学报，2019（1）.

② 陈世奎. 论邓小平的干部教育思想［J］. 中共福建省委党校学报，2000（1）.

③ 张家胜，卢文峰. 邓小平干部教育理论与跨世纪干部的培养［J］. 理论建设，1996（4）.

④ 苏灿，张利铭，张平松. 试论以江泽民为核心的中央第三代领导集体对邓小平党建理论的新贡献［J］. 中共四川省委党校学报，2000（1）.

⑤ 江泽民文选：第1卷［M］. 北京：人民出版社，2006：483.

进干部教育培训工作作为关键而紧迫的任务。对于不同的干部群体,江泽民又提出了更为具体的要求,为干部教育事业开创新局面指明了方向,使干部教育更加富有针对性和主动性。针对领导干部在新时期出现的一些新特点、新情况,江泽民在继承毛泽东、邓小平对领导干部的思想政治教育方法的基础上,结合新的历史条件,重点强调了理论学习法、批评与自我批评法、榜样示范法、实践锻炼法在领导干部思想政治教育中的作用①,同时把党校作为培养干部的主渠道、主阵地。江泽民指出:"党校工作是党的事业的重要组成部分,搞好党校教育对于党和国家的发展具有现实和长远的重要意义。""通过党校和各类型的干部学校培训干部,是培养和提高干部的重要途径。"他要求:"把干部在党校学习的状况,作为干部使用和选拔的重要依据,把对干部的培训轮训与对干部的使用结合起来。"②

(四)胡锦涛干部教育理念研究

在指导思想上,学术界一致认为胡锦涛干部教育工作坚持以马克思主义、毛泽东思想、邓小平理论、江泽民"三个代表"重要思想、科学发展观为指导。胡锦涛同志提出了"以人为本"和"贴近实际、贴近生活、贴近群众"的新理念,充实了新时期干部教育的指导原则。在干部教育的目的上,"把干部队伍建设成为贯彻落实科学发展的骨干力量,是干部队伍建设的总体目标"。关于胡锦涛领导干部思想政治教育的内容,学术界的研究成果较为丰富,有的学者认为"干部教育的主要内容包括马克思主义中国化的最新理论教育、构建社会主义和谐社会能力教育、社会主义核心价值体系教育、中国共产党党员先进性教育、执政能力教育、干部作风教育、科学发展的政绩观教育、社会主义荣辱观教育"。③ 也有学者指出,理想信念教育是胡锦涛领导干部思想政治教育的核心内容,应大力加强"四

---

① 文小兰. 江泽民领导干部思想政治教育理论研究 [D]. 重庆:西南大学,2008.
② 江泽民文选:第3卷 [M]. 北京:人民出版社,2006:54.
③ 贾云鹏. 胡锦涛干部思想政治教育理论研究 [D]. 南宁:广西民族大学,2011.

信"教育。① 还有的学者认为胡锦涛干部教育思想从提高领导干部的道德修养和改变三观即事业观、工作观、政绩观的角度充实了领导干部思想政治教育的内容②，同时注重增强干部教育培训的针对性与实效性，把干部教育培训的普遍性要求与不同类别、不同层次、不同岗位干部的特殊需要结合起来，调动干部的积极性和主动性。胡锦涛非常重视党校在干部教育培训中的主渠道、主阵地作用的发挥，要求"切实把学院建设成为进行革命传统教育和基本国情教育的基地、提高领导干部素质和本领的熔炉以及开展国际培训交流合作的窗口，努力为党的干部教育培训事业做出自己的贡献"。

（五）习近平干部教育理念研究

习近平同志在担任中共中央党校校长的 5 年期间和担任中共中央总书记以来，就干部教育的重要性、教育目标、教育对象、教育原则、教育内容、方式方法、学风建设等作过许多精辟的论述，提出了一系列新思想、新观点、新举措，基本形成了一个科学的系统的干部教育理念体系，继承和丰富了中国共产党的干部教育思想。③ 根据执政地位和执政环境的深刻变化，习近平更加重视干部教育培训工作，肯定了"干部教育培训工作是干部队伍建设的先导性、基础性、战略性工程"④。习近平新时代干部教育理论具有问题导向性、实效性、从严性相结合和教育引导、实践养成、制度保障相结合的鲜明特征，明确了干部教育工作在党和国家各项发展事业中的先导性、基础性、战略性地位；确立了以培养"五好干部"即"信念坚定、为民服务、勤政务实、敢于担当、清正廉洁"为奋斗目标；⑤ 凝练了以道德教育、知识教育、党性教育、理论教育、规矩教育为干部教育的

---

① 张蔚萍. 思想政治工作的核心——理想信念教育［J］. 理论学习与探讨，2001（5）.
② 王真. 领导干部"三观"教育的历史演进［J］. 长白学刊，2009（5）.
③ 肖小华. 习近平干部教育思想述论［J］. 探求，2016（1）.
④ 习近平. 以改革创新精神做好新一轮大规模培训干部工作［N］. 人民日报，2008-07-17.
⑤ 宿彦. 学习领会习近平同志的干部观［J］. 红旗文稿，2015（2）.

主要内容；在干部教育的方法创新上，探索了以开展专题教育与日常学习相结合、在职教育与脱产培训相结合、学校教育与社会实践相结合、自我教育与向人民学习相结合的实践途径。[①] 习近平新时代干部教育理念不仅丰富了党的建设的理论，而且对建设高素质专业化干部队伍、推动大学生思想政治教育具有指导作用。在新时代背景下，干部教育研究面临着新的现实挑战，所以对习近平干部教育的理念研究，成为目前学者们较为关注的主题。

二、干部培训模式研究

干部培训工作是建设高素质干部队伍的重要环节，然而，目前各级干部培训机构采取的"统一调训、集中授课"的培训形式远不能满足大面积、高效率、高质量培养党员干部队伍的要求，所以干部培训模式的创新是研究的重点之一。目前相关的研究集中在不同背景视角下干部培训模式创新和具体培训模式开发两方面。

（一）不同背景下干部培训模式创新研究

有学者提出在新的形势下，党面临的任务相当繁重，新情况、新问题层出不穷，这就对各级干部的素质提出了更高要求，也对干部教育培训工作提出了更高的要求。要进行干部教育培训工作的创新，必须改进和加强对培训教育的管理职能，创新培训模式，完善培训内容，灵活培训方式，力求使党员干部培训取得实效。[②] 城乡统筹背景下新农村建设对农村干部培训提出了新要求，高校迎合时代需求参与农村干部培训，既是干部培训发展的必然趋势，也是高校服务农村发展的重要途径。部分学者在总结以往培训经验的基础上，结合当下遇到的问题，提出高校应充分利用自身优势，科学论证培训项目，不断创新培训模式；逐步建立和完善培训管理长

---

① 白惠东. 习近平新时代干部教育理论研究［D］. 海口：海南师范大学，2019.
② 司秋娟. 谈新形势下党员干部培训模式［J］. 中共青岛市委党校青岛行政学院学报，2008（11）.

效机制；在课程设置上应适应农村产业结构调整。① 慕课在线课程模式的迅速推广，已成为教育信息化发展的重要趋势。有学者对审计干部培训的必要性进行了分析，继而探讨了慕课应用于我国审计干部培训的可行性，在此基础上提出国家审计干部培训的新模式。② 随着教育技术的发展，"互联网＋"时代为创新干部教育培训模式提供了新思路，有利于干部教育拓展培训形式，打造没有围墙的培训空间，并建立系统化的网络培训管理平台，同时也面临着一定挑战。③ "互联网＋培训"是干部培训工作面对的一个崭新课题。

(二) 干部培训模式开发

学者们尝试将各类教育模式引入干部教育实践中，取得了丰富的成果。例如有学者将案例教学模式尝试应用在处级干部公共安全主题研修班的教学中，进行了大胆的尝试和创新，取得了较好的反响。④ 也有学者引入了哈佛工商管理学院的"问题为本"的学习模式，通过模拟表演方式来陈述问题，详细阐明问题解决的设想与方案，将干部学员引入问题情境当中，进而开展教学实践活动。⑤ 在学生干部培养中，"翻转课堂"理念的提出进一步丰富了培训形式，更有利于发挥教师的引导作用，尊重学生干部的主体地位，适应素质教育的要求。⑥ 有学者结合中共天水市委党校干部教育培训"三三制"模式的实践，以改革创新的态度，就新形势下党校干部教育培训创新，增强干部教育培训工作的针对性、实效性问题，从培训

---

① 程世岳，叶飞霞. 城乡统筹视野下农村干部培训体系构建——基于高校培训模式的研究 [J]. 南方农村，2013 (8).
② 章木林，傅雯玉. 慕课背景下我国审计干部培训模式的创新研究 [J]. 审计月刊，2017 (2).
③ 刘晋，张雁华. "互联网＋"视角下干部培训模式的创新 [J]. 理论学习与探索，2017 (1).
④ 唐福国. 大力推行案例教学创新干部培训模式 [J]. 中国职工教育，2012 (8).
⑤ 钱立青. "问题为本"干部培训模式的构建与教学实践 [J]. 中国培训，2007 (3).
⑥ 杨涛. 一种有效的学生干部培训模式："翻转课堂"培训 [J]. 教育现代化，2018 (3).

导向、培训理念、培训内容、培训方式、培训机制等五个方面进行了思考与探索。[①] 与传统的培训模式相比，"以问题为中心"的培训模式具有两个关键特征：围绕"问题"教学和教师角色的转变。教师价值不再局限于课堂讲授上，而是重在方案设计、培训后的评价与反馈等方面，以充分发挥和调动学员积极性。这种培训模式为干部培训机构提供了新教学参考。[②] 李怀花从毛泽东、邓小平、江泽民、胡锦涛等党的最高领导人的相关理论和中央党校、部分省级党校、市级党校的干部培训模式中，研究了我国党校干部培训模式的思想渊源和实践基础，并对基层党校——中共白银区委党校干部培训模式进行了问题分析，提出了白银区委党校干部培训模式的创新思路和选择对策，介绍了研究式教学以及体验式、模拟式、拓展式等现代新型干部培训方法，以便在基层党校干部培训工作中推广运用。[③]

三、干部教育质量的研究

质量是干部教育培训的生命线。在党和国家高度重视干部教育培训工作的情况下，提升干部教育培训质量，确保干部教育培训发挥实效是对干部教育培训工作提出的基本要求。因此，干部教育质量保证成为研究者们关注的重点。董明发指出，干部教育培训质量研究力图解决的主要问题：一是界定干部教育培训质量的内涵，识别影响和制约干部教育培训质量生成的因素；二是构建符合中国干部教育培训实际的干部教育培训质量保障体系；三是针对影响干部教育培训质量生成的核心要素，提出干部教育培训质量保障措施。[④]

干部教育质量影响因素研究。有学者认为影响干部教育质量的主要原因在于没有对成人学习的认知规律和特点进行准确、全面的把握。有学者

[①] 程奎文. 创新党校干部培训模式 增强针对性与实效性 [J]. 天水行政学院学报，2011 (5).
[②] 何丽君，何丽霞. "以问题为中心"的干部培训模式初探 [J]. 云南行政学院学报，2009 (2).
[③] 李怀花. 基层党校干部培训模式研究 [D]. 兰州：兰州大学，2009.
[④] 董明发. 干部教育培训质量保障研究 [D]. 北京：中共中央党校，2011.

认为做好干部培训工作，首先就要认真分析、研究和把握成人学习的特点，遵循成人学习的认知规律，并结合从事干部培训工作的经历，归纳成人学习的规律，为提高干部教育质量提出具体措施。① 周玲认为，将全面质量管理理论从工业企业移植到教育领域有重要的现实意义，全面质量管理在干部培训中的主要特点可以归纳为"三个第一"和"二个一切"，要求培训机构从需求调研、课程试行、调整执行、后勤服务、信息反馈等方面进行质量管理，把这些过程中影响培训质量的一切因素控制起来建立起一套高效严密协调一致的全面质量管理体系，使质量管理工作贯穿于整个干部培训②，拓展了干部培训质量研究的理论基础。也有学者提出，对培训需求与要求把握不准、对培训主体尊重不够以及培训资源整合不充分是高校干部培训的主要不足。以需求为导向、以能力提高为首位、以开放竞争为手段是高校干部市场化培训的基本要求。思想观念的转变、体制机制的转变以及方式方法的转变是提高高校干部培训质量的关键。③ 董明发在其博士论文中提到，当前影响干部教育培训质量的因素主要有公共组织与生俱来的学习困境、干部教育培训理念总体相对落后、干部教育培训制度和体制机制建设不够完善、干部教育培训机构办学能力不够强、干部主体作用发挥不够充分五点。④

　　干部培训质量保障体系研究。干部教育培训质量保障体系是指建立在干部教育培训质量保障活动基础之上，依据规定的质量标准，按照有关的程序对干部教育培训质量进行监控、评价，从而发挥干部教育培训质量保障功能的运行系统。⑤ 目前我国的干部培训质量仍存在缺少相配套的制度约束和规范，培训质量评估的指标体系不完善、评估内容不全面、评估方

---

① 鲜静林. 把握成人学习规律 切实提高干部培训质量 [J]. 甘肃理论学刊，2003（1）.
② 周玲. 全面质量管理在干部培训中的诠释 [J]. 中共南宁市委党校学报，2006（2）.
③ 吴荷平. 提高高校干部培训质量的思考 [J]. 江苏工业学院学报（社会科学版），2010（1）.
④ 董明发. 干部教育培训质量保障研究 [D]. 北京：中共中央党校，2011.
⑤ 董明发. 干部教育培训质量保障研究 [D]. 北京：中共中央党校，2011.

法较为单一、评估层次不够深入等问题。有学者运用培训质量保障相关理论，以一所干部培训院校内部培训质量保障实践为案例，探讨了干部培训院校培训质量保障的内涵、体系建设、质量标准和效果评估等相关问题，并提出加强培训文化建设，加强系统整合力度以及加强培训信息和督导系统建设，保障培训质量持续提升等三方面措施，以期引起人们对干部培训院校质量保障工作的研究与重视。[1] 也有学者在培训工作中结合 ISO9000 质量管理体系，运用先进的管理理念、工作程序和管理制度，建立科学、高效的培训质量管理体系，从建立质量管理标准、培训实施流程、培训过程评估入手，实现对培训过程各个环节的规范管理和对培训质量的全面监控，达到培训对于绩效改进的持续作用。同时，质量评估机制的科学化水平较低是当前党员干部理论教育这一系统工程中的一大短板[2]，因此，党员干部教育应在评估过程中更加体现规范化、科学化。还有学者提出要从干部教育资源建设、党校管理、教学效果评价等多个环节着手，创新干部教育质量观，保证干部教育学习的质量，这些都将成为干部教育研究工作的重点。

四、干部远程教育研究

干部教育的发展与信息化建设息息相关，现代计算机技术飞速发展并且得到广泛的应用，为干部教育的迅速发展提供了有力的技术支持。网络教育具有时空分离、资源丰富、使用便捷等特点，是干部培训工作发展的主流和方向。当前干部远程教育的研究较多集中在基础理论研究、系统平台的构建两方面。

(一) 干部远程教育问题及对策研究

该方面研究旨在从探讨现象着手，得出共性问题，从而提出对策建议。例如面对网络化的冲击，有学者提出五点措施：加强党校教师综合素质的培育；创新教学形式，提高干部培训层次；紧扣时代脉搏，创新培训

---

[1] 丛春侠. 干部培训院校培训质量保障的实践与思考——以国家教育行政学院为案例 [J]. 国家教育行政学院学报，2011 (8).

[2] 冯茜. 新中国成立以来党员干部理论教育研究 [D]. 武汉：武汉大学，2015.

内容；建立学员与教师多层次的互动机制，提高党校教学的实效性；构建校内外资源的共享机制，实现强强联合。①

建设学习型政党迫切需要干部远程教育，只有大力开展干部远程教育方面的研究，才能为大规模培训干部、建设学习型政党作出贡献，也为发展网络教育，推进教育信息化和构建终身学习体系，在理论和实践的结合上奠定基础，针对干部远程教育的进一步发展须在干部远程平台建设、资源整合等方面做出具体建议。② 周宇指出我国干部网络教育仍需解决思想认识的统一、办学模式的顶层设计、课程资源的整合、网上网下的结合、考核评价与学习成果的运用等问题。③ 农村党员干部的远程教育是对农村党员干部进行知识教育培训、最新资讯传播的一种新型教育模式，有学者具体阐述这种新型教育模式在基层党政干部的实际工作中凸显的成效和影响，对如何将现代远程教育的效用最大化提出设想，对如何加强党性修养、如何提高党员干部政治觉悟、如何贯彻落实"三农"致富发展，提出措施。

(二) 干部远程教育系统平台的构建

《基于卫星网络模式的农村党员干部现代远程教育系统》一文指出基于卫星网络技术并辅以计算机等交互设备，用于传输、存储和播放相关教育资源的农村党员干部现代远程教育系统，因其能实现资源免费共享，信息覆盖面广，一般不受地域限制等特点，非常适合于地形复杂的山区，并具体介绍了基于卫星网络模式的远程教育系统结构设计和卫星模式基本型终端接收站点的功能要求及应用特点。④ 有学者分析了农村党员干部远程教育网站的重要性与特点，提出了农村党员干部远程教育网站功能与核心

---

① 蔡雄杰. 网络化背景下提高党校教学实效性探究 [J]. 中共山西省委党校学报，2010 (1).

② 赵君香. 学习型政党视角下的干部远程教育 [J]. 山东广播电视大学学报，2010 (3).

③ 周宇. 开展干部网络教育，推进学习型政党建设——谈谈干部网络教育当前需要解决的几个问题 [J]. 湖南广播电视大学学报，2012 (2).

④ 刘光明. 基于卫星网络模式的农村党员干部现代远程教育系统 [J]. 甘肃科技，2010 (5).

设计理念，并结合网站改版实践，详细介绍了贵州希望网新版网站建设思路、特色及改版实施流程。① 也有学者基于调查研究，分析了制约"农村党员干部现代远程教育工程"应用成效的原因，探讨了采用"移动＋IPTV"模式开展农村党员干部远程教育的可行性，搭建了基于"移动＋IPTV"模式的远程教育平台模型，提出了"移动＋IPTV"模式在农村党员干部远程教育中的具体应用模式。② 代宏运用 Web 流媒体技术、数据库技术、系统架构技术、分类算法设计、安全技术设计建立了立体的、全方位的协同机制，通过流媒体直播、录像点播的方式实现了村级远程教育站点教学大规模开放的技术解决方案；采用 C 语言开发，实现跨平台处理，提高系统性能；采用 SQI Server 数据库技术，保障了数据库的稳定性。③为提高农村党员干部现代远程教育的实效性作出技术支持。当前我国干部远程教育的研究主题基本是集中在干部远程教育平台系统构建和远程教育在干部培训中的应用研究，日后的研究方向会朝着深层次、丰富性的方向发展。

五、农村干部培训研究

随着经济社会的发展，我国的"三农"问题已成为目前社会各界普遍关注的热点，村干部的低教育素质现状激化了"三农"矛盾，延缓了农村经济的发展与农村稳定。④ 因此，加强对当前农村干部素质需求及教育对策理论和实践研究成为新的研究主题。学术界对农村干部的培训主要从宏观和微观两个角度进行研究。

（一）农村干部培训宏观分析

有学者深入分析了农村干部培训的宏观环境，认为党的十六大以来，

---

① 牟明福. 农村党员干部远程教育网站设计理念的探析与实践——贵州希望网改版案例研究 [J]. 中共贵州省委党校学报, 2007 (1).

② 孙文柱, 郭庆生, 姜水静. 农村党员干部现代远程教育模式创新研究 [J]. 内蒙古农业大学学报（社会科学版）, 2011 (5).

③ 代宏. 基于流媒体技术的农村基层党员干部远程教育系统设计与实现 [D]. 成都：电子科技大学, 2012.

④ 单正丰. 村干部素质需求及教育对策研究 [D]. 南京：南京农业大学, 2004.

农业和农村经济社会发展面临新的形势和新的任务，农业干部教育培训工作也要紧跟时局，适应宏观环境的巨大变化，为建设社会主义新农村作出贡献。① 全面加强农村基层干部队伍建设是一项具有重大现实意义的系统工程，应科学制定农村基层干部队伍的建设规划，全面提高农村基层干部队伍的素质水平，建立健全农村基层干部的任用管理制度，大力加强农村基层干部队伍的教育培训，逐步完善农村基层干部队伍激励保障机制。② 此外，要明确农村基层干部的需求，有针对性开展培训；进行农村基层干部培训品牌的分层次建设；规划农村基层干部培训品牌的市场竞争战略，推进农村经济和社会事业共同发展。③

（二）农村干部培训微观研究

目前农村基层干部队伍存在着结构不合理、补充缺来源、素质不适应等问题。加强新时期农村基层干部队伍建设，必须从转变工作思路入手，打破就基层抓基层、就干部抓干部的思维定势，把加强基层干部队伍建设放在构建社会主义和谐社会的大局中考虑，放在加强党和国家干部队伍整体建设的全局中来谋划，从根本上解决农村基层干部队伍建设中存在的问题。④ 现场教学法有着强烈的现实感和鲜明的特色，能有效提高学员的实际能力，提高农业农村干部教育培训的针对性和有效性，与农村干部工作实践性相结合，在试点班中得到了干部学员的一致肯定和好评，具有较好的推广性。⑤ 有学者将研究型教学思路运用于农村干部培养中，认为该方法能够提升培训的有效性，提升农村干部的素养层面，并结合农村干部的

---

① 李寒，吴东贵，余思林，等．我国农业干部教育培训的宏观环境分析［J］．中国成人教育，2006（6）．

② 霍永刚，张桂香，赵景爱．农村基层干部队伍建设的主要问题及对策选择［J］．山西经济管理干部学院学报，2009（1）．

③ 赵云昌，孟凡茹，谢丽莉．"两个百年"目标下农村基层干部培训品牌建设研究［J］．高等农业教育，2015（5）．

④ 向美华．农村基层干部队伍建设：问题与对策——来自湖南省常德市鼎城区的调查与思考［J］．中州学刊，2006（2）．

⑤ 王雄，孙立新，刘彬让．农业农村干部培训现场教学机制研究［J］．中国成人教育，2017（4）．

培训实践，首先分析研究型教学思路应用的必要性，基于必要性的层面上，探究培训中具体的应用策略，为今后农村干部的培训发展提供相应的依据。随着教育技术的发展，在"大数据"背景下，基层干部教育培训信息化建设是实现基层干部教育培训管理现代化、提高办学质量的重要手段。

六、党校教育的研究

党校教育是干部教育的主渠道，也是开展干部教育实践和学术研究的重要机构，党校功能的发挥、有效教学模式的探索、党校师资队伍的建设逐渐成为学者们较为关注的研究热点。

（一）党校功能研究

1990年，中共中央《关于加强党校工作的通知》提出："各级党校要努力办成轮训和培训党员领导干部，培养党的理论队伍，学习、研究、坚持和发展马克思列宁主义、毛泽东思想的重要阵地，成为干部增强党性锻炼的熔炉。"为了更好发挥高校党校的阵地和熔炉作用，应从制度建设、队伍建设、条件建设、组织优势四个层面入手，提高高校党校工作水平。[①] 党校作为研究机构、思想库发挥作用，应做到以下四点：坚持党校姓党的原则，把握政治方向；体现党校科研"四个服务"的目标方针；整合党校科研力量，优化配置科研资源；建立、完善开放的科研体制和以科研项目为枢纽的科研管理体制。[②] 为了让党校"阵地"和"熔炉"的作用得到充分发挥，有学者建议推行"一个宗旨、两级建校、三种类型、四个层次"的模式，创新办学理念，提高教学质量；形成高校各级党校之间"明确定位、统分结合、互为依托、优势互补、资源共享、信息互动"的机制；同时，高校党委要重视并加强对党校的领导，健全各项规章制度，规范教学管理，不断完善办学条件。[③]

[①] 瞿振元. 发挥好高校党校的阵地和熔炉作用 [J]. 中国高等教育，2011（22）.
[②] 张伯里. 党校如何发挥好科研机构和思想库作用 [J]. 中国党政干部论坛，2009（2）.
[③] 夏昱. 关于高校各级党校建设的若干思考 [J]. 求实，2006（5）.

（二）党校教学模式研究

在教学模式探索中，有学者以系统论为理论基础，构建二维党校教学模型，提出"模块化管理，专题式授课，菜单化服务"的课堂教学模式，增强了党校教学的针对性和实效性。[1] 其他学者重点探讨了案例教学法、情景模拟教学法、现场教学法等模式在党校教育中的应用，其中案例教学在加强党和国家机关领导干部的执政能力建设方面有独到的功能作用，是党校干部教育培训在新形势下取得新成效的重要举措。[2] 马静认为，党校教学中也可以引入案例教学法，并根据党校教学的特点，发挥案例教学法独特的优势。党校教学的任务和内容决定了我们要以研究重大现实问题为中心，党校教学的对象决定了党校教学方式方法的特殊性。[3] 案例教学法较好地体现了新时期党校教与学的特点，符合领导干部学习的规律，是党校主体班次教学的重要教学模式。施永忠等人通过对当前高校党校培训工作中日常教育管理时渗透不足、党课设置多样性安排缺乏及对学员综合能力培养不足等现状进行分析思考，继而提出了将党校培训工作与日常考察相结合创新办学理念、必修课与选修课相结合创新培训模式、校内党校优势与社区党校优势相结合创新教学手段、网络资源与传统考试资源相结合创新考试方式等改进对策。[4]

（三）党校师资队伍研究

作为学习、研究、宣传马克思主义、毛泽东思想、邓小平理论的重要阵地和党性锻炼的熔炉，党校特殊的地位和作用对教师素质提出了新的更高的要求。明确党校师资队伍建设基本要求，不断改革和完善党校师资队伍建设的机制，造就一支规模适当、结构合理、素质优良、能够满足分级

---

[1] 徐华军. 高校党校教学模式改革初探 [J]. 长江大学学报（社会科学版），2013（3）.

[2] 韩进锋. 浅议案例教学在党校干部教育培训中的运用 [J]. 经济研究导刊，2013（12）.

[3] 马静. 案例教学法在党校教学中的应用研究 [D]. 济宁：曲阜师范大学，2009.

[4] 施永忠，邓叶芬. 高等学校党校培训内容和方法创新探析 [J]. 上海海洋大学学报，2010（1）.

培训轮训干部需要并在思想理论战线上发挥更大影响的党校教师队伍，是党校教育事业进一步发展的基础性工程和最紧迫任务之一。目前党校师资队伍建设工作中存在身份困惑，职称评定限制，教师素质、教师资格准入制度等问题[①]，应构建传带结合的高校、党校教师队伍，完善高校、党校制度建设，强化高校、党校干部和教师意识。从实际出发，结合实际的党校教育情况，透过现象看本质，就问题分析解决方法。[②] 在实施新一轮西部大开发战略中，必须充分认识加强西部地区基层党校师资队伍建设的重要性与紧迫性，着力改变西部地区基层党校师资队伍建设中存在的教师实践知识和经验较为欠缺、办公条件落后、教学科研方法因循守旧、缺乏长远规划和机制不够完善等问题，以改革创新的精神加强西部地区基层党校教师的理论武装、思想道德教育与党性锻炼，完善学习与培训机制，不断提高教师的业务素质和授课水平。[③]

第三节 干部教育研究存在的问题及未来展望

一、存在问题

我国干部教育研究成果质量整体上有待提升，仍需深化。新中国成立70年来，我国干部教育研究虽在文献发表、机构建设、著作出版等方面取得了巨大的进步，但仍存在一定不足。从研究内容来看，干部教育研究的热点集中于干部教育历史、干部教育发展对策和干部教育教学等方面，研究侧重实践但内容创新性不够，导致研究深入的推力不够，因此亟待重视和加强干部教育的理论研究。从研究方法来看，干部教育研究方法重思辨、轻实证，定量研究方法使用较少，研究范式闭锁。从期刊质量看，目

---

① 冯大勇. 党校师资队伍建设存在的问题及对策［J］. 现代教育，2014（Z3）.
② 张建伟，陆勇，吴铭. 浅析加强高校党校师资队伍建设的方法与途径［J］. 当代教育实践与教学研究，2015（4）.
③ 邓连引. 加强西部地区基层党校师资队伍建设研究［J］. 新西部（理论版），2011（1）.

前仍缺乏能够进入中国社会科学引文索引（CSSCI）的干部教育专业理论期刊，高质量平台的缺失问题严重。从学科建设来看，我国干部教育研究基础理论薄弱，学科研究根基不坚固，导致分支学科研究进展缓慢；研究视域有待拓展，缺少对他国政府人员、领导人才培训的思想理论、体制机制和管理模式的引入比较，国际影响力不足。这些问题是新时代背景下干部教育研究工作开展中面临的挑战。

二、未来展望

（一）以新思想为指导，重视理论研究

习近平的干部教育理念，内容丰富、视野开阔、全面系统，揭示了新形势下干部教育工作的地位作用、时代内涵和现实要求，是加强和改进当前干部教育的根本遵循。[①] 如何拓展习近平新时代中国特色社会主义思想培训的内容，开发培训的新模式，有效提升培训的质量，使习近平新时代中国特色社会主义思想与干部培训工作深度融合，应是今后一段时间内干部培训研究的重要问题。在干部培训实践工作中已经积累了许多历史经验，形成了一些重要的理论观点，但目前仍需将这些经验和理论进一步系统化、科学化，形成完整的理论体系，提出更多具有原创性、本土化的理论观点，构建干部培训所独有的、具有鲜明特色的学术理论体系和话语传播体系。在未来的干部教育研究中，应进一步加强干部培训心理学、干部培训师资队伍建设理论、干部教育原理、干部培训课程开发、干部培训评价等基础理论的研究力度。干部教育研究工作应坚持以习近平新时代中国特色社会主义思想为指导，积极拓展思路，广泛吸收借鉴并综合运用其他学科成熟的理论成果，增强研究的深度和学术影响力，使研究成果的理论基础更为扎实。

（二）注重研究方法的多样性，运用混合研究法

通过对干部教育的文献梳理发现，国内学者对干部教育的研究主要运用文献研究法、历史分析法、归纳演绎法等思辨的研究方法，类型较为单

---

① 肖小华. 习近平干部教育思想述论 [J]. 探求，2016（1）.

一，未能有效解决干部教育的现实问题。严格说来，这些方法也许很难归属于科学研究方法系列，其专业的洞察力、理论的解释力，依然处在低位，已经不能满足研究发展的需要。① 因此，在使用定性研究方法之外，也应通过发放问卷、数据分析、建立模型等定量研究方法开展研究。特别是涉及干部培训个案研究、培训需求分析、培训干部个体分析、培训效果评估等问题时，定性定量相结合的混合研究方法更为适用。研究成果所存在的问题也比较突出：在研究内容的选择上，具有很强的自发性和个体性，研究者的个人兴趣主导研究内容的选择；在研究层次上，宏观层面总体概述性的研究较多，中观层面的专题性研究较少，在微观层面针对某一具体问题加以深入探讨的研究尤为欠缺。通过对第一手数据的严谨分析，提出有较强针对性的对策建议，有利于提高干部教育研究质量。混合研究方法的使用更为符合教育科研方法不断更新的需要及多学科研究的发展趋势，为干部教育研究工作提供新途径。

（三）丰富研究队伍主体，发挥高校和电大的作用

由于干部培训是计划性和政策性很强的工作，是由政府组织的，需要根据干部的任命权限来安排，所以目前干部教育研究主体仍是各党政部门和干部培训机构，普通高校及电大对干部教育这一领域关注较少。而近年来，随着各地干部在线学习的展开，培训竞争机制的引入，有些高校的网络教育学院和电大以其系统和平台优势介入当地党委组织部门的这项工作，例如清华大学着手建设开发"清华干部培训网"，借助远程教育技术手段，实现大规模培训干部。② 高校逐步显示独有的优势，逐渐成为干部培训的重要力量。当前，干部教育培训研究人员的数量可观，但其专职化和组织化程度却很低。这是因为在干部教育培训的管理机构和培训机构中，未将干部教育培训研究工作纳入相关人员的业绩考评体系；在学术层面从事干部教育培训研究，更多还是个别管理者和少数教研人员的个体行

---

① 高志敏，等. 成人教育研究新理念与新方法探索 [J]. 河北师范大学学报（教育科学版），2010（1）.

② 吕瑶. 清华大学打造干部在线学习新模式 [J]. 中国远程教育（资讯版），2009（8）.

为，从事干部教育培训实践却并不从事干部教育培训研究的现象非常普遍。未来会有更多的高校开设干部教育网上学习课程，从而参与干部教育的原理、机制、资源开发和质量等研究工作，使得干部教育领域的研究队伍更加壮大，层次更加丰富。鼓励干部教育培训系统设立不同形式和层次的干部教育培训研究机构，支持建立相关研究团队，积极筹备全国性的干部教育培训研究学会，有组织地进行研究方法与技术的创新与推广等也是未来的发展趋势。

（四）形成独特研究领域，加快学科化建设

相对于学历教育统一的教育对象和课程计划，干部教育的培训对象范围更大，针对不同的行政级别和岗位，培训需求也千差万别，这就决定了干部教育的管理体制、课程设计、教学计划区别于学历教育体系。① 目前的干部教育工作关键在于根据教育对象的需求特色开发出具备针对性的课程体系，只有对各种干部教育的教学模式创新、管理体制改革、资源综合开发等内容进行更深入的研究，形成干部教育独特的研究领域，才能让干部教育持续健康地发展下去。作为干部教育培训事业的一个组成部分，干部教育培训研究日益受到各方的重视。《2013—2017 年全国干部教育培训规划》已经将干部教育培训的理论研究列为"培训能力建设"的重要内容，提出要加强干部教育培训理论研究和推动干部教育学学科建设。时至今日，围绕干部教育培训研究所形成的成果积累，已经为其学科化奠定相当的基础，这就使得干部教育培训研究的学科化已经成为一种需求。学科化能够为研究提供合法化依据和制度性保证，建立研究的相对独立的规则，使研究、分析与训练系统化，推进研究专业化的纵深发展，建构研究者之间的身份认同。② 干部教育培训研究实现学科化能够为促进干部教育培训实践的改革与发展提供理论支撑，为此应健全完善干部教育培训研究的宏观管理体制；支持建立相关研究团队，积极筹备全国性的干部教育培

---

① 赵君香. 我国干部远程教育的研究状况与展望——基于 1999—2010 年中国知网（CNKI）数据库论文为样本［J］. 现代远距离教育，2011（3）.

② 康年，邓蕾，黄洪基. 问题研究向学科化研究的转向——青年研究三十年回顾与展望［J］. 社会科学，2010（10）.

训研究学会；以课题管理为抓手，加强对研究工作的统筹规划；重视干部教育培训研究的学术载体建设，最终实现干部教育培训研究从一个研究领域到一个独立学科的跨越。①

---

① 鲁彦平. 干部教育培训研究的学科化：必要性、可能性及可行性［J］. 继续教育研究，2018（6）.

第九章 企业职工教育研究

梳理国内企业职工教育研究的现有成果，厘清其演进脉络，是企业职业教育研究的重要一步，它有助于推动相关教育实践及其理论研究的有效开展。自新中国成立以来，我国企业职工教育的理论研究呈现出"从重视到冷落"的转变迹象，但在该过程中依旧积累了较为丰富的研究成果。本章以中华人民共和国成立为研究起点，以改革开放、1994年《中华人民共和国劳动法》的公布、2010年《国务院关于加强职业培训促进就业的意见》等重要事件、政策文件为关键点，参照文献发表趋势，将企业职工教育研究划分为雏形期（1949—1978年）、发展期（1979—1994年）、回落趋稳期（1995—2009年）、不稳定期（2010—2019年）四个阶段，进而分析国内企业职工教育研究的演进历程、阶段特征、主题热点等，并对今后的理论研究态势作出展望。

第一节 企业职工教育研究的历史演进

在文献的检索梳理中，以中国知网（CNKI）为搜索平台，1949—1978年以"职工业余教育"为主题词，1979—2019年以"企业职工教育""企业职工培训""企业岗位培训""企业职工学习"和"企业职工继续教育"为主题词，逻辑关系为"或者"；选定"高级搜索"，搜索范围限定在"社会科学Ⅰ辑""社会科学Ⅱ辑""哲学与人文社科"和"经济与管理科学"，搜索时间为"1949年10月1日至2019年12月31日"，获取与主题相关中文文献 5200 余篇；通过文本分析、SATI 软件、CiteSpace 可视化分析、Excel 软件等途径对文献进行研究。

一、扫盲教育运动中的研究雏形期（1949—1978 年）：以普及文化知识为主的职工业余教育

在企业职工教育研究的雏形期，主要以职工业余教育研究为主，最早的文章是孙文淑于 1950 年发表的《职工业余教育中存在的问题及几点意见——河北省工代大会发言摘录》[①]，介绍了当时国内职工业余教育的开展现状、存在问题以及进一步发展的建议对策。李定仁等人于 1960 年发表的《职工业余教育学制方案》[②]，是最早阐述职工业余教育"学制"问题的文章，涉及职工业余教育的学制系统、教育计划和实施办法。自 1950 年政务院公布《关于开展职工业余教育的指示》以后，随着国内职工教育实践活动的开展，理论研究也随之发展，1960 年达到这一阶段的峰值。然而，1966 年至 1977 年，由于受到"文革"的冲击，职工教育事业受到摧残，思想政治教育占据主导地位，致使职工教育研究处于停滞状态，成为研究的"空白期"。总的来看，这一时期的职工教育主要目的在于"扫盲"，在于普及基本文化知识；理论研究力度较小，与教育实践差距较大；前期（1949—1965 年）为研究的主要阶段，研究内容较多关注职工教育现状及其方法措施；主题多分布在"职工业余教育""工资劳动者""职工业余学校"等方面；文章多以会议报告、讲稿摘录、宣讲发言等形式呈现，凸显"出体会、重经验、偏政策"的写作特点，具有学理性、规范性的文章较少；并且尚未形成研究的核心作者和团队组织，处于理论研究的零散状态。

---

① 孙文淑. 职工业余教育中存在的问题及几点意见——河北省工代大会发言摘录 [J]. 人民教育，1950（5）.
② 李定仁, 余祜. 职工业余教育学制方案 [J]. 西北师大学报（社会科学版），1960（S2）.

二、改革开放政策推动下的发展期（1979—1994年）：以经济效益为驱动的企业职工教育

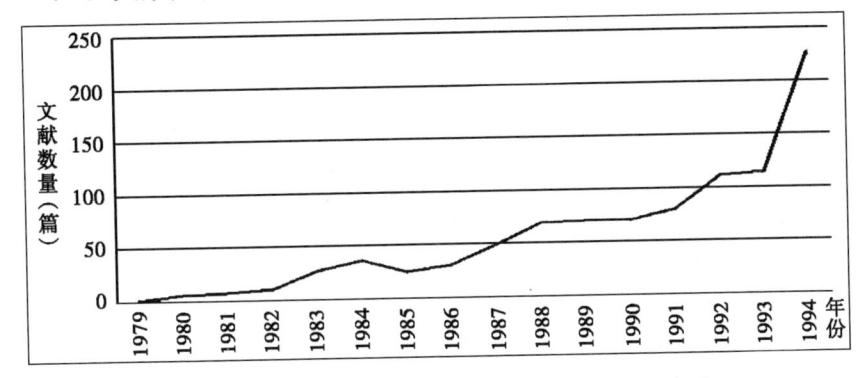

（一）文献发表趋势：整体呈曲折上升态势，1994年增幅最大

图9.1　1979—1994年企业职工教育发文趋势折线图

该时期有文献923篇，从1980年的5篇到1994年的227篇，整体增幅较大（如图9.1所示）。发文量呈现稳中有升趋势，1979年至1981年发文较少且升速平稳缓慢，此后，由于《关于加强职工教育工作的决定》《关于职工初中文化补课若干问题的通知》等政策文件陆续颁布，使得研究者更加关注职工教育的发展与理论研究，文献数量增幅逐渐增大，发文趋势变化明显。此外，1993年至1994年发文趋势陡增，这与《关于加强工人培训工作的决定》《中华人民共和国劳动法》的颁布有着一定关系，关键政策文件的下发激发了研究者的积极性，文献数量增幅较大。总体而言，该阶段的文献数量较少，但是呈现稳中有增的发文态势，其中国家政策是理论研究的"催化剂"，起到了重要的推动作用。

（二）文献作者：高产作者较少，尚未形成合作网络

表9.1　1979—1994年企业职工教育研究作者排名（前十）

序号	姓名	发文量	序号	姓名	发文量
1	葛建中	11	6	陈荣安	5
2	祝军	8	7	尤文	5
3	周仲和	6	8	陈大鹗	5
4	解延年	6	9	唐士富	4
5	贺向东	5	10	马宣	4

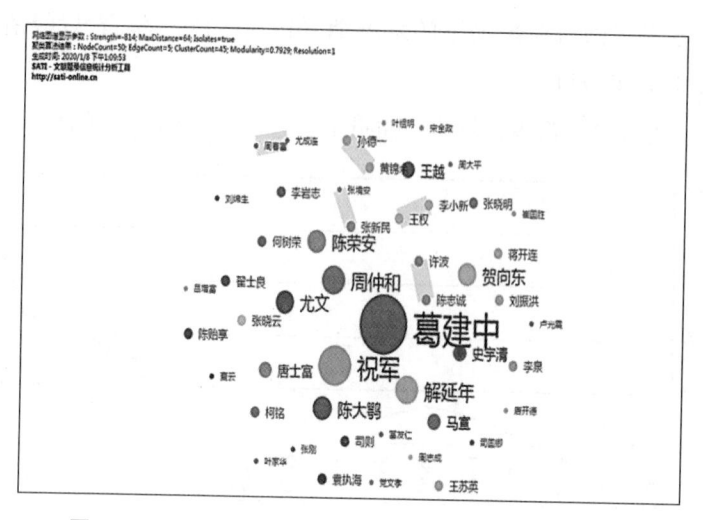

图 9.2　1979—1994 年企业职工教育文献作者图谱网络

据 SATI 统计与研究合作图谱分析（如表 9.1、图 9.2 所示），排名前十的作者总发文量约为 60 篇，占发文总量比例较低。葛建中发表论文数量最多（11 篇），最早发表的一篇是 1980 年的《岗位培训使企业插上翅膀》。同时，从合作图谱中可以看出，作者分布比较松散，连线甚少，仅有周春富与尤成连、孙德一与黄锦余等五组作者有所合作。总之，在该研究领域中核心作者数量较少，没有形成稳定的核心研究者群，也尚未形成紧密的合作网络。

（三）文献学科分布：部分文献集中于教育学科，多数散见于不同学科之中

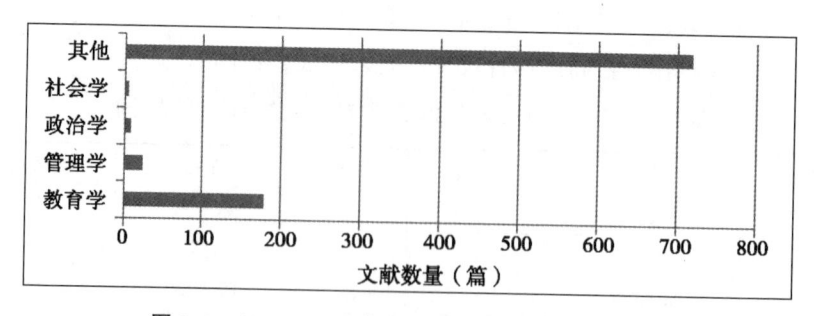

图 9.3　1979—1994 年企业职工教育文献学科分布

342

通过对1979年至1994年文献进行整理发现（如图9.3所示），该时期内的研究成果多集中在教育学领域，共有180余篇文献；其次是管理学领域，共有文献约30篇，主要是工商管理类；政治学、社会学等领域也有涉及，但是相关学科内的文献较少。大多数文章（700多篇）散见于不同的学科之中，该部分文献的学科分布较为零散，其中包括法学、马克思主义学、统计学、农业经济学等。以上分析表明，该阶段内企业职工教育的研究在学科分布中依然呈现以教育学为主，社会学等学科为辅的状态，显现出多学科研究视角的趋势。

（四）文献发表期刊来源：以教育学类期刊为主，文献分布较为集中

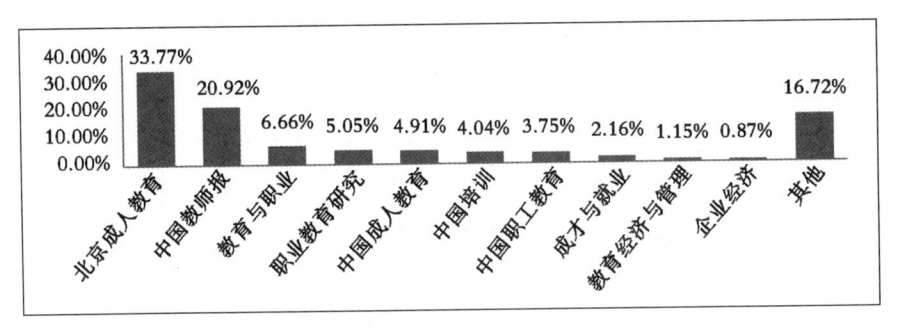

图9.4 1979—1994年企业职工教育文献的期刊来源分布

通过对该时段内文献的整理，如图9.4所示，发表在《北京成人教育》上的文献占总文献量的33.77%，其次是《中国教师报》占20.92%，《教育与职业》占6.66%等，图示十种期刊的文献量所占比例超过80%，而发表在其他期刊上的文章为150多篇，所占比例为16.72%，该部分期刊包括《河北成人教育》等教育学专业期刊，也有《经济管理》等非教育学专业期刊，平均发文量较低。该时期的企业职工教育文献来源具备三个特征：一是发文平台较为集中，以教育学类期刊为主，主要集中于《北京成人教育》和《中国教师报》两个期刊，占总发文量的50%以上；二是论文受到高质量教育以及培训类期刊的关注，比如《北京成人教育》《中国教师报》《中国培训》等核心期刊，期刊层次较高；三是单个期刊发文量相对较低，在所列出的期刊中，除了《北京成人教育》和《中国教师报》，其他杂志发文量均较低。

（五）企业职工教育专著：专著撰写起步，总体数量有限

通过中国国家图书馆官网，以"职工教育""企业职工教育"以及"企业职工培训"为题名进行搜索，分别检索到相关专著为 120 本、16 本、5 本。该阶段较早进行专著撰写的学者有杨连江、陈理玉、刘汉卿等人。较早的一本专著是杨连江于 1983 年撰写出版的《国外企业职工教育》[①]，主要对国外企业职工教育的兴起、现状、特点、作用以及培训考核等内容作了介绍，是学习了解国外企业职工教育的一个"窗口"；陈理玉于 1984 年出版《企业职工思想政治教育概要》[②] 一书，是国内较早研究企业职工思想政治教育的专著。此后，《企业管理知识职工读本》《企业职工职业道德教育》等专著相继出版，丰富了该时期企业职工教育研究的内容与形式。从作者组织形式来看，一般以独著为主，比如《企业内职工教育的方法和实践》《企业管理知识职工读本》等。从专著类型看，可划分为经验总结类、国外译介类以及教学（学习）材料类等，其内容既涉及企业员工的知识技能教育，也涉及职工的思政、道德教育，还包括企业员工的管理、培训等各方面。

（六）研究主题：内容涉及面较广，研究主题较为分散

通过 SATI 软件的聚类与图谱分析发现，其关键词以"企业管理""岗位培训"和"职工教育"等为主，但形成的聚焦点相对较低。因此，参考 SATI 图谱网络，结合文献的题目、关键词进行二次整理，梳理出研究中较为关注的几个方面：一是理论内涵的阐述，包括企业职工教育的特点、作用、形式以及发展趋势等，如《谈谈职工教育的概念、任务、结构问题》《试论职工教育的地位和作用》等；二是国外案例的介绍，主要介绍日本、美国等发达国家的企业职工教育，如《浅谈日本企业职工培训的特点》《美国职工教育的新动向》等；三是体制机制的探讨，包括企业职工教育的管理、培训、考核机制等，如《关于建立岗位培训制度的思考》《新形势下职工教育的任务和企业教育体制改革的一点意见》等；四是企

---

① 杨连江. 国外企业职工教育［M］. 北京：中国展望出版社，1983.
② 陈理玉. 企业职工思想政治教育概要［M］. 北京：企业管理出版社，1984.

业职工教育模式的阐释，如《谈企业职工培训的新模式》；五是问题对策的探析，如《论企业职工教育的方式与途径》。此外，由于改革开放政策的实施以及市场经济的运行，该时期的研究主题一般与"市场""经济"以及"经济效益"等词联系较为紧密，反映出特定时期的理论研究特点。总而言之，该时期的研究主题涉及面较广，既包括宏观层面的制度设计，也包括中观层面的理论探讨，还包括微观层面的经验探索等，注重企业职工教育经济效益，有较为鲜明的时代特色。

三、法律制度设计下的回落趋稳期（1995—2009年）：企业职工教育走向法律化、制度化

（一）文献发表趋势：回落趋稳基数高，硕博论文初现

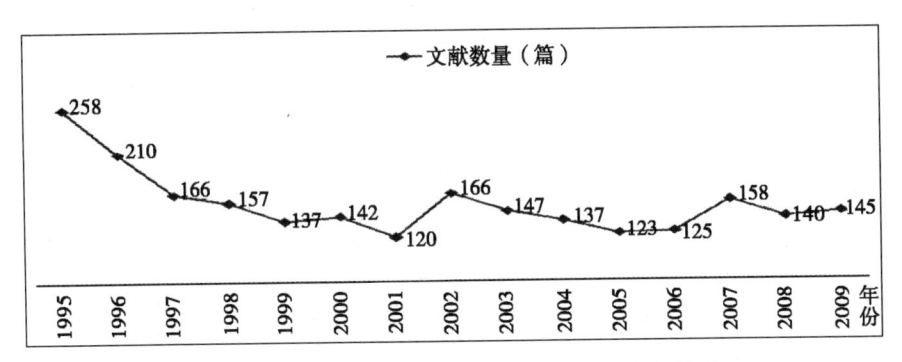

图 9.5　1995—2009 年企业职工教育发文趋势折线图

如图 9.5 所示，在 1995—2009 年，企业职工教育的研究呈现回落趋稳的态势，虽然发展势头有所减缓，但是发文的总量因基数较高而较高，这与我国鼓励企业职工教育的重要政策文件有密切关系，如《中华人民共和国劳动法》（1994）、《中华人民共和国职业教育法》（1996）、《企业职工培训规定》（1996）、《关于开展全国"创建学习型组织，争做知识型职工"活动的实施意见》（2004）等。该阶段共搜索到中文文献 2300 多篇，包括硕博论文 170 多篇。该时期年均发文量为 150 多篇，发文态势趋于稳定，文章基数较高，不低于 120 篇。该时期文献发表趋势有三个特征：发文总量较大，约占检索文献总量的 45%，年均发文量较高；2000 年之前呈下降趋势，此后趋于稳定，整体波动幅度较小；优秀硕博论文出现，研究者水

345

平有所提升。

(二)文献作者:作者更新较多,核心作者有所增加

表9.2 1995—2009年企业职工教育研究作者排名(前十)

序号	姓名	发文量	序号	姓名	发文量
1	谢瑗	10	6	李冬实	7
2	李荣生	9	7	王军元	6
3	王伟	9	8	李振明	5
4	张宗辉	8	9	万青	5
5	刘振洪	8	10	李泉	5

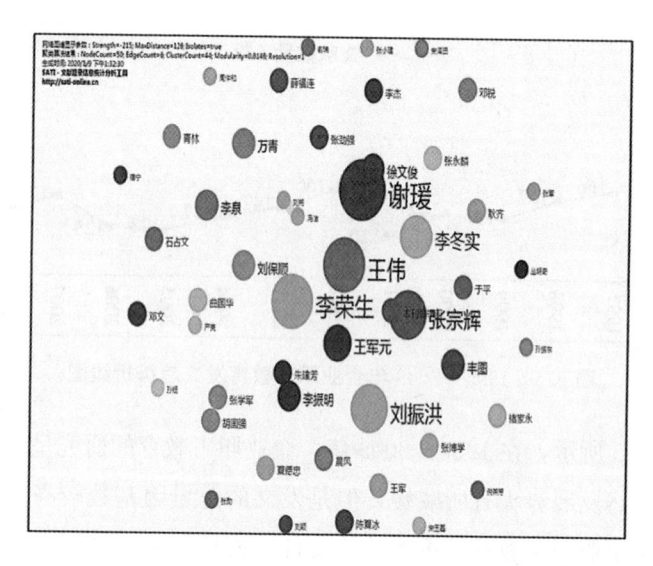

图9.6 1995—2009年企业职工教育文献作者图谱网络

根据SATI数据分析(如表9.2、图9.6所示):其一,研究者发文量普遍不多,大部分作者发文量集中在1—3篇,北京师范大学谢瑗发文量最多(10篇),主要关注点为我国企业职工教育的现状、出路等;其二,新增作者较多,研究者更新幅度较大,谢瑗、李荣生、王伟等人在前一阶段的作者统计中并未出现,仅有周仲和等几人依旧保留,没有形成稳定的研究者群体;其三,研究者多以独作为主,仅有谢瑗与徐文俊、李振明与朱

建芳等少数作者进行两两合作，作者分布零散，没有形成实质性的合作网络。

（三）期刊来源及学科分布：教育学类为主，多种学科为辅

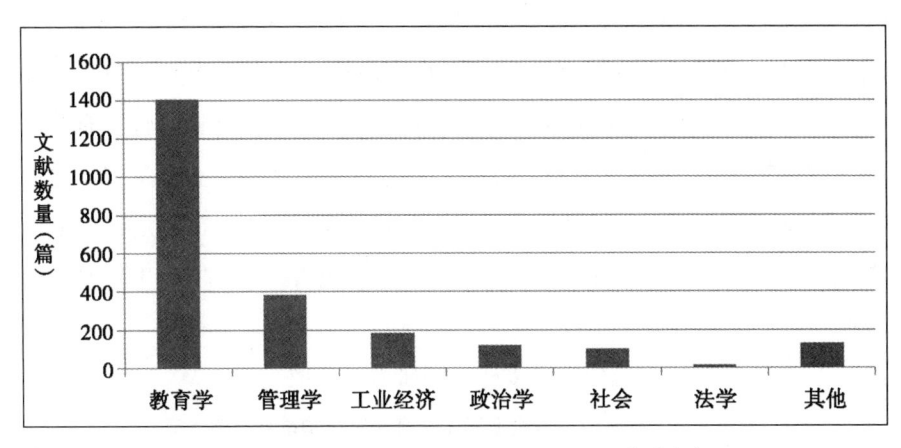

图 9.7　1995—2009 年企业职工教育文献学科分布

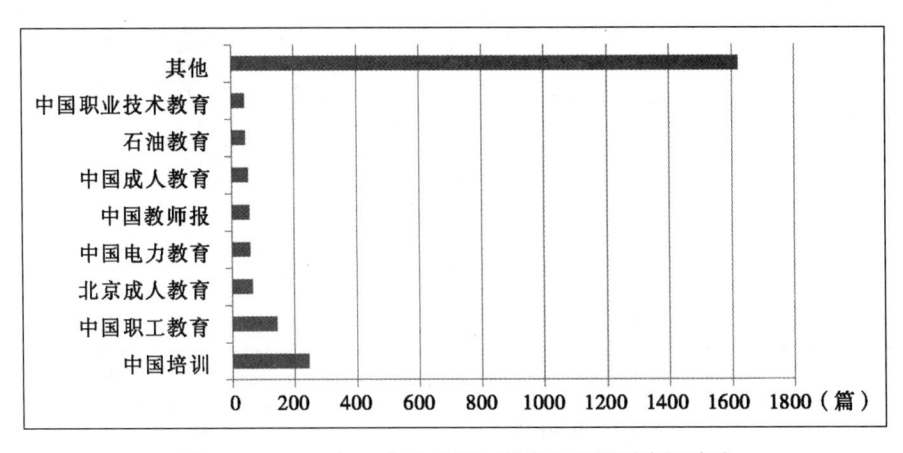

图 9.8　1995—2009 年企业职工教育文献期刊来源统计

经统计可知，该阶段的期刊来源及学科分布整体上与前一阶段的情况相似，依然呈现出教育学为主，多学科类型并存的情况，但部分细节上有所变化。首先，如图 9.7 所示，学科分布集中于教育学（1406 篇）和管理学（384 篇），但本阶段涉及经济学与法学领域，包括工业经济、农业经济等，这与该时期的国家经济政策、市场经济发展有着密切关系。同时，该

阶段国家颁布了诸多法律规章，使职工教育走向法治化轨道，这对企业职工教育的理论研究有所影响，因而有少量法学领域的文献出现。其次，如图9.8所示期刊来源主要聚焦在教育类期刊上，但一半以上文献散见于其他各类期刊，文献分布较为零散的特点没有较大变化。值得关注的是，《中国培训》和《中国职工教育》两种期刊由前一阶段的次要地位上升到主要地位，反映出企业职工教育研究成果的刊发更加具有针对性，有与之对应的发表平台提供重要支撑。此外，特定行业的期刊也有所呈现，比如《中国电力教育》《石油教育》以及《中国冶金教育》，这在一定程度上反映出文献期刊具有专业性、行业性特点，表现出一种"归口管理"的趋势。

（四）研究机构：机构类型多样，科研力量分散

表9.3 1995—2009年企业职工教育研究机构排名（前十五）

序号	研究机构	发文频次/篇	有无合作机构
1	厦门大学	20	无
2	武汉钢铁集团公司	16	无
3	大连理工大学	15	无
4	新疆克拉玛依石油化工厂	13	无
5	天津大学	13	无
6	北京交通大学	9	无
7	中华全国总工会	9	无
8	江苏石油勘探局	9	无
9	华北电力大学	9	无
10	华东师范大学	9	无
11	重庆大学	9	无
12	中国职工教育与职业培训协会	8	无
13	沈阳飞机工业有限公司	8	无

续表

序号	研究机构	发文频次/篇	有无合作机构
14	曲阜师范大学	7	无
15	武钢职工大学	7	无

根据 SATI 软件的机构频次分析可知（如表 9.3 所示），1995 年至 2009 年间，文献量产出排名前十五的机构，有厦门大学、武汉钢铁集团公司、大连理工大学、天津大学等，但没有特别突出的研究机构。研究机构的类型较为多样，没有形成主体研究机构，但总体看来理工类科研机构较多，可以归纳为以下几种类型：一是综合性大学，如厦门大学、天津大学等；二是理工类高校，如大连理工大学、华北电力大学等；三是教育学类机构有所参与，包括华东师范大学、曲阜师范大学、中国职工教育与职业培训协会等。同时，企业机构也比较多，如武汉钢铁集团公司、新疆克拉玛依石油化工厂、江苏石油勘探局等。此外，据 SATI 图谱分析可知（参见表 9.3 最右列），并未出现科研机构之间的合作连线，各院校间缺乏合作研究，都是以单独研究为主。

（五）企业职工教育专著及硕博论文：专著成果涌现，呈现形式多元化

随着国家政策对企业职工教育培训的不断引导以及企业自主培训实践活动的不断推进，国内学者在这 15 年中对企业职工教育的研究呈现出系统性特征，其表现形式为相关专著的不断出版以及硕博论文的刊发。首先，企业职工教育著作的涌现提高了理论研究的水平。通过中国国家图书馆官网、学习通、超星图书馆等平台，以"企业职工教育""企业职工培训""企业岗位培训"为关键词检索到相关专著不低于 400 部，可以大致归纳为理论建构类、教学（自学）材料类以及行业特色类。理论建构类著作有《中国岗位培训制度研究》《职工高等教育学论》《工业企业职工教育管理概论》等，主要从企业职工教育的基本原理、历史进程及特点、功能模式、制度体系等方面进行理论探讨。教学（自学）材料类有《职工素质教育读本》《企业班组长培训教程：实训篇》等，这些著作以教学实操为主，

内容简单易懂，便于职工领会与自学。行业特色类有《煤炭工业职工教育研究与实践》《现代煤矿企业职工教育管理》等，该类著作聚焦于某个行业的职工培训，传授具有专业性的知识，一般以电力、铁路、煤炭等行业为主，具有明显的行业特性。

其次，硕博论文的发表填补了企业职工教育发文类型的空白。在1995年之前，我国与企业职工教育相关的硕博论文为零，硕士和博士研究生对该领域关注度较低。而这一阶段，硕博论文数量有170多篇，虽然数量有限，但是具有重要意义。张宝合于1999年在大连理工大学完成的《吉化人力资源开发战略研究》，是国内最早涉及企业职工教育研究的硕士论文，文中主要以吉化集团为研究对象，以人力资源开发为切入点，对企业职工教育进行了创新性的介绍，涉及人力资源开发的目标、原则以及收益分析等方面。陈邦峰的《企业继续教育创新研究》，是国内较早专门研究企业职工教育的博士论文。该文对企业继续教育的活动、体制、机制、观念等要素进行系统分析和研究，探索国有企业继续教育创新的基本规律。总之，企业职工教育硕博论文的出现，既拓展了研究方向，也丰富了成果的表现形式，使其研究内容愈加丰富。

（六）研究主题：热词数量有所增加，主题分布日渐集中

通过SATI生成关键词图谱，形成了以"企业""企业管理"为核心的词谱网络，结合文献题名（关键词）的二次处理，梳理出以下几个研究主题：特征与模式、制度与体系、现状与反思、职工素质教育以及特定行业企业。一是特征与模式，主要对企业职工教育（培训）的特点、模式进行分析，如《现代企业职工教育的四个特征》《职工培训的"三点鼎立"模式初探》等。二是制度与体系，主要涉及现代企业（教育）制度、经济体制以及培训体系等方面，如《现代企业制度下的企业文化与职工教育》《构筑现代企业教育制度基本框架的探索》《企业职工培训体系的构建与创新》等。三是现状与反思，主要涉及当下企业职工教育存在的问题、对其发展的反思与预测等方面，体现出研究者对企业职工教育的深层思考与探索。四是职工素质教育，包括企业职工的思想政治教育、职工道德伦理教育等，注重企业职工的素质提升，而不是以经济利益的获取为唯一目的。

五是特定行业企业的研究，主要包括电力、铁路、煤炭等行业，以及国有企业、乡镇企业等几种类型，体现出以上企业类型的特殊性。

四、转型发展中的不稳定期（2010—2019年）：以终身职业培训为方向的现代企业职工教育

（一）文献发表趋势：先升后降倒"U"型，2014年为高峰转折点

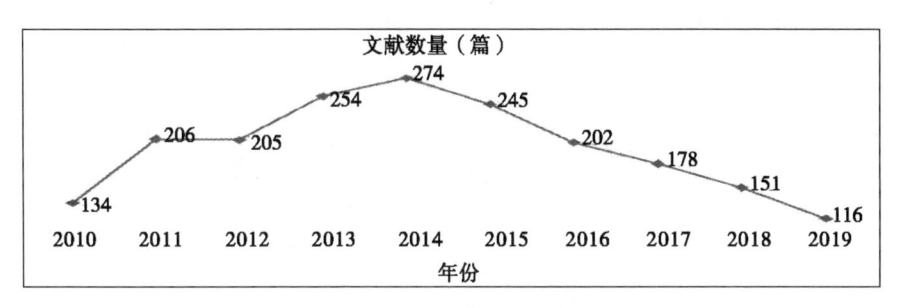

图9.9 2010—2019年企业职工教育发文趋势折线图

2010年到2019年企业职工教育（培训）发文量为1965篇，占总量比例较大，其中包括硕博论文316篇；发文趋势为先增后减，整体呈现倒"U"型，其中2014年达到峰值，如图9.9所示。2010年至2014年上升较为缓慢，2014年至2019年下降趋势明显，幅度较大，这与国家重视职业教育建设，理论研究进入饱和状态有关。总体来看，发文趋势变化明显，理论研究态势不稳定；硕博论文数量较多，为前一阶段的近两倍，博士论文数量明显增加，但仍以硕士论文为主，关注点有企业职工的思想政治教育、员工培训制度与体系、人力资源管理、企业教育与文化等。

（二）文献作者：人均发文量较低，合作关系尚待加强

表9.4 2010—2019年企业职工教育研究作者排名（前十）

序号	姓名	发文量	序号	姓名	发文量
1	孙诚	5	6	刘静	4
2	宋毅	4	7	李艳	4
3	李伟	4	8	朱海波	4
4	王勇	4	9	邹瑞睿	4
5	李文斐	4	10	吴峰	4

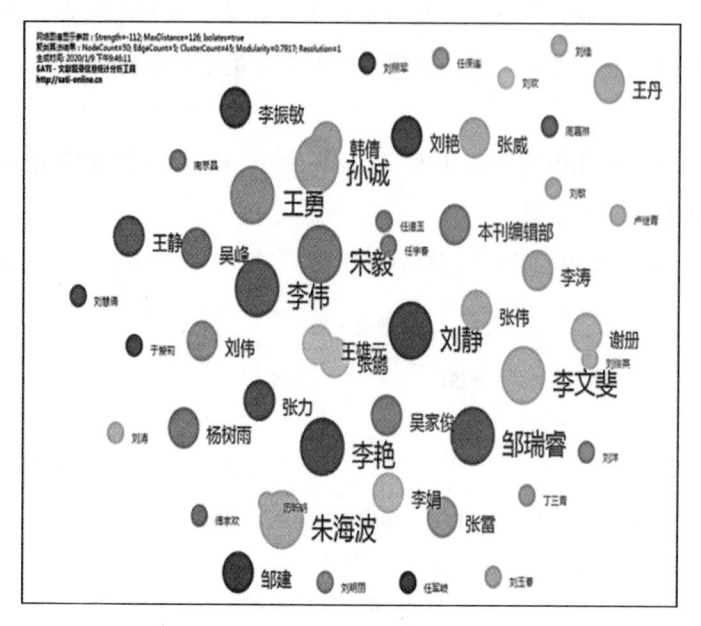

图 9.10　2010—2019 年企业职工教育文献作者图谱网络

运用 SATI 软件统计，图谱中共出现 50 个节点，其中"EdgeCount＝5""ClusterCount＝45"，存在 5 个连接点，模块度值 0.7917，分辨率为 1，作者图谱中的节点越大说明作者出现次数越多，反之亦然，详见图 9.10。从表 9.4 中可知单个作者的发文量较少，中国教育科学研究院孙诚发文最多（5 篇），其他作者均不高于 4 篇。从文献作者群来看，该阶段我国企业职工教育研究整体上依旧处于一种分散的状态，具体而言，单个节点的作者居多，作者间的连线偏少且不明显，说明研究者单打独斗，缺乏相应的合作交流，并且没有形成稳定持久的研究作者及其共同体，仅有朱海波、谢册、孙诚、王雄元等人有较为固定的合作者。表 9.4 作者中，孙诚主要关注企业职工教育培训的现状，宋毅注重员工培训体系建设，王勇主要研究职工的思想政治教育，朱海波关注职工素质发展，吴峰聚焦于企业大学研究等，其研究侧重点各有不同。

（三）学科分布：学科布局变化明显，文献分布较为集中

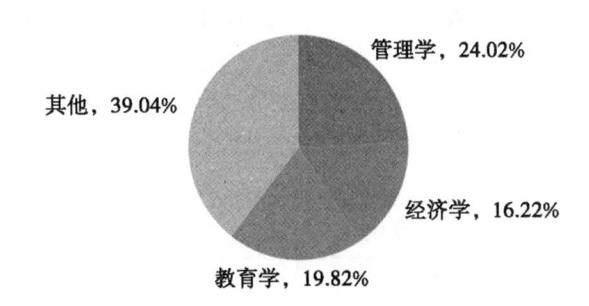

图 9.11 2010—2019 年企业职工教育文献的学科分布

通过对文献学科分布来源进行统计可知（如图 9.11 所示），2010 年至 2019 年的学科分布整体上变化明显，与前三个阶段的分布态势相比差异较大，打破了教育学科为主的情况，形成了管理学、教育学、经济学分布均衡的研究状态。管理学包括工商管理、公共管理等，发文量不低于 800 篇；教育学科文献数量不低于 600 篇；经济学包括工业经济、劳动经济、农业经济等，文献数量不低于 500 篇。文献的学科分布较为集中，形成了以管理学科为主，教育学、经济学科为辅，多学科涉及的分布状态。这与研究者研究视角的变化以及其他学科研究者的参与有关，该时期教育研究者突破教育学研究视域，不仅仅关注企业职工教育在教育学中的重要作用，还通过人力资源管理、工商管理、经济学等学科视角来探讨企业职工教育，如从人力资源角度探析企业职工教育的人力开发功能，从经济学角度分析企业的经济效益，从管理学视角阐述企业职工教育的组织、管理、评估等。

（四）研究机构：高等院校有所参与，空间区域分布较广

表 9.5 2010—2019 年企业职工教育研究机构排名（前十五）

序号	研究机构	发文频次/篇	有无合作机构
1	吉林大学	17	无
2	东北石油大学	10	无
3	西南交通大学	9	无

续表

序号	研究机构	发文频次/篇	有无合作机构
4	广州广播电视大学	9	无
5	天津大学	9	无
6	华东师范大学	8	无
7	北京总工会管理干部学院	8	无
8	川庆钻探工程公司	7	无
9	中国教育科学研究院	7	有，北师大教育学部
10	山东大学	7	无
11	中国海洋大学	7	无
12	哈尔滨工业大学	6	无
13	北京大学	6	无
14	中北大学	6	无
15	广西大学	6	无

企业职工教育（培训）研究机构是其相关理论构建和知识创新的重要学术组织，通过对研究机构的分析，可清晰展现我国企业职工教育研究机构的发文情况、合作情况及空间分布。[①] 在知网中以"Endnote"格式导出1965篇文章的参考文献，再以压缩题录形式导入SATI分析工具中，获取研究机构的发文频次和图谱网络（如表9.5所示）。一是从研究机构的类型上看，该时期的研究机构主要以高等院校为主，科研院所、公司企业为辅，突破了前期的零散状态，其中吉林大学发文量最高，为17篇，其次为东北石油大学（10篇）。二是从发文量上看，除了吉林大学和东北石油大学数量不低于10篇，其他均不高于9篇，平均发文量较低。三是区域分布不限于东南沿海地区，还涉及东北、西南等地，但是没有特别突出的省份。四是从合作关系看，该阶段相关的研究机构依然以单独研究为主，区

[①] 于莎，乐传永.我国成人高等教育研究的回顾与展望——基于1992—2017年中文核心期刊可视化分析［J］.教育学术月刊，2019（2）.

域之间、机构之间的沟通交流不足，不利于相关研究的开展。但值得注意的是，中国教育科学研究院与北师大教育学部、中国煤炭工业协会人事培训部与中国传媒大学高教所等几个机构存在合作关系，然而并未形成较为紧密的合作网络。

（五）研究主题：焦点变化较为明显，凸显阶段性特征

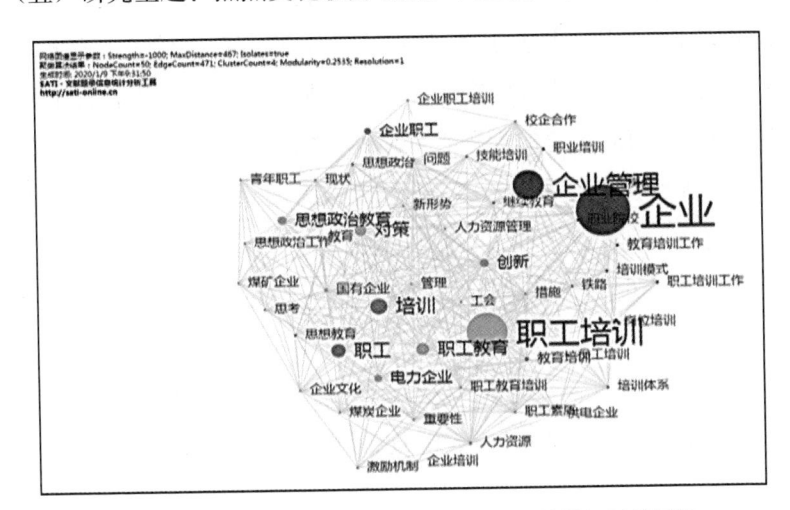

图 9.12　2010—2019 年企业职工教育文献关键词图谱网络

该阶段的词谱网络以"企业管理""职工培训"等词为重点，各关键词之间的联系愈加紧密（如图 9.12 所示）。通过分析发现，"体制机制""问题对策""思想政治教育"等依然是企业职工教育研究关注的重要主题。然而，经济全球化背景下，职工教育顺应了时代发展需求，关注职工学习能力与创新能力的提升、提高整体职工队伍的培训质量。随着新技术革命的浪潮袭来，新常态、供给侧改革的逐步推进，高级技术人才供给严重不足，广大劳动者迫切需要提升自身技术技能水平和就业再就业能力。[①]因此，该时期更加关注"学习型企业""职工素质""管理创新"等主题。一是学习型企业。进入 21 世纪，学习型社会、学习型组织、终身教育等观念开始流行，党和国家高度重视学习型组织建设在推动企业发展中的关键

---

① 潘姿曲，祁占勇. 改革开放四十年我国职业培训政策的变迁逻辑与未来走向[J]. 职教论坛，2018（11）.

作用，陆续出台政策提升职工素质。① 在相关政策的引领下，"学习型企业"的研究也相继出现，如《加大职工教育培训力度，争创现代化学习型企业》《优化企业学习环境，促进职工终身学习和全面发展》《HW公司学习型组织建设问题研究》等。二是企业职工素质教育。其主要涉及企业职工的思想道德素质、科学文化素质、技术技能素质、文化素质、民主法治素质、健康安全素质、社会主义文明素质等，培养与造就一支宏大的高素质的职工队伍。② 相关的研究成果有《对广西创建职工素质教育工程若干问题的思考》《面向企业的远程教育模式探索——广州电大开展企业职工素质教育的实践探索》等。三是企业职工教育的管理创新，主要聚焦在企业职工教育的培训与管理模式、体制机制等方面，如《新形势下职工教育培训的创新与管理》《煤矿企业人本管理模式下的职工培训教育创新研究》。

第二节 企业职工教育研究的主题分析

通过对中国知网、超星学习通、国家图书馆（官网）、优秀硕博论文库等平台进行文献检索，使用SATI、CiteSpace和Excel等研究工具，结合内容分析法，对我国企业职工教育研究的关键词等进行词谱共现和聚类分析发现，新中国成立70年以来，我国企业职工教育的研究主题主要聚焦在：内涵探讨、功能模式、内容、培训体系以及培训形式等几个方面。

一、内涵探讨：企业职工教育研究之"源"

1978年的十一届三中全会作出了把工作重心转移到社会主义经济建设上来的决策，继而进入了改革开放时代，国民经济开始整顿，因人才需求缺口很大，国家相继召开全国职工教育大会，下发《关于进一步搞好技

---

① 谷晓洁，祁占勇. 新中国成立70年来我国职工教育政策的历史演进 [J]. 中国职业技术教育，2019（19）.
② 孙立，赵文祥. 大力推进职工文化建设 [J]. 当代工人（C版），2012（1）.

工人培训的通知》《关于加强职工教育的决定》等政策文件，使我国的企业职工教育进入了快速恢复时期，迎来了改革开放后的第一个高潮。在这样的背景下，我国的企业职工教育（培训）研究备受欢迎。其中，内涵探讨是其研究的起点，所涉及的学者有关虹、王廷弼、于金翠、洪列平、周宗发等人；成果有《职工培训的原则和特点》《常州市企业职工教育现状分析》《终身教育视野下行业企业职工教育培训工程的构建》等。总的来看，其内涵探讨的成果可以归为概念、特征、原则与类型等方面。

（一）企业职工教育的概念认识

概念是人们科学认识事物的基本思维形式之一，能够揭示与反映客观事物的一般的、本质的特征，同时也是学术研究的基点。因此，对企业职工教育（培训）概念的探讨极为必要。我国学者在多年的学术研究中从不同角度对企业职工教育进行阐释，提出了诸多观点。有学者基于企业职工教育（培训）的作用认为，企业职工教育是指在企业范围内对个体职工进行的一种素质教育和终身教育，既符合普通教育的普遍规律，又是企业大循环的有机组成部分，是企业全体成员的终身教育。[1] 有学者基于人力资本投资角度提出，（企业职工教育）培训是企业为了提高劳动生产率和员工对职业的满足程度，以组织、计划和实施的形式对企业各类人员进行的一种教育投资活动，是为企业生产经营活动服务的过程。[2] 也有学者从教育目的角度加以阐述，认为企业职工教育（培训）是一个企业为了提高和改进本企业所属职工的理念、知识、技能等，从而使其按照企业的要求和发展目标，完成和改进本职工作并不断向前发展的过程[3]；是为了更新补充（职工）知识，改善知识结构，提高创新能力，以适应科技发展和本职工作的需要进行的教育[4]；是改进员工的知识、技能、工作态度和行为，使其发挥更大的岗位潜能，以提高工作绩效，最终实现企业与职工共同发

---

[1] 诸力萍. 现代企业职工教育模式初探［J］. 职大学报，2004（1）.
[2] 王瑛. YGLB公司员工培训体系初探［D］. 上海：上海海事大学，2006.
[3] 于金翠. 我国企业职工培训的现状与发展趋势研究［J］. 职教论坛，2007（3）.
[4] 姚明峰. 我国企业职工的继续教育［J］. 继续教育研究，2010（10）.

展的活动①。此外，有学者从其构成及实现形式的角度认为，企业职工教育培训由职前教育、职中教育、职后教育构成一个互相交织的网络系统，并通过现代远程教育，利用计算机技术、多媒体技术等形式融于一体，为企业员工提供广泛的教育培训服务。②还有学者从其功能分类角度指出，企业职工教育（培训）是指对城镇第二产业和第三产业从业人员进行的教育培训，包括应知应会教育、企业文化教育、岗位适应性培训、技术提升培训、职业生涯设计培训等。③总体来看，国内学者对企业职工教育（培训）概念的阐释异中有同，"异"在于概念的解释与角度较为多样，丰富了人们对企业职工教育（培训）的认识；"同"在于认识到企业职工教育（培训）的主体为企业，教育对象为职工，教育目标在于职工能力与企业实力的提高。但需要指出的是，目前尚未有专门的著作或论文对企业职工教育的概念进行系统剖析，而是多散见于相关主题著作或论文之中。

（二）企业职工教育的特征分析

企业职工教育（培训）的特点是由企业的特殊性质决定的，企业的职工教育培训在性质上属于成人教育、继续教育或终身教育范畴④，研究其特点是认识该教育活动的重要途径，也是其基本理论研究的重要部分。有学者从宏观角度概括了企业职工教育（培训）的特征，认为企业的（职工）培训是经常性的、先进性的以及多层次性的，具有针对性、实效性、职业性、前瞻性和复合性等特性。⑤从微观上看，关虹在《职工培训的原则与特点》一文中指出职工培训具有形式的灵活性和多样性、时间的长期性与速成性、对象的复杂性以及内容的针对性、实用性和应用性等特点⑥；唐宁玉等人认为职工培训有形式多样化、受训组织学习化、培训手段现代

---

① 蒋吉成. 探讨企业职工培训 [J]. 企业导报，2009 (10).
② 毕鉴忠. 常州市企业职工教育现状分析 [J]. 职教通讯，2006 (11).
③ 王廷弼. 终身教育视野下行业企业职工教育培训工程的构建 [J]. 职教通讯，2010 (3).
④ 关虹. 职工培训的原则和特点 [J]. 中国电力企业管理，2003 (7).
⑤ 杨颖. 知识经济时代的企业人力资源开发重在教育培训 [J]. 北京大学学报（哲学社会科学版），2001 (S1).
⑥ 关虹. 职工培训的原则和特点 [J]. 中国电力企业管理，2003 (7).

化、培训内容广泛化以及培训时效适时化等特点[1]；毕鉴忠也认为职工教育具有形式上灵活多样、教育内容上追求实用、教育体制上日趋多元、教育结构上具有交叉性、网络性等特点[2]。此外，时间安排灵活、培训对象广泛、理论贴近实际等也是它的主要特性。[3] 从以上各位研究者的分析中可以看出，国内学者对企业职工教育特征的分析比较全面，从宏观上进行整体性认识，或从微观上进行具体分析，其涉及企业职工教育的内容、形式、结构、对象以及时间安排等多个方面。总体上看，研究者们对其特征的认识较为一致，多数研究者关注到其教育目的具有针对性、教育内容具有实用性、教育对象具有广泛性、教育形式具有灵活性、时间安排具有实时性等特征。

（三）企业职工教育原则与类型研究

首先是企业职工教育原则研究。较为典型的观点有：认为企业职工教育的实施应该遵循八个原则，即战略性原则，理论联系实际原则，学用一致原则，因人施教原则，专业培训与思想政治教育相兼顾原则，全员培训和重点提高相结合原则，自我管理及主动参与原则，面向现代化、面向世界、面向未来原则[4]；应关注因材施教原则、理论与实际相结合原则、学以致用原则、讲求实效原则，应遵循系统性、激励性、全员性、全方位性和全程性等原则[5]。其中，关虹提出的"八个原则"比较全面地概括了企业职工教育实践的原则要求，为之后的研究提供了相应的逻辑借鉴。

其次是企业职工教育的类型研究。有学者在对电力企业职工教育研究的基础上认为，职工教育类型可分为经营管理类、专业管理类、技术管理类、生产技能类等，按其最终的结果看，可以归纳为能力提升类培训、职

---

[1] 唐宁玉，刘帮成. 知识经济时代企业培训的最新发展趋势 [J]. 商业研究，2003（13）.

[2] 毕鉴忠. 常州市企业职工教育现状分析 [J]. 职教通讯，2006（11）.

[3] 洪列平. 宁波市企业职工培训现状分析 [J]. 浙江工商职业技术学院学报，2009（4）.

[4] 关虹. 职工培训的原则和特点 [J]. 中国电力企业管理，2003（7）.

[5] 王瑛. YGLB公司员工培训体系初探 [D]. 上海：上海海事大学，2006.

工取证类培训以及企业政策宣传类培训三种类型[①]；根据能力胜任模型理论可以将培训类型划分为知识类、管理能力类、专业能力类、通用能力类、新员工培训类五种基本类型[②]。此外，也有学者根据不同的划分标准进行了多元化分类：按照培训对象、培训内容以及上岗时间，依次分为操作人员培训、技术技能培训、岗前培训等多层次多类型[③]；从教育形式、教育载体、教育资源、教育功能等角度，分为岗位培训、大学后继续教育、职业技能培训、函授教育、远程教育和国际合作等多位次的企业职工教育类型[④]。总的来看，国内学者对企业职工教育类型的划分标准各异，所划分的类型多样繁杂，这既表明企业职工教育的丰富性，也凸显出学者对其研究的必要性。

二、功能作用：企业职工教育研究之"力"

国内研究者对企业职工教育的功能研究主要从教育学、管理学和经济学三重视角进行阐述，涉及职工个体、企业以及社会三个层面。

第一，基于教育学视角，将企业职工教育置于终身教育背景下，探讨对职工综合素质的培育、学习型企业建设的重要性。王廷弼在《终身教育视野下行业企业职工教育培训工程的构建》一文中指出，从宏观上看，构建终身教育体系是一项庞大、复杂的系统工程。其中，行业企业职工教育培训占据重要的地位，是继续教育（成人教育）的重要组成部分；从受教育人群的数量、教育培训内容和形式的多样化看，它都是继续教育（成人

[①] 徐婷，刘炜，刘伟. 电力企业职工教育培训工作的探讨［J］. 中国电力教育，2012（36）.

[②] 吴峰. 职业院校开展企业培训的绩效分析与改进路径［J］. 教育研究，2016（1）.

[③] 李振明. 中小企业职工教育培训管理模式研究［D］. 杭州：浙江工业大学，2007.

[④] 王廷弼. 终身教育视野下行业企业职工教育培训工程的构建［J］. 职教通讯，2010（3）.

教育）的重头戏。① 从微观上看，企业职工培训是企业培养实用人才的主要阵地，是优化职工队伍的基本手段，是提高劳动者素质的有效途径②，能够促进员工在知识、技能、道德等方面的综合发展；有利于企业形成良好的学习氛围，构建具有竞争力的企业文化，推进学习型企业的建设。

第二，从管理学视角探讨企业职工教育培训在企业人力资源开发中的重要功能。加强职工教育，依靠职工教育开发企业人力资源，能为增强企业竞争力服务，是企业"转机建制"的重要组成部分③；抓好企业职工培训，提高员工素质，是打造核心竞争力的途径，在日益激烈的现代市场竞争中显得尤为重要和紧迫④；人力资源是企业的第一资源，现代企业必须注意发挥"人"的作用，而教育培训是开发和发展人力资源的最基本的途径和手段⑤。

第三，从经济学视角主要探讨企业职工教育在降低企业成本、增加企业效益、增强企业市场竞争力等方面所发挥的功能。企业职工教育既是企业经济转型、增强市场竞争力的迫切需要，也是注重促进社会进步、实现经济转型的需要。⑥ 培训不仅可以帮助企业充分利用其人力资源潜能，激活人的能动性，更有利于降低成本，提高对公司战略决策的理解与支持，提高工作效率和经济效益，从而增强企业的市场竞争力⑦；有利于增强企业核心竞争力，提高科学技术对企业发展的贡献率，转变经济发展方式，

---

① 王廷弼. 终身教育视野下行业企业职工教育培训工程的构建 [J]. 职教通讯，2010（3）.
② 于金翠. 我国企业职工培训的现状与发展趋势研究 [J]. 职教论坛，2007（3）.
③ 陈德如，李贵昆."九五"企业职工教育规划刍议 [J]. 航海教育研究，1996（3）.
④ 王玲玲. 基于TQM理论的企业职工培训体系设计研究 [D]. 南昌：江西师范大学，2007.
⑤ 韦瑞科. 新形势下加强企业职工教育培训的重要性 [J]. 广西电业，2010（9）.
⑥ 刘慧. 2006—2015年我国职工教育研究现状分析 [J]. 教育与职业，2016（16）.
⑦ 王瑛. YGLB公司员工培训体系初探 [D]. 上海：上海海事大学，2006.

把我国从制造业大国变为制造业强国，从"中国制造"发展为"中国创造"①。总而言之，企业职工教育重要性的最终落脚点在于职工综合素质的提升和企业效益的增加、核心竞争力的增强以及市场竞争力的提高，既能够发挥教育的个体功能，提升职工的综合素质，又能够通过企业等载体发挥社会功能，促进企业、社会的发展。

三、教育模式：企业职工教育研究之"网"

企业职工教育的模式是实现企业职工教育功能的最基本的结构方式，是企业职工教育培训理念与特色的集中体现。研究者对国内外的职工教育模式进行了研究，前期对国外职工教育模式的介绍较多，后期以本土的职工教育模式探索为重点。就国外企业职工教育培训模式而言，主要有"学分银行计划""企业形象"培训模式以及"理想－实际＝差距"培训模式等。"学分银行计划"是以企业生产一线职工为培养对象，以构建终身教育体系为目标而设计的新型人才培养模式；"企业形象"培训模式是由日本松下公司提出的，其目的在于宣传公司形象，增强员工归属感；"理想－实际＝差距"培训模式是由摩托罗拉公司提出的，设定职工培训的理想状态，分析实际状态，寻找差距，进行重点培训。② 就国内企业职工教育培训模式而言，研究者们基于不同的企业，从不同的层面与角度提出了许多具有实践性的企业职工教育模式。YGLB公司建构了"员工自我培训＋公司培训"模式；"产学研"合作模式能运用各方资源、优势互补，真正做到以产助学、研，以学、研兴产的共同发展的良性循环。此外，基于国有企业研究构建的"四三式"职工教育模式、基于宝钢公司建构的"NET-5M"通用培训培养模式都是具有本土特色的企业职工教育培训模式。

---

① 王廷弼，孙希明. 论行业协会在学习型组织创建中的作用［J］. 煤炭高等教育，2008（6）.

② 席川. 当前企业职工教育的培训模式及发展策略探讨［J］. 科技与创新，2014（14）.

四、培训内容：企业职工教育研究之"魂"

企业职工教育的内容是实施企业职工教育的"灵魂"，对职工教育效果的提升具有重要作用，是企业职工教育的关键点。我国各类企业的教育培训内容结构、选择标准等各不相同，其教育培训的侧重点不仅在于技能的提高，还在于岗位知识的掌握，思想政治的引导，企业文化的理解以及道德素质的提升等，主要可以归纳为思想道德教育、知识技能培训、安全教育三类。

一是思想道德教育。它是一定的社会组织或社会群体，通过对其成员运用思想观念、道德规范和政治观点等手段，开展有计划、有组织、有目的的社会实践活动，以使其成员的行为符合特定的思想道德要求。[①] 它在起始阶段并未受到企业的过多关注，随着知识经济的到来以及职工素质教育工程的实施，企业职工思想道德教育也随之备受重视，强调培养员工良好的道德品质，使职工树立正确的"三观"，凸显企业文化，增强企业的"软实力"。国有企业对思想政治教育格外重视，其关注点包括企业职工思想道德教育的内涵、功能、教育方法、存在问题以及解决策略等方面。

二是企业职工的知识技能培训。各类型企业根据企业性质进行择优设置，主要包括岗位专业性技能知识、企业文化知识、基本管理知识以及科技文化知识等。其中，电力企业、铁路企业、煤炭企业等专业性较强的行业企业比较重视基本的专业性技能知识培训，它是巩固企业发展的核心能力，是提高企业业绩的关键路径，培训重点是专业技术人员的新概念、新思维、技术创新等能力。[②]

三是企业职工的安全教育。安全教育是企业"以人为本"理念的重要体现，同时强化职工的安全教育是企业生产活动中保证安全生产的关键因素之一。对职工进行必要的安全教育培训，可提高员工的安全素质、增强员工操作技能、规范员工的安全行为，从而杜绝或减少在生产活动中的各

---

① 韩元君.和谐社会构建中的国有企业青年职工思想政治教育［D］.太原：中北大学，2012.

② 赵宏明.国有企业职工培训的研究［D］.天津：天津工业大学，2004.

类不安全状态。① 研究的范围涉及安全教育的困境、重要性以及实施路径等方面。其中，煤炭企业、矿业企业、铁路企业、电力企业等高风险企业对其尤为重视，研究成果也相应较为集中。

五、培训体系：企业职工教育研究之"骨"

企业职工培训体系研究主要涉及职工培训体系的流程设计、内容结构和存在问题三方面。首先，从培训体系构建的流程来看，主要是按照"培训需求分析、培训计划拟定、培训过程实施、培训效果评估"四个步骤设计企业的职工教育培训体系，张波在《我国企业员工培训体系的研究》一文中深入剖析了每个步骤中的构成要素。② 基于TQM理论（全面质量管理理论），王玲玲提出，职工教育培训体系的构建流程有"培训需求分析、制订培训计划、计划审批、实施培训计划、分析评估培训效果、工作现场跟踪检验"，根据PDCA循环法设计出"培训计划—实施计划—检查效果—评估归档"的职工培训框架。③ 从以上分析可知，关于职工教育培训体系的流程多以"培训需求分析、培训计划拟定、培训过程实施、培训效果评估"为主，在该流程设计基础上增减环节或创新流程框架。其次，职工教育培训体系的内容结构是体系研究的一个重要部分。有学者认为，培训体系包括培训需求与培训计划管理、课程体系建立、教材开发管理、培训形式选择等内容④；包括培训机构设立、培训内容选择、培训方式更新、培训管理方式优化⑤；包括组织体系、保障体系、工作体系以及评估体系等四个部分⑥。除了培训内容外，企业职工培训体系的现状及困境得到了

---

① 刘静. 如何加强企业职工安全教育培训［J］. 企业改革与管理，2014（10）.
② 张波. 我国企业员工培训体系的研究［D］. 天津：天津大学，2005.
③ 王玲玲. 基于TQM理论的企业职工培训体系设计研究［D］. 南昌：江西师范大学，2007.
④ 陈锐. 世界500强资深培训经理人教你做培训管理［M］. 北京：企业管理出版社，2016：29.
⑤ 于金翠. 我国企业职工培训的现状与发展趋势研究［J］. 职教论坛，2007（3）.
⑥ 苏芸. WL公司培训体系构建研究［D］. 泉州：华侨大学，2018.

关注，很多研究者以个案研究方法对某个企业的职工培训体系进行深入剖析。如从系统论的视角，以铁路企业为案例，系统分析了铁路职工培训资源体系现状及问题[①]；从精细化管理视域指出，当前的职工培训体系呈现"近视镜""灭火器""虎头蛇尾"等扭曲的现象，造成培训效果不佳等问题[②]。

六、培训形式：企业职工教育研究之"脉"

企业职工教育的培训形式是提升企业教育培训效果、实现企业职工教育目标的"桥梁"。国内研究者对企业职工培训形式有所论及，随着互联网技术进入职工教育领域，信息化要求职工教育工作者必须面向信息社会的需要，采用先进的信息技术设备和手段，开办企业数字化大学，开展E-Learning培训等。[③] 总的来看，企业培训形式可以分为企业内部培训、企业外部培训以及职工自主学习等三种形式。

一是企业内部培训。它是实施职工教育的内部力量，企业利用自有的教育资源对员工所需知识和技能进行培训，内容以理论知识、操作技能、管理能力、服务意识为主，类型有岗位适应性培训、技能提升培训和职业资格培训等[④]，主要包括以师带徒的"一对一"培训、企业培训中心培训、车间班组培训、工会组织培训（如"职工书屋"）以及自办企业大学（商学院）培训。此外，随着互联网技术的发展，远程网络培训技术备受推崇，逐渐成为企业内部培训的重要途径，它可以在短时间内培养出企业急

---

① 李静. 铁路职工培训资源体系及其整合机制的研究 [D]. 北京：北京交通大学，2009.
② 韦凡，张力. 精细化管理视阈下的企业职工培训体系建构研究 [J]. 现代企业教育，2014（3）.
③ 庞利. 建国以来我国职工教育的回顾与前瞻 [J]. 广州广播电视大学学报，2013（1）.
④ 洪列平. 宁波市企业职工培训现状分析 [J]. 浙江工商职业技术学院学报，2009（4）.

需的各类专业人才,对全面提升职工整体素质大有益处。[①]

二是企业外部培训。职工教育早期利用职工大学、业余学校、函授学校进行职工培训,后期利用高等院校(高职)的教育资源进行职工教育,为加强企业职工继续教育提供有力支撑。[②] 同时市场教育机构培训也是企业外部培训的重要途径,企业在实施职工教育过程中为了降低成本,会将高成本的职工培训项目外包给市场教育机构,利用专业资源提升培训效果。

三是职工自主学习。职工自主学习是推动企业职工教育发展的重要动力,能够实质上提高职工的综合素养,通常包括职工个人的自主学习和职工团体的合作学习,其中职工合作学习一般以企业内的非正式群体进行,如组建学习型组织等,能够有效激发职工的学习积极性,同时能够降低企业的教育培训成本。

第三节　企业职工教育研究存在的问题及未来展望

我国企业职工教育的理论研究自1949年以来取得了较大进展,学术成果颇丰,具备专门的期刊,组建了相应的交流机构,推动了企业职工教育实践活动的开展,为国家的人才培养等作出了应有贡献。但是,从理论研究层面看,相关研究还存在着诸多问题,在将来的研究中尚待改进。

一、存在问题

(一)研究内容深度不够,成果质量有待提升

科研成果的质量是衡量科研水平的重要指标,科研工作者应该以创造高质量的科研成果为己任。然而,阅读相关文献发现,与企业职工教育相

[①] 朱秋华. 发挥远程教育优势　促进企业培训工作上台阶[J]. 牡丹江教育学院学报,2006(5).

[②] 教育部. 关于推进职业院校服务经济转型升级面向行业企业开展职工继续教育的意见[EB/OL]. [2015-09-10]. http://www.moe.gov.cn/srcsite/A07/moe_726/201507/t20150714_193829.html.

关的研究成果质量整体不高，提升空间很大。首先，文章篇幅较短，大部分文章为1至2页，仅是泛泛而谈企业职工教育现状，且重复性很高，没有进行较为深入的阐释。其次，发文期刊的水平较低，大部分期刊为普刊，难以筛选高质量文章；多数文章集中于2000年以前，整体的理论水平有限，并停留在经验总结层次。再次，相关研究成果大多数就某一企业或模式等进行相应解释，并未归纳总结企业职工教育的理论成果，这使整个研究呈现出散碎状态。此外，企业职工教育研究的内容多集中在政策探讨、体制建构、重要性分析等层面，很少有文章聚焦于企业职工教育的课程、教学、师资、评价等微观层面，研究内容的深度和广度不足。

（二）研究主体机构分散，高校参与度不高

研究主体机构通常是指发文作者所在的责任单位，是科研成果的知识产权拥有方。在统计中发现，与企业职工教育相关的研究成果的主体机构分布较为零散，包括企业、公司、职工学校、事业单位等。以上机构的作者多为企业职工，自身理论水平不高，并且注重利益导向，很难在机构之间、研究者之间达成合作，不利于形成科研合力。从研究结果来看，仅有天津大学、厦门大学等几所高校有所涉及，这反映出高校的参与力度不大，高等院校对职工教育的研究相当薄弱。[1] 在梳理文献作者时发现，其研究者多为企业、公司培训部门的管理人员或者培训师，以企业为单位的研究机构较多，而高等院校（高职院校）、成人学校等机构参与力度很小，因而使理论研究的实力大为削减，严重制肘了相关理论研究的开展。事实上，高校无论是从科研实力还是从科研资源来看，都具有其他机构不可比拟的优势，因而该机构的缺席会削弱该领域的科研力量。总之，科研主体机构分布零散，营利性机构为主，高校参与程度较低，不利于提高理论研究的整体水平。

（三）多数研究者单打独斗，科研合作意识薄弱

如前文所述，作者合作图谱松散，尚未形成较为紧密的科研合作关

---

[1] 刘慧. 2006—2015年我国职工教育研究现状分析[J]. 教育与职业，2016（16）.

系。通过对知网中论文作者构成形式的统计可知，独作论文发文量占发文总量的80%以上，企业职工教育研究者多数倾向于"孤军作战"，合作研究成果缺乏，反映出该领域的研究者缺乏一定的科研合作意识。此外，发文作者中一线教育培训工作者较多，如企业培训中心培训师、人力资源部职工等，而专门的理论研究者不多，这也表明理论研究者与实践工作者的关系松散，不利于企业职工教育的理论研究与教育实践结合，难以实现企业职工教育研究的实践性与理论性统一。

（四）基金支持力度较小，科研资金投入有限

课题立项与科研资金的投入是推动理论发展的重要条件，同时也反映出国家政府的支持力度。统计分析企业职工教育的研究成果发现，相关的课题基金很少，所支持的文献约60篇，占发文总量约1%，其中，支持最多的基金项目是"全国教育科学规划课题"（10篇）。此外，基金支持的文献在时间上偏于理论研究早期，后期的研究中相关课题立项不多，科研资金的投入逐渐减少，这也反映出国家支持重心的转移，以及相关科研工作者的热情降低。总而言之，企业职工教育研究的课题立项不多，科研资金投入有限，这在一定程度上阻碍了理论研究的开展。

二、未来展望

（一）研究主题：厘清概念内涵，关注微观层面研究

厘清概念是学术研究的基点，然而企业职工教育的概念及其称谓却各有不同，没有形成较为一致的概念认识。在研究中发现，企业职工教育的内涵阐释及概念解读的文献较少，并且称谓不一。因此，在今后的研究中，要对"企业职工教育""企业职工培训""企业职工继续教育"等概念进行区分，在此基础上提高概念的共识度。此外，目前国内研究比较注重政策剖析、体制机制等宏观或中观层面的研究，而较少涉及微观层面的探索。其中，企业职工教育的课程设计、教材教法、师资队伍等方面的研究较为缺乏，仅有《基于成人学习特质下的企业培训课程开发探析》《铁路企业职工教育培训师资和教材的研究》《企业培训师资的遴选方法》等为数不多的文章从成人教育与学习的角度进行了相应阐述，这不利于企业职

工教育研究的协调发展。今后，研究者们应该注重课程、教学、师资建设等微观层面的研究，增强企业职业教育的"内功"，逐步提升企业职工教育的效果。

（二）研究趋向：提升成果质量，注重内容多元化

研究成果的质量是学术研究者的立身之本，保证与提升研究成果质量应是研究者从事学术探索的使命。然而，就企业职工教育研究成果的质量而言，整体上看良莠不齐，有价值、高水平的成果较少，指导性强的理论性文章不多，可供参考的实践性研究成果也很缺乏。很多研究成果仍处于模仿重复的低水平状态，内容质量有待提升。在今后的研究中，研究者应该把好"质量关"，增强研究的使命感，以成果质量为核心，发表有见地、水平高的文章；同时注重研究方向的多元化，在实践与问题的双重导向下，不断挖掘社会关注度高、企业需求大的研究课题，深化研究内容，提高研究创新水平，升华理论研究成果。总而言之，我国企业职工教育研究有较大进步，处于由量的增长向质的提升的新阶段，但我国企业职工教育研究的原创能力空间较大，亟须克服诸多不足，在理论深度、研究广度以及创新程度上下功夫。

（三）研究方法：思辨与实证并重，寻求方法多样化

研究方法是指在研究中发现新现象、新事物，或提出新理论、新观点，揭示事物内在规律的工具和手段。[①] 通过文献梳理发现，国内学者对企业职工教育的研究往往以思辨为主，主要方法有比较分析法、案例分析法，研究方法较为单一，仅是进行较为浅显的现状分析和提出对策建议，不能够通过多元的研究方法有效挖掘及反思深层次的问题，这是今后研究需要关注的一面。随着研究范围、研究对象的扩大，简单的经验总结、推广已然不能满足成人教育研究深入发展的需要，加上关于加强教育实证研究，促进研究范式转型、促进高水平的教育研究呼声日益高涨，实证研究

---

① 刘慧. 2006—2015年我国职工教育研究现状分析[J]. 教育与职业，2016 (16).

方法得到学界的普遍关注与认可。[①] 因此，在理论研究中实施科学的实证研究，与理论思辨研究达成平衡，能够确保研究成果与结论的客观性、可靠性、真实性以及针对性。此外，利用混合方法对某一问题或现象进行研究具有必要性，将成为研究方法多元化中的重要趋势。通常，混合研究方法是指在单一研究项目中融合使用定量研究和定性研究的方法与技术的研究路径，被视作区别于定量研究和定性研究的第三种研究路径，其崛起也源于两种研究方法的争论。[②] 该方法符合教育科研理念和方法不断更新的需要以及多学科研究的发展趋势，为企业职工教育研究以及职工教育学研究提供了一个新的研究路径。

（四）研究队伍：加强科研合作，构建科研共同体

人才是科研工作的关键，也是科研项目顺利完成的核心要素。而从本章第一节的分析中可以发现，企业职工教育的研究者更新频繁，没有较为固定的研究者，也没有发文量较多的核心作者，更难以形成稳定的核心作者群以及科研团队。因此，在未来的科研之中，保持研究者的相对稳定以及科研合作团队的建设与交流是当务之急。首先，研究者之间应该保持合作，除了"熟人圈"的协作，还要通过基金项目、科研交流会等方式将其他高校、企业机构等单位的研究者聚集起来，共同投身于企业职工教育的研究中，并在团队发展中构建良性的团队成果利益共享机制，调动研究成员的积极性，保持研究的连续性。其次，要加强研究机构之间的科研交流，从更高的平台上构建科研共同体。高等院校是人才汇集和学科齐全之地，在科学研究中占有极其重要的位置并应在科学研究中起主导作用。因此，有必要加大高等院校对企业职工教育研究的力度，充分发挥高等院校教学、科研、服务社会的功能。高等院校、成人高校、专门的科研机构应该挑起担子，担起责任，予以企业职工教育研究更多关注，要加快建设一支梯次分明、素质优良、结构合理的高层次职工教育研究队伍，推动职工

[①] 孙立新，乐传永. 近年来成人教育研究的主题分析与问题考量——基于2015—2017年的文献梳理与分析[J]. 教育研究，2018（5）.

[②] 乐传永，孙立新. 回顾与展望：2017成人教育理论研究综述——基于对2017年人大复印报刊资料《成人教育学刊》的统计分析[J]. 中国成人教育，2018（3）.

教育研究工作的持续稳定发展；同时要加强与企业公司的一线实践者合作，使研究成果的理论性与实践性得到保证。

（五）研究基础：争取科研资金投入，助力职工教育学科建设

科研资金是科学研究的刚需，是推动学科建设的"助力器"，有效的科研资金投入能够促进学术研究的繁荣。国家、政府、高校、企业应该利用自身各自的优势以及经费资源，支持研究者开展职工教育研究工作，注重科研效益，作出具有远见的目标规划，改善职工教育研究环境。尤其是政府部门应该起到良好的导向作用，加大对高校、企业的职工教育研究工作的科研投入，为我国职工教育学的发展提供良好的智力以及物质保障。此外，职工教育学作为成人教育研究的一个重要方向，在多年的理论研究与实践中已经具备学科建设的基础，在资金充足、人才保证的前提下推动企业职工教育研究，推进我国职工教育学的学科建设，形成独立的二级学科将是研究者的责任，因此，研究者们应该增强自身科研实力，积极争取国家的课题经费支持，以期构建较为完整的学科体系。

第十章 特殊群体教育研究

第一节 老年教育研究

一、老年教育研究的历史演进

《老年教育发展规划（2016—2020年）》明确指出，老年人是国家和社会的宝贵财富，老年教育是教育事业和老年人事业发展的重要组成部分，因此有必要建成覆盖面广、形式多样、规范有序、特色鲜明的老年教育发展格局。自1980年老年教育研究开展以来，时至今日，老年教育无论是理论研究还是实践研究都取得了长足的发展，对老年教育研究的梳理能够帮助我们回顾和总结以往的经验，展望未来的发展方向，使老年教育研究有序、深入地开展。

（一）我国老年教育研究的阶段划分

1. 老年教育研究的萌芽阶段（1949—1987年）

这一时期国家的发展处于百废待兴阶段，科学技术的落后、大范围的文盲和思想观念的阻碍使得老年教育长期处于被忽视的状态。直到1980年，黄志成在《外国教育资料》上发表《世界正在重视老年人的教育》，算是中国第一篇正式介绍老年教育的文章。到1987年，相关研究依旧较少，并且关注重点多在老年人的生理照料和恢复等方面，对于老年教育的研究依旧处于摸索阶段。

2. 老年教育研究的热点不断涌现阶段（1988—2002 年）

这是老年教育研究的热点不断涌现的一个时期。1988 年，杜子才在《老年学杂志》上发表了《试论当前老年教育的几个问题》，同年 12 月，中国老年大学协会在武汉成立[①]，中国老年教育进入了起步阶段。除了对老年人的生理照料之外，关于老年人的教育优势、学习能力、老年大学办学等方面的研究开始兴起。在该阶段，与老年大学具有联系的第三年龄教育、老年学校都显现出较高的突现指数。

3. 老年教育研究蓬勃发展阶段（2003—2009 年）

2002 年党的十六大报告提出要形成全民学习、终身学习的学习型社会，促进人的全面发展，中国人民大学率先开设了老年学专业，专门招收培养老年学研究生，大量研究文章围绕"全面小康社会目标加快教育事业发展"以及"老龄问题"展开了深入的研究，相关国际国内会议综述的文章高达百余篇，期刊及硕博论文也达数百篇。

4. 老年教育研究精细化和深入化阶段（2010 年至今）

2010 年颁布的《国家中长期教育改革和发展规划纲要（2010—2020年）》提出要构建灵活开放的终身教育体系，并且明确提出要重视老年教育，我国对老年教育的研究更加深入和细化，期刊载文量达到了 1000 余篇，硕博论文 200 余篇，并且核心期刊载文量也显著提高。学者们开始广泛关注农村老年教育、社区老年教育、老年教育与学习型社会的构建等方面，显示出老年教育蓬勃发展的势头。

（二）我国老年教育相关研究的数据统计

本研究借助知网可视化工具以及 CiteSpace 分析工具，将老年教育的研究进行分类整理，对老年教育研究的发文量、发文趋势、研究作者、研究机构以及载文期刊作量化分析。

1. 研究样本的选择

本研究所选取的数据来自中国知网（CNKI），为了保证文献搜索的全面性，将检索主题词设定为"老年教育""老年人教育""老年学习""老

---

① 张竹英. 国内老年教育研究发展综述［J］. 天津电大学报，2012（3）.

年人学习""老年学校""老年大学",逻辑关系为"或者";期刊来源不限;检索条件为精确;检索范围设置为"1980年到2019年",检索时间为2019年10月30日。共检索到文献4795篇,手动剔除相关报纸、会议纪要、调查报告、新闻、信息资讯、总结讲话、致辞、会议通知等检索结果后,共获得期刊文献2885篇,分布在各年的发文量如图10.1所示。

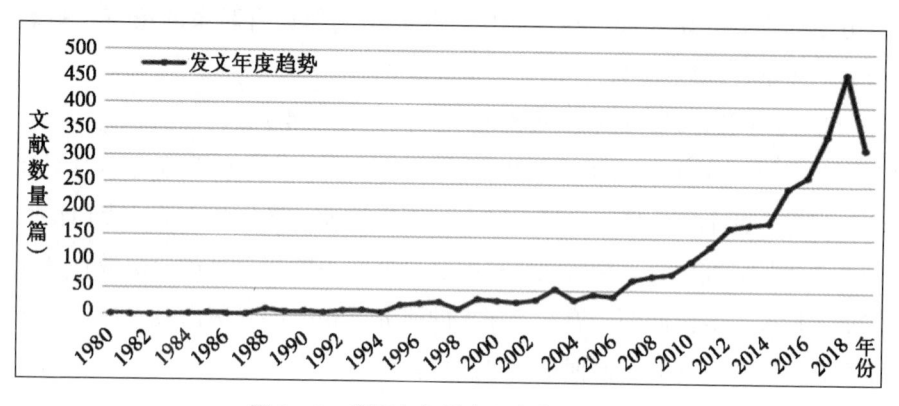

图10.1 我国老年教育研究发文量统计

2. 数据处理方法

本研究主要采用CNKI文献计量法和美国德雷塞尔大学陈超美教授研发的CiteSpace可视化分析工具对获取的数据进行统计处理。通过中国知网将分析文献以RefWorks的形式导出,用CiteSpace软件对所搜集的文献信息进行处理,以知识图谱和统计数据表格的形式呈现,可以较为直观地体现我国老年教育研究领域的基本情况。

(1) 研究作者

根据知网对老年教育研究文献的作者及发文数量进行统计,除了天津市教育科学研究院的岳瑛,大多数作者关注老年教育的时间较晚,并且发文量不多。发文量排名前十五的作者文章仅占文献总数的3.7%(如表10.1所示),说明老年教育领域的研究作者较为分散,且大多数发文频次不高,尚未进行深入的研究。结合研究作者的合作情况来看,乐传永与孙立新(宁波大学)、许丽英与叶忠海(华东师范大学)这两组作者形成一定程度的合作,除此之外,单独发文的作者占据大多数,说明从整体上看，作者之间合作研究少，大多数在各自的研究领域孤军奋战，尚未形成科研合作共同体。

表 10.1 老年教育研究发文量作者排名（前十五）

序号	作者	关注时间	发文量
1	岳瑛	2003	15
2	乐传永	2015	10
3	孙立新	2014	10
4	李洁	2012	8
5	程仙平	2012	8
6	欧阳忠明	2018	7
7	曹海涛	2011	6
8	许丽英	2013	6
9	马丽华	2016	6
10	陈春勉	2012	6
11	叶忠海	2013	5
12	桑宁霞	2016	5
13	丁红玲	2018	5
14	汪娟	2017	5
15	李惟民	2016	5

（2）研究机构分析

对老年教育关注较多的研究机构有华东师范大学、宁波广播电视大学、宁波大学、浙江广播电视大学等。其中华东师范大学较其他研究机构发文量稍多，对老年教育的发展发挥了重要的引领和推动作用；其次是宁波广播电视大学、宁波大学和浙江广播电视大学。这也说明地方对于老年教育的重视程度和地方老年教育实践影响了老年教育研究进展（如表 10.2 所示）。

表 10.2 老年教育研究机构统计

序号	作者单位	发文数量	占发文总量百分比（%）
1	华东师范大学	62	2.149
2	宁波广播电视大学	31	1.075
3	宁波大学	23	0.797
4	浙江广播电视大学	21	0.728
5	天津市教育科学研究院	20	0.693
6	曲阜师范大学	20	0.693
7	无锡开放大学	20	0.693
8	温州广播电视大学	20	0.693
9	上海开放大学	19	0.659
10	山西大学	19	0.659
11	北京师范大学	17	0.589
12	江苏开放大学	17	0.589
13	武汉老年大学	16	0.555
14	浙江师范大学	15	0.520
15	吉林省广播电视大学	15	0.520

（3）载文期刊统计

对老年教育研究的载文期刊进行统计发现（如表 10.3 所示），载文量大于 20 篇的有 14 家期刊，占老年教育研究的 21.491%。其中《成人教育》《中国成人教育》《当代继续教育》《中国农村教育》《中国社会工作》占据较大比重，发文量在 50 篇以上，说明这些期刊对老年教育的关注度较高，且发文多集中于成人教育类期刊，期刊类型以普通期刊居多，核心期刊较少。这一方面说明了老年教育研究的高质量平台较少，另一方面也说明目前老年教育研究的质量有待提高。

表 10.3 老年教育研究文献来源统计

序号	期刊名称	载文频次	百分比（%）	累计百分比（%）
1	成人教育	114	3.951	3.951
2	中国成人教育	89	3.085	7.036
3	当代继续教育	70	2.426	9.462
4	中国农村教育	58	2.010	11.472
5	中国社会工作	52	1.802	13.274
6	职教论坛	39	1.352	14.626
7	中国老年学杂志	34	1.179	15.805
8	高等继续教育学报	29	1.005	16.810
9	终身教育研究	25	0.867	17.677
10	才智	23	0.797	18.474
11	继续教育研究	22	0.763	19.237
12	吉林广播电视大学学报	22	0.763	20.000
13	天津职业院校联合学报	22	0.763	20.763
14	武汉市教育科学研究院学报	21	0.728	21.491
15	新西部	18	0.624	22.115

（4）主题分析

选用可视化分析软件 CiteSpace 对老年教育引用次数大于 1 的相关文献进行关键词聚类，时间跨度为 1980—2019 年，节点类型设为关键词，生成 1980 年以来老年教育研究文献的关键词频次与中心度（如表 10.4 所示），得出老年教育研究的关键词主要集中在老年大学、社区老年教育、第三年龄教育、学习型社会、继续教育、课程设置等方面。再对高频关键词和高中心度关键词进行深入分析和归类，例如将老年大学、社区老年教育、开放大学统一归类于老年教育模式，将终身教育、终身学习等关键词归纳为老年教育发展与终身教育体系构建的形式，最终将热点问题分为老年教育模式探索、老年教育发展与终身教育体系构建、老年人学习需求研究、老年教育课程构建、老年人继续社会化研究五个方面。

表 10.4　老年教育研究关键词中心度与频次

序号	关键词	中心度	频次	序号	关键词	中心度	频次
1	老年教育	0.56	595	10	学习型社会	0.02	18
2	老年大学	0.36	288	11	继续教育	0.02	12
3	老年人	0.26	171	12	课程设置	0.02	10
4	社区老年教育	0.15	42	13	学习需求	0.02	9
5	第三年龄教育	0.12	95	14	数字化	0.02	3
6	终身教育	0.10	82	15	老年人力资源	0.02	2
7	老龄化	0.07	60	16	开放大学	0.01	21
8	老年群体	0.04	10	17	社会参与	0.01	12
9	文化养老	0.03	18	18	教育需求	0.01	5

二、老年教育研究的主题分析

（一）老年教育模式探索

老年教育模式不仅体现了教育的一般属性，还有着自身独特的特点。对老年教育模式的研究主要涉及两方面的内容：一是围绕老年教育的承办主体，对老年教育承办主体的现状和问题进行分析，提出解决策略；二是推陈出新，将当下的一些新技术、新理念融入老年教育中，推动老年教育模式的改革和创新。首先，老年教育承办主体主要包括社区和老年大学，老年大学采用的是传统的面对面教学的班级授课制，因此避免不了对传统模式的沿袭和套用，这使得老年大学的定位模糊，发展受到局限。[1] 国家虽然大力支持老年教育的发展，但目前仍然处于能够实现老有所乐但未能实现老有所为的阶段，而且在发展过程中容易忽视弱势群体。因此，要健全老年教育的管理机构和老年教育的课程设置，在老年大学中增添老年网络教育[2]；还要运用多种办学力量形成多元化办学格局，教学方式也要灵

---

[1] 姜红艳. 21 世纪初期我国老年大学教育目标研究［D］. 武汉：华中科技大学，2004.

[2] 杨佳，陈瑶. 我国老年大学发展初探［J］. 成人教育，2007（7）.

活多样，使老年受益群体覆盖面更广泛。其次，社区老年教育是普及老年教育的有效途径。社区老年教育的形式包括社区老年学校、社区老年活动中心和社区老年娱乐室，具有参与感强、归属感强和便捷性等特点。[①] 推进社区老年教育是构建学习型社会的必然选择，也是扩大老年教育覆盖面的有效途径，应该共建共享，推动社区老年教育资源整合，借助各类学校、科研机构、社会团体的社会资源和相关职能部门的公共服务资源，推进和创新社区老年教育，将社会工作的方法引入社区老年教育。[②] 最后，随着现代信息技术的发展，远程教育实现了老年教育模式的创新，是实现老年教育现代化的必然趋势和发展多元化老年教育的有效途径。[③] 但是老年远程教育受到传统观念、学习成本、人机交互的机械性以及网络平台良莠不齐的影响。另外，网络信息过载症和网络意识形态冲击现象也对老年人网络教育形成了威胁。[④] 因此在现阶段只能作为一个辅助性的教育模式。[⑤] 构建老年网络协作学习生态体系还需要克服技术、资源和老年人参与三方面的障碍，做好学习主体子系统、学习资源子系统、网络内部系统的建设以及社会生态环境的协调和优化。[⑥]

（二）老年教育发展与终身教育体系构建

陈乃林等提出，老年教育是终身教育的最后一部分，如果日益庞大的

[①] 胡庆莲，宋晚生. 终身教育视阈下我国老年教育发展模式探究［J］. 山西广播电视大学学报，2016（4）.

[②] 鲍忠良. 社区教育视野下的老年教育问题与策略探究［J］. 继续教育研究，2014（9）.

[③] 孙立新，乐传永. 嬗变与思考：成人教育理论研究70年［J］. 教育研究，2019（5）.

[④] 曹海涛. 网络媒体教育：社区老年思想教育的新视野［J］. 成人教育，2012（1）.

[⑤] 陈春勉，郑智. 基于网络的老年远程教育：模式创新、问题及策略——以温州老年教育为例［J］. 继续教育研究，2012（2）.

[⑥] 陈曙. 老年网络协作学习生态体系的构建：逻辑、关键与通路——基于关联主义的视角［J］. 远程教育杂志，2015（2）.

老年人口不能参与到教育中，终身教育体系则缺少最后环节。[①] 对老年教育发展与终身教育体系构建的研究主要分为价值和策略两个方面。在价值上，老年教育的出现弥补了学校教育在老年阶段的空白，为老年人提供了学习新知识、提高修养的精神场所。没有一个以老年人为对象的教育层次，就谈不上创建全民学习、终身学习的学习型社会。从陶行知的教育理念出发，老年教育最重要的成就在于使人养成不断进取的决心，教育是为了培养求知欲，学习是为了生活，只要活着就要学习。程仙平认为，在终身教育理念下，老年教育是自主自助的成人教育向生命晚年的延伸，是构建共享、共融、共建的和谐社会的重要条件。[②] 但是在老年教育这一阶段，教育支持形式单一，课程内容有待丰富，为使老年人有序地加入终身教育体制的构建中来，应该尽可能多地开展社区教育以及广播、电视、报纸、杂志等的教育活动，在课程内容方面做到实用性技能和娱乐性活动相结合[③]；对老年人实施退休前的准备教育、退休后的教育以及对待死亡的教育[④]。阎春林将终身教育体系的构建分为三个阶段，在以老年人为主要教育对象的第三个阶段需要促进教育公平，尊重每一个年龄阶段人的受教育权利，通过构建科学的理论体系促进老年教育的实现。

（三）老年人的学习需求

老年人的学习需求决定了老年教育发展的方向和特点，影响着老年教育实施的主要内容和教学方法，是老年教育目标现实构建的核心依据。[⑤] 岳瑛对老年人的需求结构进行了调查，认为老年人的教育需求会随着老年人物质生活水平、文化水平的提高而增长，会随着教育观念的更新而高

[①] 陈乃林，孙孔懿. 终身教育的一项紧迫课题——关于我国老年教育的若干思考[J]. 教育研究，1998（3）.

[②] 程仙平. 终身教育理念下我国老年教育的若干思考[J]. 西北成人教育学报，2012（5）.

[③] 邢琰. 老龄化社会下我国终身教育发展体系的建构[J]. 继续教育研究，2017（9）.

[④] 司荫贞. 开展老年教育，建立终身教育体制[J]. 职业技术教育，2001（1）.

[⑤] 李洁. 老年教育目标的现实建构——基于老年学习者需求的阐释[J]. 继续教育研究，2019（3）.

涨，会随着闲暇时间以及空巢家庭的增加而增加。[1] 老年人学习需求的研究主要分为两个部分，一是老年人学习需求的分类，二是满足老年人学习需求的策略和建议。在研究老年人学习需求这一领域，喻燕刚将老年人的学习需求分为贡献社会的需求、追求生活品质的需求、人际交往的需求，试图通过这一构思为老年人学习需求的定量研究奠定基础。[2] 杨亚玉等从教育供给的角度出发，认为老年大学的学费、课程、校址、教学设施等方面与老年人学习需求的匹配也需要着重考虑教育供给是否适合老年人的身体机能、认知以及老年人的学习动机。[3] 乐传永等人从老年人的主观幸福感出发，认为应该根据老年人的学习需求打造老年人学习圈、职业圈、社交圈和传承圈以提升老年人的成就感和幸福感。[4] 他们还提出，一部分老年人希望接受知识技能培训发挥余热，一部分老年人希望参加老年人文体娱乐活动，还有一部分老年人希望通过教育来维护自身权利，因此教育不能一刀切。[5] 关于老年人学习需求的现状，研究者多通过实证研究的方法对各地区老年人的学习需求进行统计分析，提出应以老年人的学习需求为导向推进老年教育多层次、差异化的发展[6]；应建立"养、依、为、学、乐"有机结合的社区老年教育模式，为社区老年教育提供各种力量参与的同时，应鼓励老年人参与学习活动的安排与设计，以真正反映他们的学习意愿，培养他们独立自主的能力，形成自主管理的老年教育方式。[7] 此外，

---

[1]　岳瑛. 老年教育需求量及潜在需求量分析［J］. 中国老年学杂志，2012（20）.
[2]　喻燕刚. 老年人学习需求类型的研究——基于浙江老年人［J］. 科教导刊（中旬刊），2019（4）.
[3]　杨亚玉，欧阳忠明. 老年大学教育供给与老年人学习需求匹配的案例研究［J］. 职教论坛，2018（8）.
[4]　罗彤彤，乐传永. 论老年教育支持服务体系的构建——基于社会支持理论［J］. 中国成人教育，2015（2）.
[5]　乐传永，夏现伟. 老年教育提升老年人主观幸福感的功能与策略［J］. 当代继续教育，2016（1）.
[6]　岳瑛，暴桦. 关于老年大学学员学习需求情况的调查报告［J］. 天津市教科院学报，2003（6）.
[7]　刘廷欣. 城市社区老年教育现状分析与对策研究［D］. 天津：天津大学，2007.

当前信息化背景下老年人的学习需求可能会发生新的变化，一方面要注意到老年人学习新知识、掌握新技术的需要，另一方面，还要加强网络监管，培养老年学员的信息安全意识。①

（四）老年教育课程研究

课程设置是老年教育的基本内容，也是构成老年人精神生活的主要内容。我国对老年教育课程研究的起步较晚，但是其设置和建设总体正朝着规范化、科学化和合理化的方向前进。②对于老年教育的课程设置，学者们主要从现状和特征出发探寻隐藏在其背后的发展问题，为老年教育课程改革提供方向和建议。老年大学的课程设置门类齐全，并逐步向专业领域跨进；热门课程已经成形，经典课程已成特色；新课程逐渐趋向于高科技、高品位的特点，但是还存在着盲目性和随意性、定位不当以及理论研究尚未深入等特点；此外，当前老年教育课程趋于同质化，针对性不强，课程内容与学习型社区的建设联系不紧密，需要在课程门类、目标内容和实施评价等方面对课程设置进行重新规划。③还有学者提出目前社区老年教育的课程建设处于起步阶段，存在着师资、结构、资源、教学方法、评价机制不健全等问题，因此，要有规划性地遵照课程设置的要求，走出一条"从无到有、从有到优、从优到精"的内涵式发展道路。④因此，在课程设置方面，要依据教育目标科学设置课程，满足关于学习者、社会生活和学科发展的需求；要突出并细分老年人的学习需求，设置退休准备教育、生活适应教育、死亡教育等完整的课程体系。⑤还有学者认为应从理论取向、基本模式和课程设置的视角分析中外老年教育发展的差异，促进老年人的社会参与，整合社会力量形成老年人生命团体，以"赋权增能"

---

① 严蕾. 上海市老年大学学员学习需求研究［D］. 上海：上海师范大学，2019.

② 岳瑛.《老年教育发展规划》对老年大学课程设置的启示［J］. 天津市教科院学报，2018（3）.

③ 徐博闻. 社区老年教育课程建设研究［J］. 继续教育，2018（10）.

④ 陈春勉. 老龄化背景下社区老年教育课程建设研究［J］. 成人教育，2016（9）.

⑤ 岳瑛. 老年大学课程设置的探讨［J］. 中国老年学杂志，2011（20）.

为基点建立较为完善的课程体系。① 除此之外，基于开放大学的建设和发展，从网络课程开发的视角出发，学者们不仅在研究国内外网络课程设计以及老年人的障碍与学习需求的视角下探讨了老年网络课程设计的理念、原则、技术规范和设计流程②，而且通过对老年人网络课程资源的需求和特征的分析，整理出了一套老年网络课程设计模式并投入使用③。还有学者从参与式课程开发的角度，以地区特色开发课程为例，构建了多方协力、共同设计、互教互学的老年教育课程开发模型。④

（五）老年人继续社会化问题研究

通过对社会参与、老龄事业、积极老龄化等关键词的分析，可发现继续社会化也是当前老年教育的研究热点问题之一。继续社会化是指老年群体在退休之后继续学习新规范、适应新角色、形成新的社会关系的过程。老年教育不仅能使老年人在接受教育的过程中与他人建立联系，促进老年人的社会参与，而且还为老年人服务和奉献社会提供了重要的学习平台。⑤关于老年人继续社会化，学者们的研究主要集中于老年社会化的问题以及积极老龄化背景下老年人继续社会化的策略。宋瑛璐从农村老年教育的背景出发，认为农村老年教育在重视程度、教育质量和经费投入方面有所欠缺，影响了老年人的社会化进程。⑥ 孙立新、罗彤彤认为，老年人继续社会化进程呈现出老年人适应性下降、角色转变困难、社会交往途径狭窄、代际冲突凸显以及死亡恐惧加深等主要特征，而当前的老年教育机构在促

---

① 王英. 中外老年教育比较研究 [J]. 学术论坛，2009（1）.
② 俞佳飞. 网络课程无障碍设计研究 [D]. 上海：华东师范大学，2011.
③ 吴晓琼. 老年教育网络课程资源设计研究 [D]. 昆明：云南大学，2016.
④ 赵师敏，陈鑫佳. 参与式老年教育课程开发模型构建研究——以"传家宝——隔代教育面面观"特色课程开发为例 [J]. 当代继续教育，2017（2）.
⑤ 彭川宇，曾珍. 老年教育与老年人社会参与之关系及其对策探究 [J]. 老龄科学研究，2017（8）.
⑥ 宋瑛璐. 老年社会化背景下农村老年教育发展研究 [J]. 成人教育，2016（4）.

进老年人继续社会化方面存在很多问题。[①] 对此，学者们提出了相应的解决策略，如：叶忠海等人以发展老龄事业为背景，提出老年教育工作者应该与养老服务工作者共同合作，统筹利用教养资源，在借鉴养老服务机制体制中探索老年教育社会化和产业化的发展道路[②]；焦佩认为，应在教学上结合积极老龄化的未来指向，将老年教育贯穿人生的每个阶段，建立世代沟通型学习模式[③]；丁馨认为，在管理方面应在严格规范各项教育活动的同时采取特色的管理手段保障老年继续社会化活动的顺利开展[④]。

三、老年教育研究存在的问题及未来展望

（一）存在问题

第一，从研究成果产出数量来看，对于老年教育的研究整体上呈现出逐年上升的趋势，说明长期的社会实践和政策演变推动了老年教育的学术研究，并且研究热点随着社会发展不断变化，体现出了老年教育研究的时代性和前沿性，但是学术研究不仅仅要关注量的变化，更重要的是要做到质的提升，在对老年教育相关研究发文期刊的统计中发现，发表在核心期刊的仅425篇，说明研究质量还有待提高。

第二，从研究作者来看，老年教育研究的作者群体庞大，分散在各个高校单位和老年教育研究机构，但是单个作者的产量不高，缺少具有影响力的代表者，并且作者之间缺少合作，尚未形成具有影响力的研究团队和具有高品质的研究成果，造成了对许多概念和策略存在不同的理解以及理解偏差。

第三，从载文期刊来看，《成人教育》《中国成人教育》和《当代继续

[①] 孙立新，罗彤彤. 困境与出路：老年教育促进老年人继续社会化研究[J]. 职教论坛，2014（6）.

[②] 叶忠海，马丽华，杜君英，等. 在老龄事业大局中发展老年教育的思路和对策[J]. 当代继续教育，2016（2）.

[③] 焦佩. 从积极老龄化看终身教育中的老年教育转型[J]. 中国成人教育，2016（4）.

[④] 丁馨. 积极老龄化视阈下江苏省老年教育发展探讨[J]. 北京城市学院学报，2017（1）.

教育》都对老年教育给予了高度的关注并且发表了相当数量的文章，在老年教育的研究中占据较大的篇幅。但是载文量排名前十五的期刊占总期刊的累计百分比为 22.115%，说明老年教育研究的载文期刊较为分散，且发表数量少，并未有专门的期刊或者栏目专门研究老年教育。

第四，从研究机构来看，目前老年教育的研究机构遍布于全国，但大多数机构是高校，来自基层单位的较少，理论与基层实践工作者的合作成果也较少，因而容易造成理论研究与实践研究的脱节。一方面高校学者的教育理念难以传达到基层，对教育实践发挥指导作用，另一方面老年教育实践问题也难以反馈到高校。

第五，从研究的关键词来看，老年教育研究已经涉及了劳动、经济、社会、政治等方方面面，但就其频数和中心度而言，除了与"老年教育"紧密联系的几个关键词指数较高以外，许多关键词存在需要深入研究但出现频次较低的问题，例如"互联网+""数字化""老年人力资源""教育需求""教育模式"等。除此之外，相关概念界定不清的问题也对老年教育研究的深入展开造成了障碍。

（二）未来展望

第一，加强老年教育研究作者的合作。分析老年教育领域研究作者的合作情况可以发现，研究作者之间的合作主要有两方面的原因：第一，研究作者属于同一研究单位，研究方向为同一领域的教师或者师生；第二，因为研究内容需要从其他领域的学科中借鉴研究成果，或者需要运用新颖的研究方法从而与其他单位相互合作。因此，在未来的研究中推动老年教育研究作者从"独立研究"走向"多元合作"，首先需要实现研究机构内部资源的整合，培养研究机构内部学术团队，尤其要注重研究生科研主动性的培养，在加强与导师之间合作的同时形成生生之间相互合作的模式。其次，发挥老年教育研究领域优秀学者的带头作用，以优秀学者为桥梁，定期举办老年教育主题的学术会议，挖掘研究学者的合作潜力，促进不同研究机构学者之间的学术交流和科研合作。最后，教育理论与教育实践应该是一种相互滋养的新型关系①，老年教育的研究不仅要在理论上加强合作，还需要与实践相互联系，强化与老年教育实践工作者之间的合作，使研究结果更具现实指导意义。

第二，运用多样化的研究方法。老年教育研究一直偏重于理论思辨式的研究模式，在一定程度上导致了思维方式的固化；老年教育研究多处显现出相关学科的影子，缺少自己领域的独特性，得出的结果难以指导实践。要深度剖析解决教育实践问题，必须采用多元化的研究方法。首先要加强老年教育的比较研究。发达国家长期教育实践与理论的发展为我国老年教育的开展提供了理论框架和技术路线的指导，通过研究发达国家的老年教育能够为目前我国老年教育发展存在的问题提供一些参考。其次，国内老年教育的体制机制和资源供给也存在地域差异，各地区老年教育发展质量不一，因此在做好国别比较的同时也应该注意到区域老年教育的比较研究。再次，借助问卷调查能够帮助研究者具体地测定老年教育活动进程，了解老年人学习参与的基本情况以及教育意向，但是由于老年人的特殊性和局限性，再加上语言条件的限制，很多情况下难以对老年人进行问卷类的量化研究，因此当实施问卷调查有困难时可采用观察、访谈、个案分析、教育实验等方法综合分析老年教育的发展现状，克服单个调查方法存在的弊端，做到定量研究与定性研究相结合，提高研究的科学性和调查结果的准确性。

第三，创新老年教育研究视角。老年人的思想观念、文化需求、社会适应性等方面都具有相对独立性，会随着个人经验和社会发展而不断变化，因此老年教育必须从老年人个体和社会两个层面进行多方面、跨学科的思考，但是就目前学者关注的主要内容而言，大多还是从教育学的角度出发。虽然这些成果能够帮助我们认识老年教育的一些问题，但是随着现代社会的知识更新和社会结构的变化日益加快，越来越多的问题需要从新的视角和新的学科加以考量，因此，要扩大老年教育的研究视域。从心理学的角度来看，老年教育应该提高老年人的自我效能，强化老年人的心理

---

① 吴黛舒. 对教育理论与实践关系问题的本土反思 [J]. 教育研究，2004（5）.

资本[①]；从经济学的角度来看，老年教育应该发力促进老年人力资源的开发；从健康学的角度来看，老年教育应该致力于培养老年人良好的身体和心理素质；从社会学的角度来看，作为社会参与的一部分，老年人有权利通过教育实现积极社会化。通过多层次、多角度的探讨，准确把握老年教育的本质，拓宽老年教育的理论基础，完善老年教育的学科体系。

第四，拓展老年教育的研究内容。目前老年教育的研究内容多从问题出发研究宏观领域的对策，整体呈现格式化和模块化。纵观我国老年教育各主题的发文数量和发文趋势，可看出老年教育的研究重点在老年大学、社区老年教育和积极老龄化三个方面。"老年大学"这一主题涉及的时间跨度最长，由这一主题衍生出来的相关话题也较为广泛，未来对于"老年大学"的研究也将保持稳步发展的趋势；对于"社区老年教育"和"积极老龄化"的研究为近10年出现的热点问题，涉及面较广，凝练出的关键词也较多，因此可以推断，未来这两大领域将成为老年教育研究的前沿内容。中共中央、国务院2019年11月发布的《国家积极应对人口老龄化中长期规划》围绕人口老龄化对老年教育工作提出的具体任务也对未来老年教育的发展起到了导向作用。首先，在中国这样的人口大国，老年人是尚未充分开发的宝贵资源，如何开发老年人口红利，将人口劣势转变为资源优势值得深入研究；其次，现有的老年教育资源较为稀缺，很多老年人处于"无学可上"的状况，受教育权利无法得到保障，未来的研究在打造高质量产品和服务供给的同时也应思考老年人受教育权利保障问题；最后，国家统计局2010年发布的人口数据信息显示，我国60岁以上的老年人口中农民老年人口是城镇老年人口的1.33倍，距2010年人口普查已经过去十几年，农村老年人口数量也将是一个庞大的数字，农村老年人普遍受教育程度不高，观念较为陈旧，也是老年教育发展一个必须攻破的难题，未来应该更加注重农村老年教育的问题，推动农村老年人参与到乡村振兴这一发展战略中来。

---

① 欧阳忠明，李书涵. 老年人为何而学［J］. 终身教育研究，2018（6）.

第二节 农民教育研究

农民是农村现代化建设的主体,也是目前我国乡村振兴战略的支柱,对农民进行教育是一项长期并且艰巨的战略任务。我国农民教育历经了新中国成立初期的扫盲教育、改革开放后的技能教育、21 世纪后劳动力转移培训和新型职业农民培训等一系列目标的转变,对于农村脱贫致富、全面建成小康社会具有重要价值。

一、农民教育研究的历史演进

探讨新中国 70 年来农民教育研究话语体系的转换,是我国建设农业强国的客观需要,是推动农民教育从边缘走向中心,从萌芽走向成熟的必由之路。作为传统的农业大国,新中国成立以来,党和政府一直都非常重视对农民进行教育和改造,不同时期农民教育的研究也呈现出不同的特征。我们根据新中国成立以来农民教育研究的发文概况、重要政策节点和城镇化发展进程,将农民教育研究话语体系转换过程分为 1949—1977 年的扫盲运动时期、1978—2000 年的改革开放时期、2001—2013 年的新农村建设时期和 2014 年至今的精准扶贫时期四个阶段。

(一)我国农民教育研究的阶段划分

1. 扫盲运动时期:以识字教育和道德教化为主

新中国成立初期是农民教育话语体系建设初期,党和国家对农民教育的问题高度重视,开展了大范围的扫除文盲、开展业余技术教育等活动。[①] 1949 年 12 月,教育部发布了《关于开展 1949 年冬学工作的指示》,文中指明对农民要进行政治和文化教育,并对冬学内容、教材、师资等提出具体的要求。自此开始,农民教育的话语体系显出雏形,例如《介绍农民识字教育的组织形式和教学方法》《农民教育工作的几点体会》及《华北抗

---

① 孙立新,乐传永. 嬗变与思考:成人教育理论研究 70 年[J]. 教育研究,2019(5).

日根据地农民教育工作的几点经验》等,从经验的角度介绍了农民教育在当时的具体问题、解决农民教育问题的紧迫性以及如何开展扫盲教育等。这一阶段虽然已有学者开始注意农民教育的问题,但相关文献却并不多见,内容也主要以介绍各地区扫盲识字教育活动的开展经验、相关政府文件和毛泽东农民教育思想等为主。

2. 改革开放时期:以技能培训和思想介绍为主

1978—2000年是农民教育话语体系初步形成的阶段。党的十一届三中全会实现了政治、思想、组织上的拨乱反正,在探索建设中国特色社会主义道路的实践中开创了党的事业新局面。邓小平同志指出,农业发展一要靠政策,二要靠科学,要将基础文化教育和技能培训相结合来提高农民的科技文化素养和实践能力。1979年,中共中央《关于加快农业发展若干问题的决议》中提出"极大提高农民首先是青年农民的科学水平",随后各部门围绕农民开展科学技术教育问题进行了广泛的讨论。1980年,《人民教育》《江西教育》陆续刊登了《重视农民教育,办好农民教育》《切实抓好农民技术教育这件大事》等文章,阐述了农民教育对现代化发展的长远作用。这一时期农民教育话语体系的主要内容包括国外农民教育的经验介绍、农民技术学校的创办以及农民技术教育培训形式和工具载体的开拓,农民思想政治教育也开始涉及。赵正洲、丁国杰等人纷纷对国外农民教育培训的经验和特点进行了研究,认为国外在提高农民素质、加强农民管理方面推动了国家现代化的进程;陈国泳等人进行了有关中国共产党、毛泽东的农民教育思想的研究;周洪宇等人通过对农民培训的现状调查,提出要加强农民技术教育,办好农业技术学校。这一时期的热词包括"劳动者""职业教育""毛泽东"等,农民教育话语体系的构建已初步成形。

3. 新农村建设时期:以农民职业技术教育为主

21世纪初期,终身学习的思想观念开始在中国流行,学习型社会建设也开始逐步推进,农民教育在技术技能培训的基础上,融入了文化思想、职业道德、价值观念、民主思潮等内容,为农民教育话语体系建设注入了新活力。随着"三农"问题愈加引起社会关注,加快农村富余劳动力转移就业作为解决"三农"问题的重大举措引起了关注。[①] 2003年，国务院发布《关于进一步加强农村教育工作的决定》，提出坚持以"三农"服务为方向，发展农村成人教育，深化农村教育改革。2005年，中共中央、国务院发布《关于推进社会主义新农村建设的若干意见》，财政部、农业部发布《农村劳动力转移培训财政补助资金管理办法（试行）》；2006年，国务院办公厅发布《人口发展"十一五"和2020年规划》等，提出农村劳动力转移培训的目标和规划；2010年在教育部《关于加快发展面向农村的职业教育的意见》中再一次提到了要加强农民职业教育培训。因此，这一时期的发文量增幅更大，并且越来越多的硕博研究生加入到研究农民教育的队伍之中，例如张亮、赵邦宏、蔡云凤等人对我国职业农民培训模式进行了研究，《我国农民职业教育困境研究》《论职业农民的培育》等学位论文也都涉及职业农民与发展现代农业的主体和实现农业现代化之间关系等方面的主题。这一阶段研究的关键词为"新农村建设""劳动者""职业教育""教育培训"等，主要内容以农村劳动力转移培训、农民职业教育培训和农民的基础教育培训为主，论证富余劳动力转移、农民教育与农民科技文化素质的内在逻辑关系。

4. 精准扶贫时期：以培养新型农民为主

2014年至今是我国农民教育研究的高速发展时期。自习近平总书记提出"精准扶贫"后，中共中央办公厅详细制定了精准扶贫工作模式的顶层设计，推动了"精准扶贫"思想的落地。2015年，国家强调要科学谋划好"十三五"时期扶贫开发工作，确保贫困人口到2020年如期脱贫。"扶贫先扶愚""扶贫先扶智"，教育扶贫是精准扶贫的关键步骤和治本之策。为深入推进扶贫工作的开展，这一阶段农民教育话语体系开始转向新型职业农民和农民思想教育，强调了教育对于农民整体素质提高的作用。在话语体系主要内容方面，科技培训、创业培训以及新型职业农民培育的研究愈加丰富，探讨了农民素质结构的内在要素和价值取向，尤其是"新型职业农民培训"的相关研究占据了较大的篇幅，郭智奇、朱启臻、韩娜、王秀华

[①] 储诚炜. 新中国农民教育发展研究［D］. 咸阳：西北农林科技大学，2010.

等学者纷纷对新型职业农民的培育、教育和管理等问题进行了深入的探讨。王嘉毅等认为，劳动力没有得到有效开发，没有掌握过硬的致富本领是脱贫致富的最大瓶颈，因此，教育必须紧紧围绕帮助贫困家庭脱贫致富的目标，对农民进行教育，培养新型职业农民。[①] 这一阶段研究热点关键词包括"新型农民""思想政治教育""失地农民""新型职业农民"等，由此可见，这一阶段农民教育话语体系已经趋向于成熟，关注到了时代背景和农民多方面的教育需求。

（二）我国农民教育研究的已有成果分析

农民教育是我国教育事业中十分薄弱的环节，如何发挥农民教育在"精准扶贫"战略中的重要作用，引导农民脱贫致富，是当前教育领域研究人员必须深思的问题。为增强农民的基本素养和发展潜力，我国学者对农民教育进行了不懈的挖掘与探索，在农民教育的方向指引、内生动力、核心内容、创新样态和外来精华引介等方面提出了系统性的主张和观点，共同构成了农民教育的话语体系。本研究通过中国学术期刊网络出版总库，搜索农民教育话语体系涉及的主题词"农民教育""农民学习""农民学校""农民培训"，逻辑关系为"或者"，时间设置为1949—2019年；检索条件为精确，检索时间为2019年12月31日，共搜索到文献10 331篇，如图10.2所示。

1. 发文趋势：总体呈现出波浪式增长态势，在2016年达到高峰

我国农民教育的研究最早是1950年《人民教育》上刊登的《介绍"农民识字教育的组织形式和教学方法"》，此后陆续有文章介绍关于农民教育的组织和学校的兴办情况，但是文章总量较少，研究进程较为缓慢。1980年后，随着改革开放步伐的加快，相关研究出现了小幅度增长，主要以研究办好农民技术学校、介绍发达国家农民教育的经验以及一些教育家的农民教育思想为主要内容。自2002年《教育部关于进一步加强农村成人教育的若干意见》和2003年《国务院关于进一步加强农村教育工作的决

[①] 王嘉毅，封清云，张金. 教育与精准扶贫精准脱贫 [J]. 教育研究，2016（7）.

定》发布以后，发文量大幅增长。随着 2010 年《国家中长期教育改革和发展规划纲要（2010—2020 年）》的颁布，相关研究又呈现出较快增长的态势，并于 2016 年达到顶峰（846 篇），研究以培育新型职业农民、构建农民教育培训体系为主要内容。目前我国农民教育话语体系构建研究产出总体已呈现趋稳状态，一些领域的成果已经发表并且被研究者所认同。

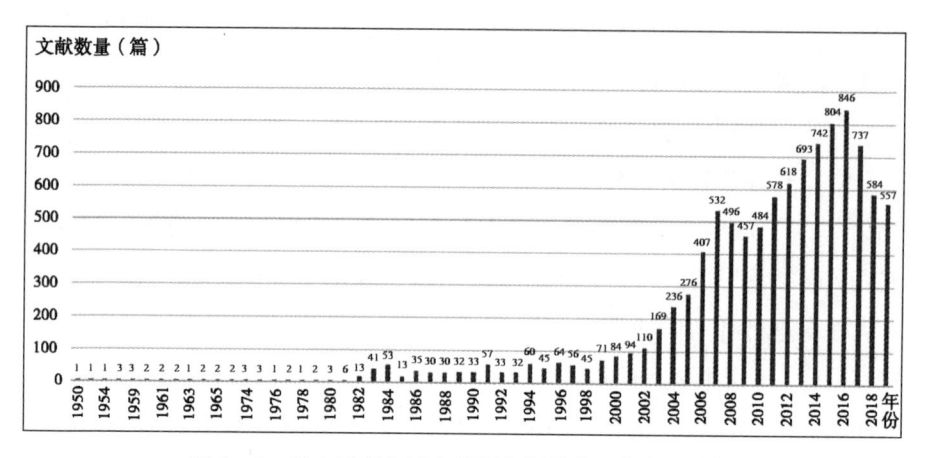

图 10.2　新中国成立以来我国农民教育研究发文趋势

2. 研究作者：独立创作者较多，合作研究团队较少

通过分析农民教育话语体系构建的主要发文作者可以发现（参见表 10.5），除了朱启臻、龙灵渊以外，大多数作者对农民教育的关注主要始于 21 世纪初期。从研究作者的发文数量来看，发文频次在 20 篇以上的作者分别是陈遇春（西北农林科技大学）、李水山（中央教育科学研究所）、储诚炜（安庆职业技术学院）和朱启臻（中国农业大学），他们为我国农民教育理论基础的构建作出了重要的贡献。从研究作者的合作情况来看，陈遇春、张亮、张大鹏、赵邦宏等人合作进行了相关研究，说明在农民教育话语体系构建方面已经有了研究团体，尽管为数不多。但相对总体而言，独立作者占大多数，团队合作研究较少。

表10.5 农民教育研究发文量作者排名（前十五）

序号	作者	开始关注时间	频次
1	陈遇春	2002	27
2	李水山	2001	26
3	储诚炜	2009	24
4	朱启臻	1999	20
5	吕莉敏	2013	18
6	张亮	2010	18
7	张大鹏	2006	13
8	马建富	2013	13
9	赵邦宏	2007	12
10	朱宏斌	2002	12
11	王守聪	2012	11
12	王留标	2012	10
13	吴锦程	2010	10
14	张胜军	2014	10
15	刘智元	2004	10

3. 载文期刊：发文期刊较多，个别期刊较为突出

刊载农民教育话语体系研究的期刊较多，其中，《农民科技培训》《成人教育》《中国农村教育》《吉林农业》所占比重较大，载文量均在150次以上，《农民科技培训》甚至达到了700次以上，占据了研究总量的7.19%，促进了我国农民教育领域理论知识的传播。此外，《职教论坛》《继续教育研究》《中国职业技术教育》等期刊也较为关注农民教育（如表10.6所示）。但是，期刊来源较为广泛，多数期刊发文量较低，说明农民教育这一领域并未受到高度的重视。

表 10.6 农民教育研究文献来源统计

序号	期刊名称	载文频次	百分比（%）
1	农民科技培训	743	7.19
2	成人教育	373	3.61
3	中国农村教育	176	1.70
4	吉林农业	174	1.68
5	职教论坛	138	1.34
6	继续教育研究	116	1.12
7	中国职业技术教育	112	1.08
8	新农村	105	1.02
9	现代农业科技	105	1.02
10	中国成人教育	95	0.92
11	安徽农业科学	93	0.90
12	北京成人教育	88	0.85
13	河南农业	84	0.81
14	教育与职业	82	0.79
15	农民致富之友	82	0.79

4. 研究机构：农业研究机构为主力，科研实力差别较大

根据对农民教育话语体系研究机构的统计（参见表10.7），西北农林科技大学、湖南农业大学和中央农业广播电视学校等农业类院校是研究的主力军，发文数量均达百次以上，这些院校具备一定的农业研究基础和资源，因而对农民教育的相关研究具有较大的优势。此外，曲阜师范大学、西南大学、河北科技师范学院等师范类院校也较为关注农民教育，为农民教育话语体系构建补充了新鲜血液。从各研究机构之间的关系来看，除了华南农业大学和安庆职业技术学院与其他研究机构形成了少量合作关系以外，高校之间的合作并不多；各研究机构之间发文量差异较大，相关成果主要集中在部分研究能力较强的科研机构。

表10.7 农民教育研究机构统计

序号	发文单位	发文频次	百分比（%）
1	西北农林科技大学	211	2.04
2	湖南农业大学	125	1.21
3	中央农业广播电视学校	108	1.05
4	河北农业大学	90	0.87
5	南京农业大学	73	0.71
6	中国农业大学	71	0.69
7	西南大学	65	0.63
8	福建农林大学	63	0.61
9	曲阜师范大学	62	0.60
10	河北科技师范学院	56	0.54
11	华中师范大学	53	0.51
12	华东师范大学	49	0.47
13	江西农业大学	47	0.45
14	东北师范大学	46	0.44
15	江苏理工学院	46	0.44

二、我国农民教育研究的主题分析

为探究我国自扫盲运动到精准扶贫阶段农民教育话语体系的主要内容，本文选用可视化分析工具 CiteSpace 和 SATI 文献计量分析工具，对 1949 年以来农民教育话语体系中引用次数大于 10 的相关文献（1102 篇）进行分析，生成农民教育研究高频关键词与中心度列表（如表 10.8 所示）和农民教育研究关键词聚类图谱（如图 10.3 所示）。剔除相同含义和重复出现的关键词，并对原始文献进行二次分析，例如，将"农民教育培训""教育培训工作""农民培训"等关键词归纳为"农民职业教育"，将"创业培训""创业素质""创业"等关键词归纳为"农民创业教育"，共提炼出 1949 年以来构成我国农民教育研究话语体系的五个主题，分别是：农民教育政策研究、农民思想政治教育研究、农民职业教育研究、农民创业教育研究和农民教育比较研究。

表 10.8　我国农民教育研究关键词中心度与频次

关键词	中心度	频次	关键词	中心度	频次
新型农民	0.28	79	农民思想政治教育	0.02	9
新农村建设	0.15	55	农民田间学校	0.02	4
职业教育	0.07	31	创业素质	0.02	2
农民素质	0.07	31	毛泽东	0.01	23
新农村	0.05	23	培训模式	0.01	11
失地农民	0.04	41	社会主义新农村	0.01	16
农村劳动力转移	0.04	4	培训需求	0.01	9
中国共产党	0.03	13	培训体系	0.01	6
城镇化	0.03	12	美国	0.01	4

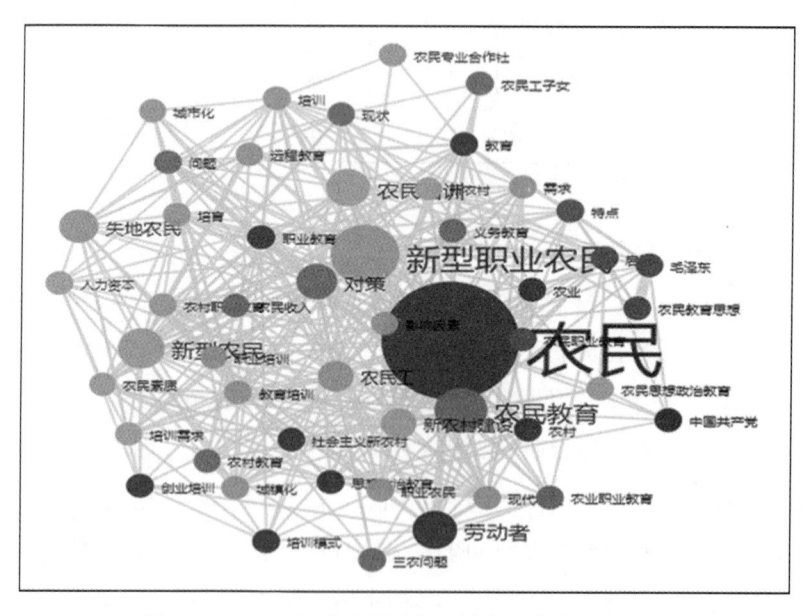

图 10.3　1949 年以来我国农民教育研究关键词图谱

(一)话语体系之上层设计:农民教育政策

农民教育政策对农民教育话语体系构建发挥着深刻的引领与助推作用。从扫盲教育到精准扶贫,我国出台了一系列的法律政策条文,对农民识字到技能教育方面作出了具体的规定,体现出不同时期教育政策的演变和主导的价值取向,也为我国农民教育的发展开拓了思路。

1. 农民教育政策的演进过程

我国农民教育政策在不同的历史时期均受到经济体制转型、价值理念转变、职业教育发展重心转移等各种因素的深刻影响,这些因素时刻牵引着政策调整,推动农民教育向前发展。[1] 新中国成立初期我国农民教育政策研究以扫盲识字教育和政治教育为主要内容。[2] 改革开放以来,相关内容开始逐渐丰富,不仅涵盖教育资源、教育权力、教育权利、教育制度以及教育活动等内容,还涉及农民教育的管理机构、组织和相关个人等方面。[3] 高学贵将新中国成立以来的农民教育政策分为四个阶段:1949—1966年的扫盲教育和科技培训阶段,1966—1978年"文化大革命"对教育事业的冲击阶段,1978年至20世纪末促进农民培训和农业技术推广活动发展的改革开放阶段,21世纪以来的全面教育阶段,认为通过教育政策的演变可以看出农民教育在现代化进程中逐渐向多元化发展,未来农民教育政策应该转向更高层次的、促进农民自我实现的方向发展。[4]

2. 农民教育政策的价值取向

在农民教育政策的价值取向方面,学者们认为应该满足农民多层次、多方位的需求,尊重农民的主体地位,并以终身教育理念为指导思想贯穿

---

[1] 曲铁华,李楠. 改革开放以来我国农村职业教育政策影响因素及特征研究[J]. 河北师范大学学报(教育科学版),2014(1).
[2] 樊荣,秦燕. 中国共产党农民教育政策的演进逻辑(1949—1966)[J]. 内蒙古社会科学(汉文版),2016(6).
[3] 许文静. 改革开放以来我国农村职业教育政策分析[D]. 西安:陕西师范大学,2012.
[4] 高学贵. 我国农民教育政策发展研究[D]. 重庆:西南大学,2011.

到教育政策的制定、决策和执行之中。① 我国农民教育政策的制定愈加成熟和合理，能够关注到经济和人两方面的发展；由试点到全面推广的路径愈加具有科学性；由培养农民到培养新型农民再到培养新型职业农民的目标定位也更加清晰。② 储诚炜总结了我国自改革开放后农民教育政策的发展逻辑，提出在政策变迁的过程中，农民教育政策的价值取向在不断朝着多元化的方向发展，并且在"市场失灵"和"政府失灵"两个命题中相互补充，寻求市场与政府调控的最佳结合点。③ 还有学者认为，我国农民教育政策在人力资本理论、终身教育发展理论和公共政策设计理论的基础上，不仅满足了农民的现实需求与理想，还推动了农民政策的延续与发展。④

3. 农民教育政策内容的完善

农民教育政策内容的完善是推动政策运行的有效载体，因此，首先要以农民终身学习为中心，明确农民教育在国民教育体系中的地位，形成促进农民持续发展的政策内容；其次，要以部门文件为突破口，完善部门文件的基本结构和具体内容；最后，由于农民教育政策指向实践，而农民实践总是处于一种动态开放的环境中，因此，需要为农民教育提供多种保障因素，例如，加强政策咨询民主化、完善宣传机制、加强机构管理等。另外，由于我国农民教育政策倾向于农民职业教育政策，而相关的政策文本目前来看并不多见，因此，应该建立专门的农民教育法律，统筹各类农民教育政策，促进政策与政策之间的协调和互补；在监督和管理政策中确定监督管理的部门、措施和原则，建立全方位的管理监督政策。⑤

---

① 杨景鹏. 我国农民教育政策发展：问题、取向及未来思路 [J]. 继续教育研究，2017（9）.

② 丁红玲，李珍珍. 改革开放以来我国农村职业教育政策：历史回顾、价值逻辑及未来展望 [J]. 河北大学成人教育学院学报，2018（4）.

③ 储诚炜. 1978年以来农民教育政策变迁的基本路径与内在逻辑 [J]. 铜陵职业技术学院学报，2014（3）.

④ 高学贵. 我国农民教育政策发展研究 [D]. 重庆：西南大学，2011.

⑤ 段志莹. 我国农村职业教育政策研究 [D]. 大连：辽宁师范大学，2014.

(二)话语体系之内生动力：农民思想政治教育

中国共产党对农民的思想政治教育工作极大调动了农民参加生产和建设的积极性，为农民思想政治教育的研究留下了宝贵的财富。由于不同时期教育关注点不同，从扫盲运动时期到精准扶贫时期农民思想政治教育的关注点较多，主要从价值定位、着力点和关键人物三方面进行研究。

1. 农民思想政治教育价值定位

农民思想政治教育的滞后会影响乡村治理目标的实现。张春华认为，农民思想政治教育对农村经济的繁荣、精神风貌的改善和农民素质的提高具有重要影响，是营造乡村治理发展环境、实现乡村治理目标和培育乡村治理主体的重要途径和关键因素。[1] 农民思想政治工作的目的是使农民脱离小农意识的劣根性，解放农民的思想，使之成为具有现代意识的新型农民。[2] 从生态文明建设的角度看，思想政治教育能够帮助农民树立正确的生态文明观，发挥生态文明建设的主体作用，改变农民身上的错误思想和落后观念，为生态文明建设扫清障碍。[3] 从农民的个人素质来看，思想政治教育能够提高农民的思想觉悟和道德水平，增强农民的政策和法治观念。[4]

2. 农民思想政治教育着力点

文化和科技素质低、道德行为失范和犯罪率的持续上升、道德教育淡漠以及农村干部对思想政治教育认识不到位等问题严重阻碍了农村经济的发展和社会稳定；[5] 思想政治教育本身也存在着教育方法简单、教育载体

---

[1] 张春华. 乡村治理视野下农村思想政治教育的功能指向[J]. 学术论坛，2013(1).
[2] 杨以谦. 对农民思想政治教育要有新思路[J]. 江淮论坛，2000(5).
[3] 张红霞. 新时期农民思想政治教育探析[J]. 社会科学家，2008(5).
[4] 邱红霞. 农民的思想政治教育和建设社会主义新农村的关系[J]. 法制与社会，2008(14).
[5] 赵国利. 社会主义新农村建设中的农民思想政治教育现状分析[J]. 法制与社会，2008(2).

相对落后、教育队伍薄弱以及组织领导不够完善等问题。① 因此，有学者认为，在农民的思想观念上要注意观念的多样化和教育活动的有效性，把握好中国共产党在农民思想政治教育中的角色定位，从加强基层党组织的领导、教育工作队伍的建设、思想政治教育载体的拓建等方面，完善农民思想政治工作机制；② 农民思想政治教育应该着眼于农民主体意识教育、合作意识教育和民主意识教育的培养，促进农村发展与农民思想政治教育的双向互动；③ 还应依据环境的变化调整教育的目标、内容和方式，将思想政治教育与农民的实践相结合，提高教育工作的时效性。④

3. 农民思想政治教育关键人物

自新中国成立以来，我国涌现了一大批优秀的农民教育思想家，对我国农民思想政治教育的发展作出了巨大贡献。在对关键人物的研究中，主要以毛泽东农民教育思想为主，从形成条件、内容和特征以及毛泽东思想的当代意义几方面展开探讨。首先，就形成条件而言，学者们多从马克思主义基本理论、中国农民教育的理论实践、中国传统的农民观以及近代乡村教育的实践经验进行论述。⑤ 在毛泽东农民教育思想的内容方面，疏仁华总结为四点：教育农民是主要问题，农民教育应该与生产实践相结合，要用一切办法提高工农的文化水平，农民教育要基于自觉自愿的原则；⑥ 林海、秦永芳则分为思想、文化和科技三个方面；⑦ 苗国强在此基础上又

---

① 何文毅. 新农村建设中农民思想政治教育实施策略研究［D］. 重庆：西南大学，2011.
② 王芳. 农村思想政治工作面临的问题与对策［J］. 理论探索，2006（1）.
③ 杜君，张学凤. 新农村建设与农民思想政治教育［J］. 东北师大学报（哲学社会科学版），2012（3）.
④ 运迪. 建国以来中共农民思想政治教育工作基本经验［J］. 中国特色社会主义研究，2011（4）.
⑤ 张守义. 试论毛泽东农民教育思想的来源［J］. 党史文苑，2007（2）.
⑥ 疏仁华. 论毛泽东农民教育思想的内涵及当代意义［J］. 毛泽东思想研究，2005（3）.
⑦ 林海，秦永芳. 毛泽东的农民教育观及对社会主义新农村建设的启示［J］. 社会科学家，2009（5）.

加上了军事这一要素。① 在特征方面，学者们认为毛泽东农民教育思想具有"全局性""人本性""政治性"和"实效性"的特征。② 在当代，毛泽东的农民教育思想同样具有重要作用，它既是解决"三农"问题的法宝，又是实现农民发展现代化的思想武器，尤其是毛泽东提出的加强农民的思想政治教育、提高农民的科学文化水平以及选择适合农民特点的教育方法等思想都对我国培育新型农民具有重要的指导作用。③

（三）话语体系之核心内容：农民职业教育

由于我国农业基础薄弱，农民教育的主要目标趋向农民技术水平的提高，因此，农民职业教育一直是学者们研究的焦点。在改革开放初期，我国就建立了集农业广播电视学校、农业技术推广和其他主体于一体的农民教育培训体系，迄今为止，农民职业教育都是实现社会主义现代化和推动实施乡村振兴战略的重要抓手。梳理我国农民职业教育的主要内容可发现，我国学者对于农民职业教育的研究主要集中在职业培训模式的探索、职业教育体系构建以及职业农民培育策略三个方面。

1. 职业培训模式探索

由于我国区域发展不平衡，在农民职业教育模式的选择上应该因地制宜选择合适的模式。例如，景琴玲立足于我国区域发展的实际情况，结合我国农业职业教育已有的发展模式，在借鉴国外农业职业教育发展经验的基础上，认为我国农业职业教育发展模式选择的关键因素在于经济发展程度、资源差异以及受教育者自身发展需求，提出了适合我国东部、中部和西部地区农业职业教育发展的可选模式，例如，在东部地区应该选择服务类发展模式、在中部地区应该选择资源开发类发展模式、在西部地区应该选择反贫困类发展模式；此外，从优化外部环境、完善内部机制以及农业

---

① 苗国强. 毛泽东农民教育思想及其当代价值研究 [J]. 理论月刊，2010（8）.
② 罗悦文. 毛泽东农民教育思想及当代价值研究 [D]. 昆明：昆明理工大学，2016.
③ 李强，马中全. 论毛泽东农民教育思想对培养新型农民的指导意义 [J]. 西南大学学报（社会科学版），2007（4）.

职业学校自身三个层面分析了保障我国农业职业模式运行的必要条件。① 此外，莫鸣从人才培养的角度制定了一个包括对象、目标、方式、体系、组织管理体系以及运行机制等新型农民培养模式的分析框架，并对各个方面作了具体阐释，将农民培养模式分为政府主导、市场引导和学者推动三个类型。②

2. 职业教育体系构建

不同的学者对农民职业教育培训体系的构建有着不同的看法。例如有学者提出构建农民教育组织、教学、保障和评价体系。③ 在组织方面，农民老龄化问题突出，农民的素质与城镇居民差距较大；在农民群体方面，部分农民的技能和专业管理的能力与农村产业发展的需求不相适应；在教育保障方面，现有的农民职业培训资金整体投入不足，部分职业教育政策未惠及农民，政策支持和保障措施缺位；而且培训的内容也不够丰富，层次也不够高。④ 因此，学者们认为应该对农村职业教育培训资源进行整合，建立职业教育和培训资源共享机制；对教师进行继续教育，加快农民职业培训师资队伍的建设；创新农民职业培训方法，依托合作社和农民企业开展专业培训；⑤ 建立内容丰富、方式创新、监督到位的培育体系。⑥ 还有学者从整体的角度提出，要完善从基础教育到高等教育的纵向教育培训体系，要通过多样化的培训组织和网络媒介来发展横向的教育平台。

3. 职业农民的培育策略

职业农民的培育不仅有助于解决农村职业教育面临的困境，而且为农村培养了潜在劳动力。国家政策的支持和发达国家先进经验的启示都催生

---

① 景琴玲. 我国农业职业教育发展模式研究 [D]. 咸阳：西北农林科技大学，2012.
② 莫鸣. 新型农民培养模式研究 [D]. 长沙：湖南农业大学，2009.
③ 彭移风. 我国农民教育培训体系的完善和优化 [J]. 北京农业职业学院学报，2007（2）.
④ 郭智奇，齐国，杨慧，等. 培育新型职业农民问题的研究 [J]. 中国职业技术教育，2012（15）.
⑤ 李伟. 新型职业农民培育问题研究 [D]. 成都：西南财经大学，2014.
⑥ 韩娜. 我国新型职业农民培育问题研究 [D]. 大连：大连海事大学，2013.

了这一培育目标。[1] 郭智奇等认为,农村社会化大生产、农村"现代化""农业化""城镇化"三化同步发展迫切需要培育新型职业农民。[2] 因此,要明确新型职业农民的主体地位,加大对新型职业农民的政策扶持力度和培训力度;[3] 推动农业经营主体的创新,从产前、产中、产后以及整个产业链契合关系的视角培育农业经营管理者、种养能手和社会化服务型农民;建立新型职业农民认证准入体系,运用"倒推法""门槛法""打分法"等方式推动体系创新;落实新型职业农民激励政策,制定农民独享性政策和不同经营主体的配套扶持政策。[4]

(四)话语体系之创新样态:农民创业教育

进入21世纪以来,由于金融危机的影响,劳动密集型产业生产规模缩小,农民出现大规模返乡浪潮,农民教育的研究方向随之发生了改变。农村拥有资源和政策扶持优势,农村开展创业教育是开拓农民就业途径、推动农村经济发展和引领农民致富的一条出路,也是活跃农村经济,缓解城乡收入不平等问题的重要途径之一。[5] 农民创业教育目的在于提高农民的创业意识、创业技能和创业理念,我国学者对农民创业教育的研究多集中在农民创业教育的价值和农民创业教育策略探析两方面。

1. 农民创业教育的价值

通过实证研究发现,教育与农民创业的收入存在显著的正相关,接受过创业教育培训的农民,其创业能力和创业素质要高于未接受过培训的农

---

[1] 皮江红. 培养新型职业农民:农村职业教育的新定位 [J]. 高等农业教育,2013 (8).

[2] 郭智奇,齐国,杨慧,等. 培育新型职业农民问题的研究 [J]. 中国职业技术教育,2012 (15).

[3] 徐涌,戴国宝. 我国新型职业农民培育问题与对策研究 [J]. 成人教育,2013 (5).

[4] 叶俊焘,米松华. 新型职业农民培育的理论阐释、他国经验与创新路径——基于农民现代化视角 [J]. 江西社会科学,2014 (4).

[5] 谭华清,赵廷辰,谭之博. 教育会促进农民自主创业吗? [J]. 经济科学,2015 (3).

民。① 另外，接受过创业技能培训的家庭比未接受过的家庭经营收入高，因为他们通过创业技能培训掌握了一定的实用技能和一定的抵御市场风险的能力。但是，在一定教育的阈值以内，教育程度的提高会提高农民创业的概率，一旦教育程度超过该阈值，教育程度的提高反而会使农民创业的概率降低。② 还有学者认为，开展农村创业教育是现代农业发展的客观需求，它能够开发农民内在潜力，激发农村内在活力，促进农民从"输血型"到"造血型"的转变。③

2. 农民创业教育策略探析

目前我国农民创业教育受到了来自创业主体、客体和外界环境的影响。在主体方面，农民整体素质偏低，创业所需的心理承受能力和开放的思想观念都与现实相悖；在创业教育客体方面，农民教育系统混乱，创业教育环境差，内容也较为落后；而且市场风险、创业政策不健全以及创业教育研究的落后等外部因素也会影响农民创业教育的发展。④ 因此，要从创业教育的政策、环境、内容、体系等方面出发做好整顿和治理，促进政府职能的转变和优惠政策的制定；加强创业教育基地建设和师资队伍建设；调整创业教育的内容；建立创业教育网络服务体系等。⑤ 在实践过程中要突出农民创业教育的实用性、层次性和整体性，发挥创业教育对生产实践的指导和服务功能，针对不同的农民群体实施有差别的教育。⑥ 还有学者认为，高等农业教育的内容、模式和特点适应了我国新型农民创业培

---

① 贾文华. 农民创业教育与"三农"问题的相关性研究［J］. 安徽农业科学，2008（4）.

② 谭华清，赵廷辰，谭之博. 教育会促进农民自主创业吗？［J］. 经济科学，2015（3）.

③ 张晓东，郭成芳. 开展农民创业教育 促进农民创业活动［J］. 中国农村教育，2009（6）.

④ 郭永秀，李建民，齐艳霞. 我国现行农民创业教育问题与对策研究［J］. 河北农业大学学报（农林教育版），2007（2）.

⑤ 李玉杰，刘志峰. 基于新农村建设的农民创业教育研究［J］. 安徽农业科学，2008（5）.

⑥ 王法权. 农民创业教育机制探讨［J］. 成人教育，2010（11）.

植的要求，在农民创业教育的培养策略方面，可以从高等农业教育入手，调整学科结构、教学内容和教学手段，加大对高等农业教育创业培植的力度，突出骨干农户的非学历培训，注重对农业人才后备力量的培养。①

（五）话语体系之域外借鉴：农民教育的比较研究

改革开放后，为了促进我国农民职业技术教育的发展，提高农民的科技和文化素质，学者们还将研究视野转向了国外，分析国外农民教育的主要特点和经验，以期推动我国农民教育的发展。

1. 国外农民教育的特点和经验

国外普遍重视农民教育，不仅政策和经费会向农民教育倾斜，而且在完成规定的农民职业教育课程之后举行农民资格考试。例如，有学者认为美国在教育理念和教育管理系统的完善等方面表现出色，在教育理念方面不仅注重实践，讲究实效，还采取了合作的、现代化的培训方法；在管理系统方面，建立了农民教育的管理机制和监督机制。② 还有学者介绍了美国构建的农业教育、科研和推广三位一体的农业科技体系，举办形式多样的农业教育培训，例如辅助职业经验培训（SOE）、农民综合能力培训（FFA）、辅助农业经验培训（SAE）等。此外，英国将高校、科研咨询部门和农业培训网有机结合，满足不同层次人员的需要。日本为培养农业劳动力还开设农业高中和建立国内外留学制度。韩国在1960年就颁布了《乡村振兴法》，乡村振兴厅、农民合作组织和农业院校作为培训农民的主体，建立了一整套农民教育的培训体系和分类指导、分层次培训的教育体制；近年来，韩国为适应市场的需要还制定了培训券制度，在农民教育中引入了竞争机制。

2. 国外农民教育对我国的启示

我国可以借鉴国外农民教育的发展模式，完善我国的农民教育体系。首先，政府有义务增加对农民职业教育和培训的投入，承担农村非义务教

---

① 赵西华，周曙东. 高等农业教育：我国新型农民创业培植的途径选择［J］. 江苏高教，2006（1）.

② 向安强，贾兵强，许喜文，等. 浅论国外农民教育的特点［J］. 成人教育，2006（1）.

育经费，在资金使用方面建立经费监管机制，保证公共性教育的投入。①其次，加快农民教育体系的构建，集聚重要的农业科研院校、职业技术培训中心、民间组织和企业以及各种行业协会等参与到农民教育培训中来，培育农民教育发展新模式；逐步建立健全我国农民就业培训制度，农民必须培训，培训才能上岗。再次，要拓宽农民教育渠道，通过经济诱导激发企业和农民的积极性，采取社会多元化办学机制，通过市场机制开拓办学渠道和办学途径，形成多元化办学格局。最后，构建具有中国特色的农民教育培训机制，要引导全社会的教育资源参与到农民教育中来，促进农民教育的发展和现代化农业的建设。

三、农民教育研究存在的问题及未来展望

从扫盲运动到精准扶贫，我国学者在农民教育领域进行了不懈的研究和探索，积累了相当数量的研究成果，目前已初步构建了农民教育研究的话语体系，但还是存在一些有待改进的地方。

（一）存在问题

首先，我国农民教育研究话语体系的言说质量需进一步提升。关于农民教育的研究在数量上呈现出逐年上升的趋势，但是结合载文期刊来看，虽然目前已有专门的成人教育类和农业教育类的期刊关注到了农民教育问题，但多数文章下载和引用次数偏低，发表于核心期刊的文献数量较少。从研究机构来看，农民教育的需求是伴随着社会经济发展和城市化进程而日趋旺盛的，因而关注农民教育的机构主要分布在发达或较为发达地区的农业大学，当地的研究者关注农民教育，并进行了深入的理论探讨和实践尝试，但来自中西部地区的研究成果较少，各省研究机构和研究者之间缺乏交流与合作。另外，研究机构较少来自高等院校，在农民教育实践中可能造成科学教育理论和教育方法的缺失，影响农民教育的实践效果。

其次，根据对现有文献内容和观点的分析，我国农民教育研究话语体

---

① 杜俊灵. 国外主要农民教育模式的比较与借鉴 [D]. 武汉：华中农业大学，2012.

系政策导向性明显，研究主题较为单一。目前，我国农民教育的研究主题依旧集中在政策导向下的职业教育培训这一方面，缺少对于农民的性格特征、外显行为和生活方式、价值观等微观要素的质性研究，使得研究缺乏系统性和人文性。随着乡村振兴战略的进一步实施，在农民教育领域内也出现了新的前沿性的研究主题，例如失地农民的教育与管理、乡村振兴背景下农民学习积极性的培养、农民现代信息技术的学习与应用等，尚待进一步挖掘。此外，农民教育不仅仅是社会学和教育学的问题，随着现代社会知识更新进程的日益加快，农民教育研究既不能脱离社会学和成人教育学科的基础性指导，也不能用普通社会学和成人教育学科的基本原理直接替代农民教育的理论[1]，越来越多的问题需要从经济学、人口学、心理学、管理学等新的视角和新的学科知识出发找到解决方法。

（二）未来展望

1. 加强研究力度，完善农民教育话语体系建设的框架结构

首先，通过对现有农民教育话语体系的主要构成分析可以发现，大多数文献将研究的视野集中于农民教育现状的描述和宏观策略的提出，但是，由于农民教育内涵的开放性、操作的复杂性以及切入点的难以把握，其理论研究还不够系统和完善，因此要增强农民教育理论的科学性和导向力，农民教育话语体系构建的研究人员要奠定扎实的理论基础，加大研究力度，梳理农民教育理论体系和研究框架，产出更加具有针对性和实用性的研究成果。其次，加强农村成人学校科研人才的培养，将系统化的教育知识和农业知识相结合，通过科学合理的教育方式指导农民学习实践，再通过农民的学习实践促进农民教育体系的完善，形成教育与农业相互配合和相互指导的互动模式。再者，探讨中西部和东部地区农民教育发展的经验与困境，寻找农民教育研究的一般规律和特殊规律，在交流过程中形成一批高水平、知识经验丰富的农民教育研究团体，开拓研究者的研究思路，推动农民教育的发展。

---

[1] 侯怀银，李秧. 教师教育学在中国：历程、进展和趋势 [J]. 教师教育研究，2019（6）.

2. 拓宽研究视野，增强农民教育话语体系建设的发展活力

教育现象是复杂的社会现象，农民教育的研究以解决农民学习教育问题为宗旨，这就决定了其必须走跨学科研究之路，依赖多学科的理论、方法和视野，以提高本研究领域的理论综合性和学科规范性。因此，农民教育话语体系的建设应该关注经济学、人口学、心理学、管理学以及现代教育信息技术等方面的知识，探索符合区域社会经济文化需求的农民教育经验和模式，将国家农业发展、经济发展、农民个人水平的提升和生态社会的建成融入到农民教育的研究中，开拓农民教育话语体系建设的新视角和新思路。此外，农民教育的理论研究具有相对独立性，需要在做好国际农民教育比较研究的同时将研究视角转移到我国区域农民教育的发展模式研究上来，拓宽研究思路，加强农民教育研究国际化与本土化的融合。

3. 推动学术合作，整合农民教育话语体系建设的学术资源

梳理我国农民教育话语体系建设的已有成果可以发现，除了一些在本领域具有较强实力的研究学者开展了少量学术合作以外，大多数学者仍处于单兵作战的状态，因此在未来的研究中要构建平台，创造条件推动研究者之间的合作。第一，鼓励创建农民教育研究机构，通过教育行政部门的支持，使之逐渐发展成为指导农民教育实践开展的重要阵地。第二，各级教育类课题应适当向农民教育倾斜，吸引更多优秀科研团队和研究学者加入农民教育的合作研究当中。第三，鼓励召开农民教育研究的相关学术会议，以农民教育领域内优秀的理论研究和实践人才推动优秀研究成果的各地区共享。第四，农民教育作为实施乡村振兴战略的重要举措之一，各类期刊和媒体不应仅根据农民教育理论研究的深浅度判断文章的质量，还应该关注农民教育实践的应用性和辐射面，肯定优秀农民教育实践成果，以期引导农民教育话语体系建设的发展方向。

4. 联系社会实际，强化农民教育话语体系建设的精准度

新型职业农民培育在农民教育话语体系中一直占据较高的热度，尤其是新型职业农民培训中存在的问题、培训模式的研究以及发展策略研究等方面都取得了一定的成果，但是在农民教育培训的管理、治理、教育质量的评估方面，研究还不够深入。在未来的研究中应该从国家的宏观政策、

农民教育治理问题以及教育评估的体系建设出发，推动农民教育研究向全面化和精细化方向发展；随着信息技术的发展，在"互联网+"这一时代背景下探讨和分析目前我国农民教育培训模式的转化和升级刻不容缓，但是相关的研究文献并不多见，这就说明了目前农民教育在大数据时代背景下如何冲破传统农民教育的束缚和藩篱，反映时代发展特色，实现新形势下农民教育的创新和发展，依旧是值得深挖的问题；另外，目前我国提出了乡村振兴战略，提倡大力培育新型职业农民，在这一大趋势和背景下如何更好地开展农民教育，助力乡村振兴取得完满成功也是当前需要深思的问题。

第三节 农民工教育研究

农民工指的是户籍在农村，进入城市务工和在当地或异地从事非农产业劳动的劳动者。自改革开放以来，中国农村推行家庭联产承包责任制的改革，解决了农民的温饱问题，使有限土地上的富余劳动力越来越多，农民开始进入城市。1984年，张雨林教授将户口在农村、在附近的县属镇做工的人群称为"农民工"，自此作为一个新群体，"农民工"这一称谓被广泛传开。[1] 农民工在中国城镇化、现代化进程中承担着极为关键的角色，对未来实现乡村振兴和加快我国现代化的发展也发挥着重要作用。本节以改革开放作为我国农民工教育研究的起点，总结和梳理农民工教育发展的特征和主题，深化对农民工教育的理论和实践认识，并试图为我国今后的农民工教育的研究提供一些参考意见。

一、农民工教育研究的历史演进

以中国知网（CNKI）为检索平台，通过高级搜索，将文献分类选为"社会科学辑"，搜索主题设为"农民工教育""农民工学习""农民工培训""农民工人力资源开发"并且不含"子女教育"，逻辑关系为"或者"，

---

[1] 朱磊，雷洪. 论农民工的分类及其转型 [J]. 社会学评论，2015 (5).

检索时间为 1978 年到 2019 年，共检索到中文文献 5342 篇，其中期刊 3935 篇，硕博论文 1210 篇，会议报纸 193 篇，研究内容涉及教育、政治、经济、农业等领域。

（一）阶段划分

一般认为"农民工教育"这一主题兴起于 20 世纪末，随着农村富余劳动力的增加，越来越多的农民突破了原来以土地为主要阵地的就业观念，开始向城市迁移，此后农民工教育的文章开始陆续涌现。根据 1978 年改革开放、2003 年 9 月农业部等六部门出台《2003—2010 年全国农民工培训规划》、2008 年教育部在全球金融危机背景下颁布《关于中等职业学校面向返乡农民工开展职业教育培训工作的紧急通知》以及 2010 年国务院办公厅下发《关于进一步做好农民工培训工作的指导意见》，同时参照农民工教育研究的发文趋势，本研究将我国农民工教育研究分为四个阶段：1978—2002 年的萌芽阶段，2003—2007 年的初步发展阶段，2008—2010 年的快速发展阶段，2011 年至今的成熟稳定阶段。

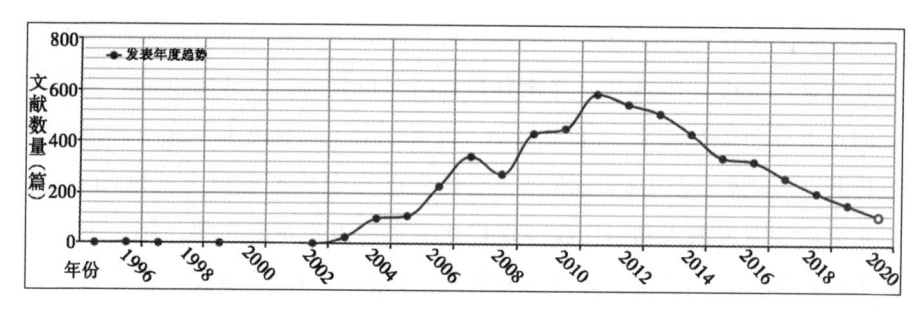

图 10.4 我国农民工教育研究发文趋势

1. 萌芽阶段：农民工教育研究首次出现（1978—2002 年）

1978 年开始的改革开放释放了大量农村富余劳动力，随着社会主义市场经济体制改革的逐步推进，"农民工"的教育问题也逐渐受到重视，各地开始设立农村劳动力就业领导小组办公室，并要求技工学校、成人教育学校做好农民工的培训工作，不同省市也开展了关于农民工就业和农民工教育管理的调查。① 1987年《关于改革和发展成人教育的决定》提出要从农村的实际出发，满足农村不同行业人群对于教育培训的要求。继而，《刍议对农民工的安全教育》《应有对农民工培训的紧迫感》《培训教育农民工不容忽视》等文章相继提出，农村剩余劳动力的转移存在着很多问题，需对农民工进行教育。2001年5月，教育部下发的《关于中等职业学校面向农村进城务工人员开展职业教育与培训的通知》指出，为适应经济社会发展的需要，满足农村进城务工人员的学习要求，需要加强中等职业学校面向农村进城务工人员开展职业教育与培训，因此，这一时期对农民工教育的研究主要围绕"农民培训如何规划""谁来为农民工教育买单"以及"如何保障农民工受教育的权利"展开。

2. 初步发展阶段：农民工教育研究目标和内容开始细化（2003—2007年）

2003年9月出台的《2003—2010年全国农民工培训规划》提出，以转移就业前的引导性培训和职业技能培训为重点进行农民工培训。此后，2005年《中共中央、国务院关于推进社会主义新农村建设的若干意见》、2006年《国务院关于解决农民工问题的若干意见》在对农村劳动者开展职业技能培训促进其转移就业的基础上还完善了对农民工培训的保障措施。除了技能培训之外，2007年中办、国办下发的《关于加强农村实用人才队伍建设和农村人力资源开发的意见》还提出，要将农民工纳入城市公共服务体系，提高农民工的城市适应性，促进农民工更好地市民化。在相关政策的激励下，农民工教育的相关研究开始增多，研究的主要内容涉及"农村劳动力转移""职前教育""农民工城市适应性""思想政治教育"等方面。

3. 快速发展阶段：农民工教育研究出现转向和调整（2008—2010年）

2008年，受全球金融危机的影响，劳动密集型产业生产规模下降，农民工出现大规模返乡浪潮，农民工教育的研究方向发生了一定的变化。这

---

① 冯桂林，朱玲怡. 武汉市农民工就业培训的现状调查与分析[J]. 湖北社会科学，1996（3）.

一阶段，教育部先后发布了《关于中等职业学校面向返乡农民工开展职业教育培训工作的紧急通知》（2008）、《关于切实做好返乡农民工职业教育和培训等工作的通知》（2009）等文件，体现了对返乡农民工的重视，同时也促进了全社会对返乡农民工职业教育培训和就业保障问题的关注。因此，从2008年起，对返乡农民工教育的研究开始增多，研究者们提出了各种针对返乡农民工的教育措施和教育建议，例如以教育券的形式发放教育经费、对返乡农民工进行创业教育等。同时，在全球金融危机的背景下，针对教育培训工作监督不到位、质量低下等问题，人力资源和社会保障部等部门出台的《关于进一步规范农村劳动者转移就业技能培训工作的通知》（2009）、国务院办公厅下发的《关于进一步做好农民工培训工作的指导意见》（2010）对农民工教育作出了各项规定。在这一阶段，对农民工教育需求的研究、职业教育体系的构建以及素质教育的探讨也逐步增加，农民工教育研究呈现出蓬勃发展的局面。

4. 成熟稳定阶段：农民工教育研究体系不断完善（2011年至今）

从2011年开始，政府尝试通过完善现代职业教育体系来推动农民工教育的发展，农民工教育和培训的相关政策相继出台。[1] 2013年，党的十八届三中全会将农民工职业教育与培训纳入我国现代职业教育规划建设体系之中，国务院印发的《国家教育事业发展"十三五"规划》明确指出，要为进城定居的农民工提供学历和非学历继续教育，提高农民工学历、提升农民工能力。2016年，人力资源和社会保障部等五部门发布的《关于实施农民工等人员返乡创业培训五年行动计划（2016—2020年）》提出要对返乡农民工进行创业教育。这一时期通过一系列政策的完善，逐渐建立了农民工培训的统筹管理制度，并形成了培训、就业和维权一体化的工作机制。[2] 这一时期文章的质量有了显著提高，培训对象、方式、内容、组织保障等方面的新观点不断涌现，其中对"新生代农民工""市民化""企业

---

[1] 马金平，周丽，郭朝晖. 我国农民工职业教育与培训的政策演变［J］. 教育理论与实践，2019（27）.

[2] 张啸峰. 农民工教育培训对其职业发展影响研究［D］. 杭州：浙江农林大学，2015.

管理"等问题尤为重视，例如邵艾群在《新生代农民工的培训研究》中指出，与上一代农民工相比，新生代农民工受教育程度高，身份逐渐"非农化"，对于职业期望值高，但工作耐受力低，更换工作的频率高，对新生代农民工进行教育要引导其学习习惯的养成，改革现有的培训模式。①

（二）农民工教育研究的已有成果分析

1. 研究作者：整体较为分散，缺乏交流合作

通过 SATI 统计工具梳理发文量较高的作者分布情况（参见表 10.9 及图 10.5），可以看出，关注农民工教育的作者较多，但是，单个作者发文量相对较低，排名前十五的作者发文量仅占总数的 2.5% 左右，说明研究作者较为分散；高产作者所刊发的多为普通期刊，被引次数和下载次数不高，由此可见，还需加强对农民工教育研究高品质之作的打造；另外，除了张佳、赵宝柱等少数研究者有科研合作之外，其余作者多为独立发文，科研沟通交流并不多见。

表 10.9　农民工教育研究发文量作者排名（前十五）

序号	姓名	发文量	序号	姓名	发文量
1	曾铁	27	9	赵洪波	9
2	王春林	14	10	吕莉敏	8
3	叶玲	12	11	唐踔	8
4	张胜军	12	12	崔铭香	8
5	刘奉越	10	13	李军刚	8
6	王飞	10	14	郑爱翔	8
7	张佳	9	15	黄晓利	8
8	赵宝柱	9			

---

① 邵艾群. 新生代农民工的培训研究 [J]. 教育学术月刊，2012（3）.

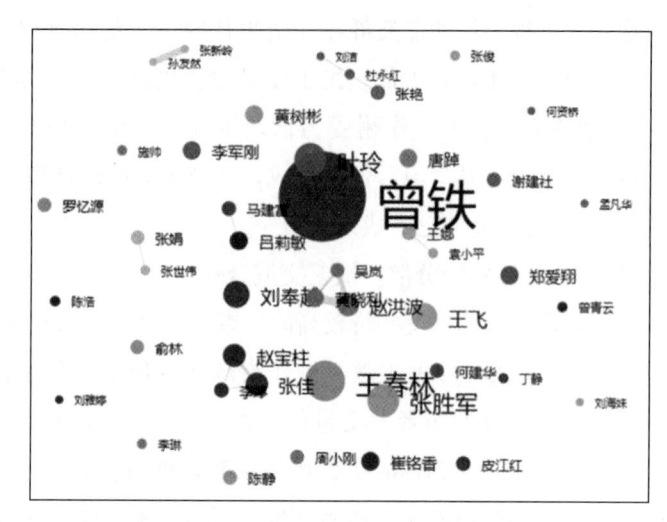

图 10.5 农民工教育研究发文作者图谱

2. 载文期刊：个别期刊载文量大，关注度较高

如表 10.10 所示，农民工教育研究发文量排名前十五的期刊发文量占发文总量的 17.9%，剩余 82.1% 分布在发文量较低并且不同的期刊中，说明关注农民工教育研究的期刊较多，文献分布零散。《成人教育》《职教论坛》《中国成人教育》等期刊对该主题较为关注，发文量均超过 100 篇。此外，华中师范大学和吉林大学的学位论文也涉及了农民工教育研究主题。

表 10.10 农民工教育研究文献来源统计

序号	来源	载文量	百分比（%）
1	成人教育	140	2.64
2	职教论坛	114	2.15
3	中国成人教育	112	2.12
4	继续教育研究	77	1.45
5	中国培训	71	1.34
6	中国职业技术教育	66	1.25
7	职教通讯	54	1.02
8	中国劳动保障报	47	0.89

续表

序号	来源	载文量	百分比（%）
9	安徽农业科学	46	0.87
10	教育与职业	45	0.85
11	河北大学成人教育学院学报	39	0.74
12	中国职工教育	39	0.74
13	华中师范大学	37	0.70
14	农业经济	30	0.57
15	吉林大学	29	0.55

3. 研究机构：大多数来源于高校，以独立研究为主

统计发现（如表10.11所示），我国农民工教育研究机构多数来源于高校，发文频次在50次以上的机构有：华东师范大学、河北大学、华中师范大学、吉林大学、西南大学。华东师范大学以69篇高居榜首，排名前十五的研究机构发文均达30篇以上，这些机构对我国农民工教育的研究发挥了重要作用。对研究机构合作发文情况进行统计发现，农民工教育研究主体单一，大多数高校均为独立发文，仅有的合作关系也只是高校内部教育思想的交流与传递。

表10.11 农民工教育研究机构统计

序号	研究机构	数量	占比（%）
1	华东师范大学	69	1.30
2	河北大学	64	1.21
3	华中师范大学	63	1.19
4	吉林大学	62	1.17
5	西南大学	54	1.02
6	湖南师范大学	47	0.89
7	曲阜师范大学	43	0.81
8	西北农林科技大学	39	0.74
9	苏州大学	38	0.72

续表

序号	研究机构	数量	占比（%）
10	湖南农业大学	35	0.66
11	福建农林大学	35	0.66
12	南京农业大学	35	0.66
13	江西师范大学	35	0.66
14	河北科技师范学院	33	0.62
15	重庆大学	33	0.62

二、农民工教育研究的主题分析

选用 CiteSpace 对农民工教育引用次数大于 10 次的相关文献进行关键词聚类，时间跨度为 1978 年到 2019 年，节点类型设为关键词，生成农民工教育研究文献的关键词贡献图谱、频次与中心度。该图谱共有 135 条连线，373 个节点，节点越大，则关键词出现次数越多。中心度是用节点的"度数"来衡量与节点直接联系的个体数目，它代表着该关键词与其他关键词之间的密切程度和影响的强弱。频次则是关键词出现的次数。观察表 10.12 和图 10.6 可知，关键词和中心度、频次并不成正比，聚类的点越厚，其中心性越强，中心性值就越大。剔除对本文分析没有价值的重复关键词，结合关键词的频度和中心度，将"培训需求""教育需求"等关键词归纳为"学习需求"，将"农民工培训""职业培训""创业培训""思想政治教育"等归纳为"课程内容"等，总结出我国农民工教育研究的五大研究主题：学习需求、课程内容、培训模式、教育资源和机制体制。

表 10.12　农民工教育研究关键词中心度与频次

关键词	中心度	频次	关键词	中心度	频次
职业培训	0.21	58	学习需求	0.10	10
新生代农民工	0.19	222	城市化	0.07	13
人力资本	0.16	41	思想政治教育	0.06	34
市民化	0.15	41	返乡农民工	0.04	12

续表

关键词	中心度	频次	关键词	中心度	频次
就业质量	0.04	6	政府责任	0.01	9
权益保障	0.03	4	培训模式	0.01	8
制度创新	0.03	2	培训意愿	0.01	2
城市融入	0.02	8	长效机制	0.01	4

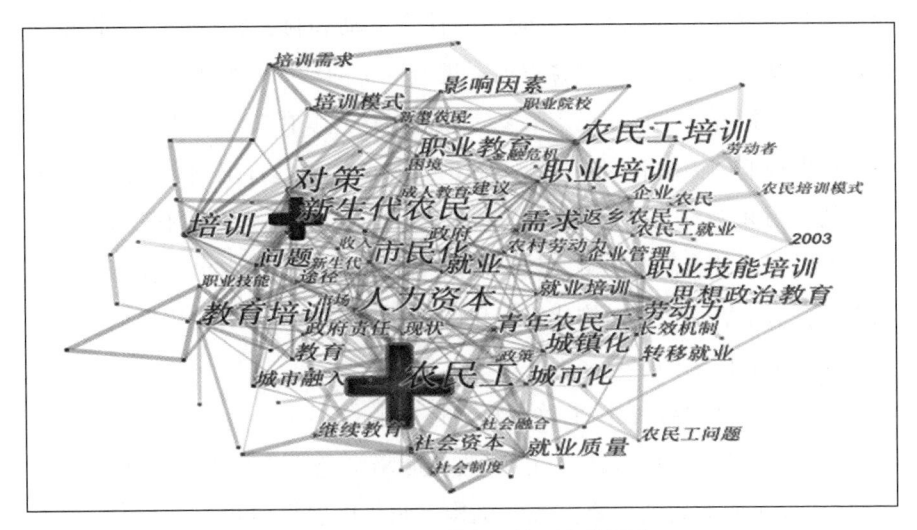

图 10.6 农民工教育关键词聚类图谱

（一）学习需求：农民工教育研究的起点

成人的学习不是要获得系统完整的学科知识，而是获得应用知识有效改进自己实践的能力。[①] 有针对性地制定农民工培训策略，是提高教育质量和农民工幸福感的重要一步。调查发现，农民工对新技术和管理类知识较有兴趣，但是对于"法律知识""生活能力"和"权益保护"等方面知识的概念较为模糊。[②] 在时间和费用方面，"循环-菜单式"的培训时间、

---

① 刘奉越，孙培东. 基于返乡农民工学习特点的创业培训论略[J]. 教育学术月刊，2009（8）.

② 刘平青，姜长云. 我国农民工培训需求调查与思考[J]. 上海经济研究，2005（9）.

低廉或者免费的培训更加能够调动农民工的积极性。[1] 对于大量外来务工者来说，除了自身技能的提升方面，学历提升、管理知识、理念培训等市场导向性知识也在逐渐成为农民工培训的重点需求。[2] 要把农民工潜在的教育培训需求转化为教育现实，目前还面临着农民工教育制度保障的缺失，培训内容的脱节，农民工的支付能力有限以及社会人文关怀略显不足，忽视农民工的理想和心理诉求等问题。[3] 根据马斯洛需要层次理论，农民工具有安全、人际交往、向上的社会流动和自我实现四个方面的需要，应该从成长经历、受教育程度、进城务工的动因、城市适应等几个方面全面深入把握新生代农民工的基本状况，构建农民工教育工作的有效渠道，根据他们的需求和期望进行不同内容和层次的教育培训，才能激发农民工的学习积极性，提高农民工的技能和素质。[4] 此外，还有学者认为，满足农民工的教育需求，解决教育供给与需求脱节的根本出路在于建立农民工教育需求表达机制，构建组织化的表达群体和畅通的表达渠道，才能更好地满足农民工的学习需求。[5]

（二）课程内容：农民工教育发展的关键

职业教育类课程。农民工的职业技能培训是人力资源开发的重大问题。[6] 农民工职业培训主要以政府机构、职业培训机构和企业为主要供给方；以工程机械驾驶、电脑、机械维修、厨师、建筑等方面为主要传授内容；在组织方式上，主要有企业主导型、政府主导型、农民工自主型等；[7]

---

[1] 吕莉敏，马建富. 新生代农民工教育培训需求及策略探究 [J]. 中国职业技术教育，2010（33）.
[2] 李伊白. 面向新生代农民工的移动学习：现状、需求与发展策略 [J]. 中国远程教育，2010（9）.
[3] 李建伟. 我国新生代农民工成人教育的困境与突破 [J]. 职教论坛，2011（1）.
[4] 葛晓萍，黄彩英. 从心理需求角度论新生代农民工的培训 [J]. 成人教育，2011（4）.
[5] 滕杰. 城镇社区农民工教育需求表达机制研究 [J]. 成人教育，2020（1）.
[6] 杨燕. 农民工培训问题研究 [J]. 理论建设，2006（4）.
[7] 张爱培. 新生代农民工职业培训探析 [D]. 上海：华东政法大学，2012.

在培训方式上，主要有学校培训、企业培训以及学校与企业联合培训三种方式。① 但是由于培训效果与利益诉求的不匹配、投入机制的缺失和组织方式的不合理，解决农民工职业培训的问题不仅要做到统筹全局，放眼未来，还要注意到农民工具体的特殊性，按需而异、因材施教。② 政府和企业要以职业技能为依托，做好人才的储备和培养工作；评估农民工培训时间、效果以及工作效率，健全奖励机制；此外还可以采用"师带徒""引进第三方机构"等方式有针对性地进行培训。

思想政治类课程。思想政治教育相关研究主要包括心理健康教育和法治化教育两方面。当前农民工思想上的困境主要表现在价值观念的冲突、人生态度的转变等。在法治教育上，农民工群体存在着法治素养薄弱，对法律的信任程度低等问题。因此，要对农民工进行国情、形势与政策、集体主义的宏观教育，还要加强对日常行为规范、自我心理调适和维护自身合法权益的特定内容的教育。③ 在社会氛围方面，要优化农民工的社会环境、社区环境和企业环境，发挥环境的渗透性、导向型和感染性的作用；④ 政府法治部门和法律援助中心应该结合起来开设农民工维权绿色通道，为有问题的农民工及时提供法律援助；利用 QQ 群等网络平台发布法治教育知识；⑤ 高校应该与成人学校、广播电视大学结合，为农民工提供法治讲座和法律热线。

创业教育类课程。创业教育对农民工和返乡农民工就业以及新农村建设具有积极的推动作用，能够打破劳动力单向流动的格局，促进农民工就业多元化。相关研究主要包括农民工创业教育的价值、内容和实现策略三方面。农民工创业培训是实现城市化、提高社会文化程度和经济社会可持

---

① 徐卫. 新生代农民工职业培训研究 [D]. 武汉：武汉大学，2014.
② 吴小蓉. 新生代农民工教育培训问题分析与对策 [J]. 继续教育研究，2012 (2).
③ 凌小萍，黄翠秀. 论农民工思想政治教育存在的问题及对策 [J]. 经济与社会发展，2007 (11).
④ 金萍. 农民工思想状况分析及其教育环境的优化 [J]. 江汉论坛，2005 (7).
⑤ 王春林. 关于加强农民工法制教育培训的思考 [J]. 中国职业技术教育，2013 (6).

续发展的重要推力;[①] 能够提高农民工的创业自信心，提高农民工的综合能力。[②] 要以培养农民工创业者的综合创业能力为目标，加强成功创业心理学、企业经营管理等专业知识技能的培训以及创业精神的培育。[③] 此外，创业者协会要开发创业培训课程，加强产教融合实施创业培训，要加强对创业返乡农民工数量的统计、对社会环境的重视以及培训与评估体系的创建，并积极构建特色型培训支持体系，锁定重点培育人群，实施分层多类的培训。

(三) 培训模式：农民工教育研究的支点

培训模式是指对农民工进行培训的模型或者样式，其构成对象包括主体、理念、对象等方面。我国学者对于农民工培训模式的研究主要集中于培训模式的分类和介绍。按主体分类主要有政府主导型、企业主体型和市场依托型;[④] 按培训对象划分有新生代农民工培训、返乡农民工培训和失地农民工培训以及自发培训模式;[⑤] 按照地区发展特色，有"富平模式""短平快模式""MES课程模式""订单加定向式培训模式""平民教育模式""多元教育模式"等。不同的培训模式各具特点：自发培训模式成本较低，政府主导模式组织程度较高，企业主导模式针对性较强，院校主导模式专业化程度较高，而校企合作模式寻求职业院校与企业等利益主体的有效合作。[⑥] "富平模式"从农民工培训供给的角度提出了"民办公助的培训—就业—权益保障一体化"的农民工培训，并从经济学、政治学和社会

---

① 吕红莉. 关于新生代农民工创业培训的几点思考 [J]. 中国培训, 2015 (8).
② 张静. 众创时代返乡农民工创业培训的问题与对策 [J]. 中国成人教育, 2017 (24).
③ 张秀华, 张秀娥. 新型城镇化背景下的新生代农民工返乡创业教育与培训研究 [J]. 农业与技术, 2014 (6).
④ 王竹林, 吕默. 农民工培训模式及动力机制探析 [J]. 西安财经学院学报, 2013 (3).
⑤ 彭烨, 陆素菊. 关于农民工培训模式的研究综述 [J]. 职教通讯, 2010 (7).
⑥ 杨立, 周晓莲. 新生代农民工职教培训模式比较及机制构建——基于校企合作角度 [J]. 江苏教育研究, 2019 (36).

学三方面探讨了该培训模式的积极作用。①"短平快模式"指出,"短"主要指时间以短为主,长短结合;"平"指教育内容既要符合生产力的发展水平,也要适应农民工的接受水平;"快"指对市场信息捕捉快,对市场变化反应快,应用到实践的速度快、见效快、收益快。②"MES课程模式"提供了适于自学的学习材料,通过自学使学员发挥最大的主观能动性,同时能够节省时间和费用。此外,远程教育模式以学习者为中心,构建优质而体系化和教育资源丰富的网络培训平台;③健全农民工网络信息教育的保障制度,加强网络信息素养的教育,提高农民工的自主学习能力。④

(四)教育资源:农民工教育研究的基石

社会产业升级发展需要农民工提高职业和文化素质,但是随着知识的日新月异,教育资源不断升级和变更,需要不断扩充农民工接受教育的渠道,促进农民工教育资源的整合。学者们从教育资源整合出发,分别介绍了教育经费、教学机构以及教学方式等多重资源整合的路径。首先,针对本地区经济水平和产业发展方向、劳动力资源现状、农村职业教育现状,安排专门用于农民工技能培训的资金,采取国家、用人单位、劳务输出地、劳务输入地以及其他筹款方式并重的办法,多元化、多层次、多渠道地筹集培训资金。⑤其次,在教育机构方面,发展和改革农村教育,使农村职业学校、成人学校成为劳动力转移培训的重要阵地,充实农村普通中学和成人学校的职业培训和就业训练的课程安排;⑥开放大学集合了高等学校网络或继续教育学院、夜大等的优点,并突破了它们主要提供学历补

---

① 李湘萍. 富平模式:农民工培训的制度创新[J]. 教育发展研究,2005(12).
② 高存艳. 农民工培训模式应"短、平、快"[J]. 职教论坛,2004(16).
③ 刘慧. "互联网+"视域下新生代农民工市民化教育探索[J]. 继续教育研究,2017(9).
④ 刘奉越. 新生代农民工远程学习障碍及其对策研究[J]. 现代远距离教育,2012(6).
⑤ 刘传祥. 农民工培训应在城乡两大教育资源联动中实施[J]. 农业经济,2006(8).
⑥ 邓晓丽. 我国农民工教育培训问题研究[D]. 成都:四川师范大学,2007.

充教育服务的功能,可以为农民工教育提供新的契机;① 地方高校所形成的高校文化氛围对农民工具有向上的引导力,利用地方高校的科研优势,可以提升对新生代农民工社区教育发展趋势和规律研究的水平;② 社区教育形式灵活多样、辐射面广,符合新生代农民工职业教育、继续教育,甚至是终身教育的需求,是丰富农民工教育资源的重要形式。③ 最后,在教学方式上,移动互联网时代的到来为农民工参与学习与培训提供了新途径和新方式。④ 数字化资源要注意普及要点式的常识、满足碎片化阅读的需求以及符合农民工的消费水平。⑤

（五）体制机制：农民工教育研究的框架

体制通常以权力配置为中心,以结构、功能、运行为主体;机制通常是指有机体的构造、功能和相互关系。⑥ 由于城乡相对封闭的二元体制结构的限制以及由户籍决定的身份限制,农民工接受职业教育缺乏有效的保障机制和均等的培训机会,容易被城市各种保障机制排除在外。因此,需要建立一套科学的管理体系,达到农民工的输入、输出、流动和调控等有组织、有管理、有手段。首先要加强顶层设计,建立面向农民工的社会保障制度,通过健全相关的法律法规保障农民工接受职业教育的合法权益,尽快将与学习权有关的教育法、职业教育法等部门法中的相关条款进行修订,增加对公民学习自由和个性发展方面的表述和规定。其次,要革除传统户籍管理制度的弊端,建立农民工关于登记、就业、收费等的管理制

---

① 魏叶美. 开放大学开展新生代农民工教育：条件和策略 [J]. 成人教育, 2019 (7).

② 滕杰. 地方高校与新生代农民工社区教育资源的融合机制研究 [J]. 中国成人教育, 2013 (1).

③ 王亦飞. 高职院校与新生代农民工社区教育资源融合的对策研究——基于杭州白杨街道闻潮社区的调研 [J]. 青少年研究与实践, 2015 (2).

④ 李惠乾, 刘晓芹, 吴芝露, 等. 新生代农民工在线教育资源的设计与开发——以"跃龙门 GZU"微信公众号为例 [J]. 中国教育信息化, 2019 (16).

⑤ 宋瑾. 农民工继续教育资源潜力开发的数字化之道——基于对农民工读本现状的分析 [J]. 出版发行研究, 2014 (12).

⑥ 乐传永, 李梦真. 近 20 年我国高校继续教育治理研究的热点与发展 [J]. 现代远程教育研究, 2019 (2).

度，还需要建立一支统一的农民工管理队伍，指导农民工接受教育、就业和日常管理；[1] 通过社会招标、财政支持兴办一批示范性的农民工职业教育基地，发挥县级职教中心在农民工职业教育中的龙头作用，构建职业教育培训网络。[2] 在农民工教育体制方面，各归口部门如农业、教育、劳动保障等部门要通力合作，以现有各类成人学校、就业培训中心和农技培训中心为基础，积极引导园区、企业、科研机构和其他社会力量参与农民工培训，举办产学结合的农民工培训基地。各级部门至少要确定一家针对农民工教育的综合性培训基地，逐步形成市、县、乡三级培训网络。[3] 通过机制体制的优化，逐步形成政府出一点、教育机构让一点、企业帮一点、社会捐一点、个人出一点的农民工教育培训模式。

三、农民工教育研究存在的问题及未来展望

（一）存在问题

总体来说，我国农民工教育研究无论是研究数量还是研究内容方面都取得了较大的进展。但是从长远发展的眼光来看，农民工教育研究还存在一些问题尚待改进。首先，作者之间的连线以及形成的聚类团不紧密，单个作者产量不高且缺少合作，结合作者所属机构以及农民工教育的发文机构来看，开展农民工教育研究的主体基本来自高校，鲜见政府、社区、开放大学和社会机构的人员参与研究，容易造成理论研究与实践研究的脱节。其次，研究方法较为单一，大多采用思辨的文献研究法，使得研究停留在经验的、零散的研究范式下，相关的实证研究基本是对农民工本身进行数据调查，缺乏对当地的经济、宗教、文化背景进行扎实的田野研究。再次，跨学科的成果有待增加。农民工教育不仅仅是社会学和教育学的问题，它与经济学、人口学、心理学、管理学等方面也息息相关，但是目前

---

[1] 龚丽娜. 我国新生代农民工培训面临的主要问题和解决思路 [J]. 广州广播电视大学学报，2011 (5).

[2] 江苏省农民工教育与管理课题组. 江苏省农民工教育管理的调查与思考 [J]. 唯实，1999 (2).

[3] 许小青，柳建华. 关于农民工教育培训问题的研究 [J]. 求实，2005 (5).

学者的视角较为狭窄，仅从社会学和教育学层面描述问题、提出策略，随着现代社会知识更新和社会结构的变化日益加快，越来越多的问题需要从新的视角和新的学科知识出发寻找方法。① 在内容方面，研究者们主要以政策为依据、以教育为背景展开深浅不一的论述，且泛论较多，例如大多数文章皆以"存在的问题""不足"等入手，提出在政策、意识、环境等层面的解决对策，对于解决农民工实际教育问题帮助不大。对于农民工自身特点的分析及其职业培训特色的研究都不够深入，缺乏相关专业理论基础，从而使得某些研究成果不具有理论价值和实践意义。②

(二) 未来展望

1. 研究方向：完善基础理论，建构农民工教育理论体系

强化农民工教育基础理论研究，是指导未来农民工教育发展实践的保障。首先，农民工教育的内涵、研究对象、研究方法等层面共识度不高，要从现阶段农民工教育现状出发，对人力资本理论、公民社会理论、成人学习理论等进行梳理，并逐渐形成农民工教育发展的基本理论。其次，在对农民工教育的内涵进行科学界定的基础上，应该注重对理论的提炼，对已有的农民工教育理论进行拓展，并系统分析农民工教育的功能及目标等层面的相关理论。再次，农民工教育理论会随着当前中国特色社会主义发展和乡村振兴战略的全面实施而不断深化，原有的研究也不能做到系统化和一成不变，因此需要探索各个历史时期农民工教育与经济建设和社会发展的主要任务与矛盾，不断更新和丰富农民工教育的内涵，以期构建具有我国农民工教育特色的理论体系。

2. 研究方法：深度剖析教育问题，融合定量和定性研究

深度剖析和解决教育实践问题，应该采用多元化的研究方法。首先，建构具有可行性、科学性和创新性的农民工教育测度体系，加强对农民工教育研究数据的调查和统计工作，确保农民工教育研究的科学性和准确

---

① 张佳，赵宝柱. 新生代农民工职业教育培训研究综述 [J]. 当代职业教育，2011 (2).

② 崔铭香. 改革开放以来农民工教育培训研究综述 [J]. 河北师范大学学报 (教育科学版)，2009 (3).

性。其次，在标准化建设和特色化建设方面下功夫[①]，在对农民工生活和学习方面满意度、需求以及评价等方面的实证调查的基础上，衡量农民工教育的发展水平，查找现存问题，为未来农民工教育的发展提供方向指导。最后，反思各类研究方法的辩证关系及其作用和地位，在规范研究方法中做到定性研究、定量研究和混合研究方法的充分结合，在理论研究中加入相关主题的实证研究，并且丰富实证研究方法，例如当调查实施困难时可采用观察、访谈、个案分析、教育实验等方法综合考察农民工教育的发展现状。

3. 研究内容：密切联系社会现象，加强研究的实用性和针对性

首先，农民工在城镇中属于弱势群体，在市民化的过程中可能会面临人身安全、权利保障等方面的问题，需要通过教育赋予他们保护自身权益的能力，因此可以从卫生学、社会学、法学的角度进行深入研究，构建农民工权益保障的服务体系以及农民工职业培训体系，完善农民工教育保障机制。其次，教育政策具有导向性、权威性等特征，能够有效缓解歧视和排斥农民工的问题，促进农民工的社会融合。目前来看，虽然农民工教育的研究汗牛充栋，但没有看到多方力量在农民工教育"场域"中的力量显现与关系形态[②]，因此未来的研究应该在农民工教育政策上多下功夫，注重教育资源均衡发展，力求促进社会各方面的力量参与到城乡一体化发展战略中。在农民工教育课程方面，要以农民工工作过程为主，适当增加通识类教育课程为导向的原则实施课程开发，组建农民工课程开发研究团队，加强对现有教育计划、工作人员和农民工学习能力的分析，构建农民工学习的共同愿景。[③] 此外，农村劳动力进入城市的同时伴随着大量的回流现象，但是由于受教育年限、社交能力和生产水平的影响，返乡农民工

[①] 王欣亮，任弢. 我国社区治理问题研究回顾与展望［J］. 理论导刊，2017 (7).

[②] 袁小平，王娜. 农民工培训政策研究述评——社会政策的视角［J］. 成人教育，2018 (11).

[③] 赵丹丹，赵志群. 我国职业教育课程改革综述［J］. 中国职业技术教育，2005 (25).

创业受到许多因素的制约，因此未来的研究需要评估返乡农民工职业培训质量，提供学习参与质量优化路径等。

4. 研究布局：加强研究区域合作，促进经验的交流和吸收

农民工教育的发展离不开对国际经验的借鉴和与其他区域文化的相互吸收、比较。首先，要加强农民工教育研究的国际交流和比较研究，努力吸取其他国家的优秀经验。国外农民工教育由于经过城镇化的发展，在农民工职业培训的法律、理论和实践方面已经有了相对成熟的经验，例如双元制培训、免费培训等，能够为我国农民工教育提供一些启示和借鉴。但是目前学者们对国外农民工教育的研究较少，今后可加强这方面的研究。其次，要促进国内农民工教育研究的本土争鸣。在研究和总结农民工教育相关的文章中可以发现，无论是作者还是研究机构都尚未形成紧密的学习共同体，作者独立研究的比例较高。虽然已经取得了较为显著的进步，但仍需要思维的相互碰撞和观点的相互启迪，因此，要加强研究者之间、研究者与实践教师、学校与企业等与农民工教育息息相关的工作人员之间的培训和合作，给予农民工教育研究新的启发，形成具有中国特色的农民工教育。

第十一章　中国成人教育研究的未来展望

第一节　成人教育学科研究存在的问题与不足

70年来，我国成人教育学科的学术实践与理论研究取得了很大的进步与发展，但是从总体上看，出于多种原因，还是存在一些不足，主要表现在以下几个方面。

一、理论构建上存在效仿为主而自我建构不足的问题

学科理论建设关涉到学科独立性和繁荣度的问题。一方面，某门学科围绕特定的研究领域，有自我建构的理论话语体系，则表明学科建设较为成熟，象征着学科的独立性越强；另一方面，在学科理论体系范畴之内能够出现不同理论流派的相互争鸣，则有利于学科理论创新，说明学科的繁荣度越高。比如经济学基于"理性经济人假设"衍生出了理性选择制度主义、新制度主义、历史制度主义等一系列相互争鸣的制度理论流派；心理学基于人的心理与行为、意识与潜意识等问题域，形成了行为主义、机能主义、构造主义、人本主义、精神分析、认知主义、格式塔流派等一系列相互争鸣的理论学派。

相较而言，教育学无论是在学科建设的独立性上抑或是繁荣度上，都有待进一步加强。成人教育学科作为教育学学科下的二级学科，这个问题则表现得更加突出。可以说，成人教育学科在理论建设上虽然取得很多成

就，但主要是通过借鉴和汲取其他学科理论的方式达到强化本学科理论建设的目的。成人教育学科作为一门应用性极强的学科，也确实需要借鉴和吸纳许多关联学科，如社会学、心理学、管理学、经济学、文化学、政治学等的研究成果，以构建自身较为独特的知识体系，并通过学科互涉、跨界研究，不断拓展成人教育的学科内涵与研究领域，提升学科自身科学性与独立性。比如，仅对2018年中国人民大学复印报刊资料所转载文章进行梳理，就发现成人教育学者该年度研究涉及的相关学科视角包括继续社会化、治理理论、主体间性、利益相关者、心理资本、符号互动论、生态学等多种理论并呈现出"蓬勃发展"的良好势头。[①] 但与此同时，成人教育学科的学者共同体在建构属于本学科专有的理论体系或理论流派上，却没有得到相应的同步发展，也没有达到应有的高度，潜力尚未充分激发。

成人教育学科理论建设在借鉴与自建之间，由于在原创性的理论建构建设上不足，衍生出了以下三个问题：一是根据学科理论体系的形成轨迹，即学问→学术组织→学位点→课程→专业→教学→学科等，成人教育学更多地完成了学问、学术组织、学位点等方面的工作，因此，在判别成人教育学究竟是学科还是研究领域上，很多人认为更像一个"研究领域"。二是由于成人教育学理论自我建构不充分，使得成人教育学科的研究较多集中在程度不深的应用性研究上，相较于教育学其他二级学科，成人教育理论建设根基不牢、成人教育史料积累不足、成人教育发展规划设计的专业化水准不高等表现更为突出。三是学科理论自我建构和供给不足也使得成人教育学科难以建立健全的人才培养体系。目前在国内普通高校的学历系统中，成人教育学主要还是停留在硕士生和博士生的教育和培养上，而量大面广的本科生教育没有设立。由于缺乏本科教育专业建设点，因此尚不能实现成人教育学科本科人才的培养职能，人才培养体系的欠缺导致了学术梯队不健全，进而导致系统研究难以开展。

---

① 乐传永, 等. 回顾与展望：2018年成人教育理论研究综述[J]. 中国成人教育, 2019 (7).

二、研究方法依旧存在思辨为主而实证匮乏的问题

（一）过于迷恋思辨研究方法

教育学自成为一门独立的学科以来，经历了从科学范式的实证研究到人文主义研究范式，再到科学范式与人文范式相结合的研究范式这一发展过程。① 成人教育研究尚处于转向人文主义研究的阶段，整体上仍以思辨研究为主。近年来，有学者尝试采用实证研究的方法来阐释成人教育发展过程中的现象并预见成人教育发展的未来，这种趋势同时也与国际成人教育研究趋势相吻合。比如，从国际成人教育研究过程中所使用的研究方法来看，仅访谈法以及与访谈法结合的观察法而言，这两种方法在国际高引用率期刊中的比例就达到了46%。② 遗憾的是我国开展这类实证研究的学者当前在成人教育领域中的占比仍然太小。

（二）非理性采用实证研究方法

在开展实证研究的成人教育学者群体中，有学者采用实证方法并不是本着为研究问题、研究目的、研究方向、研究内容服务的需求，而是为了方法而方法，唯方法论现象普遍。有些研究者在尚未确定研究选题与研究内容之时就确定了研究方法与研究手段，还有些研究者通过运用"流行"的方法去选择相应的研究方向与研究内容以确保高产出率等，这样采用实证研究方法是一种非理性行为，选择的初衷都不是基于产出成人教育研究的精品、佳品、上品成果的考虑，而是折射出研究者逐渐放弃了对成人教育学科理论本身的思考以及自身的责任感和使命感，反映了目前学界的功利化倾向。③

（三）浅显融合思辨与实证方法

未来成人教育学科方法论的运用，需要在坚守理论性与实践性结合统

---

① 赵成福. 论教育学方法论研究的进展 [J]. 高教学刊，2015（18）.
② 叶忠海. 现代成人教育研究：历程和进展特点——为我国改革开放30周年而作 [J]. 成人教育，2009（12）.
③ 孙立新、乐传永. 近年来成人教育研究的主题分析与问题考量——基于2015—2017年的文献梳理与分析 [J]. 教育研究，2018（5）.

一的基础上，立足问题导向，促进方法论的有机统一运用。当前，不少成人教育学者已经意识到了这个问题，但能够将质性研究方法和量化研究方法相结合的研究少之又少，即使能够将二者结合的已有研究，也存在着低水平和碎片化突出、深刻性和规范性不够等问题。

三、实践活动中存在着总结经验较多而研究深度不足的问题

从全国教育科学规划办立项课题等情况来看，成人教育学研究充分体现了对解决社会实践问题的追求，无论是成人学习（质变学习、代际学习）问题、新生代农民工培训问题、农村劳动力转移培训问题、社区教育与社区治理问题、社区教育主体性发展问题，还是学分银行的建设问题、远程教育与新技术的结合问题、成人教育创新人才的培养问题，抑或是老年教育问题、新型职业农民教育问题以及"三农"问题等，都是立足于解决成人教育实践过程中所产生的问题而进行研究。但通过对这些问题的研究成果进行分析可以发现，这些成果的表达方式普遍存在着"经验总结多、理论探讨少""就事论事多、就事论理少"等特征，换句话说，也就是这些成果的表达方式大多停留在实践经验的简单呈现、介绍与推广的层面，缺乏具有一定理论深度的揭示、引领与反思。成人教育学科在实践探索研究的过程中存在的"重经验、轻研究"的现象，与以下三个方面的深层次问题密切关联。

一是成人教育学科队伍结构不合理的问题。在开展成人教育研究的学者群体中，两大派别发挥着主要作用，即倾向于理论研究的"学院派"和倾向于实际工作的"实务派"，也就是理论工作者和一线实践工作者。这两大群体中，一线实践工作者的群体数量、规模和占比明显大于理论研究者。一线实践工作者在实务操作流程、规范、运行等方面较为擅长，也比较熟悉，但短板也很明显，这个群体在学术素养、理论水平、思辨能力等方面存在着不足和欠缺。成人教育学科中的这种格局，是导致成人教育领域的成果表达"重经验、轻研究"的根本原因。

二是成人教育学科尚未形成高水平理论工作者集聚的"马太效应"。与教育学其他二级学科相比，在成人教育学科领域，致力于终身从事成人

教育学术事业的理论工作者偏少,很多理论工作者把开展成人教育研究仅当成即时的兴趣或者基于工作职责的需要进行短期研究。成人教育学科领域没有形成大规模且具有稳定性的高水平理论工作者群体,致使学科难以做大做强,比如在教育学领域没有一本成人教育学科的 CSSCI 期刊,在国家重大项目评审、重大奖项申报等方面的获取数量,总体上低于教育学其他二级学科。而学科地位不高又导致高水平理论工作者的学科归属感、荣誉感的丧失,造成了这类群体的"离心力",因此,成人教育学科亟待改变这种不良循环的学科建设格局,争取早日形成学科建设强者恒强的"马太效应"。

三是理论工作者与一线实践工作者没有形成协同配合的局面。两大群体在开展研究的过程中仍相当程度地存在"单打独斗"的现象,各干各的、相互隔离,因此造成了一线工作者的研究成果缺乏理论根基,理论工作者的研究成果不接地气。当然理论与实践相互脱节的问题在每个学科领域都不同程度地存在,但反映到成人教育学科领域,一线实践工作者的大量研究成果缺乏理论根基的问题表现得尤为突出,是制约学科理论建设水平和学科地位提升的关键问题。因此,在成人教育学科领域,尽快推动理论工作者与一线实践工作者的有效融合、协同配合,给予实践经验研究成果以理论成分、理论指导也显得尤为迫切。

四、研究成果上存在着数量多而质量不高的问题

成人教育学科领域的成果产出数量持续出现稳中向好的趋势,据统计,新中国成立 70 年以来,公开发表与成人教育学相关的期刊论文数量 22 万余篇,出版的学术著作 1500 余部,获全国教育科学规划年度立项的课题共计 420 余项。总的来看,我国成人教育学科领域研究成果丰硕,但是相对于其他学科来说,这些成绩不算突出,尤其是在理论研究成果的数量上还有待提高,质量上也有待深入。比如,国内出版的成人教育领域的相关著作大多是对国外先期研究成果的翻译或再版,或者是实践工作经验的总结提炼;虽然发表的论文逐渐增多,但研究内容缺乏创新性和深度,导致学科发展的推动力不够，无法引起学界重视。①

　　成人教育领域的理论研究成果质量不够高，与以下两个方面的因素有很大的关系。一是对构成学科的"基本主题"研究深度不够。每个学科在特定的历史时期或时间段内都有自身主要的研究主题，这些主题或者可以说是受到学者持续追踪的"经典问题"。从近年来的研究热点来看，关于学分银行、老年教育、学习型社会、社区教育、继续教育、终身教育、新型职业农民教育等研究话题持续受到成人教育学者的积极关注，但从学术论文的实际研究深度和效果来看，很多文章探讨浮于表面，缺乏由表及里的深入。学者的学术论文是反映科学研究成果的一种重要载体，是具有学术性的文章，因此，学术性是学术论文与其他议论文体的根本区别。而成人教育领域不少作者的文章，往往缺乏创新性，不能彰显较大的价值，对学科建设产生的积极作用不够大。二是学者研究的范围与对象狭窄，限制了学科寻求高水平发展的新增长点。整体来看，当前成人教育学者重外域理论的借鉴解读或移植模仿其他学科的话语范式，轻实践提炼基础上的理论建构，尤其是在回应当前国家"乡村振兴""一带一路""精准扶贫""积极老龄化"等重大策略上，还缺乏高质量的论文或成果。

　　成人教育学科领域的高水平、高质量成果不多，不但与国内教育学下的其他二级学科相比，缺乏一定程度的影响力和话语权，而且与国际同行相比，有关中国成人教育的研究以及来自中国学者的研究成果也非常少，国际上认可度较低。因此，今后我国成人教育研究除了需不断提高研究质量之外，也需要不断拓宽研究视野，争取在国内把成人教育学科建设得更大更强，以更好地服务国家和民众的需要和诉求，同时还要争取在国际成人教育研究领域发声，传播中国成人教育发展经验、发展模式，并力争在国际成人教育理论研究领域占据一席之地。②

---

　　① 孙立新、乐传永. 近年来成人教育研究的主题分析与问题考量——基于 2015—2017 年的文献梳理与分析[J]. 教育研究，2018（5）.
　　② 孙立新、乐传永. 嬗变与思考：成人教育理论研究 70 年[J]. 教育研究，2019（5）.

第二节　成人教育学研究的发展趋势和关注的重点主题

一、成人教育学科研究的发展趋势

站在新时代的历史方位上，成人教育学科应在进一步聚焦学科独立建设发展的同时，更加注重凸显中国立场和本土视野，并积极借鉴和吸收国外相关领域的理论研究成果，不断创新发展，逐步建构起具有中国特色的成人教育学科基本理论体系。

（一）注重自我建构，提升成人教育学科独立发展的理论自信

学科进行独立自主建设，是有规律可循的，一般要经历学科"酝酿期→形成期→成熟期"等发展阶段。我国成人教育学科经过多年的快速发展，已经走过了"学科酝酿期"，当前正处在"学科形成期"。处于"形成期"的成人教育学科，由于各方面尚在形成发展过程中，因此与已经进入成熟期的学科相比，很多领域可能会显得相对比较稚嫩，但不应就此否定成人教育学科的良好发展前景，更不能丧失推动成人教育学科成功迈入"成熟期"的强大建设信念。

当前，且不论其他领域学者对成人教育学科的看法，即使在成人教育工作者群体中，对成人教育学科独立性的建设也显得信心不足、底气不壮。要克服这种理论建设自信不足的倾向，今后，需要我们成人教育学者尤其是理论研究工作者，能够在遵循学科独立建设规律的基础上抢抓时代发展机遇，以更加科学的研判、更加理性的审视、更加长远的眼光，坚定成人教育学科独立建设的必要性和重要性，加快推动学科从"形成期"走向"成熟期"。

我们需要充分认识到，推动成人教育学科独立建设是新时代下的必然要求。新时代背景下，广大民众对追求美好生活有着更加强烈的愿望，对建设学习型社会有着更加迫切的要求，对进行终身学习有着更加渴望的需求，这种趋势必将能够推动成人教育有更大的作为，发挥人力资源"直接开发部""深度开发部""持续开发部"的功能和作用，成人教育学科也必

将能够从学科边缘地带逐渐融入学科主流行列。另外，推动成人教育学科独立建设还是"大教育"发展和现代化学科建设发展的必然趋势。由此可见，成人教育的发展前景是广阔的，成人教育学科进行独立自主建设也是完全可行的，"十四五"及此后的一段时期我们应该在有目标、有计划、有组织地推动学科独立自主建设上进一步加大力度。

（二）注重本土研究，建构具有中国特色的成人教育学科基本理论体系

习近平总书记在哲学社会科学工作座谈会上指出："着力构建中国特色哲学社会科学，在指导思想、学科体系、学术体系、话语体系等方面充分体现中国特色、中国风格、中国气派。"[①] 成人教育学作为哲学社会科学的重要组成部分，同样应该在坚持中国立场和本土视野的基础上，建构更加成熟的基本理论体系。今后，成人教育学需要立足新时代的发展背景，围绕以下三个基本理论问题进行更加深入的探索。

第一，强化新时代下"成人教育"对象的研究。这是推进成人教育学科基本理论体系建设首先需要解决的问题。目前学者们在成人教育学的研究对象是"成人教育"上已经形成了共识，但在界定"成人教育"的内涵和外延上仍是百家争鸣、见仁见智。未来五年，成人教育学研究对象应该更加凸显成人的"新时代"生活背景，聚焦新时代下的政治、经济、文化、教育等各方面的变化给"成人"这个主体带来的深刻影响，以此更加有针对性地界定"成人教育"这个对象所包含的内容以及所具备的特征。

第二，建立符合新时代发展的学科基本架构。学科基本架构决定着学科"大厦"的规模、样式、稳固程度与成长、发展。成人教育学的学科基本架构受三个方面因素的影响：其一受成人的生理、心理、社会存在、全面发展等因素的影响，其二受哲学、经济、政治、文化、社会发展等相关因素的影响，其三受成人教育自身的独特性质、体制、机制、运作方式、规律等因素影响。这三个方面在新时代的时空背景下较以往的研究均有着很大不同。今后，成人教育学可以以这些方面的反思与重构为契机，充分

---

① 习近平. 在哲学社会科学工作座谈会上的讲话 [J]. 党史文汇，2016（6）.

抓住机遇，从中汲取更具时代发展活力的有益因素为我所用，并以此建立健全自身的学科基本架构，争取早日建立有异于普通教育学的独立学科体系。

第三，拓展源于新时代实践土壤的理论研究。尽管我国成人教育的理论研究在70年的历程中取得了丰硕的研究成果，尤其是改革开放以后取得了明显的进展和可观的成绩，但从总体看，仍然没有完全摆脱国外理论的盲目"移植"、普教理论的机械"翻版"、运作体会的感性"归整"等三种明显的偏向，使得成人教育理论研究与实践仍然存在相当程度的脱节。为此，今后一段时间应该按照理论有效地剖析、预测、指导成人教育实践的要求，使新时代社会实践中产生的新思考、新体会、新经验能够及时得到理性概括、提高，注重学科理论的拓进，注重理论研究对成人教育的关注、了解、解释、预测，着力提高成人教育理论建设水平。

(三) 注重方法多元，强化成人教育研究中方法技术的运用

研究方法运用得当，对学科基本理论研究至少有三个层面的重大意义：其一可以对对象进行准确的剖析、解释；其二可以将研究对象转换为对研究课题极有价值的数据、论据，来支撑理论的建立；其三可以帮助理论设想在社会实践中应用，并在应用过程中对理论进行验证。当前，成人教育学科尽管在多种方法的运用范围、频次等方面得以拓展，但"坐而论道"的思辨性方法仍在理论研究中占据主流位置。为进一步推动成人教育研究方法论的创新，需要从以下两个方面做出努力。

第一，通过不断优化学科研究方法催生一批"代表性论著"。代表性论著是学科思想、学科理论的集大成者，是学科体系建设和学科基本理论研究的典范性载体。因此，代表性论著的数量多寡、水准高下与影响大小，既成为衡量学科独立性的标准，又成为判定学科成熟度的标志。成人教育学科的著作不少，而能称得上"代表性论著"的不能说没有，但确实比较少见。代表性论著不多，原因虽然有很多方面，但研究方法的创新运用不够无疑是一个重要的因素。为此，研究方法要按照有利于产出代表性论著的导向进行综合运用，在宏观层面大力推动历史研究与现实研究相结合、国际研究与本土研究相结合、本体研究与相关研究相结合、定性研究

与定量研究相结合、常规研究与课题研究相结合、个体研究与团体研究相结合，同时，还要注重从微观层面推动具体方法（譬如实证法、实验法、模拟法、模型法等）的不断创新，以此有力推进成人教育学产出更多的代表性论著。

第二，通过深耕扶持实证研究创设学科理论研究的"方法品牌"。习近平总书记在全国哲学社会科学工作座谈会上对于研究方法的运用也特别指出："哲学社会科学研究范畴很广，不同学科有自己的知识体系和研究方法。对一切有益的知识体系和研究方法，我们都要研究借鉴……对现代社会科学积累的有益知识体系，运用的模型推演、数量分析等有效手段，我们也可以用，而且应该好好用。"① 当前，我们正处在大数据时代，与教育学其他二级学科相比，成人教育学科无疑是与信息技术融合比较早、交流最紧密的学科之一，这种融合和交流为成人教育学科用好信息技术开展实证研究抢占了制高点。另外，近年来成人教育学科领域内开展实证研究已渐成趋势并具有良好的基础，为此，成人教育学者应进一步拓展和深耕这种方法运用的广度和深度，以提升自身的实证研究水平；与此同时，相关期刊尤其是高水平期刊等各类学术媒体应重视成人教育研究的实证论文，加大力度提高刊发这方面论文的数量和质量，成人教育的各类学会要有针对性地多举办实证研究的学术论坛和学术会议，各级各类项目平台要进一步加大对成人教育研究中实证研究的资助力度和立项比例。总之成人教育学科要通过全方位的建设举措，努力在实证研究上创造出自身独特的研究手段，尽快产出拿得出、叫得响、站得住的独特的专门研究方法，为学科基本理论体系建设提供有力的工具性依托，进一步增强学科的独立性建设。

（四）立足以人为本，增强成人教育学科队伍建设的力度

长期以来尤其是"十三五"时期，成人教育学科已经形成了较为稳定的科研队伍力量，他们对成人教育学科的快速发展发挥了决定性的作用。今后，在科研队伍建设上应更加突出问题导向，大力弥补队伍建设的短板

---

① 习近平. 在哲学社会科学工作座谈会上的讲话［J］. 党史文汇，2016（6）.

和不足。

第一，进一步提升学科科研队伍的数量与质量。一方面要进一步增加科研人员的数量。各级政府教育主管部门、各个院校至少应该像重视普通教育那样重视成人教育，在可能情况下，还应该向担负着推动"形成全民学习、终身学习的学习型社会"重头任务的成人教育有所倾斜，要尽可能增加各类成人教育科研机构专职研究人员的数量。另一方面要进一步提高科研队伍的素质。我国成人教育工作者的科研素养总体欠佳，关键就在于队伍建设的专业化程度不高。为此应把加强"专业化"建设摆在成人教育队伍建设中更加重要的位置，使之成为成人教育科研队伍建设的必练内功，通过不间断的专门培训、自主学习和长时期的专业化实践、历练，大力提升队伍建设的专业化水准。

第二，积极组织学科队伍开展学科合作研究。在合作的形式上要更加多样，既要在成人教育科研机构、单位之间大力开展"组织合作"，也要通过国家、教育部、省市级课题大力开展"课题合作"。在合作研究的运行机制上要深入拓展，可以广泛采用"主研牵头机制"，使得参与各方按照牵头者的分工各负其责，保质保量完成合作任务；也可以采用"多边合作机制"，通过"轮流坐庄"的形式，确保参与各方地位平等、权利共享、责任共担、各尽其能、协商运作；还可以采用"市场运作机制"，通过招投标制使运作方式更加方便、灵活，同时进一步激发竞争、公开选优，追求科研效果、效率的最大化。

第三，强力推动理论工作者与实践工作者的沟通融合。理论工作者要不断注意实践意识、实践能力的提高，实践工作者要不断注重理论修养、专业化水准的提升，双方都要使自己发展为理论、实践素质更为全面的科研工作者。要加强理论工作者与实践工作者的联系，在二者之间建立一种新型的合作关系，可以是固定的、长期的合作关系（如所校合作、所企合作等），也可以是阶段性合作关系（如课题合作、项目合作等）。要进一步推动理论研究与教育实践的过程融合，理论研究从教育实践入手，在实践中提炼，在实践中检验，而教育实践在理论研究指导下推进，并为理论研究提供实证与评价。

（五）积极创设环境，努力营造成人教育学科建设良好发展的氛围

在营造成人教育学科体系良好发展环境上，需要相关各方给予进一步的大力支持、真诚配合，更好地促进成人教育学科体系建设这项社会性工程得以顺利进行。

第一，强化成人教育学科建设的政府责任。在各级政府的关心、支持、领导下，我国成人教育事业和成人教育学科体系建设都得到了迅猛发展，取得了举世瞩目的成就。今后，各级政府需要在大力支持成人教育事业发展的同时，更加积极关注成人教育学科建设的成效，从更多的层面、以更大的力度支持成人教育科学研究和成人教育学科建设健康蓬勃发展，在诸如舆论引导、观念更新、政策制定、机构设置、基地建设、队伍培训、课题开设、经费投入、关系协调、交流合作、园地拓展、论著出版等方方面面，充分重视、充分关怀，通过运用行政权力有所作为，或借助市场机制给予有形、无形的助力。

第二，大力提供学科建设良性发展的重要条件。国家有关主管部门要继续有目的、有重点地组建一批成人教育学科研究基地，同时在"给名分""给政策""给任务""给资助"上给予更多的创新、更好的扶持。繁荣的成人教育科学研究既要有相当规模的学术期刊和网络载体，更要有高水平的学术成果发表、交流的平台，为此，应充分重视高水平理论园地的建设，协同发挥政府政策扶持、部门业务指导、社会大力支持的作用，共同推动高水平理论园地建设。此外，应大力推进成人教育交流走向国际化。新时代背景下，随着我国"人类命运共同体"理念和"一带一路"倡议的提出与实施，我国成人教育在国际交流对象、交流频次等方面都将进一步呈现增多、增密的趋势，应着重推动成人教育国际交流向纵深发展，进一步扩大交流范围，明确交流目的，增强交流深度，提高交流实效。

第三，充分发挥学术性社会组织的作用。在发达国家，成人教育的学术性社会组织众多，且非常活跃，它们在成人教育调查、研究、咨询、中介、监督、评估等方面提供了多种多样的服务，发挥着不容小觑的积极作用。当前，我国成人教育学术性社会组织尚未发展壮大，今后几年应该重视这类组织的建设。一方面，这类组织应苦练内功，尽快提高自身素质，

选准为成人教育服务的切入点,充分发挥自己的独特优势;另一方面,这类组织也亟须得到国家的政策引导、多方资助,以及社会各界特别是成人教育界、企业界等的大力支持。只有这类组织成长活跃了,它们才能做许多政府教育部门做不了也做不好的工作,也会发挥出越来越重要的作用。

二、成人教育研究关注的重点主题

(一)积极老龄化视域下构建老年教育服务保障体系研究

积极老龄化观点的提出主要源于 21 世纪后全球老龄化速度的加快,由于预期寿命的延长所导致的政府及社会对提高生活、生命质量等问题的关注。随着我国老龄化问题的日趋严重,未富先老、高龄化和家庭空巢快速化推进引发了社会各界关于以教养老、养教结合等问题的探讨。今后在成人教育的理论研究中,针对我国老龄化现状引发的一系列新问题以及社会新形态的出现,研究者需要以积极老龄化的视角来思考老年人的教育服务问题,以及如何通过构建行之有效的保障体系来贯彻落实更好的老年人服务、老年教育。

积极老龄化视域下构建老年教育服务保障体系研究是对党中央、国务院在《中国教育现代化 2035》中所提出的构建服务全民的终身学习体系、加快发展城乡社区老年教育的积极呼应,是切实思考保障老年人的晚年生活幸福与安康问题,践行老有所养、老有所学的养老方式;同时,强调多主体共同参与,充分体现老有所为、老有所用的社会价值,使老年教育产生经济与社会效益,从而促进社会和谐发展及全面建成小康社会目标达成。研究可以从以下六个方面入手:一是积极老龄化提出的现实意义;二是我国老年教育的发展概况与总体情况梳理;三是我国老年教育服务保障供给的现状与问题;四是国内外老年教育发展的典型个案呈现;五是我国老年教育服务保障体系的构建策略;六是我国老年教育服务保障体系的社会治理机制。

(二)中国成人教育百年学术史研究

新中国成立以来,中国哲学社会科学所取得的成绩有目共睹,成人教育学科作为其中一门兼具实践与理论特性、紧密契合时代发展潮流的新兴学科也获得了长足的发展。在中国特色社会主义教育理论体系下，应立足于提升全体国民素质水平，开展凸显中华民族特色的成人教育学科研究，推动学习（教育）强国建设。

中国成人教育百年学术史的探究是对国际教育发展新趋势的回应，是对国内社会转型、教育变革新需求的呼应，是对成人教育实践经验与理论智慧的总结，能够丰富完善中国哲学社会科学的内容，进一步明晰成人教育学术发展的进展，继续引领未来中国成人教育学科的研究方向，从而可以全面、深入、科学地指导成人教育实践工作，同时在彰显中国教育特色、传递中国教育声音、传播中国教育经验中发挥着积极作用。

研究可以从以下几个方面展开：一是百年来中国成人教育学科取得的成绩；二是百年来中国成人教育学科的代表人物及代表作；三是百年来中国成人教育学科发展的阶段、特点；四是百年来中国成人教育学科相关研究主题；五是中国成人教育学科未来的研究热点和发展趋势。

主要参考文献

一、著作类

1. 溥存富，李飞虎，等. 社区教育概论［M］. 成都：西南交通大学出版社，2018.

2. 崔振凤. 继续教育学概论［M］. 北京：兵器工业出版社，1987.

3. 陈理玉. 企业职工思想政治教育概要［M］. 北京：企业管理出版社，1984.

4. 陈锐. 世界500强资深培训经理人教你做培训管理［M］. 北京：企业管理出版社，2016.

5. 杜以德，等. 中国成人教育学科体系结构及其分类研究［M］. 北京：高等教育出版社，2006.

6. 董华. 继续教育概论［M］. 北京：中国社会科学出版社，2002.

7. 陈乃林，张志坤. 社区教育管理的理论与实务［M］. 北京：高等教育出版社，2009.

8. 埃米尔·迪尔凯姆. 社会学方法的规则［M］. 胡伟，译. 北京：华夏出版社，1990.

9. 保尔·朗格朗. 终身教育引论［M］. 周南照，陈树清，译. 北京：中国对外翻译出版公司，1985.

10. 关世雄，张念宏. 成人教育手册［M］. 北京：北京出版社，1986.

11. 郭振武. 学校管理［M］. 北京：中央广播电视大学出版社，2000.

12. 顾明远. 教育大辞典［M］. 上海：上海教育出版社，1991.

13. 郝克明. 跨进学习社会——建设终身学习体系和学习型社会的研究［M］. 北京：高等教育出版社，2006.

14. 何爱霞. 成人教育社会学研究［M］. 青岛：中国海洋大学出版社，2007.

15. 侯怀银. 社区教育［M］. 北京：北京师范大学出版社，2015.

16. 黄云龙. 社区教育管理与评价［M］. 上海：上海大学出版社，2000.

17. 黄焕山. 社区教育概论［M］. 武汉：武汉出版社，2005.

18. 江泽民文选：第1卷［M］. 北京：人民出版社，2006.

19. 刘富钊. 继续教育学基础［M］. 成都：四川大学出版社，1989.

20. 联合国教科文组织. 从现在到2000年教育内容发展的全球展望［M］. 北京：教育科学出版社，1996.

21. 梁春涛，叶立安. 中国社区教育导论［M］. 天津：天津人民出版社，1993.

22. 李惠康，等. 以需求为导向：上海社区教育的探索与实践［M］. 上海：上海高教电子音像出版社，2010.

23. 刘捷. 专业化：挑战21世纪的教师［M］. 北京：教育科学出版社，2002.

24. 桑新民. 呼唤新世纪的教育哲学——人类自身生产探秘［M］. 北京：教育科学出版社，1993.

25. 沈光辉. 转型发展中的社区教育问题研究［M］. 北京：中央广播电视大学出版社，2016.

26. 王文林，余博，宋文举. 成人教育概论［M］. 哈尔滨：黑龙江教育出版社，1988.

27. 王红新，陶爱珠，沈悦青. 大学使命：国际视野下的一流大学继续教育［M］. 上海：上海交通大学出版社，2013.

28. 魏茂明，王守光. 新时期干部教育概论［M］. 北京：中共中央党校出版社，2004.

29. 吴遵民. 终身教育发展的中国经验——改革开放40年终身教育的历史回顾与展望［M］. 上海：上海人民出版社，2018.

30. 王秋绒. 教师专业社会化理论在教育实习设计上的蕴义［M］. 台北：师大书苑，1991.

31. 谢国东，赖立，刘坚. 面向21世纪中国成人教育学科建设研究［M］. 北京：高等教育出版社，2002.

32. 小林文人，末本诚，吴遵民. 当代社区教育新视野：社区教育理论与实践的国际比较［M］. 上海：上海教育出版社，2003.

33. 叶忠海，等. 现代成人教育学原理［M］. 北京：中国人民大学出版社，2015.

34. 叶忠海. 大学后继续教育论［M］. 上海：上海科技教育出版社，1997.

35. 叶忠海. 社区教育学研究［M］. 上海：同济大学出版社，2011.

36. 张维. 成人教育学［M］. 福州：福建教育出版社，1995.

37. 叶澜，白益民，王枬，等. 教师角色与教师发展新探［M］. 北京：教育科学出版社，2001.

38. 杨连江. 国外企业职工教育［M］. 北京：中国展望出版社，1983.

二、期刊类

1. 陈明欣. 成人教育传播特异性解读——兼论继续教育概念无法取代成人教育［J］. 职教论坛，2017（21）.

2. 陈云山，郭晓明. 我国成人学习动机研究的文献计量分析［J］. 成人教育，2017（8）.

3. 陈福祥. 成人教育课程的多元样态：基于成人教育哲学的视角［J］. 职教论坛，2014（21）.

4. 陈瑶. 初入职的成人教育教师身份认同研究［J］. 福建广播电视大

学学报，2018（6）.

5. 陆桂仙. 发展继续教育是高校改革的重要内容［J］. 上海高教研究，1989（2）.

6. 陈仁凯，颜鲜明."五个走向"——全民终身教育理念指导下的高校成人教育转型路径［J］. 成人教育，2015（12）.

7. 陈勤舫. 普通高校继续教育新态势与管理模式创新［J］. 成人教育，2020（9）.

8. 陈永刚. 图书馆专业人员继续教育的构想［J］. 图书馆理论与实践，1992（1）.

9. 陈昌耀，徐训芳，林明灯. 高等学历继续教育专业建设内涵及其策略［J］. 中国成人教育，2018（23）.

10. 程功舜，李小霞. 我国地方终身教育立法的比较与省思［J］. 教育发展研究，2018（23）.

11. 蔡宪. 远程教育教学特征辨析［J］. 中国电化教育，2001（5）.

12. 陈丽. 术语"教学交互"的本质及其相关概念的辨析［J］. 中国远程教育，2004（3）.

13. 陈丽. 远程学习的教学交互模型和教学交互层次塔［J］. 中国远程教育，2004（5）.

14. 陈丽. 计算机网络中学生间社会性交互的规律［J］. 中国远程教育，2004（11）.

15. 陈丽. 亚洲国家现代远程教育质量保证体系比较研究［J］. 现代远程教育研究，2012（2）.

16. 陈乃林. 创新社区教育治理体系略论［J］. 职教论坛，2014（15）.

17. 陈乃林. 解读社区教育的本质与功能［J］. 当代教育论坛，2003（11）.

18. 陈乃林. 社区教育特色课程建设的初步实践与思考［J］. 成才与就业，2009（19）.

19. 陈乃林. 把握社区教育课程的定位和特征［J］. 成才与就业，

2010（19）.

20. 陈乃林，孙孔懿. 终身教育的一项紧迫课题——关于我国老年教育的若干思考［J］. 教育研究，1998（3）.

21. 曹赛，汤会琳. 移动技术支撑的远程教育教学平台构建与管理模式［J］. 现代远程教育研究，2014（1）.

22. 陈龙根，胡央波. 多中心治理：我国社区教育发展的路径选择［J］. 中国成人教育，2012（13）.

23. 陈霞. 国际视野下的中小学教师继续教育改革：理论、特点与展望［J］. 教育科学，2006（1）.

24. 陈启直. 继承和发扬毛泽东关于干部理论教育的思想［J］. 南京大学学报，1994（2）.

25. 陈曙. 老年网络协作学习生态体系的构建：逻辑、关键与通路——基于关联主义的视角［J］. 远程教育杂志，2015（2）.

26. 程仙平. 终身教育理念下我国老年教育的若干思考［J］. 西北成人教育学报，2012（5）.

27. 崔铭香. 改革开放以来农民工教育培训研究综述［J］. 河北师范大学学报（教育科学版），2009（3）.

28. 杜以德. 成人教育学科体系的逻辑起点［J］. 教育研究，2006（10）.

29. 杜以德，等. 发达国家成人教育的投资现状和基本政策取向［J］. 教育研究，2007（3）.

30. 丁保朗. 成人教育、继续教育、终身教育概念之诠释［J］. 成人高教学刊，2006（2）.

31. 侍建旻. 学习型社会背景下的高校继续教育［J］. 成人教育，2006（8）.

32. 刁庆军，吴志勇. 推进高校继续教育发展模式的创新与转型［J］. 成人教育，2011（10）.

33. 丁红玲，张利纳. 关于我国终身教育立法的建议与思考［J］. 教育理论与实践，2014（21）.

34. 丁红玲,都雅男. 我国社区教育政策40年：历史回顾、价值逻辑及未来展望［J］. 当代继续教育,2018（4）.

35. 丁红玲,都雅男. 我国社区教育理论研究40年：回顾、评价与展望［J］. 中国成人教育,2018（10）.

36. 丁红玲,林红梅. 社区教育研究新进展与未来展望［J］. 中国成人教育,2016（6）.

37. 丁兴富. 我国远程教育的萌芽、创建和起步——中国远程教育的历史发展和分期（1）［J］. 现代远距离教育,2001（1）.

38. 丁兴富. 我国远程教育的繁荣、发展和调整——中国远程教育的历史发展和分期（2）［J］. 现代远距离教育,2001（2）.

39. 丁兴富. 远程教育术语辨析——对远程教育和开放学习基本概念的探讨（1）［J］. 中国电化教育,2000（5）.

40. 丁兴富. 中外远程教育定义和特征的分析研究——对远程教育和开放学习基本概念的探讨（2）［J］. 中国电化教育,2000（6）.

41. 丁兴富. 远程教育、远程教学和远程学习的新定义——对远程教育和开放学习基本概念的探讨（3）［J］. 中国电化教育,2000（7）.

42. 丁兴富. "远距离教育"和"远程教育"辨析［J］. 中国电大教育,1999（1）.

43. 丁兴富. 远程教育学基本概念与研究对象之我见［J］. 开放教育研究,2005（1）.

44. 丁兴富. 远程学习圈：构建远程教学与远程学习的基础理论［J］. 中国远程教育,2001（7）.

45. 丁兴富,李新宇. 远程教学交互作用理论的发展演化［J］. 现代远程教育研究,2009（3）.

46. 丁兴富. 远程教育的课程开发和教学设计［J］. 中国电化教育,2001（11）.

47. 丁兴富. 论远程教育中的学生学习支助服务（上）［J］. 中国电化教育,2002（3）.

48. 丁兴富. 论远程教育中的学生学习支助服务（下）［J］. 中国电化

教育，2002（4）.

49. 丁兴富. 论远程教育国家行政管理［J］. 电化教育研究，2003（3）.

50. 丁兴富. 论网络远程教育质量观的创新——"远程教育质量保证及质量评估与认证国际比较研究"成果（4）［J］. 中国远程教育，2005（5）.

51. 丁新，马红亮. 构建全面多元的远程教育质量观［J］. 中国远程教育，2003（19）.

52. 丁新，武丽志. 远程教育质量：一种服务的观点［J］. 中国远程教育，2005（3）.

53. 刁纯志. 现代远程教育学习支持服务系统的理论与实践［J］. 中国远程教育，2004（21）.

54. 戴妍. 远程教育中自我调节学习的困境与出路——基于远程教育信息交互模式的思考［J］. 现代远距离教育，2013（2）.

55. 董明传. 关于社区教育与终身教育的思考［J］. 上海高教研究，1998（12）.

56. 杜君英. 社区教育专职教师培训方式新探［J］. 职教论坛，2013（3）.

57. 杜君，张学凤. 新农村建设与农民思想政治教育［J］. 东北师大学报（哲学社会科学版），2012（3）.

58. 傅昌盛，沈兰兰. 高校继续教育办学模式探析［J］. 成人教育，2015（2）.

59. 冯国文. 高校继续教育"四位一体"校企合作模式的探索［J］. 中国成人教育，2017（19）.

60. 范晓峰. 域内终身教育立法的比较研究［J］. 河北广播电视大学学报，2015（2）.

61. 樊桂林，董彦菊. 试论当前我国构建学习型社会的现实条件［J］. 职教论坛，2009（19）.

62. 范如永. 终身学习理念下我国远程教育研究的热点、前沿和发展趋势分析［J］.中国电化教育，2013（2）.

63. 冯俊.新中国 60 年干部教育培训工作的历程［J］.红旗文稿，2009（18）.

64. 高志敏.论学习化社会背景下成人教育研究的新取向［J］.成人教育，2007（1）.

65. 高志敏，等.成人教育研究新理念与新方法探索［J］.河北师范大学学报（教育科学版），2010（1）.

66. 耿金龙，刘卫萍.近三十年我国成人教育哲学研究综述［J］.河北大学成人教育学院学报，2008（1）.

67. 郭静，朱小蔓.发展中国家农村成人教育面临的挑战与发展趋势［J］.教育研究，2011（5）.

68. 顾德学.成人教育与发展中国家的反贫困［J］.成人教育，2008（3）.

69. 陶孟祝，高志敏.国际成人教育的历史足迹与未来展望——基于国际成人教育大会与学习型城市大会的文献分析［J］.河北师范大学学报（教育科学版），2018（3）.

70. 国卉男.当代国际终身教育政策的回顾与展望［J］.外国中小学教育，2013（1）.

71. 顾明远.形成全民学习、终身学习的学习型社会［J］.求是，2003（4）.

72. 顾明远，石中英.学习型社会：以学习求发展［J］.北京师范大学学报（社会科学版），2006（1）.

73. 郭向勇.基于 WEB 的远程教学信息资源系统的模型设计及资源建设［J］.电化教育研究，2003（6）.

74. 郭允建，朱祖林，刘盛峰，等.我国远程教育研究 2018 年度进展报告［J］.远程教育杂志，2019（5）.

75. 顾东辉."社区教育"的概念架构［J］.广西民族学院学报（哲学社会科学版），2003（4）.

76. 高卫东.社区教育专职工作者素质分析［J］.北京广播电视大学

学报，2008（1）.

77. 谷晓洁，祁占勇. 新中国成立70年来我国职工教育政策的历史演进［J］. 中国职业技术教育，2019（19）.

78. 韩钟文，杜以德. 中国成人教育学科发展构想［J］. 中国成人教育，2005（7）.

79. 何爱霞. 成人教育学科体系建设的推进举措［J］. 教育研究，2006（10）.

80. 何光全. 成人教育学的争论及意义［J］. 开放教育研究，2013（3）.

81. 黄锦汉. 大学后继续教育刍议［J］. 高等教育研究，1988（4）.

82. 牛长海. 地方高校继续教育服务区域社会发展研究［J］. 东北师大学报（哲学社会科学版），2014（3）.

83. 贺洁. 高校继续教育转型面临的现实困境及变革策略［J］. 中国成人教育，2017（6）.

84. 黄明格. 终身教育视域下高校继续教育的转型与定位研究［J］. 成人教育，2016（1）.

85. 胡锐. 论高校继续教育战略转型与实施策略［J］. 继续教育，2012（2）.

86. 黄宁生. 高校与教师进修学校合作开展中小学教师继续教育的研究［J］. 中国成人教育，2012（22）.

87. 胡艳. 影响我国当前中小学教师培训质量的因素分析［J］. 教师教育研究，2004（11）.

88. 黄欣，张艳. 一次具有突破性意义的教育立法与改革——略论韩国终身教育立法的制定背景及政策启示［J］. 外国中小学教育，2010（8）.

89. 黄欣，吴遵民. 终身教育立法的制订与完善——关于《上海市终身教育促进条例》的思考［J］. 教育发展研究，2011（7）.

90. 胡跃荣. 现代远程教育的发展特征及其评价［J］. 科技进步与对策，2002（6）.

91. 郝凯亭，邓祖道. 现代远程教育中网络课程的教学设计［J］. 中国远程教育，2002（9）.

92. 黄云龙. 中国社区教育的两个飞跃［J］. 教育参考，1994（5）.

93. 黄云龙. 关于社区教育本质的思考［J］. 教育研究，1999（7）.

94. 黄云龙. 用生活教育理论构建社区教育的科学基础［J］. 教育研究，1996（1）.

95. 黄健. 专业化：社区教育专职教师队伍建设的研究［J］. 远程教育杂志，2010（4）.

96. 何彦霏，刘晓哲. 中国共产党干部教育培训70年：历程、规律及启示［J］. 贵州社会科学，2019（10）.

97. 侯怀银，李秧. 教师教育学在中国：历程、进展和趋势［J］. 教师教育研究，2019（6）.

98. 纪军. 当代美国终身教育的发展论略［J］. 外国教育研究，2003（11）.

99. 季明明. 中国特色的终身学习理论探索与创新——重读郝克明的《跨进学习型社会》［J］. 北京大学教育评论，2014（1）.

100. 蒋红. 上海开放大学服务学习型城市建设的功能及路径研究［J］. 开放教育研究，2012（5）.

101. 蒋国珍，匡贵秋. 远程教学资源建设：如何走出技术的樊笼［J］. 中国远程教育，2006（1）.

102. 纪河，周蔚. 试论现代远程教育的课程设计［J］. 电化教育研究，2005（5）.

103. 金辉. 社区教育的概念界说及其方法［J］. 上海教育情报，1994（4）.

104. 金建生. 发达国家教师继续教育的转向及启示［J］. 教育发展研究，2013（4）.

105. 康燕茹. "成人教育"与"继续教育"真实关系剖析：名与实的角度［J］. 继续教育研究，2017（6）.

106. 孔维宏. 中小学教师远程培训的问题分析与对策研究［J］. 中国电化教育，2011（5）.

107. 康乃美，叶必锋. 远程教育实施"学分银行"管理模式的思考[J]. 现代远程教育研究，2009（4）.

108. 康年，邓蕾，黄洪基. 问题研究向学科化研究的转向——青年研究三十年回顾与展望[J]. 社会科学，2010（10）.

109. 李艳莉，陈娟. 我国成人教育研究的概况与特点分析——基于2010—2018年全国教育科学规划成人教育类立项课题的回顾与前瞻[J]. 中国成人教育，2019（12）.

110. 刘铁芳，罗明. 人的全面发展之社会性及其培育[J]. 教育发展研究，2020（8）.

111. 柳士斌. 成人教育学科体系建设的基本原则[J]. 教育研究，2006（10）.

112. 赖立. 推进成人教育学科发展的关键：理论创新与学术建设[J]. 河北大学成人教育学院学报，2007（1）.

113. 李祥敏，马秀峰. 新中国成立70年来我国成人教育的概念嬗变与事业发展[J]. 中国成人教育，2020（1）.

114. 刘奉越. 从保障学习权到寻求共同利益：成人学习理念的演进——基于UNESCO报告的分析[J]. 教育发展研究，2019（12）.

115. 刘奉越. 美国继续教育的特色[J]. 继续教育研究，2006（1）.

116. 刘奉越，孙培东. 基于返乡农民工学习特点的创业培训论略[J]. 教育学术月刊，2009（8）.

117. 刘奉越. 新生代农民工远程学习障碍及其对策研究[J]. 现代远距离教育，2012（6）.

118. 乐传永. 美国成人教育的特色及其对我国成人教育的启示[J]. 陕西师范大学继续教育学报，2000（1）.

119. 乐传永，许日华. 高校继续教育治理：缘起、主体与机制[J]. 现代远距离教育，2018（1）.

120. 乐传永，李梦真. 近20年我国高校继续教育治理研究的热点与发展[J]. 现代远程教育研究，2019（2）.

121. 乐传永. 社会转型与高校继续教育冲突[J]. 教育研究，2012

(11).

122. 乐传永, 于莎. 集体行动视域下高校继续教育治理的时间逻辑与推进路径 [J]. 高等教育研究, 2019 (12).

123. 乐传永, 夏现伟. 老年教育提升老年人主观幸福感的功能与策略 [J]. 当代继续教育, 2016 (1).

124. 乐传永, 等. 回顾与展望: 2018 年成人教育理论研究综述 [J]. 中国成人教育, 2019 (7).

125. 李红亮. 近十年中国高校继续教育研究综述 [J]. 继续教育研究, 2010 (4).

126. 卢美芬, 孙立新. 高校继续教育服务区域功能的再认识 [J]. 中国高教研究, 2013 (6).

127. 梁艳萍, 高建军, 冯安伟, 等. 普通高校继续教育现状分析与发展路径探讨 [J]. 中国成人教育, 2009 (12).

128. 李丽珊, 蒋志湘. 简述我国继续教育现状 加强继续教育立法工作 [J]. 成人教育, 2011 (1).

129. 刘杨, 李祥. 继续教育地方立法的理论与实践反思 [J]. 成人教育, 2018 (14).

130. 李振钟. 论地方高校促进教育文化发展的社会行为 [J]. 教育理论与实践, 2012 (3).

131. 刘杰, 高丙云, 董效臣. 研究型大学继续教育的价值存在和实践创新 [J]. 中国成人教育, 2019 (20).

132. 罗永彬, 徐世浩. 美国成人教育立法及其启示 [J]. 高等工程教育研究, 2007 (5).

133. 兰岚. 我国终身教育立法困境探析 [J]. 现代远距离教育, 2015 (6).

134. 兰岚. 终身教育立法研究之与现有法律体系的冲突与协调 [J]. 现代远距离教育, 2017 (5).

135. 兰岚. 论我国终身教育立法的三个先行问题 [J]. 教育科学, 2018 (4).

136. 罗建河. 试论我国终身教育的立法保障——国外终身教育立法的启示 [J]. 成人教育, 2009 (7).

137. 李正连, 王国辉.《终身教育法》修正后韩国终身教育振兴政策的动向及特征 [J]. 现代远程教育研究, 2014 (1).

138. 厉以贤. 终身教育的理念及在我国实施的政策措施 [J]. 北京大学教育评论, 2004 (2).

139. 厉以贤. 学习社会的理念和建设 [J]. 高等教育研究, 2000 (5).

140. 厉以贤. 社区教育的理念 [J]. 教育研究, 1999 (3).

141. 厉以贤. 社区教育、社区发展、教育体制改革 [J]. 教育研究, 1994 (1).

142. 刘晖, 汤晓蒙. 试论各级各类教育融入终身教育体系的时序 [J]. 教育研究, 2013 (9).

143. 刘汉辉. 论终身教育体系：架构、实现方式及功能 [J]. 广东社会科学, 2007 (4).

144. 凌磊. 韩国终身教育改革新动向——基于学分银行制和学位自学考试制度改革分析 [J]. 现代教育管理, 2018 (2).

145. 罗健, 刘维俭. 终身教育体系构建中确立政府主导地位的思考 [J]. 继续教育研究, 2010 (6).

146. 李新民. 论构建中国模式的终身教育体系 [J]. 南京理工大学学报（社会科学版）, 2010 (12).

147. 卢彩晨. 改革开放 40 年来学习型社会建设的政策演进与展望 [J]. 职业技术教育, 2018 (33).

148. 刘红梅. 浅谈现代远程教育的质量保证 [J]. 成人教育, 2006 (11).

149. 刘晓刚, 徐红丽. 云计算在远程教育系统中的应用探索 [J]. 现代远距离教育, 2010 (5).

150. 刘序明, 杨小勤. 现代远程教育的几个要素 [J]. 中国电化教育, 1999 (5).

151. 雷庆，樊文强. 高校现代远程教育的发展与特征［J］. 中国远程教育，2007（12）.

152. 刘玉杰. 现代远程教育的特征与经济功能［J］. 现代远距离教育，2002（3）.

153. 刘晓晴，王迎. 我国现代远程教学模式发展趋势探析［J］. 远程教育杂志，2009（5）.

154. 刘黄玲子，黄荣怀，樊磊，等. CSCL 交互研究的理论模型［J］. 中国电化教育，2005（4）.

155. 廖来红. 干部教育培训：高校继续教育转型发展的新方向——干部教育培训市场机制政策变迁与实际运行状况分析［J］. 继续教育，2014（2）.

156. 李小平，张琳，赵丰年，等. 虚拟现实/增强现实下混合形态教学设计研究［J］. 电化教育研究，2017（7）.

157. 李慷. 农村社区教育与社区发展——湖南省桃源县社会调查报告［J］. 教育理论与实践，1990（5）.

158. 卢德生，赖长春. 我国社区教育研究十年（2006—2015）现状与反思——基于 CiteSpace 的知识图谱分析［J］. 职教论坛，2016（12）.

159. 刘尧. 社区教育的内涵、特点与功能探讨［J］. 西北农林科技大学学报（社会科学版），2010（3）.

160. 林崇德，申继亮，辛涛. 教师素质的构成及其培养途径［J］. 中国教育学刊，1996（6）.

161. 李新翠. 区县教师培训课程体系现状及反思［J］. 中国教育学刊，2019（2）.

162. 李帅军. 教师教育政策公平的现实困境与有效路径［J］. 东北师大学报（哲学社会科学版），2012（2）.

163. 李晖. 中国共产党干部培训的历史回顾与经验总结［J］. 理论参考，2013（4）.

164. 李春林，王一宁. 习近平干部教育培训思想及其实践创新研究［J］. 思想政治教育研究，2018（1）.

165. 李冠英，刘荣光. 论毛泽东干部教育思想的形成和发展［J］. 中国人民大学学报，1992（2）.

166. 刘慧. 2006—2015年我国职工教育研究现状分析［J］. 教育与职业，2016（16）.

167. 卢强. 国内学习共同体研究现状与进展分析［J］. 中国远程教育，2012（5）.

168. 李洁. 老年教育目标的现实建构——基于老年学习者需求的阐释［J］. 继续教育研究，2019（3）.

169. 罗彤彤，乐传永. 论老年教育支持服务体系的构建——基于社会支持理论［J］. 中国成人教育，2015（2）.

170. 李强，马中全. 论毛泽东农民教育思想对培养新型农民的指导意义［J］. 西南大学学报（社会科学版），2007（4）.

171. 吕莉敏，马建富. 新生代农民工教育培训需求及策略探究［J］. 中国职业技术教育，2010（33）.

172. 李伊白. 面向新生代农民工的移动学习：现状、需求与发展策略［J］. 中国远程教育，2010（9）.

173. 李建伟. 我国新生代农民工成人教育的困境与突破［J］. 职教论坛，2011（1）.

174. 李湘萍. 富平模式：农民工培训的制度创新［J］. 教育发展研究，2005（12）.

175. 马勇. 问题与路径：供给侧改革视域下的高校继续教育转型发展［J］. 继续教育研究，2017（5）.

176. 马启鹏. 体制创新：高校继续教育转型的制度保障［J］. 继续教育研究，2011（6）.

177. 毛丽萍. 远程教育课程建设的范例——英国开放大学的成功经验［J］. 中国成人教育，2007（20）.

178. 马爽，胡凡刚. 从知识汲取到"转识成智"：智能化时代慕课（MOOCs）的价值走向［J］. 远程教育杂志，2018（6）.

179. 马丽华，丁沁南，张永. 老年学员网络自信影响因素路径分析

[J]. 开放教育研究，2018（3）.

180. 马艳芬，曲铁华. 法国教师继续教育制度对我国的启示［J］. 外国教育研究，2009（5）.

181. 欧阳忠明，唐薇. 终身教育领域研究：现状与思考——基于国内相关文献的述评［J］. 中国职业技术教育，2019（15）.

182. 欧阳忠明，李书涵. 老年人为何而学［J］. 终身教育研究，2018（6）.

183. 奇永花. 韩国终身教育的发展与实务运作［J］. 成人教育，2009（3）.

184. 彭霞光. 全纳教育：未来之路——对全纳教育理念的思考与解读［J］. 中国特殊教育，2008（12）.

185. 彭敏佳，张玉芳，吴中福. 基于XML远程教学资源管理系统的研究与应用［J］. 计算机应用研究，2004（10）.

186. 庞维成. 区域生命教育教师培训课程开发与实施［J］. 上海教育科研，2019（9）.

187. 潘姿曲，祁占勇. 改革开放四十年我国职业培训政策的变迁逻辑与未来走向［J］. 职教论坛，2018（11）.

188. 钱旭初. 浅谈社区教育课程质量标准［J］. 中国成人教育，2018（20）.

189. 曲铁华，王凌玉. 我国学前教师培训政策的演进历程及特点——基于1978—2016年政策文本的分析［J］. 河北师范大学学报（教育科学版），2018（1）.

190. 曲铁华，李楠. 改革开放以来我国农村职业教育政策影响因素及特征研究［J］. 河北师范大学学报（教育科学版），2014（1）.

191. 任为民. 学习型社会、数字化学习港与公共服务体系［J］. 开放教育研究，2007（1）.

192. 冉利龙. 远程教学资源共建共享的探索与实践［J］. 中国远程教育，2015（5）.

193. 石娟，刘义兵. 我国成人教育研究的时代转向［J］. 成人教育，

2019（1）.

194. 孙立新，乐传永. 嬗变与思考：成人教育理论研究 70 年［J］. 教育研究，2019（5）.

195. 孙立新，乐传永. 近年来成人教育研究的主题分析与问题考量——基于 2015—2017 年的文献梳理与分析［J］. 教育研究，2018（5）.

196. 孙立新，李硕. 我国终身教育政策演变：社会背景、文本内容及价值取向［J］. 河北师范大学学报（教育科学版），2018（5）.

197. 孙立新，乐传永. 成人教育研究的新进展与未来趋势［J］. 教育研究，2015（6）.

198. 孙立新，罗彤彤. 困境与出路：老年教育促进老年人继续社会化研究［J］. 职教论坛，2014（6）.

199. 随国栋. 成人教育学科新范式的构建理路——兼论问题导向研究范式［J］. 中国成人教育，2018（11）.

200. 邵晓枫. 不能用"继续教育"代替"成人教育"——谈"成人教育"与"继续教育"的名与实［J］. 职教论坛，2010（28）.

201. 孙琬婷，赵亮. 我国高校继续教育办学定位与人才培养方式改革［J］. 教育与职业，2018（10）.

202. 宋孝忠. 欧美发达国家继续教育立法初探［J］. 继续教育研究，2019（11）.

203. 时伟. 我国教师继续教育模式的反思与重构［J］. 华东师范大学学报（教育科学版），2004（1）.

204. 孙磊，徐法艳. 普通高校成人高等教育信息化、网络化建设的探讨［J］. 中国成人教育，2016（17）.

205. 孙毅. 国外终身教育立法的经验与启示［J］. 中国远程教育，2013（10）.

206. 桑宁霞. 中国终身教育政策基本框架考略［J］. 中国成人教育，2013（1）.

207. 沈光辉. 我国终身教育立法的主要问题与对策建议——福建省的实践探索与启示［J］. 中国远程教育，2014（12）.

457

208. 沈光辉、蔡亮光. 海峡两岸社区教育比较研究［J］. 成人教育，2010（10）.

209. 孙士宏，陈武元. 论终身教育体系构建过程中的高等教育调试［J］. 开放教育研究，2005（12）.

210. 孙力，徐昉. 中美终身教育的发展趋势与新特征［J］. 现代教育技术，2018（S1）.

211. 邵均克. 创建学习型组织的进一步思考［J］. 东南大学学报（哲学社会科学版），2014（S2）.

212. 孙丽青，孙治国. 中国远程开放教育质量保证研究的十年综述——以 2003—2013 年核心期刊为视角［J］. 中国远程教育，2014（10）.

213. 孙绿怡. 广播电视大学远程教学资源建设的变迁及思考［J］. 中国远程教育，2002（12）.

214. 孙亚玲. 社区教育的基本问题［J］. 云南教育学院学报，1995（4）.

215. 苏民. 面向 21 世纪社区教育模式探索［J］. 北京成人教育，2001（7）.

216. 单志艳. 中小学教师培训政策的价值取向变迁——基于 1986 年和 2011 年国家关于中小学教师培训《意见》的文本分析［J］. 教师教育研究，2013（3）.

217. 唐克，刘家刚. 城镇化进程中社区教育政策执行主体的偏差行为问题［J］. 远程教育杂志，2014（5）.

218. 田季生，孔令军. 远程教学资源区域共建共享：现实形态与精神重构［J］. 中国远程教育，2010（2）.

219. 汤诗华，郭允建，朱祖林，等. 我国远程教育研究 2017 年度进展报告［J］. 远程教育杂志，2018（5）.

220. 滕杰. 城镇社区农民工教育需求表达机制研究［J］. 成人教育，2020（1）.

221. 王中华，贾颖. 建国 70 年来我国成人教育研究的回顾、反思与展望［J］. 现代教育管理，2019（8）.

222. 王燕子，辛思娜，欧阳忠明. 构建响应型成人学习系统：有效获得可持续发展的技能——OECD《有效获得技能：为未来做准备的成人学习系统》报告解读［J］. 远程教育杂志，2019（5）.

223. 王霞，王中华. 三十年来我国成人学习理论研究的检视与反思［J］. 成人教育，2018（2）.

224. 王新民. 我国成人学习策略研究综述［J］. 教育与职业，2009（36）.

225. 王志刚. 高校继续教育转型发展的研究与探索［J］. 江苏高教，2019（12）.

226. 吴师伟. 高校继续教育治理体系建设刍议［J］. 中国成人教育，2019（2）.

227. 王明钦. 论普通高校继续教育的模式与途径［J］. 河南大学学报（社科版），1999（1）.

228. 吴学松. 地方高校继续教育转型发展策略论析［J］. 成人教育，2020（9）.

229. 王志刚，章映欢. 高校学历教育与非学历教育的和谐发展［J］. 继续教育研究，2013（4）.

230. 吴忠东，李雷，秦伟伟，等. 基于教学质量监控体系的高校成人高等教育模式创新探讨［J］. 中国成人教育，2014（6）.

231. 吴遵民. 中国终身教育法治70年［J］. 教育发展研究，2019（17）.

232. 吴遵民，黄欣. 终身教育立法的国际比较与评析［J］. 外国中小学教育，2008（2）.

233. 吴遵民，黄健. 国外终身教育立法启示——基于美、日、韩法规文本的分析［J］. 现代远程教育研究，2014（1）.

234. 吴遵民. 一部名不副实的终身教育法——简析日本《生涯学习振兴法》的制定过程与问题［J］. 外国中小学教育，2007（3）.

235. 吴遵民. 走出理解误区——对当代终身教育理论内涵的深层思考［J］. 杭州师范大学学报（社会科学版），2008（5）.

236. 吴遵民，黄欣，刘雪莲. 建立和完善终身教育体系的法律制度研究 [J]. 继续教育研究，2006 (6).

237. 吴遵民. 中国终身教育体系为何难以构建 [J]. 现代远程教育研究，2014 (3).

238. 吴遵民. 终身教育发展的中国经验——改革开放 37 年终身教育的历史回顾与展望 [J]. 江苏开放大学学报，2016 (1).

239. 吴遵民. 全球化视野中"学习社会"与基础教育改革 [J]. 教育理论与实践，2004 (10).

240. 吴遵民. 关于对我国社区教育本质特征的若干研究和思考——试从国际比较的视野出发 [J]. 华东师范大学学报（教育科学版），2003 (3).

241. 吴遵民，秦洁，张松龄. 我国教师继续教育的回顾与展望 [J]. 教师教育研究，2010 (2).

242. 王蓓颖. 高校教师继续教育的问题与对策研究 [J]. 教师教育研究，2011 (5).

243. 魏景. 高校教师继续教育的问题与对策 [J]. 继续教育研究，2009 (6).

244. 熊潞颖，徐鹏飞. 我国继续教育课程设计与开发的现状研究 [J]. 开放学习研究，2019 (6).

245. 王顺霖，范传伟. 上海市社区教育政策调查研究 [J]. 教育发展研究，1998 (11).

246. 王宏. 我国地方终身教育立法比较及对国家立法的启示 [J]. 开放教育研究，2014 (2).

247. 翁朱华. 终身教育体系的整体再建构——中日学者三人谈 [J]. 开放教育研究，2010 (10).

248. 王晓辉. 法国终身教育的发展与特色 [J]. 比较教育研究，2007 (12).

249. 王洪才. 学习型社会与教育转变 [J]. 教育研究，2004 (1).

250. 王慧，莫淑坤. 远程开放教育学习支持服务模式构建研究——

基于学生学业保持的视角［J］. 江苏高教，2015（3）.

251. 王然，袁薇，王欣. 基于现代信息技术的远程教育要素研究［J］. 成人教育，2013（5）.

252. 王志军. 中国远程教育交互十年文献综述［J］. 中国远程教育，2013（9）.

253. 王志军. 远程教学交互研究的新视角：结构主义［J］. 现代远程教育研究，2013（5）.

254. 王仁彧. 实践理性：我国终身教育法规建设的路向探究［J］. 教育理论与实践，2014（8）.

255. 王基一. 对基于网络的远程教育课程设计的认识［J］. 开放教育研究，2000（6）.

256. 武丽志，吴甜甜. 教师远程培训效果评估指标体系构建——基于德尔菲法的研究［J］. 开放教育研究，2014（5）.

257. 王国华，俞树煜，黄慧芳，等. 中国远程教育研究的可视化分析——核心文献、热点、前沿与趋势［J］. 远程教育杂志，2015（1）.

258. 吴盛雄，陈乃林，江丽娜. 我国社区教育研究 40 年（1978—2017）状况与反思——基于 CiteSpace 文献知识图谱分析［J］. 终身教育研究，2018（4）.

259. 王霞. 全面回归：社区教育的内涵解读［J］. 教育理论与实践，2016（7）.

260. 万福. 校本教师培训模式研究［J］. 教育研究，2002（1）.

261. 吴峰. 职业院校开展企业培训的绩效分析与改进路径［J］. 教育研究，2016（1）.

262. 吴黛舒. 对教育理论与实践关系问题的本土反思［J］. 教育研究，2004（5）.

263. 王嘉毅，封清云，张金. 教育与精准扶贫精准脱贫［J］. 教育研究，2016（7）.

264. 熊华军，刘鹰. 法规保障下的法国继续教育及其启示［J］. 现代教育科学，2014（7）.

265. 薛蓓，周延怀，王晓兰. 学习型社会建设视角下的高校继续教育管理创新[J]. 中国成人教育，2018（20）.

266. 徐淑娟，郭太敏，王静. Web 2.0 环境下高校图书馆员继续教育实证研究——以江苏省高校图书馆为例[J]. 图书馆工作与研究，2013（10）.

267. 项天然. 关于制定终身教育促进法的思考与建议[J]. 教育发展研究，2006（11）.

268. 吴安新. 建构我国教育的终身教育法[J]. 继续教育，2004（3）.

269. 徐中意. 澳大利亚终身教育体系述评：内涵与特色[J]. 职业教育研究，2010（9）.

270. 谢峰，胡志金，汪海涛. 论地方本科院校面向学习型社会的发展定位[J]. 教育研究，2012（12）.

271. 徐琤. 远程教育课程开发模式的研究[J]. 中国远程教育，2005（1）.

272. 向美华. 农村基层干部队伍建设：问题与对策——来自湖南省常德市鼎城区的调查与思考[J]. 中州学刊，2006（2）.

273. 肖小华. 习近平干部教育思想述论[J]. 探求，2016（1）.

274. 邵艾群. 新生代农民工的培训研究[J]. 教育学术月刊，2012（3）.

275. 习近平. 在哲学社会科学工作座谈会上的讲话[J]. 党史文汇，2016（6）.

276. 叶忠海. 现代成人教育研究：历程和进展特点——为我国改革开放30周年而作[J]. 成人教育，2009（12）.

277. 叶忠海. 终身教育体系下成人教育的发展[J]. 湖南师范大学教育科学学报，2002（3）.

278. 叶忠海，马丽华，杜君英，等. 在老龄事业大局中发展老年教育的思路和对策[J]. 当代继续教育，2016（2）.

279. 尹桐桐，辛思娜，刘伊凡. 守望事业：新中国成人继续教育70

年发展历程［J］．中国成人教育，2019（23）．

280．余小波．我国成人高等教育转型的市场机制论略［J］．长沙理工大学学报（社会科学版），2013（4）．

281．余小波．成人高等教育型及转型探略［J］．现代大学教育，2011（1）．

282．姚瑶，刘莹．基于"学分银行"制度的行业特色型高校继续教育改革思路［J］．北京邮电大学学报（社会科学版），2015（6）．

283．杨斌，李红霞，常莉．普通高校学历继续教育人才培养模式改革研究［J］．高等继续教育学报，2015（5）．

284．杨平，魏奇，杨东．欧盟终身学习政策与实践新进展［J］．教育发展研究，2010（17）．

285．杨晨．我国终身教育立法三难［J］．教育发展研究，2009（13）．

286．庾荣．论终身教育体系的构建［J］．西南交通大学学报（社会科学版），2003（7）．

287．闫朝辉．成人教育在终身教育体系中的地位和作用研究［J］．长春理工大学学报，2012（5）．

288．严继昌．实现我国继续教育发展战略目标的八点建设性意见［J］．现代远程教育研究，2011（5）．

289．余朝文，张际平．基于网络学习型社会的立体化教学资源建设研究［J］．中国电化教育，2011（6）．

290．杨志坚．国家开放大学的历史使命［J］．中国高等教育，2011（Z2）．

291．于云秀．现代远程教育中的广播电视大学［J］．中国电大教育，1998（10）．

292．于云秀．广播电视大学开放教育的质量保证［J］．中国远程教育，2004（19）．

293．杨清珍．美国远程教育模式及其启示［J］．现代远距离教育，2006（3）．

294．杨晓宏，梁丽．解析农村中小学现代远程教育的"三种模式"

463

[J]. 电化教育研究, 2006 (1).

295. 俞建华. 基于云计算的远程教学资源建设模式——以浙江开放大学为例 [J]. 中国电化教育, 2011 (12).

296. 闫寒冰, 褚文培. 教师远程培训模式的研究与实践 [J]. 中国电化教育, 2004 (11).

297. 杨亭亭. 远程开放教育学生学习支持服务的探索 [J]. 开放教育研究, 2003 (5).

298. 杨九民, 等. 在线开放课程中的交互设计及其应用现状分析 [J]. 电化教育研究, 2018 (11).

299. 杨淑珺, 程仙平. 社区教育工作者培训模式初探 [J]. 继续教育研究, 2011 (1).

300. 易森林, 程宜康. 高职院校教师专业化发展研究述评 [J]. 现代教育管理, 2014 (5).

301. 于金翠. 我国企业职工培训的现状与发展趋势研究 [J]. 职教论坛, 2007 (3).

302. 杨颖. 知识经济时代的企业人力资源开发重在教育培训 [J]. 北京大学学报（哲学社会科学版）, 2001 (S1).

303. 岳瑛. 老年教育需求量及潜在需求量分析 [J]. 中国老年学杂志, 2012 (20).

304. 杨亚玉, 欧阳忠明. 老年大学教育供给与老年人学习需求匹配的案例研究 [J]. 职教论坛, 2018 (8).

305. 袁小平, 王娜. 农民工培训政策研究述评——社会政策的视角 [J]. 成人教育, 2018 (11).

306. 张典兵, 张忠华. 我国成人教育学学科建设 70 年的历程与展望 [J]. 成人教育, 2019 (7).

307. 赵媛媛, 徐君. 专业化：成人教育工作者可持续发展的应有之举 [J]. 河北大学成人教育学院学报, 2017 (6).

308. 朱伟卫, 赵艺凡. 智慧、包容、可持续：欧洲成人教育变革新动向 [J]. 终身教育研究, 2019 (5).

309. 张艳超. 普通高校继续教育改革趋势：跨界、融合与创新［J］. 教育发展研究，2014（3）.

310. 朱胜晖，毛艳. 西部地区高校继续教育特色化发展研究［J］. 当代继续教育，2014（6）.

311. 郑学益，张玫玫. 高校继续教育的新使命：干部教育培训［J］. 中国高等教育，2007（10）.

312. 张敏. 新时期高校图书馆员继续教育探讨［J］. 图书馆论坛，2006（4）.

313. 周永喜，魏丽娜. 21世纪我国高校图书馆员的继续教育［J］. 大学图书馆学报，1998（6）.

314. 张宝书. 我国继续教育的发展历程研究［J］. 继续教育研究，2007（1）.

315. 周西安. 我国终身教育体系的内容结构与建构原则［J］. 职业技术教育，2011（22）.

316. 朱猷武. 论终身教育体系的特点［J］. 中国成人教育，2006（8）.

317. 朱新均. 学习型社会建设的理念、路径和对策［J］. 现代远程教育研究，2011（1）.

318. 郑燕伟. 建设学习型社会相关理论的比较与综合［J］. 资料通讯，2006（Z1）.

319. 朱敏，高志敏. 终身教育、终身学习与学习型社会的全球发展回溯与未来思考［J］. 开放教育研究，2014（1）.

320. 朱孔来，李俊杰. 国内外对学习型社会研究的现状评述及展望［J］. 贵州大学学报（社会科学版），2011（4）.

321. 郑秀慧，王晨. 赫钦斯的"理解"教育观与学习型社会建构［J］. 清华大学教育研究，2015（3）.

322. 朱祖林，毕磊，汤诗华，等. 我国远程教育研究2014年度进展报告［J］. 远程教育杂志，2015（6）.

323. 张伟远. 中、英、美三国开放与远程教育研究论文的比较研究

[J]. 开放教育研究, 1999 (Z1).

324. 张伟远. 远程教育专业与教育技术专业课程设置的国际比较 [J]. 中国远程教育, 2005 (4).

325. 张亚斌. 远程教育特征论 [J]. 现代教育技术, 2001 (1).

326. 张冀生. 当代远程教育主流模式比较研究 [J]. 教育科学研究, 2001 (1).

327. 张舒予, 杨兰娟. 远程教学资源设计和媒体素养 [J]. 远程教育杂志, 2005 (5).

328. 张舒予, 章春梅. 英国远程教育: 灵活高效的课程体系 [J]. 远程教育杂志, 2004 (5).

329. 张静然. 远程教育中有意义交互的含义及其确认 [J]. 电化教育研究, 2012 (9).

330. 郑炎顺, 丁新. 特里·安德森远程教育理论与实践研究 [J]. 中国电化教育, 2005 (4).

331. 张秀梅. 远程教育专业硕士课程计划国际比较 [J]. 中国远程教育, 2004 (23).

332. 张筱兰, 郭绍青. 中国农村远程教育发展中急需解决的几个问题 [J]. 中国电化教育, 2005 (5).

333. 张满才. 人本主义思想与远程学习支持服务体系构建 [J]. 开放教育研究, 2009 (3).

334. 詹泽慧, 梁婷, 马子程. 基于虚拟助理的远程学习支持服务及技术难点 [J]. 现代远程教育研究, 2014 (6).

335. 詹泽慧, 叶惠文, 詹瑞华, 等. CRM视角下的现代远程教育管理模式构建 [J]. 中国电化教育, 2008 (8).

336. 邹范林. 远程教育运行机制若干问题探究 [J]. 现代远距离教育, 2009 (2).

337. 赵磊. MOOC创新扩散的本质特征及分析框架研究 [J]. 中国远程教育, 2018 (3).

338. 周晶晶, 陶孟祝, 应一也. "学分银行"概念功能探析——基于国内理论研究的回顾和实践探索的梳理［J］. 现代远距离教育，2017（1）.

339. 张云间，张秀岩，王晓明. 关于社区教育若干基本问题的思考［J］. 教育研究，1995（5）.

340. 仲红俐，董农美. 论社区教育课程开发流程构建［J］. 云南开放大学学报，2016（1）.

341. 仲红俐. 关于社区教育课程开发的思考［J］. 成人教育，2012（10）.

342. 张斌贤. 文献综述与教育学博士学位论文撰写［J］. 学位与研究生教育，2015（1）.

343. 朱旭东. 论我国教师教育新体系的六个特征［J］. 课程·教材·教法，2012（12）.

344. 朱新卓. "教师专业发展"观批判［J］. 教育理论与实践，2002（8）.

345. 朱玉东. 反思与教师的专业发展［J］. 教育科学研究，2003（11）.

346. 张忠华，况文娟. 论高校教师专业发展的缺失与对策［J］. 高校教育管理，2017（1）.

347. 张群梅. 高校教师继续教育政策主体的执行逻辑与效果评估［J］. 教育发展研究，2014（17）.

348. 赵宇. 农村幼儿园教师培训质量提升策略［J］. 学前教育研究，2019（5）.

349. 赵铁锁，秦明月. 新中国成立以来党的干部教育述论［J］. 理论学刊，2010（3）.

350. 赵君香. 我国干部远程教育的研究状况与展望——基于1999—2010年中国知网（CNKI）数据库论文为样本［J］. 现代远距离教育，2011（3）.

351. 赵西华，周曙东. 高等农业教育：我国新型农民创业培植的途径选择［J］. 江苏高教，2006（1）.

352. 朱磊，雷洪. 论农民工的分类及其转型［J］. 社会学评论，2015

(5).

353. 赵丹丹，赵志群. 我国职业教育课程改革综述［J］. 中国职业技术教育，2005（25）.

354. 赵成福. 论教育学方法论研究的进展［J］. 高教学刊，2015（18）.

后　记

本书是张斌贤教授主编的"当代中国教育学术史"丛书中的一本，也是国家社会科学基金"十三五"规划2020年度国家重点课题"国家'十四五'时期成人教育学科发展研究"（课题编号：WKA200012）的课题成果。

在我国，真正意义上有关成人教育的理论研究时间并不长，而成人教育的实践可以追溯许久。许许多多具有先进思想的思想家以"社会教育"的形式对成人教育展开了论述。时至今日，成人教育已从当初零散的扫盲教育、工农教育、干部教育发展为体系更加完整，逻辑更加严密的学科，并随着时代的发展呈现出国际化、多元化的倾向。这些都离不开中国经济社会发展对教育的推动以及学者们在成人教育领域的笔耕不辍。"明镜所以照形，古事所以知今。"我们回顾历史，不是为了从成功中寻找慰藉，更不是为了躺在功劳簿上吃老本，而是要有所创造，有所发现，有所前进。今天，我们出版的这本《成人教育研究》同样也旨在总结中国成人教育在漫长的发展进程中所积累的宝贵历史经验，收集前人对于成人教育的深刻见解和思想结晶以飨读者，同时，在对照历史的过程中发现既往不足和未来方向，以期在新时代实践中不断丰富和发展，推动中国成人教育学术研究开辟更宽的发展道路。

《成人教育研究》汇集了历史上成人教育理论与研究的重要人物，成人教育学科体系建设逻辑研究以及成人教育各分支学科的研究，可谓是中国成人教育历史的一场饕餮盛宴。在梳理中国成人教育取得的历史成果中，我们发现，中国成人教育的发展不仅展现的是中国经济社会发展的辉煌历史，从中生成的中国成人教育学术研究鲜活的特征，更是未来成人教育走向壮大的历史根基。我们在众多研究者的笔下共同展望成人教育发展的宏伟蓝图，在成人教育学科范式中寻找学科体系构建的顶层逻辑，在高校继续教育研究中发现成人教育发展的强大动力，在终身教育、远程教育、社区教育、教师继续教育、干部教育、企业职工教育、特殊教育等研究中探寻成人教育的活力源泉。这些研究并非偏于一隅，而是有成人教育这一强大的根脉作为支撑。我们以该书作为成人教育学术研究根脉的文本依托，以综述的形式汇聚各方思想，以期邀读者共同思考中国成人教育发展的历史逻辑和未来走向。

本书由乐传永教授、孙立新教授主持撰写，共同参与的成员有叶长胜、刘兰兰、方莹芬、姚艳蓉、张家睿、李硕、宋雨昕、苗会永、郑尚飙、王一峰，他们分别负责不同章节的数据统计和内容分析。从 2020 年开始，我们通过各时期政府网站、数字资源网站、高校图书馆、报纸，以及访问资深专家等渠道获得大量相关数据和内容，并综合利用 CiteSpace、NVivo、CNKI 可视化分析等多种方法进行数据处理和分析，以期用更直观、详细的形式展现出中国成人教育研究的发展变化。调查过程中，每一主题的相关文章数以千计，统计工作相当繁杂，在反复确认主题关键词、同义关键词以及关键词的下位概念等信息之后，剔除无关信息，最终得出准确度较高的研究对象。当然，也有一些研究文献由于年代久远已经无从查找，这是本次研究的一大憾事。但总体来说，本书囊括了中国近百年来成人教育研究者的思想结晶，数据多、范围广、内容全，相信能对中国成人教育学者在成人教育界深耕有所帮助。

回望中国建党史、建国史，每一次成人教育的崛起和深化都与中国社会改革息息相关。我们深知，社会的进步深深影响着成人教育的形态，但是，我们心中也怀揣着以成人教育引发成人学习变革，改变成人知识结构，以教育的超前性来推动社会更加幸福美好的心愿。成人教育研究走到今天，既有面向成人的诸多学科特点，又有体现教育学基本价值诉求的必然要求，内涵值得深挖。但是，我国教育学的研究主要是随着学校教育的

后 记

兴起而大兴构建，成人学习作为受教育者走出学校之后的教育活动，其所受到的关注还远远不够。由于成人学习的特殊性和独立性，在教育学母系学科中得到的理论支持也微乎其微，与成人学习息息相关的心理学研究、社会学研究、管理学研究等还有待进一步发展完善。因此，我们认为，成人教育还是东方五六点钟的太阳，未来前景无限美好，目前仍然还在上升和发展期。

回到本书的研究内容，从第一章我们可以发现，新中国成立以来，成人教育在实践发展、学科建设、人才培养等方面取得了较大进步，理论研究也实现了重要突破，在论文发表、课题立项、专著出版等方面均有所建树。同时，在多年的实践摸索中研究呈现出路径由模仿学习走向自我建构、内容由星碎零散走向系统深入、方法由思辨为主走向多样化探索、队伍由独立作战走向团队合作、视角由传统单一走向多元切入等显著的研究特征。这是教育学前进的一大步，更是成人教育领域向前的一大步。正是因为有了这些研究经验的累积，才有了本书后面各项内容的娓娓道来。

在成人教育理论与实践研究学者的介绍中，我们收集并总结了自20世纪初以来中国教育学家在不同教育理念支撑下关于成人教育思想的论述，前有黄炎培、晏阳初、陶行知等中国近现代著名教育学家，后有叶忠海、高志敏、吴遵民等一批目前仍在成人教育界孜孜不倦求真、求新、求实的研究者。从陶行知的民主教育中我们知道了生活就是教育的舞台，成人的做和学是密不可分的；从梁漱溟的乡村教育中我们学习了中国教育改革应该从乡村入手，而农民教育正是重要手段；从叶忠海的各类理论丛书中我们梳理了社区教育、老年教育、学习型社会的理论体系。站在这些巨人的肩膀上，我们看到了成人教育思想的百花齐放。

我们认为，成人教育研究应该有共同的信念体系和方法论体系，界定什么问题应该被研究，什么问题应该被提出，如何对问题进行质疑，以及解释我们获得答案该遵循什么样的规则。因此，成人教育学术研究也有赖于运作的理论基础和实践规范，对于成人教育的学科体系、定位、课程与教学以及比较成人教育等，本书第二章做了详细的梳理，进一步确定成人教育的知识体系和方法体系。

从第三章到第十章，我们以成人教育研究内容为论述对象，从历史演进、主题分析和未来展望三个维度对所有可追溯到的历史文献进行了细致的分析和综述。如果说成人教育学科范式是成人教育学术史的研究基础和根脉，那么这些研究内容就是成人教育枝繁叶茂的证明。在高校继续教育研究中，政策引导和社会推动始终是高校继续教育发展的发动机，教育研究的内容也始终以中国特色发展为主线，高校继续教育的发展定位、高校继续教育治理研究、高校继续教育转型发展研究、专业人员大学后继续教育研究、高校继续教育教学与管理研究也始终是高校继续教育研究热词。在终身教育研究中，前期主要集中在终身教育思想及实践的研究与探索，终身教育的发展、终身教育体系的构建需要国家的政策法律保障，这促使我国研究终身教育的学者不断对终身教育法规建设进行深入研究，以期加快中国终身教育法制化进程。在远程教育研究中，学者们早期的研究大量翻译西方远程教育的著作，开阔了远程教育的研究视野。但我国远程教育信息化的水平在发达地区与欠发达地区、农村与城市、高等教育与基础教育中参差不齐，学者们提出在网络技术发展的基础上，促进网络课程开发与网络教育的建设。由此可见，远程教育的研究与我国信息化建设进程联系紧密。社区教育的研究多元，内容较为广泛，研究也较为深入，在内涵界定、教育模式、教育资源整合、社区治理、社区教育师资建设等方面均有全面细致的研究，目前，社区共学养老、社区学习共同体、社区专职教育工作者建设成为主要研究热点。教师继续教育主要包括新教师见习培训、骨干教师培训和对部分骨干教师提高学历层次的培训。随着我国对教师继续教育的不断重视，研究平台不断增加，研究队伍不断扩大，教师继续教育研究得到了飞速发展，为教师继续教育改革提供了坚实的理论基础。但政策导向性过强、理论与实践结合程度较低等问题，也使得教师继续教育成为成人教育研究的一大重点。干部教育研究以领导人思想研究、培训模式研究和质量提升研究等为重点，向我们展示了党对干部素质提升的殷切希望。企业职工教育带有鲜明的社会经济发展属性，对其发展模式、培训体系和社会作用的研究是学者们研究的重点。老年人、农民和农民工这些成人教育研究的特殊群体，在成人教育研究中长居重要地位：一方面，随着人口老龄化速度加快，老年教育能够有效缓解人口重负；另一方面，国家大力推动乡村振兴也使得农民、农民工教育研究久盛不衰。

从本书中得以窥见，70年来，我国成人教育学术实践于理论研究中取得了长足的进步与发展，但其中不乏效仿国外研究、集中思辨领域、经验先入为主等缺陷；总体研究数量庞大，但高质量、超前性和适配社会实践发展的文章仍然占据少数。这也表明我们可以做的还有很多，路漫漫其修远兮，成人教育研究如同行路，我们已经走在了这条光明大道上，但遥瞻前方万里路，必有荣光在。我们怀揣着对成人教育研究的赤诚之心，怀揣着敬畏和渴望，共同期待成人教育更美好的明天。

在本书即将付梓之际，我们要衷心感谢该丛书主编、北京师范大学张斌贤教授！感谢张老师一直以来对我的关心和厚爱，让我担任《成人教育研究》的撰写工作，但由于自身的拖拉和惰性，没有按照预期的时间完成交稿任务，拖延了整个丛书的进程，在此深表歉意。我们还要感谢福建教育出版社的成知辛主任和他的编辑团队为该书的出版所付出的辛劳！感谢一直以来对我的成长给予关心和帮助的所有教育界前辈、老朋友。感谢先期研究者的研究成果和理论智慧。

撰写过程中，我们参考和汲取了前辈和时贤大量的研究成果。除了在书中注明外，在此一并致谢。由于我们学养有限，功力不足，疏漏和错误在所难免，恳请专家和读者批评、指正。

乐传永
2024年2月14日于宁波